全国专业技术人才知识更新工程
现代管理公需专修教材

知识经济时代的技术创新
——理论·实务·案例

王伟光　吉国秀 / 主编

经济管理出版社
ECONOMY & MANAGEMENT PUBLISHING HOUSE

图书在版编目（CIP）数据

知识经济时代的技术创新：理论·实务·案例/王伟光，吉国秀主编. —北京：经济管理出版社，2012.11

ISBN 978-7-5096-2170-7

Ⅰ. ①知… Ⅱ. ①王… ②吉… Ⅲ. ①企业管理－技术革新－研究 Ⅳ. ①F273.1

中国版本图书馆CIP数据核字(2012)第264814号

责任编辑：申桂萍
责任印制：黄　铄
责任校对：超　凡

出版发行：经济管理出版社
（北京市海淀区北蜂窝8号中雅大厦A座11层 100038）
网　址：www.E-mp.com.cn
电　话：(010)51915602
印　刷：三河市延风印装厂
经　销：新华书店
开　本：787mm×1092mm/16
印　张：19.75
字　数：450千字
版　次：2012年12月第1版　2012年12月第1次印刷
书　号：ISBN 978-7-5096-2170-7
定　价：38.00元

全国专业技术人才知识更新工程
现代管理公需教材专家委员会名单

全国专业技术人才知识更新工程
现代管理领域教材编写委员会名单

前 言

2006年3月,《中华人民共和国国民经济和社会发展第十一个五年规划纲要》中明确提出了实施“专业技术人才知识更新工程”的战略任务,国家人事部按照这一要求,以更新知识和提升能力为目的,针对全国专业技术人才在现代管理领域等重要专业技术领域,开展大规模的以知识更新为内容的继续教育活动。中国企业联合会作为牵头部门之一,负责现代管理领域专业技术人才知识更新的组织实施。

实施现代管理领域专业技术人才知识更新工程的重要一环是教材体系的建设。为此,中国企业联合会在国家人事部的指导下,组建了有代表性、权威性、专业性的由有关专家、学者、企业家组成的专家指导委员会和教材编写委员会。他们从我国专业技术和管理人员的实际需求出发,把握知识更新的特征,历时一年,完成了教材的设计、编写并形成了系列教材体系。

现代管理教材体系是由“全国现代管理领域专业技术人才知识更新工程”《教学指南》和《公需教材》、《公需专修教材》、《专修教材》、《参考教材》等四方面组成。它们之间既相对独立又相互依托,既独领一面又互为补充。《公需教材》是以企业管理理论体系为基础,将现代管理领域的前沿理论、技术、方法,按照系统要求认真筛选出24个章节科目,归纳在“新环境、新视野”、“新理论、新思维”、“新方法、新工具”三个模块之中,形成一本现代管理知识更新培训主教材。现代管理知识更新《公需专修教材》是针对跨行业的通用专业(岗位)的需求,对《现代管理公需教材》所列章节科目有选择地进行展开、细化和补充。教材内容以“新经验、新实践”为重点,理论和实践相结合,收入许多管理创新成果和国内外企业实践案例,突出实用性,对培养企业各专业管理岗位的专业技术人才有很强的针对性,为提升他们在管理方面的学习能力、创新能力和实践能力提供了方便之门和快捷通道。《公需教材》、《公需专修教材》是参加现代管理领域知识更新工程学员的必选教材。《现代管理知识更新公需专修教材》目前共有13册。

《知识经济时代的技术创新》一书是《公需专修教材》系列教材之一。

本教材是为了满足企业在知识经济时代进行技术创新的迫切需要而编写的。在传统三次产业的基础上，以信息技术为基础的高新技术产业为支柱的知识型产业迅猛发展。本书讲述了知识经济时代技术创新的特点和类型、技术创新战略的制定与实施，以及技术创新的源泉，介绍了人力资本、融资战略与技术创新的关系，提出了技术创新的政策及工具选择，并讨论了高新技术产业园区的技术创新。希望本书对企业在知识经济时代进行技术创新能够起到积极的推动作用。

《公需专修教材》在编写过程中，组织者和编写人员广泛征求了不同行业、企业的意见，经过了教材编写委员会和科研院所专家学者等多方面的评估审核。期待着这套教材能够为知识更新工程实施，为建设一支宏大的、高素质的管理人才队伍起到积极的、应有的作用。

全国专业技术人才知识更新工程
现代管理领域教材编写委员会
2007 年 3 月 8 日

目 录

第一章 知识经济时代技术创新的特点和类型

● 本章提要

理解技术创新的含义，了解技术创新的特点，重点掌握知识经济时代技术创新的新趋势和创新的类型。

● 章首案例

开发新产品和开拓新市场是企业获得不断增长的重要手段，创新之花靠激励浇灌。[①]传统的创新主要发生在研发部门，但是，在最近几年里，这些部门表现得并不好。目前，药品创新大多来自小型的新公司。大制药商的研发活动不仅包括自己开发新药，还包括发现和利用善于创新的小公司。研发部门的实验室和营销部一直是创新的主要源泉，然而，最近许多公司的经验表明，营销部却成了创新活动最为活跃的地方，新产品和延伸产品层出不穷，例如，iPod数码音乐播放机进入市场后不久，就出现了更小的i-Pod nano。当然，过多的延伸产品可能对整个市场产生不利影响，导致产品成本上升。但是，不断地从营销部门获得产品改进信息，对于企业的持续创新具有决定意义。

相对于公司内部的部门而言，企业还可以从外部获得创新机会。设立合资企业和企业内部风险资金，可以投资令人感兴趣的创意，却不用承担全部风险。摩托罗拉有四大外部来源供其汲取新创意：大学（资助一些前端研究）、政府（从那里获得研究拨款）、中小企业（从它们那里购买新创意或取得使用授权）和企业内部的风险资本资金（有些投资可能获得巨大回报）。而法国液气公司则通过转变商业服务战略而获得了新生。该公司发现自己所处行业已经很成熟，难以推出新产品，就将一个纯粹的燃气生产商转变为一个能源服务商，通过外包方式，专门向大公司提供服务。几年后，该公司的营业收入和利润均获得了两位数的增长。创新可以是一件很简单的事情。它并非仅仅存在于聪明而古怪的科学家脑袋里，或营销部门及广告代理商那里。创新可以在一个企业的几乎所有部门开发结果，前提是这个企业结构合理，鼓励创新。

---

① 资料来源：《乌龟与兔子——寻找创新》，英国《经济学家》周刊，2006年1月21日，转引自《参考消息》，2006年2月10日，第4版。

第一节　技术创新的含义与特点

一、技术创新的含义

（一）技术创新的概念

创新是指对新产品、新过程的商业化以及新组织结构等的搜寻、发现、开发、改善和采用等一系列活动的总称。创新是由熊彼特率先提出的。在他看来，创新就是建立一种新的生产函数或供应函数，即把一种从来没有过的生产要素和生产条件的“新组合”引入生产体系。这种创新既包括科学技术上的发明创造，也包括科学技术的商业化过程。一般而言，创新包括：①引进新产品。②引进新技术。③开辟新市场。④控制原材料的供应来源。⑤实现工业的新组织。由此可见，技术创新不过是熊彼特“创新”体系的一部分而已，以后的大部分研究都是沿着他的思路来进行的。由此产生了技术创新学派和制度创新学派。

到底何谓技术创新，国内外理论界存在很大差异。Freeman（1982，1997）认为，技术创新是指新产品、新过程、新系统和新服务的首次商业性转化。Myers 和 Marquis（1969）指出，技术创新是一个复杂的过程，从新思想和新概念开始，通过不断地解决各种问题，最终使一个有经济价值和社会价值的新项目得到实际的成功应用。Utterback（1979）把技术创新定义归为三类：①与发明相似的一种创造性活动，这种创新强调创新的起源和新颖性。②某种硬件及其设计和生产，这一概念重视市场或生产过程中的有形形式和使用。③选择某种事物，包括它的使用和扩散，这种观点强调接近用户的重要性。

国内学者对技术创新概念的界定也不尽相同。许庆瑞认为技术创新是指一种新思想的形成，并利用它生产出满足市场用户需要的产品的整个过程；汪英洛指出，技术创新就是建立新的生产体系，使生产要素和生产条件重新组合，以获得潜在的经济效益；贾蔚文认为，技术创新包括某种新设想的提出，经过研究开发或技术引进、中间试验、产品试制和商业化生产，直到市场销售的全过程；王明友（1997）综合上述观点，认为技术创新是指新产品和新工艺设想的产生（获取）、研究开发、应用于生产、进入市场并实现商业利益以及新技术扩散整个过程的一切技术经济活动的总和；[①] 傅家骥（1998）则在更为广泛的意义上给出了技术创新的含义：使企业家抓住市场的潜在盈利机会，以获取商业利益为目标，重新组织生产条件和要素，建立起效能更强、效率更高和费用更

① 前三位国内学者的定义转引自王明友：《知识经济与技术创新》，经济管理出版社，1999 年，第 49~51 页。

低的生产经营系统，从而推出新的产品和新的生产（工艺）方法、开辟新的市场、获得新的原材料或半成品供给来源或建立企业新的组织，它是包括科技、组织、商业和金融等一系列活动的综合过程。

《中共中央、国务院关于加强技术创新，发展高科技，实现产业化的决定》指出，“技术创新，是指企业应用创新的知识和新技术、新工艺，采用新的生产方式和经营管理模式，提高产品质量，开发新的产品，提供新的产品，提供新的服务，占据市场并实现市场价值”。

经济合作组织从技术的产品创新和技术的工艺创新角度来定义技术创新。其中，技术的产品创新是指实现具有改进性能特征的产品或商品化，例如，为消费者提供客观上新的或改进的服务；技术的工艺创新是指实现或采纳新的或有重大改进的生产方法或交付方法，诸如设备、人力资源、工作方式或它们组合等的变化。

从国内外研究者和一些官方的论述来看，有关技术创新的定义主要集中在三个层面上：①强调技术创新的整个过程，这种定义深受创新的线性模式的影响。②重视技术创新的成功商业化，尤其是首次商业化。③强调技术创新的效应，并特别看重技术创新的经济和社会价值。

总之，可以这样理解技术创新：企业在对现有技术有效组合运用以及创造和吸纳各种新技术知识的基础上，以相对低的成本向市场提供更好的产品和服务过程。它主要包括产品创新和过程创新。而创新投入、市场组织、制度等因素影响着工业技术创新过程和绩效。工业技术创新的主体是企业，也包括大学和科研机构，政府和其他机构（教育、信息服务等部门）大多是间接地参与创新过程；相关的制度安排将会对创新起促进或阻碍作用；技术创新的显著特点是创新成果的商业化；企业技术创新的目的是占据市场有利位置，获得满意收益。

（二）R&D 与技术创新

与技术创新联系最密切的一个概念是研究与开发（R&D），虽然二者之间的线性关系并不十分显著，但是 R&D 活动是有利于技术创新的。一般的，研究与开发（Research and Development，R&D）大都以 OECD（经济合作与发展组织）《研究与发展调查手册》的 R&D 定义为基础。在该手册中，R&D 是指“为了增加知识的总量，包括有关人类、文化和社会的知识，以及运用这些知识创造新的应用，所进行的系统的、创造性的工作”。综合不同研究，R&D 活动大体包括五种类型：①基础研究，它与新理论的发现与检验相关联，其目的是发现新知识而不是立即应用新知识。②战略研究，是指应用前景虽不明显但还是可预知其预期效果的研究。③应用研究，是基础研究、战略研究成果的商业化，其目的在于获取某种特殊的应用知识。④开发，是将“创新原型”应用于市场并在其周围建立生产线的活动，其目的是充分利用新产品、新工艺方面的现有生产知识。⑤扩散，是指创新通过市场或非市场的渠道在产业内、产业间及国家间的传播。

前四种 R&D 与一般意义上的研究与开发相差不多。但是，一般意义上的 R&D 并不包括扩散。所以将 R&D 分为五种类型，就使 R&D 与广义创新得以整合，有利于我们以新的眼光审视传统的 R&D 活动，在这种条件下，人们常常把 R&D 等同于技术创新也就不足为奇了。这种做法的实质是创新线性思想的一种反映，其好处就是可以利用 R&D 来衡量技术创新，方便地进行理论与实证分析。需要注意的是，R&D 与技术创新还是有差别的，[①] R&D 仅仅是影响创新的因素之一。根据 OECD 的观点，技术创新包括科学、技术、组织、财务和商业等一系列活动，R&D 只是这些活动中的一类……在创新过程中，“除 R&D 活动以外的创新活动”还包括工装准备和工业工程、生产启动和产前开发、新产品营销、无形技术的获取、有形技术的获取、设计、示范等内容。

二、技术创新的特点

创新的本质是将科学技术应用于产品、工艺以及其他商业用途上，以改变人们的生活方式，提高人们的生活质量。对企业来说，技术创新是一项战略活动，一方面，通过技术创新可以开发新产品，占领市场或打破原有的市场格局；另一方面，有利于培育企业长期创新能力，实现企业的长期战略目标。技术创新是一项风险活动，技术创新过程中各未知因素往往难以预测，其努力的结果普遍呈随机现象，再加上未来市场的不确定性，特别是在知识经济时代，信息技术和通信设备的完善，使得技术更新速度加快，一项技术可能还未完全达到预期收益甚至没有收回成本便被新技术淘汰了，因此给创新带来了极大的风险。不确定性和风险性、高投入性、高收益性、外部性等是技术创新的一般特征。

（一）不确定性和风险性

1. 技术上的不确定性

技术本身的不成熟、辅助性技术的缺少、技术寿命周期的缩短及企业竞争的加剧等都会降低企业创新的积极性。在创新竞争中，并不是所有厂商都能够找到他们所需要的“成本节约型”技术。如果找不到新技术，一方面会形成 R&D 的沉没成本，加大厂商的成本负担；另一方面则有可能挫伤厂商决策者（企业家）和 R&D 人员的创新积极性，而且也可能向其他厂商传递某些信息，从而减少其他厂商 R&D 活动的不确定性。

2. 市场上的不确定性

市场变化较快、市场预测不准确、模仿的存在、技术引进等多方面因素，可能使创新者处于不利地位。而竞争对手则可能利用“后发优势”先找到“成本节约型”的技术，进而生产出新产品。同时，消费者又常常把创新者与高质量产品的供给者相等同。这样就有可能使后创新者的需求曲线向外移动，并且可能吸引一部分原来属于先创新者的消费者。另外，如果创新产品并未创造需求或并未满足需求，那么这种创新也是失败的。所以，创新的时间、创新与需求的关系将决定着 R&D 的效率。

3. 道德风险

信息不对称、资产专用性投资等会产生道德风险，进而产生机会主义行为——一种

---

① Freeman（1997）根据前人的研究成果，从投入和产出角度详细地分析了“基础研究”、“发明活动”、“开发活动”和“建立新型工厂”之间的关系。

通过欺骗来满足私利的行为。在 R&D 竞争中广泛存在着“道德风险”问题，只不过强弱程度不同而已。如厂商与风险投资者（包括国家）、厂商与 R&D 组织、R&D 团队与团队成员等之间都有机会主义行为发生的可能。而且当组织规模较庞大、信息沟通又不畅通、激励约束机制不健全时，R&D 的成功概率就可能是相当低的。解决此问题的根本途径是建立一套所谓“激励相容”的机制，但是在制度安排过程中同样也可能存在道德风险（人的有限理性是其产生的根本原因）。

4. R&D 的“公共物品”属性

R&D 产品具有不可分性和非独占性。如信息可以为某人或厂商所使用，但与此同时却无法限制他人使用，即使信息的机会成本是零，为达到社会最优水平，信息的价格也一定要为零，因为只有这样才能保证大家免费地利用它。为鼓励厂商进行 R&D 投资，就必须有一套能够保证创新厂商排他性权利的制度（至少在某一有限的时期内）。否则，就会削弱创新动机。但是，由于信息的不可分性和非独占性，要想作出上述保障是很难的，而且保护这种信息的成本也可能超过其收益。另外，模仿的存在等也使创新厂商的“独占利润”有可能被模仿者掠去一部分，这样创新者的私人成本相对较高而其私人利益却较低。当然，新工艺的保护要相对容易一些，但“溢出效应”的存在也是一个不争的事实。据测算，技术创新投资的私人收益率一般在 80%以上，最高达 180%；社会收益率却在 60%以上，最高可达 700%。

5. 其他方面的不确定性

投资强度、人才技能以及政策制度环境等的不确定性也增强了创新的风险性。风险投资家认为他所投资的创新项目只要有 20%~30%的成功率，他就已经很满足了。

（二）高投入

高投入是技术创新中所必需的，一项技术研究的实施需要大量的科技专业人才、大量的资金以及整套的设备，同时对这些投入还要进行合理的安排、精心的组织以使其成为有机的整体。在产品化阶段和市场化阶段，还需要专门的生产人员、专门的营销推广人员以及广阔的营销网络系统，这些都需要大量的投入。对于企业来说，发达国家企业的研发支出一般占其销售收入的 5%以上，在微电子、信息、生物技术领域的高技术企业，其研发支出占其销售收入高达 10%以上。同样，在国家层面上，研发投入也相当惊人。根据世界银行的分析，从事 R&D 活动的科学家和工程师，美国（1997 年）有 4999 人，日本（2000 年）有 5095 人，英国（1998 年）有 2666 人，法国（1999 年）有 2718 人，德国（2000 年）有 3161 人。除此之外，各国的研发经费数额也相当庞大（见表 1-1），特别是发达国家，其国家研发经费大部分都占本国 GDP 的 2%以上。这些都充分表明，对于技术创新来说，无论是人员还是资金、设备方面，都需要企业和政府等组织进行大量的创新资源投入。

（三）高收益

高投入、高风险必然伴随着高收益，技术创新是企业发展的原动力，企业是技术创新的主体和获益者。技术创新使得创新企业相对于竞争对手来说产生了技术上的优势，

表 1–1 G–7 国家研发经费占当年本国的 GDP 的比例（%）

年份	美国	日本	德国	法国	英国	意大利	加拿大
1981	2.32	未提供	2.43	1.97	2.37	0.88	1.25
1982	2.49	2.22	2.52	2.06	未提供	0.91	1.40
1983	2.56	2.35	2.52	2.11	2.19	0.95	1.37
1984	2.62	2.43	2.51	2.21	未提供	1.01	1.41
1985	2.74	2.58	2.72	2.25	2.23	1.13	1.45
1986	2.72	2.55	2.73	2.23	2.25	1.13	1.49
1987	2.69	2.62	2.88	2.27	2.19	1.19	1.44
1988	2.65	2.66	2.86	2.28	2.14	1.22	1.39
1989	2.61	2.77	2.87	2.33	2.15	1.24	1.39
1990	2.65	2.85	2.75	2.41	2.18	1.30	1.47
1991	2.72	2.82	2.61	2.41	2.11	1.24	1.53
1992	2.65	2.76	2.48	2.42	2.13	1.20	1.54
1993	2.52	2.68	2.42	2.45	2.15	1.14	1.60
1994	2.43	2.63	2.32	2.38	2.11	1.06	1.60
1995	2.52	2.77	2.31	2.34	2.02	1.01	1.58
1996	2.57	2.83	2.30	2.32	1.95	1.02	1.60
1997	2.60	2.92	2.31	2.23	1.87	1.08	1.60
1998	2.67	未提供	2.33	未提供	未提供	1.11	1.60

资料来源：孙成权、曲建升：《国际研发经费支出规律与现状分析》，《世界科技研究与发展》，2002 年 3 月。

这种优势或以长期获得高利润形式存在，或以不断扩大市场份额来体现。企业之所以甘愿冒高风险，不惜以巨大的投入从事创新活动，就在于这种高收益的存在。企业进行技术创新除了获得创新利润外，还在于培育企业科研创新能力，以实现自身的长期发展战略。在激烈的市场竞争中，企业既要面对国内企业的竞争，又要面对国外企业的竞争，技术创新是提高企业竞争力的重要因素。企业能否随着市场的需求和变化创造出新技术、新产品，就需要采取相应的发展策略，创新是企业在竞争中求生存、求发展的关键，创新是企业发展的灵魂。

（四）技术创新时间的差异性

不同层次的技术创新所需的时间因其性质不同而异，除此之外，技术创新的时间长短还与科研人员的能力、科研设备、资金等有关。据统计，大部分技术创新需要 2~10 年的时间。工厂企业开发部门从事发展性开发属于短期创新，一般需要 2~3 年。应用性技术开发属于中期创新，大概需要 5 年，如应用电子技术开发出电子手表以替换齿轮机械表就属此类。另外，基础性开发由于是技术原理的发现和新技术的发明，所以需要的时间可能较长，为 8~10 年。[①] 但是，随着社会的进步与经济的发展，技术创新所需要的时间逐渐缩短，而且技术的更新速度也越来越快。除此之外，一些偶然的因素也可能造

① 吴声怡：《论有中国特色的“科技活动”定域》，《技术经济》，1995 年第 11 期。

成技术创新的时间差距，一个来自灵感的想法有时可能引起突破性技术创新的实施，并使企业迅速获得创新收益；但一些技术研究可能会经过长期的试验、开发，却最后因为各种原因无法实现商业化或获利甚微。

（五）外部性

技术创新具有外部性，即非创新者从创新中获得收益而不需支付相应的报酬，这也是造成企业技术创新风险的原因之一。技术创新的外部性是由于技术创新的扩散造成的，主要反映在技术的外部性、市场的外部性以及创新的利益外部性上。技术的外部性主要是由于非创新者根据创新成果信息进行分析、研究或对新产品实行反求工程，而且有关创新的信息也会从企业的行为活动中反映出来，获得创新技术，进而进行模仿创新。市场外部性是指由于创新者的科技成果商业化应用后所形成的市场信息的外部性，即由于创新者开发了市场，剩余市场需求容量的存在使非创新者节省了市场开发成本，减少了风险，缩短了市场实现的调节。而创新的利益外部性主要是由于技术的外部性和市场外部性而形成的。技术创新外部性的存在使得企业为技术创新付出了较大成本而没有得到相应的全部收益，即企业的创新使得其他企业存在“免费搭便车”的可能。一般来说，基础技术和共性技术相关的创新外部性较大，试验与开发阶段的技术创新外部性较小，这也就导致了基础技术、共性技术的创新一般为政府主导的科研院所、高校及产学研结合体来承担，而试验与开发阶段的技术创新因为更面向市场而由企业承担。

（六）技术创新是一个受制于多种因素的过程

技术创新绝对不是聪明的发明家、具有前瞻意识的企业家和有动力的企业独立行动的结果。相反，它必须与其他组织进行广泛的合作，以获得开发、交换各种知识、信息和其他资源。不容置疑，个人和企业在技术创新中居于重要位置，但是，孕育和传播技术创新（变革）的过程却涉及复杂的网络合作，包括不同目的、不同机构或组织之间的各种合作。与企业进行合作的组织较多：其他企业（供应商、用户、竞争者）、大学、研究机构、投资银行、学校、政府部门等；而且企业的创新行为也会受到各种制度的制约：法律、卫生安全健康管制、文化模式、社会准则、技术标准、激励制度（鼓励或限制）等。在这种复杂的环境中，要想全面认识创新过程，必须通盘考虑影响创新过程的各种因素。

（七）技术创新中的技术—经济（Techno-economic）选择是一个演化的过程

市场的规模、范围、复杂性和随机性，消费者的偏好和支付能力，以及资本市场运作方式等许多因素都会影响技术赖以生存的选择过程。这种选择过程并不总是“完全理性”或符合逻辑的，运气或机会（luck or chance）的影响不容忽视。Carlsson 和 Stankiewicz（1991）认为，“如果存在正反馈，也就是总有几种可能的结果或经济遵循着时间路径（Time-paths），那么一个经济的选择就会有赖于历史事件的发生频率，很难保证‘选择’出最好的结果。一旦经济力量‘选择’了某一结果，经济就会被这种结果锁定，正反馈就会产生‘花车效应’(band-wagon effects)。其结果是，某一产品、企业或者国家‘碰巧’领先，它就会居于领先地位，稳定性和可预测性就不再那么有把握了”。

Dosietal（1988）将创新性质概括为五种“程式化的事实”(stylized facts)：①不确定性不是简单指缺乏有关已知事件发生的相关信息，而是指存在一些不知如何解决的技术—经济问题，以及无法准确预知某项活动的后果。②主要新技术机会的可靠性越来越依赖技术知识进步。③研究开发的复杂性不断增强，使得这种活动越来越由正式组织而非单个创新者来承担。④干中学、用中学等经验的作用增强。⑤创新活动具有累积性。

技术创新过程的上述性质或特点使得创新成为一种交互的学习过程，其中不仅涉及用户与生产者、生产者之间的合作活动，而且也包括一些较为分散的网络组织形式。可以将技术创新过程的性质特点与冯·布朗（中译本，1999）的创新过程模型结合在一起，构成新的一般意义上的工业技术创新过程模型（见图 1-1）。

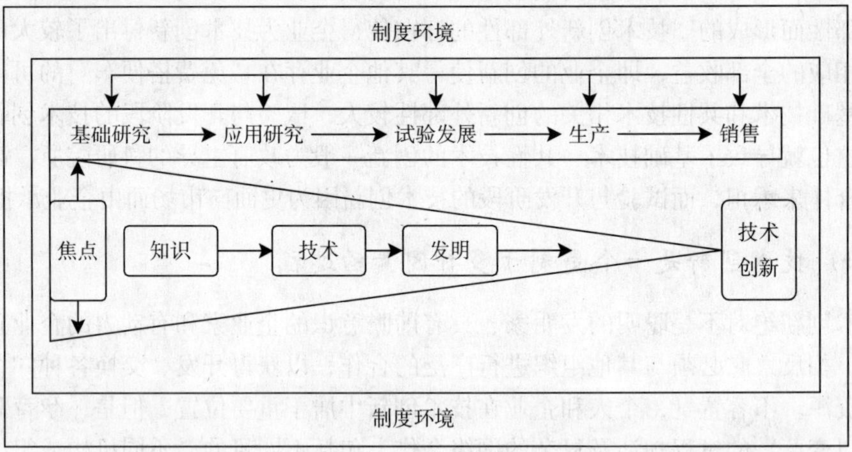

图 1-1　受制度环境制约的工业技术创新过程［根据冯·布朗（1999）的模型修改］

第二节　知识经济时代技术创新的新趋势

经济全球化、一体化的实现，信息化、网络化的实施，使得资源在全球范围内流通和配置，国家之间、企业之间的竞争也日趋激烈。资源的浪费、枯竭以及利用成本的提高，使得国家、企业对发展的路径进行重新定位。技术创新作为一项提高国家、企业竞争力的重要手段，日趋受到各国、各个企业的重视。知识经济时代的技术创新除了具有一般技术创新的特点和性质外，也呈现出了新的趋势。

一、研发投入总量不断加大

随着国家间、企业间竞争的日趋激烈，为了迅速抢占国际市场，企业创新也往往倾向于由传统的渐进式创新向突破性创新转变，创新的重点也由传统领域逐渐转向精密仪器、信息、生物技术等高科技领域。政府作为产业发展的引导者，出于长期战略考虑，对技术创新的投入不断加大，特别是进入 21 世纪后，各国的科研投入猛增。据报道，美国的国家科研投入平均年增长 12%，英国为 10%，韩国为 14%，中国更是年增长 19%，日本最少，仅增长了 3%。但据日本科技研究调查，包括产、研、学在内的全部科研投资 5 年连续增长，到 2004 年达 16.9 万亿日元（约合 1560 亿美元），占其 GDP 的 3.35%，可见其绝对值或所占 GDP 的比例都是相对较大的。[①] 欧盟首脑会议 2005 年 6 月 17 日决定，在 2007~2013 年将大幅度增加科研经费，力争在 2013 年将欧盟的科研经费总额在 2006 年的基础上提高大约 75%。[②] 这些都表明政府对于科学研究和技术创新的重视程度逐渐加强，经费投入也越来越大。

二、研发投入结构出现新特点

企业应该成为研发主体、研发成果的受益者和研发风险的承担者。在知识经济时代，企业作为技术创新的主体，其在全部创新活动中的比例逐渐加大，越来越多的企业拥有自己的研发主体，研究与开发人员以及研发经费所占的比例也逐渐加大。这是研发投入结构的一个显著变化。据 1999 年全球竞争力评价显示：1996 年，西方发达国家企业的研发人员要占到所有研发人员的 60%~70%，对美国而言要占到 77.54%。另有资料表明，1993~1994 年，韩国、美国、日本、德国来自研发的经费分别占全国研发经费的 83.1%、59%、68.2%和 60.8%，而这种比例也在逐渐扩大。目前，我国企业的研发投入在全社会研发投入总量中所占的比例也超过了 60%，已经成为技术创新投入的主体。

研发投入结构的另一个显著变化是基础研究投入比重有所加大。基础技术对企业的专有技术创新及企业科研水平的提高都起着极其重要的作用，它决定一国未来创新能力的基本要素。许多国家的情况表明，基础研究作为激发原始性创新的源泉对于国家竞争力的提高和保持影响甚大。各国对基础研究都比较重视，特别是发达国家，它们对基础研究的经费投入支持非常稳定，力度很大（参见图 1-2）。同样，对基础研究来说，进入 21 世纪以来，我国对基础研究的投入逐渐加大，增长速度加快（参见表 1-2）。

---

① 邵虞：《创新，敢向科技攀高峰》，http：//www.edw.com.cn/news/a.aspx？ClassID=25&articleID=17152。

② 卢书燕：《欧盟将在 2007 年至 2013 年间大幅增加科研投入》，http：//www.ce.cn/xwzx/gjss/gdxw/200512/17/t20051217_5550604.shtml。

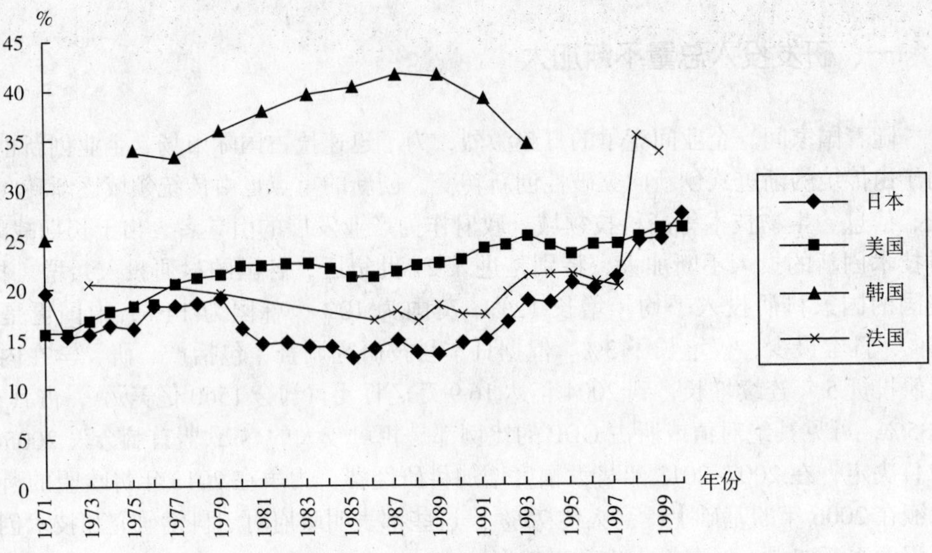

图 1–2　各国政府研发支出中基础研究所占的比例

资料来源：秦涛：《发达国家基础研究投入分析与借鉴》，《中国基础科学》，2004 年 3 月。

表 1–2　我国基础研究经费的增长速度（%）

年　份	1995	1996	1997	1998	1999	2000	2001	2002
增长速度	6.86	12.05	35.56	5.52	17.08	37.85	18.98	32.68

资料来源：王娅莉：《影响我国基础研究投入的因素分析——我国基础研究资源结构与部分国家差异比较》，《科技管理研究》，2005 年第 1 期。

三、技术创新的一体化与国际化①

技术创新主要是利用知识形态的技术要素，对元件产品和工艺设备等实体形态的技术要素进行创新活动。它的这种性质要求技术创新活动必须一体化，主要体现在两个方面：一是在企业外部，即产、学、研形成一体化，实现优势互补，保证技术开发的顺利进行；二是在企业内部，即技术开发部门与生产现场及质量管理和销售部门一体化。日本技术创新的长处就在于这种开发、设计与生产现场的出色结合。从国际化角度看，由于不同国家间的技术互补性有利于技术创新，而技术创新又需要追求最大限度的经济利益，这样就导致了技术创新主体的国际化。它也表现在两个方面：一是国际性地区性机构的作用及国家间的技术创新合作趋势正逐渐加强；二是技术开发机构的多国籍化，即跨国公司技术开发或技术创新的崛起。20 世纪 60 年代以前，跨国公司一般是通过投资来推进国际产业的重新组合，现在则是通过技术开发来进行多国间的产业合作。目前，许多跨国公司都有自己的中央研究所作为技术开发研究的中心，发展其世界性的技术战略。

① 徐建国、吴声怡：《论技术创新的特点及创造力》，《福建农林大学学报（哲学社会科学版）》，2002 年第 5 期。

四、技术更新速度和产业化周期缩短

20世纪以来，科学技术飞速发展，技术更新速度和产业化周期缩短。大规模、大范围的研究开发投入促使技术变革越来越快，快速的技术变革又引起了复杂的经济结构变化与转型，与此同时，伴随着产业组织的变化，新科技成果的应用、商业化与扩散过程也在悄然发生变化。其中一个显著特点就是，技术生命周期越来越短。由于信息技术及互联网的推动，知识积累的速度在加快，使得人们难以用过去的模型预测未来的进步速度。

技术变革的步伐随着新一代技术的发明和应用而加速。产品设计和销售的周期，即从构思、发明到创新和被仿制的时间间隔日益缩短。因此，在竞争者能仿制之前，新产品必须快速占领市场。世界未来学会发布的一份报告指出，“目前我们利用的所有技术知识仅相当于在2050年所获取知识的1%”。目前工程师的知识每5年就要有50%过时，在今后的10年内，一位工程师掌握的知识的90%将可以在计算机上得到；在电子学方面，学生学到的知识的50%左右到高年级时将过时；医疗知识将以每8年翻一番的速度不断更新。这种趋势在信息技术领域表现得尤为明显。以光纤技术为例，1975~1998年，光纤带宽从每秒2兆比特增加到每秒400千兆比特，增加了20万倍，成本指数由100下降到0.08，只有原来的1/1250。在这种技术发展路径下，一方面，产业发展和产业竞争力的提升离不开创新；另一方面，技术日益复杂，技术更新速度快，技术风险大，也使得仅靠某个科研机构、企业的资金实力和技术积累，是无法完成科技创新和成果产业化的。这就需要创新体系中的各个要素相互协调，以合作的方式进行科学技术知识的创造、应用和扩散。在所有领域，先进的技术将被快速开发的、前所未有的高新技术所替代。这些高新技术不仅改变着人们的生产方式、组织形式和交换模式，而且也正在以前所未有的深度和广度变革着人们的生活和消费模式。

专栏1-1

万维网迎接Web3.0时代

计算机科学家和越来越多的新型企业家正在寻找开发人类智能的新方法，他们的对象就是构成万维网的数以十亿计的文档和把这些文档连接在一起的链接。

让网络学会思维

他们的目标是在现有的万维网之上加入一个意义层（layer of meaning），以增强万维网的指导功能和减少万维网类似目录的作用——它甚至可以为能像人类一样进行推理的系统提供基础。这种层次的人工智能曾经是半个多世纪以来研究人员孜孜以求的梦想，它可以让机器具有思维能力，而不只是简单地执行命令。

虽然Web3.0的开发还在初始阶段，而且也有人怀疑Web3.0的概念是可望而不可及的幻想，但是在IBM和谷歌等大公司以及其他小公司里，相关基础技术的研究正迅速受到追捧。它们的研究以简单实用的功能为主，比如提供度假建议或是预测下一首畅销歌曲。

但是将来，功能更加强大的系统能够担当多方面私人顾问的角色，可以制定理财计划，比如通过某种智能系统给一对夫妇制定退休计划，或是提供教育咨询，比如一名高中生在万维网的帮助下选择合适的学校。

旨在创造Web3.0的研究项目全要依靠功能日益强大的计算机，它们能够迅速、全面地搜索万维网。

超越Web2.0

Web2.0主要指的是程序（如绘制地图）和服务（如照片共享）在互联网上的无缝连接。而Web3.0——由于加入意义层的概念，也可以成为“有语义的万维网”——的商业价值刚刚浮现。Web2.0时代的经典应用史是“混合搭建”——比如，把一个住房网站与谷歌地图连接起来，就可以自动显示每一份住房清单上房屋的实际位置，从而创造出一种更加实用的新服务。与此相反，有语义的万维网的研发者的目标是创建一种能够对简单问题作出合理、全面回答的系统。

在今天的系统条件下，询问航班、旅馆和租车服务等内容得到的答案可能要花几个小时去筛选，而得到的选项经常相互不一致。而在Web3.0的条件下，同一个搜索将得到一份理想的度假安排，其细致周到就像一位旅游经纪人亲自安排一样。

这个系统如何建立以及它们何时开始提供有意义的答案，这个问题在理论研究人员和商业技术人员中间引起了激烈辩论。一些人致力于创造一个巨大的新结构以代替现有的万维网；其他人正在开发一些使用工具，从现有万维网中提取有意义的信息。但他们一致认为，一旦出现这样的系统，它们将比今天的搜索引擎更具有商业价值。今天的搜索引擎能够提供成千上万甚至数以百万计的文档，但通常不能直接回答问题。

资料来源：《企业家瞄准受常识引导的网络》，美国《纽约时报》，转引自《参考消息》，2006年11月14日。有删减。

五、技术创新的模式区域向系统网络模式发展

传统的模式是从基础研究开始，经过应用研究，再到对产品的构思、设计、开发、研制和生产，直到销售为止的单项现行模式，这种模式只把创新局限在企业和市场之间，而忽视了环境因素对技术创新的影响。20世纪80年代，弗里曼提出“国家创新系统”的概念，强调技术创新仅靠企业和市场是不够的，要有国家创新系统和战略。进入90年代后，学者们对国家创新系统的研究发现，一个国家的创新系统不仅包括企业、高校、科研机构，还包括政府部门、金融机构、信息中介机构和基础设施等。从内容上看，不仅有知识创新、技术创新，还包括制度创新、组织管理创新和市场创新等，技术

创新的市场网络模式已成为知识经济时代主要的技术创新模式。这种模式强调各个组织的相互协调、共同作用使创新产生更多成果。

六、技术联盟是知识经济时代技术创新的新趋势

经济的融合与竞争的加剧，技术创新所需的投入不断扩大，创新风险的逐渐增大及现有资源的分散化，使得企业间的合作也不断加大。为了快速、高效地开发重大科技新产品，企业之间便组建了技术联盟。技术联盟能够加快创新速度、降低成本、分担创新风险，现已成为许多企业追求的新策略，这些联盟主要聚集在以美国、欧盟、日本为代表的发达国家及新兴国家，如 IBM 与东芝、西门子的合作，共同设计、制造 DRAM 芯片，三星公司与 DNS 合作开发半导体设备等。据美国《幸福》杂志报道，1990 年以来，美国国内及跨国性质的战略联盟每年以 25%的增长率快速发展。1980~1991 年，我国沿海地区一些企业在政府的政策鼓励及自身发展的需求下，开始与国外企业结成技术联盟。20 世纪 90 年代，企业技术联盟在我国发展较快，特别是近几年，有关技术联盟的报道屡见报端，案例逐年递增，联想集团与美国 Palm Source 公司共同推出 Palm 操作系统以及联想 Palm 168 掌上电脑的合作、爱立信与 TCL 在移动平台技术上的合作、韩国电信巨头韩国通信与中国电信（香港）有限公司开展拓展中韩两国之间的互联网线缆的合作，以及本章案例中提到的金鹏集团与摩托罗拉、微软的合作都属于跨国类的技术联盟。

除此之外，在知识经济时代，信息化、网络化使得技术创新扩散速度越来越快，技术创新的风险逐渐加剧，对于技术专利、知识产权的保护也日趋受到各国的重视，同时技术创新的程序也越来越复杂。另外，创新性团队在技术创新过程中的作用也日益显现出来，对于技术创新的侧重点也由传统的领域向以知识、技术为要素的领域转变，除技术更新的速度加快外，技术更新的程度也逐渐加大。

第三节 技术创新的类型

对于技术创新来说，日本经济学家斋藤尢将技术创新分为五种类型：补充性技术创新、组合性技术创新、飞跃性技术创新、巨大技术创新和科学技术革命；[①] 美国经济学家弗里曼根据创新的性质将技术创新分为渐进创新、基本创新、技术体系变革、技术—经济范式变革。[②] 具体来说，技术创新根据不同的标准可以划分为不同的类型。

---

① ［日］斋藤尢：《技术经济与世界》，《世界经济评论》，1989 年 9 月。

② C.Freeman，L.soete，The Economics of Industrial Innovation . London and Washington，1997.

一、产品创新和工艺创新

根据创新内容的不同，可以将技术创新分为产品创新和工艺创新两种基本类型。所谓产品创新，是指技术上有变化的产品的商品化或对现有产品的改进。产品创新有两种方式：一种是创造出全新的产品；另一种是产品的性能、品种、材料、结构、款式、颜色、包装等产品属性进行组合。所谓工艺创新，也叫过程创新，是指一个产品生产技术的重大变革，它包括工艺、新设备及新的管理和组织方法。过程创新既要根据新设备的要求，改变原材料半成品的加工方法，也要求在不改变现有设备的情况下，不断改进操作技术和生产方法，以使现有设备得到更充分的利用，提高产品的生产效率。产品创新是现代企业成长的基础，它既是创业的重要途径，又是发展的必由之路，尤其是在高科技产品领域中，产品领先的时间不断缩短，没有持续的产品创新，企业难以保持自己的竞争地位。片面强调产品创新而忽略过程创新的后果也是十分严重的，它不仅会造成企业工艺落后、产品质量差、消耗高、效益低，而且还会导致技术引进效益差、技术成果吸收应用能力弱，最终使企业产品创造或因生产技术的制约而不能实现，或因效益不高而缺乏相应的竞争力。对于企业来说，技术先进的企业一般以产品创新为主，技术落后的企业以过程创新为主，这也不排除一些企业为了长期战略考虑，进行过程技术创新来培育自己的技术能力。从国际知名企业的发展历程来看，企业的壮大是两种创新共同作用的结果。同样，通过实践证明，对于同一类产品来说，产品开发总是一个早期的创新浪潮，随后，产品创新的速度逐渐让位于正在提高的工艺创新，这正符合 20 世纪 70 年代美国哈佛大学教授 N.Abernathy 和麻省理工学院 Jame M.Utterback 提出的 A-U 创新过程模型。

二、渐进性创新和突破性技术创新

根据技术创新过程中技术变化强度的不同，可以把技术创新分为渐进性创新和突破性技术创新（根本性技术创新）。突破性技术创新也叫不连续技术创新或破坏性技术创新、根本性创新，破坏性技术是由哈佛商学院资深教授于 1995 年提出的，其在研究硬盘驱动器时发现一些占主导地位及领先技术却被一些新兴的、经常被人忽视的技术所取代，这种经常取代原有技术的新技术叫做破坏性技术，其对这种技术的创新就叫做破坏性技术创新（或叫突破性技术创新），它是相对于连续性技术创新而言的。

渐进性技术创新（连续性技术创新）是指在原有技术路线上的改进和变革，与原有技术存在互补关系。而突破性技术创新是打破原有技术的束缚，在新的资源上进行创新，突破性技术的出现意味着对原有技术的替代。

20 世纪 90 年代以前，企业技术创新大都以渐进性技术创新为主，随着信息技术的迅猛发展和全球一体化的加快，企业竞争日趋激烈，为了快速抢占市场或打破原有市场格局，企业的技术创新由渐进性技术创新为主向突破性技术创新为主转变，大量的突破性技术涌入我们的社会，并引起了社会一定程度的变革。突破性技术相对于渐进性技术来说一般具有较高的预期收益性，但是这种创新模式投入较大、风险较大。渐进式技术创新一般来说风险小、投入少、市场稳定。渐进性技术创新与突破性技术创新的具体差别如表 1–3 所示。

表 1–3　渐进性创新与突破性创新的多角度比较

比较项目	渐进性技术创新	突破性技术创新
创新目标	维持和加强市场现有地位	改善游戏规则，实现跨越
重　点	原有产品成本和性能的提高	开发新产业、产品和工艺
技　术	现有技术的开发利用	研究探索新技术
不确定性	低	高
技术轨道	线性的、连续的	发散的、不连续的
商业计划	创新开始即制订计划	基于探索性学习而演化
新思想产生与机会识别	在前一创新末期产生	偶发于整个生命周期
主要参与者	正式的交叉功能的团队	具有多功能知识的人，非正常网络
过　程	正式的阶段模型	早期阶段为非正式柔性→后期阶段为正式柔性
组织结构	在业务单位内部运转的跨功能项目小组	思想→孵化器→目标驱动的项目组
资源与能力	标准的资源配置	创造型获取资源与能力
运营单位的介入	早期的正式介入	早期的非正式介入→后期的正式介入

资料来源：付玉秀、张洪石：《突破性创新：概念界定与比较》，《数量经济技术经济研究》，2004 年第 3 期。

三、模仿创新、合作创新和自主创新

按照技术来源的不同，可以将技术创新分为模仿创新、合作创新和自主创新三种类型。模仿创新是指在率先创新的示范下，引进和破译率先者的核心技术，在此基础上进行完善、开发和商业化。模仿创新是技术创新的一个重要方式，模仿者通过购买专利、使用许可证及其他一些手段来获得使用新技术，并加以改进，模仿者要与率先者进行竞争，必须有创新，否则将会一直处于被动地位。

合作创新是指以企业为主体，企业间、企业与高校、研究所之间合作推动的创新。一个企业往往由于科技人才与装备的匮乏，研发与开发经验不足，而难以单独进行重大创新，与企业外单位合作创新能够实现社会资源的聚集和优化配置，从而达到缩短创新时间、扩大创新规模、集聚创新成果的目的。

自主创新是企业以自身的研究开发为基础，通过自己的努力和探索产生技术突破、攻克技术难关，并在此基础上依靠自己的努力推动创新的后续环节，完成技术的商品化。自主创新并不要求所有的技术环节都由企业自身攻克，但是核心技术必须是独立研究和开发的。

三者的具体差别如表 1–4 所示。在很多情况下，随着经济的发展和企业竞争力的提高，企业创新一般会经历模仿创新→合作创新→自主创新的演进过程，在企业创建初期，由于资金缺乏、技术能力落后，企业一般采取模仿创新模式，以降低风险，提高技术创新成功率。但随着企业的发展，企业具备了一定的技术能力或具有了一定的资金支持，往往寻求合作伙伴来实现资源的组合，解决创新中遇到的技术能力不足或资金匮乏等问题。当企业做大、做强以后，具有雄厚的科研能力和资金实力，企业为了保持或扩大自己的市场地位，就会利用自身资源进行技术创新，逐渐培育自己的创新能力，实现自己长期垄断市场的战略目标。

表 1-4　自主创新、合作创新与模仿创新的比较

创新类型	优　点	缺　点	适用范围
自主创新	有利于建立自己的核心能力和优势	开发投资大、周期长、风险大	经济实力雄厚、科研能力强，或掌握技术垄断权的企业
合作创新	减少开发投资，缩短开发周期，分散风险	不能独占技术，合作方可能成为竞争对手	开发难度大、投资大、风险大的技术领域，合作条件好的企业
模仿创新	风险较小、投资少、成功率高	竞争力弱，容易形成技术路径依赖	经济、技术能力较弱，但有一定研发基础的企业

资料来源：吴贵生：《技术创新管理》，清华大学出版社，2000 年 2 月，第 1 版。

专栏 1-2

自主化技术的引进方式及其主要影响因素

自主化的基本特征就是通过引进技术消化、吸收，逐步提高国内产业技术水平和制造能力，增强国际竞争力。因此，引进技术是装备工业自主化的重要环节。

商用技术的引进受内部和外部多种因素的影响，由外部技术的可得性和国内技术吸收能力（包括技术、管理、人员素质、经济、社会发展水平）以及技术的复杂性决定。从国际经验看，技术引进模式可以分为技贸结合、合资、合作设计与合作制造等多种形式。选择什么样的引进模式与国际技术基础、产业的技术经济特点和产业规模有关。

一般来说，产业技术发展可以分为三个阶段，每个阶段的技术引进方式不尽相同。

（一）起步阶段

当一项技术在国内基本处于空白，或该技术处于保护期内、受外方控制时，可采用外商直接投资的方式引进技术和制造能力，当地技术人员和工人可以在安装、运行操作中学习掌握技术，培养技术和管理人员，逐步形成技术吸收能力。最终，外国资本退出，由本国资本控制企业。对资本输入国来说，采取创建合资企业的方式引进技术，既吸引外资弥补国内建设资金的不足，又引进了先进、实用、可靠的技术和设备，填充国内空白。特别是外方参与管理，可以引进管理等软技术、培训国内管理和技术人员。

（二）发展阶段

当一项技术在国内已经有了一定技术基础和制造力，能够自主运行企业，并能完成某些工程的分包或某些设备的部件生产时，应主要采取技贸结合的方式引进国外技术。国内企业通过参与工程和设备的分包，逐步扩大分包比例和范围，提高技术和管理水平，最终实现设计、制造和工程承包以我为主。国内厂家与技术出让方合作制造十分重要，通过参与研究、设计、试验、制造的全过程，有利于系统学习掌握引进技术，不仅可以学习加工制造技术，还可以学习组织管理和操作技术。

（三）较高的发展阶段

主要指一项技术在国内已经具有相当的基础和条件，具有一定的设计、制造能力，通过引进某些软件技术可以完成研究开发、工艺设计、设备生产和工程总承包。

这一阶段主要采取许可证贸易、技术服务与协作、技术咨询等高层次的技术引进方式，以国内企业为主完成工艺设计、设备制造和工程总承包。在技术转让过程中，外方承担传授技术的义务，包括提供技术文件、技术咨询等。技术服务形式也是多样的，包括提供咨询、信息资料和技术培训。通过咨询服务，引进方可以用较少的花费和较短的时间掌握技术。

这一阶段还可以进行国际间的合作研究开发。通过充分利用国外的科研手段和最新资料，开发新技术，取长补短，共同受益。合作开发可以共享成果，共担风险，共享利益。合作开发的过程是技术开发与技术转移同时进行。

以上三个阶段的划分并不是绝对的，各阶段技术引进的方式可以多样化。

总的来说，技术引进方式与技术可得性以及消化能力的关系是，当外部技术的可得性差，国内又缺乏技术基础和研究开发能力时，只能购买成套设备，国产化能力较低；如果国内有技术基础和研发能力，可以自己开发。如果外部技术可得性好，而国内技术力量较差，一般采取技贸结合、全盘引进技术的方式；如果国内有了一定的技术基础和研发能力，吸收技术快，自主化能力强，则可以以我为主。

技术引进方式对技术学习效果有一定的影响。如果系统引进，或合作设计、生产，不仅可以掌握显性技术，还可以学习隐性技术，但是一次性成本可能高一些。如果只是引进图纸，没有学习过程，主要是掌握模仿能力，难以达到灵活应用的目的。

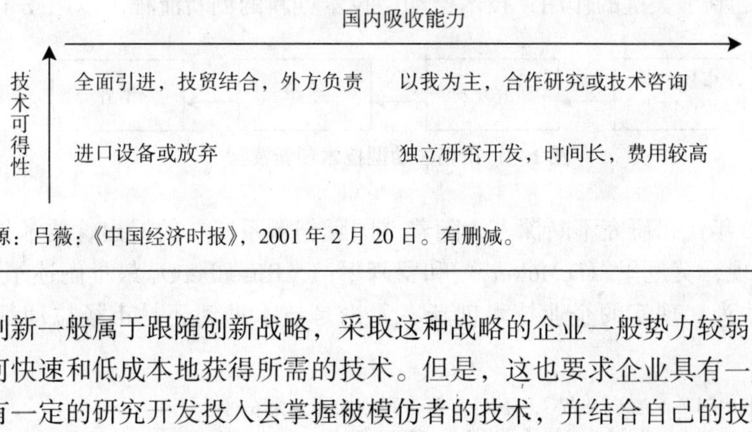

资料来源：吕薇：《中国经济时报》，2001年2月20日。有删减。

模仿创新一般属于跟随创新战略，采取这种战略的企业一般势力较弱，技术战略的重点是如何快速和低成本地获得所需的技术。但是，这也要求企业具有一定的研究开发能力，要有一定的研究开发投入去掌握被模仿者的技术，并结合自己的技术特点，根据市场需求变化，对被模仿技术进行二次开发，从而实现利润。领先创新、跟随和模仿创新之间的比较可以用表 1–5 表示。

表 1–5　领先创新、跟随和模仿创新的比较

创新类型	有利性	不利性	适用范围
领先创新	可领先占领市场，获得垄断利润	投资大、风险大	技术开发能力强，经济实力较强的企业
跟随和模仿创新	风险小，投资少，若实施得当可超过领先者	处于竞争劣势地位，市场份额一般较领先者小	有较强的消化吸收能力，有一定的开发能力的企业

资料来源：吴贵生：《技术创新管理》，清华大学出版社，2000 年 2 月，第 1 版。

四、技术推动型技术创新和市场拉动型技术创新

根据创新动力的不同，可以将技术创新分为技术推动型、市场拉动型等不同创新类型。熊彼特被认为是“技术推动”论的代表，技术推动型技术创新的基本含义是：研究和开发是技术创新的主要来源，技术创新是由研发成果引发的一种线性过程。创新过程始于研究开发，经过生产销售最终将技术成果推向市场，市场是创新成果的被动接受者，其创新流程可以用图 1–3 表示。

图 1–3　技术推动型技术创新模型

技术推动说在 20 世纪 60 年代受到了美国经济学家施莫克勒（J. Schmookler）的挑战。他认为，与技术推动说相比，市场拉动（或需求拉动）可能更具代表性。通常将他作为需求拉动说的代表。[①] 市场拉动型技术创新是一种以“消费者为中心”的技术创新，以开拓新市场、创造新消费和挖掘潜在需求为目的，以市场调查和市场预测为依据，通过开发新产品来满足人们随着经济和社会的发展而日益变化的消费需求，在这种创新模式中，市场需求是研究和开发的主要来源，技术创新是市场拉动的结果，市场需求在技术创新过程中起到了关键的作用，技术推动型技术创新的创新流程可以用图 1–4 表示。

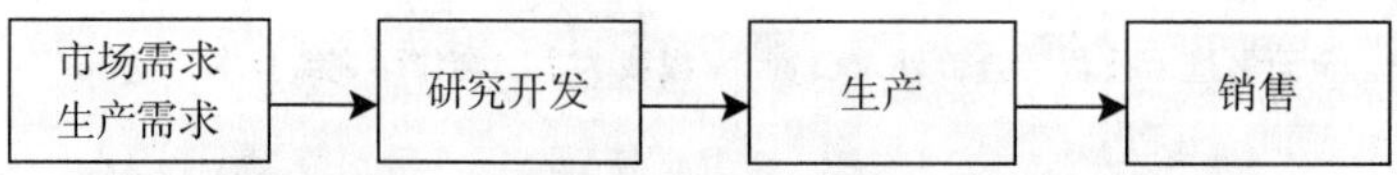

图 1–4　市场拉动型技术创新模型

20 世纪 80 年代，研究不断深入，随着“国际创新系统”的提出，技术创新的多因素解释开始出现，莫厄里（D.Mowery）和罗森堡（N.Rosenberg）最早阐述了“拉—退”模式，[②] 他们认为：现实的企业技术创新，无论是技术推动还是市场拉动都无法对其

① 张宗庆：《技术创新研究综合趋势》，《国外社会科学》，2000 年第 6 期。
② 刘友金：《企业技术创新论》，中国经济出版社，2001 年 4 月。

提出完整的解释，技术和需求常常是以一种互动方式存在。从现实中看，技术创新往往是技术推动和市场需求拉动共同作用的结果，两者都是决定创新成功的关键因素，从而得出了技术推动—市场拉动综合型技术创新模式，其创新过程可以用图 1-5 表示。

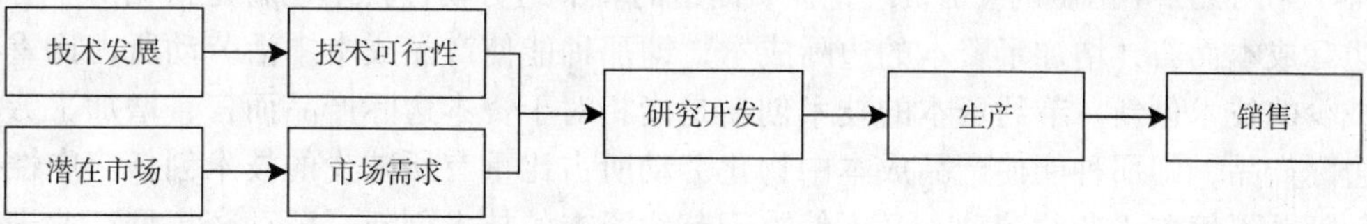

图 1-5　技术推动—市场拉动综合型技术创新模式

五、开放式技术创新和封闭式技术创新

根据技术创新系统的开放程度，可以把技术创新分为开放式技术创新和封闭式技术创新。最早提出“开放式创新”概念的是美国哈佛大学 Chesbroug（2003）教授，他是在总结了当前经济全球化的技术环境和竞争格局下，通过对典型企业的案例分析，总结其创新模式的演化规律后提出的。

封闭式创新是企业创新的原有主导模式。在封闭式创新中，创意首先在企业内提出，经过一系列筛选和流动过程，最后只有少数创意能够成功地在市场上实施，创新过程主要局限于企业内部，企业研究与开发紧密相连，最终将成功的创意推向市场。技术的发展以及技术全球化进程的加剧，单个企业难以利用自己的资源优势去实施所有的研发，原有技术模式也难以适应技术和市场环境的变化，导致企业创新模式从封闭式创新向开放式创新模式转变。开放式创新模式是描述企业在向市场提供产品和服务时，不仅通过企业内部研究和开发，而且还涉及内部开发和外部技术获取相结合，企业与外部有效互动，获取外部可商业化的创新资源，同时将无法通过内部路径实施商业化的企业内部创新成果在企业外部实现商业化。开放式创新的一个突出特点就是企业创意的多样化，它把内部与外部创意统一在一个企业组织框架内，实现了企业内部研发与外部获取

表 1-6　封闭式创新与开放式创新的比较

封闭式创新的基本原则	开放式创新的基本原则
本行业最聪明的员工都为我工作	并不是所有的聪明人都为我工作，我们需要企业内部和外部所有聪明人的通力合作
为了从研发事业中获利，我必须自己进行发明创造，开发产品并推向市场	外部研发工作可以创造巨大财富，内部研发工作需要或有权利分享其中的一部分价值
如果我自己进行研究，那么就能首先把新产品推向市场	我们并不是非要自己研发才能从中获利
最先把新技术转化为产品的企业必将胜利	建立一个更好的企业模式要比把竞争者推向市场更重要
如果我们的创意是行业内最多、最好的，那么我们一定能在竞争中获胜	如果我们能充分利用企业内部与外部的所有创意，那么就一定能成功
我们应当牢牢控制住我们的知识产权，这样竞争对手就无法从我们的发明中获利	我们应当从别人对我们的知识产权的使用中获利，同时只要是提升或改进我们的企业模式，就应该购买别人的知识产权

资料来源：［美］Henry Chesbrough：《开放式创新》（中译本），清华大学出版社，2005 年。

相结合。

按照节约资源的种类，可把技术创新分为节约劳动的技术创新、节约资本的技术创新和中性技术创新。这种分类法是由诺贝尔经济学奖获得者希克斯（John Richard Hicks）在1932年出版的《工资理论》中提出的。节约劳动性技术创新是指相对于劳动的边际成本而言，增加了资本的边际成本，即那种能使产品成本中活劳动所占比重有所减少的技术创新。节约资本的技术创新是指相对于资本边际产品而言，增加了劳动的边际产品，即那种能使产品成本中物化劳动所占比重有所减少的技术创新。中性技术创新既不偏重于节约劳动，又不偏重于节约资本的技术创新。劳动密集型产业进行的提高劳动效率的技术创新一般属于节约劳动的技术创新；资本密集型产业为提高资本的使用效率而进行的创新一般属于节约资本的技术创新。

除此之外，技术创新还有其他分类方法，如：根据技术的影响程度来分，可以把技术创新分为重大技术创新和一般技术创新等；根据技术变动方式不同分为局部性创新、模式性创新、结构性创新和全面性创新[①]等。分类标准并不是统一的，也不是固定不变的，而且这些分类法是交织在一起的，比如一项技术（如基因技术）既是合作创新，又是突破性技术创新，还属于重大创新。在知识经济时代，信息通信技术的迅速发展，技术创新是提高企业竞争实力、增强国家综合实力的基础，企业应根据自己的实际情况来选择合适的技术创新方式，以此来促进其在国际竞争中处于不败之地。

● **本章案例**

金鹏集团[②]的合作创新与自主创新[③④]

广州金鹏集团有限公司是一家按照"产、学、研、用"相结合的原则共同组建的，主要从事通信系统设备及终端、安防、数字广电、网络等产品的研究开发、工程设计、生产制造、安装和销售的高科技企业。经过几年不懈的努力，金鹏在行业内取得了令人瞩目的成绩，被中国企业联合会与中国企业家协会评定为"中国企业500强"。2005年在中国电子信息百强企业中排名第45位，并进入中国工业企业1000大；在中国通信业综合实力50强中排名第7位。发展离不开创新，这些骄人的成果是企业不断实施技术创新的结果，这种技术创新包括企业自主创新和企业合作创新以及其他形式的创新。靠自主研发出程控交换机起步，到后来与重要的战略伙伴摩托罗拉合作，再到后来与众多国际厂商合作，在合作与自主创新之间，金鹏写下了一则不同寻常的创业故事。

一、以自主创新为基础，建立广泛的技术合作

一个企业很难占有所有创新资源，一项技术创新过程的实施是包括科研、生产、市场化等在内的所有环节共同作用的结果，资源的分散使企业往往在发展中寻求合作。

---

① 吴贵生：《技术创新管理》，清华大学出版社，2002年。

② 广州金鹏集团成立于1998年4月，现有股东为广州凯得控股有限公司、广州越秀信息科技有限公司、广州科技风险投资有限公司、广州市科达实业发展公司、中国电子科技集团第五十四研究所、广州科技创业投资有限公司、华中科技大学，除集团总部外，旗下有两个分公司、七个控股子公司和一个参股公司。

③ 金鹏创业史，http：//www.cww.net.cn/zhuanti/yyzhuan/Article.asp？Id=7144。

④ 关于金鹏，http：//www.gzjpg.com/2004/about/index.jsp？cid=478&catid=478。

1996 年金鹏在建立之前，中国电子科技集团第五十四研究所和华中科技大学就成功地开发出了程控交换机 601。就当时的情况来说，开发的速度及获得的成果相当成功，但在市场推广等方面却遇到了问题。这时移动通信开始在中国市场上兴起，601 的开发者们决定将工作的重心转到移动通信领域。当决定转到移动通信领域时，创业者们面临着一个新的问题：如果还像做程控交换机那样完全自主地去做事情，去开发全套的移动通信系统，就会相当困难。面对这种情况，创业者们制定了自主开发与国际合作相结合的发展战略，决定做自己最擅长的事情，优先快速切入市场。

战略确定之后，他们开始寻找合作伙伴。在经过广泛的比较和谈判之后，最后形成了与摩托罗拉的合作。与摩托罗拉合作其中一个比较重要的因素是摩托罗拉没有自己的交换机，而金鹏在这方面刚好开发出了移动交换机，能够帮助摩托罗拉更好地开辟市场，所以双方的合作就有了很好的基础。合作的开展使得双方优势互补，各种资源得到了更好的整合和利用。

1998 年 4 月，在原电子部和后来的信息产业部以及广州市政府的支持下，按照“产、学、研、用”的原则，成立了广州金鹏集团有限公司（金鹏集团）。同年 6 月，金鹏以具有自主知识产权的技术作价入股，与摩托罗拉公司合资组建了广州金鹏移动通信系统有限公司。至此，金鹏与摩托罗拉结成了战略合作伙伴关系，金鹏也开始全线突击移动通信市场，并从完全自主研发转移到自主研发与国际合作相结合的道路上来。

金鹏向移动通信市场的进入如此轻易，就在于其对内外资源的有效整合，而不是单独的内部资源的利用。一方面，自主创新提高了合作的层次，资源共享、优势互补是合作创新的目的。自主创新往往是合作创新的前提，金鹏正因为有了自己的程控交换机 601，才成为摩托罗拉的合作对象。金鹏与摩托罗拉的合作同样也为金鹏进入移动通信市场降低了风险。一个市场的进入，首先面对的是自身研发能力、市场的不确定、资源的不充分等因素的制约，使得自主创新面临很多风险，而与市场上在位企业的合作使其不确定性大大降低。另一方面，金鹏的成功也在于合作对象的选择，金鹏的选择不在于企业的规模，而在于是否能使资源有效互补，是否能得到支持，是否能为企业带来预期的效益。这正如金鹏的创始人之一杨学军说：“其合作理念不一定要找最大的企业，但一定要找最好的公司来合作。”

目前，除摩托罗拉外，金鹏的主要国际技术合作伙伴还有美国 IBM、微软、英国 AIRSPAN、日本 HITACHI、NEC、美国高通、韩国三星、LOCUS（罗科）公司等。

二、以合作创新为途径，实现更高层次的自主创新

1999 年 3 月，金鹏的 JPM-I GSM 移动交换机系统设备获得了信息产业部颁发的设备进网许可证，这为金鹏进入移动通信设备市场打开了大门。1998 年和 1999 年，正是中国联通 GSM 网的大发展时期。所以，金鹏选择了中国联通作为主要的市场攻克目标。1999 年 7 月，金鹏迈出了关键的一步，与中国联通签订了广东梅州 GSM 商用移动通信设备供货合同，将拥有自主知识产权的国产移动交换系统设备首次应用在中国联通移动通信网上。在这一项目中，金鹏的设备和服务得到了中国联通的充分肯定，也为今后金鹏顺利进军中国联通市场打下了坚实的基础。截止到 2003 年 11 月，金鹏已经和中国联通签了价值 17 亿元的合同，其中 CDMA 项目为 13 亿元。在联通 CDMA 市场上，金鹏占据了中国联通超过10%的市场份额，并且在地域上占有了用户量较大的广东省市场。

除了进行合作外，企业还不断在合作的基础上进行自主研发，提高自己的竞争力。2002年，金鹏在为联通提供CDMA设备的同时，借CDMA发展之机，开发出了全套具有自主知识产权的CDMA边际网设备和CDMA 450MHz设备，其中CDMA边际网设备采取了分布式基站技术，可以将一个基站拆成18个点，从而使得一个县城有一个基站就可以完成网络覆盖。2001年，随着移动梦网数据业务的兴起，金鹏专门设置了一个网络系统部门，主要跟踪研究互联网和移动数据业务的发展趋势，尤其是CDMA增值业务的发展趋势，同时为未来的发展储备人才。金鹏由于与联通有着密切的合作关系，以及对CDMA网络和系统有着深入的理解，2003年，在经过近两年的跟踪研究之后，开始了在CDMA 1X移动数据业务上的开发。借助于对CDMA网络系统的理解，金鹏依靠BREW平台，很快开发出了多款"神奇宝典"娱乐游戏。目前，金鹏是中国联通主要的CP/SP提供商，开发的18款"神奇宝典"业务中，有16款被联通采纳，金鹏也是中国联通"神奇宝典"业务应用最大的提供商，其业务下载量是中国联通内容应用提供商排名第2~8名的总和。

合作是为了更好地积累自主创新的"资本"，正是因为有了金鹏与联通的合作，才使得金鹏的CDMA设备在市场上有了长足的发展，并借着发展之机，开发出了全套具有自主知识产权的CDMA边际网设备和CDMA 450MHz设备，并进一步开发了多款"神奇宝典"娱乐游戏。然而，自主创新的实施并不是一件简单的事，金鹏的成功还在于其具有高层次的知识结构和技术平台。据了解，金鹏集团现有员工1000多人，平均年龄30岁，拥有一支以院士、博士生导师、教授、研究员、高级工程师牵头的强大研发队伍。这些都为金鹏的自主创新和合作创新取得成果奠定了坚实的基础。生活因为科技而多彩，科技因为生活而丰富。金鹏积极在广电领域进行创新，为人们提供丰富的人性化产品。

三、自主创新与合作创新共同推进了金鹏集团的发展

其实对于企业来说，没有创新意味着企业的没落，跟随其他企业意味着永远落后。技术创新的形式是多样的，企业也不会单独地选择一种形式，而是根据自己的实际情况选择适合自己的创新道路，各创新模式之间并不是不相容的，而是能够有机地结合起来，金鹏的自主创新与合作创新就验证了这一点。

（1）合作创新使金鹏充分利用外部资源，优势互补，减少了创新过程中的风险，为企业产品的市场化创造了条件。然而，合作创新为的是"创新"，而不是单独为了"合作"，合作对象所占有的资源也关系到创新的成败，因此，选择合适的合作对象是创新成功的关键，金鹏对此特别重视。

（2）在合作的基础上实现高层次的自主创新是金鹏集团合作的目的。企业通过合作创新不可能获得所有收益，创新成果也不可能独占，因此，企业要想真正地成为市场的领导者、技术标准的制定者，必须走到自主创新的道路上。自主创新是企业维持竞争力、成为产业主导力量的关键，许多大企业之所以能领导一个行业，就在于其不断创造出新产品、建立新标准、引领市场需求。

● 思考题及答案要点

1. 简述技术创新的一般特点。

技术创新的一般特点是：新颖性、不确定性或风险性、高投入性、高收益性、技术创新时间的差异性、外部性、技术创新是一个受制于多种因素的过程、技术创新中的技术—经济（Techno-economic）选择是一个演化的过程。

2. 简述知识经济时代技术创新的新趋势。

知识经济时代技术创新的新趋势主要有：研发投入总量不断加大；研发结构出现新变化；技术创新的国际化与一体化趋势明显；技术创新时间逐渐缩短；技术创新的模式区域向系统网络模式发展；技术联盟是知识经济时代技术创新的新趋势。除此之外，技术创新的风险越来越大，对于技术专利和知识产权的保护越来越严密，技术创新也越来越复杂，技术创新的程度也越来越大。

3. 结合实际，以自主创新、合作创新和模仿创新为例，分析企业在发展中应如何增强自主创新能力。

企业在发展中一般会经过模仿创新→合作创新→自主创新的演进过程。在企业创建初期，由于企业资金缺乏、技术能力落后，企业往往采取模仿创新来降低风险，提高技术创新的成功率。但随着企业的发展，企业具备了一定的技术能力或具有了一定的资金支持，企业往往寻求合作伙伴来实现资源的组合，解决创新中遇到的技术能力不足或资金匮乏等问题。当企业做大、做强以后，具有雄厚的科研能力和资金实力，企业为了保持或扩大自己的市场地位，就会利用自身资源进行技术创新，逐渐培育自己的创新能力，实现自己长期垄断市场的战略目标。

● 参考文献

1. Utter，James M.（1979）"The dynamics of product and process innovation industry"，in Christopher T.Hill and James M.utterback edited，Technological innovation for a dynamic economy，pergamon press，40–65.

2. Equist，C.（ed.）(1997) Systems of innovation：Technologies，institutions and organizations，Chapter one，London and Washington printer，1–35.

3. Freeman，C. and Soete，L.（1997）The economics of industrial innovation，3rd，The MIT press，Cambridge，Massachusetts.

4. 王明友：《知识经济与技术创新》，经济管理出版社，1999 年。

5. 毛荐其、霍保世：《数量经济技术经济研究》，2002 年第 2 期。

6. 孙成权、曲建升：《国际研发经费支出规律与现状分析》，《世界科技研究与发展》，2002 年 3 月。

7. 吴声怡：《论有中国特色的"科技活动"定域》，《技术经济》，1995 年 11 月。

8. 王伟光：《自主创新、产业发展与公共政策——基于政府作用的一种视角》，经济管理出版社，2006 年 2 月。

9. 徐建国、吴声怡：《论技术创新的特点及创造力》，《福建农林大学学报（哲学社会科学版)》，2002 年第 5 期。

10. 王娅莉：《影响我国基础研究投入的因素分析——我国基础研究资源结构与部分国家差异比较》，《科技管理研究》，2005 年第 1 期。

11. [日] 斋藤尤：《技术经济与世界》，《世界经济评论》，1989 年 9 月。

12. 吴贵生：《技术创新管理》，清华大学出版社，2002 年 2 月。

13. 付玉秀、张洪石：《突破性创新：概念界定与比较》，《数量经济技术经济研究》，2004 年第 3 期。

14. 银路：《技术创新管理》，机械工业出版社，2004 年 8 月。

15. 现代管理领域教材编写委员会：《全国专业技术人才知识更新工程（653）工程现代管理公需教材》，企业管理出版社，2006 年。

16. 张宗庆：《技术创新研究综合趋势》，《国外社会科学》，2000 年第 6 期。

17. [美] Henry Chesbrough：《开放式创新》(中译本)，清华大学出版社，2005年。

18. 刘友金：《企业技术创新论》，中国经济出版社，2001 年 4 月。

第二章　技术创新能力与企业竞争优势

● 本章提要

理解技术创新能力的内涵、构成等内容，掌握评价技术创新能力的指标体系和模糊综合评价方法，明确技术创新能力与竞争优势的关系，了解如何从学习机制和积累途径两方面培育和提高企业技术创新能力。

在当今变化不定的知识经济环境中，技术迅猛发展，竞争异常激烈，使企业面临着不断提高效率、质量和灵活性的压力。一个企业要想从竞争中脱颖而出，必须从原来的质量型企业、效率型企业转向灵活型企业、创新型企业，持续不断地寻求新的突破，降低成本，提高质量，为市场提供独特性的产品。这使得创新能力在企业生存、发展、创造竞争优势的过程中变得越来越重要。

● 章首案例

海尔集团是中国到目前为止发展速度最快、发展质量最高、发展规模最大的家电企业。[①] 2004 年，海尔入选由世界品牌实验室公布的世界最具影响力的 100 个品牌之一。正是因为坚持不断创新，海尔才能从一个濒临倒闭的小厂，发展成一个世界有名的国际家电企业；也正是由于不断的创新，海尔才为迅速发展提供了源源不绝的动力；也正是依靠创新打造的坚实基础，海尔才最终实现了从名牌战略到多元化战略再到国际化战略的跨越，才最终初步建成了国际化的海尔。

为了增强竞争优势，海尔于 1998 年 12 月 26 日创立了研究院，专门致力于自主研发，为集团创全球知名品牌提供核心技术。目前研究院拥有 1.2 万平方米的研发大楼和 1.6 万平方米的中试基地，联合美国、日本、德国等国家和地区的 28 家具备一流技术水平的公司，配备了国际先进水平的软、硬件设施，并利用全球科技资源的优势在国内外建立了 48 个科研开发实体，主要围绕以下五个方面展开：整合全球科技资源，实现超前技术项目的商品化；集成软件资源，提升海尔产品的附加值，并实现成本节约；主持技术标准的制定和实施，提升海尔及中国家电产品的技术实力；为海尔集团在全球的制造、采购、服务部门提供研发能力和技术支持；动态跟踪、采集、分析全球经济、市

① 资料来源：《海尔获国家级企业技术中心评价五连冠》，新华网，2005 年 8 月 24 日；《海尔集团 CEO 张瑞敏：创新是创建自主品牌灵魂》，www.jctrans.com，2004 年 8 月 11 日。有改动。

场、技术的动态。其主要职责是研究储备与集团发展密切相关的超前 3~10 年的技术，同时推进这些技术的产业化转化工作，形成新的高新技术产业。

目前，海尔有 9 种产品在中国市场位居行业之首，3 种产品在世界市场占有率居行业前三位，在智能家居集成、网络家电、数字化、大规模集成电路、新材料等技术领域处于世界领先水平，在国际市场彰显出发展实力。"创新驱动"型的海尔集团致力于向全球消费者提供满足需求的解决方案，实现企业与用户之间的"双赢"。目前，海尔累计申请专利 6189 项（其中发明专利 819 项），拥有软件著作权 589 项。在自主知识产权基础上，海尔还主持或参与了近百项国家标准的制定、修订工作，其中，海尔热水器防电墙技术、海尔洗衣机双动力技术还被纳入 IEC 国际标准提案，这证明海尔的创新能力已达世界级水平。

第一节 技术创新能力的结构

一、技术创新能力的内涵

早在 20 世纪 90 年代初，普拉哈拉德（C. K. Prahalad）和哈默尔（Gary Hamel）就提出了企业技术创新能力的概念，[①] 在此基础上，一些专家和学者进行了深入的研究。关于企业技术创新能力的定义，国内外已基本上形成了一致的观点，认为它是由多项能力构成的、综合性的能力系统，是企业作为技术创新行为主体能够实施并完成技术创新行为的多项要素的有机结合和集成。它主要具有以下基本特征：

（1）系统性。企业技术创新能力是一个由多种能力要素有机组合而成的系统能力。作为一个系统，它的整体功能绝不是各个组合要素的简单叠加，而是在相互作用、相互制约中呈现出一种非线性的加和关系。各能力要素以企业的组织结构为基础，通过特定的联结方式复合在一起，较好地发挥各能力要素的潜力。高度结构化的技术创新能力并不在意个别能力要素是否最优，而是着眼于企业技术创新的整体目标，注重各能力要素在质和量等方面的相互配合和协调发展，进而获得各能力要素的协同增长效应，使企业表现出超越各能力要素的技术创新能力。

（2）规律性。企业技术创新能力是一个经济概念，同时又是一个技术概念。技术创新能力在其发展过程中涉及的因素既有社会经济方面的因素，又有科学技术方面的因素。因此，技术创新能力的实践既要受科学技术发展规律的制约，又要受社会经济发展规律的制约。只有遵循这两方面的规律，技术创新能力才能真正得到实现和提高，才能

① C.K. Prahalad & Gary Hamel. The Core Competence of the Corporation，Harvard Business Review，1992（3）：pp.85-86.

真正帮助企业形成“创新—积累—发展—创新”的良性循环，推动企业发展。

（3）主观能动性。企业技术创新能力的强弱受到客观规律的制约，但同时突出了人的主观能动性的发挥。这一观点贯穿于技术创新能力的各个构成要素中，突出体现在创新管理能力中。不论是技术创新战略管理能力、创新机制运动能力，还是创新过程的管理能力，都无不渗透着对人的主观能动性的要求。鼓励和调动创新主体的创新意识和效用观点对技术创新能力的提高起主导性作用。

（4）承继性，也即渐进性。技术创新能力不是企业一朝一夕就能拥有的，而是经过长期的技术学习和不懈的创新实践逐渐积累而成的。通常情况下，企业技术创新能力是在特定的技术创新领域，沿着企业现有的技术轨道，并以企业特定的产品和工艺技术为主线逐步提高。只有经过长期不断的技术创新实践，才能使企业技术创新能力实现从弱到强、从低级形态到高级形态的增长。

（5）静态和动态双重性。从静态而言，企业所拥有的创新资源是现时状况，是企业技术创新能力提高的基础。所拥有的创新资源越多，技术创新能力就越强。而动态特性则是指技术创新能力并不只是静态的存量，它是积累的、渐进的，有时甚至是突变的。构成技术创新能力的动态和静态两个方面缺一不可，企业现时技术创新能力是过去积累的结果，又是技术创新能力进一步提高的基础。

二、技术创新能力的构成

企业技术创新能力是一个由若干要素构成的综合性的能力系统，分析的视角不同，能力要素的分解方式也不同，表 2-1 是对一些代表性的观点的总结和综合。

表 2-1　不同视角的技术创新能力的构成

分析角度	作者	技术能力构成
组织行为学	拉里	企业组织能力、适应能力、创新能力和技术与信息的获取能力的综合
	伯格曼	对竞争对手的理解、对环境的理解、公司的组织结构和变化、开拓性战略等能力的组合
企业技术创新行为主体	巴顿	技术人员和高级技工的技能、技术系统的能力、管理能力、价值观等
技术创新资源要素	王健 王海山	技术创新的投入能力、产出能力、活动过程能力、企业技术创新的内部支持能力、社会支持能力等
企业技术创新的类型	王伟强	产品创新能力、工艺创新能力之间的耦合状态以及由此决定的系统整体功能
技术创新的过程	傅家骥 高建	创新资源能力、创新管理能力、创新倾向、研发能力、制造能力和营销能力等
	魏江 许庆瑞	创新决策能力、研发能力、生产能力、市场营销能力和组织能力
	关士续	技术创新决策能力、研发能力、实施能力、实现能力与组织管理能力
创新资源在不同阶段的配置和使用状况①	远德玉	企业的技术与市场机会选择能力、技术设计与开发能力、样品制造能力、中试能力、规模生产能力、销售与市场开拓能力、市场信息和反馈以及产品更新能力等

资料来源：根据 Robert A. Burgelmanetal（1996）、D.L. Barton（1992）、魏江（1995，1999）、远德玉（1994）、付家骥（1992，1998）。

① 这里的创新资源主要包括技术、产品和生产工艺过程创新，组织管理创新，经济过程创新。

总结前人的研究成果，本书主要依据企业技术创新的过程及其影响因素，将技术创新能力分解为六个方面的基本能力，这几项基本能力构成了企业技术创新能力的主框架，用一个网络图表征如下。从图 2-1 中可以看出，企业技术创新能力的构成大致可分为两个相互依存的层面，外层包括创新投入能力和创新管理能力，是企业技术创新能力的基础；内层包括创新研发能力、创新生产能力、创新产出能力以及创新营销能力，是企业技术创新能力的具体表现。

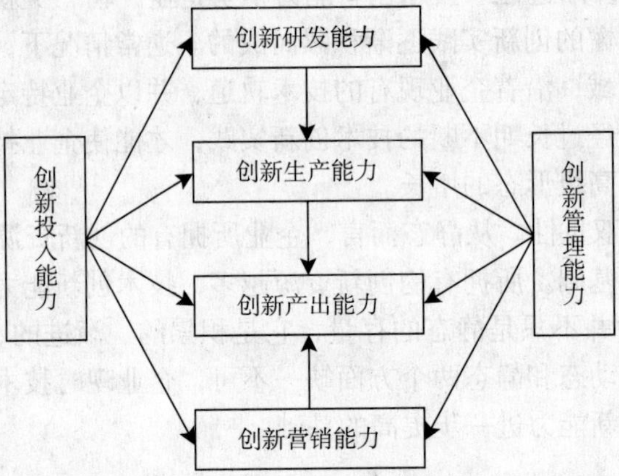

图 2-1　企业技术创新能力的结构网络图

（1）创新投入能力。创新投入能力是指企业在技术创新活动中投入资源的数量和质量，是企业进行创新决策时最容易被识别的因素，也是判断企业能否成功应对变化的最直接因素。[①] 按照国际通行的方法，企业创新投入分为 R&D 投入和非 R&D 投入。其中，R&D 投入集中体现在资金投入和人员投入上。资金投入反映了企业在研究开发、新产品生产准备、新产品营销等创新阶段对所需资金的筹集能力和运作能力；人员投入反映了企业在创新各阶段对所需人员的招募、培训、调配能力。然而，仅以 R&D 投入来反映企业技术创新投入水平是不全面的。非 R&D 投入是企业创新投入另一方面的内容，主要包括市场研究、设计、工艺和原料准备、广告和销售费用等。在奥斯陆手册中，非 R&D 指以下活动：①企业通过市场营销和客户联系、通过设计或工程化、通过监视竞争对手、通过聘用顾问等方式确定新产品概念和生产技术。②开发试验性原型，然后再制造全尺寸的设备。③购买专利等技术资料以及从各种类型的工程或设计咨询机构购买诀窍和技能。④开发和购买人员技能。⑤购买体现别人创新成果的工艺设备和中间投入。⑥重组管理系统、整个生产系统和生产方法。[②]

（2）创新管理能力。创新管理能力是指企业从整体上、战略上安排技术创新和组织实施技术创新的能力。也可以把创新管理能力理解为企业发现创新机会、组织管理技术创新活动的能力。这种能力要求企业领导人具有强烈的创新愿望，敢于承担创新风险，

① Clayton M. Christensen. Assessing Your Organization's Innovation Capabilities, Leader to Leader, No.21 Summer 2001.

②范柏乃：《城市技术创新透视》，机械工业出版社，2004 年。

能使创新战略与企业经营战略有机结合起来，能及时地解决与创新有关的问题，能创造一种促进创新的企业文化等。另外，这种能力不单局限于企业内部环境，还表现在与外界（政府、学术界和其他企业等）环境的沟通与协作上。

（3）创新研发能力。创新研发（R&D）能力包括基础研究、应用研究和开发研究的能力，是技术创新能力的基本要素，也是企业进行技术创新活动的基础和前提。这是因为企业只有通过 R&D，才可能吸收先进的科学技术成果，才可能把科学技术知识物化为新的产品和设备，才可能形成或创造出新的生产工艺和方法。衡量企业创新研发能力的重要指标是企业专利拥有数、资助创新产品率、开发成功率等。

（4）创新生产能力。企业研究开发活动的成果（新产品、新设备和新工艺等）只有进入到生产活动，才可能产生经济效益和社会效益，故创新生产能力是指把研发成果转化为生产力，形成产品批量生产的能力。归纳起来，它主要包括新产品试制能力、新产品生产能力和配套能力。新产品试制能力指新产品试制所需的设备、仪器、工具、材料准备与使用能力，新产品试制工艺制定与实施能力；新产品生产能力指厂房、设备的生产能力，工艺制定与实施能力，质量保证能力，对产品设计变更的应变能力；配套能力指原材料、零配件、部件的外部协调、组织、实施、监督能力、创新生产能力。集中体现在企业的生产装备水平、工人技术水平及工艺的设计和管理能力上，其中，工人的技术水平往往成为决定生产能力的关键因素。

（5）创新营销能力。创新营销能力反映的是使消费者接受新产品的能力，属于技术创新能力的辅助因素，主要包括市场调研、市场开拓、市场销售三方面的能力。在实际操作中，企业技术创新的结果如何，不仅取决于技术方面的各项要素，还取决于市场要素。强大的营销能力可以使企业获得较好的经济效益，使技术创新最终得以实现，由此建立企业“创新—积累—发展—创新”的良性模式。所以，企业要策划并实施行之有效的营销方案，进行相关的宣传、服务等，让市场上潜在的用户了解、接受和认可企业的技术创新成果，尽可能地扩大市场范围，提高创新产品的市场占有率。

（6）创新产出能力。创新产出能力集中显示了企业技术创新能力要素组合的综合效果，它主要包括新产品收益能力、新产品销售能力和新产品市场占有能力。新产品收益能力是指创新产品的附加值给企业产生收益的能力；新产品销售能力是指新产品提高企业销售收入的能力；新产品市场占有能力是指新产品增加市场占有份额的能力。其中，新产品销售能力包括销售费用投入强度、销售人员素质、分销网络化、新产品市场占有率等指标，新产品市场占有能力包括新产品销售收入占产品销售收入的比重、新产品销售利润占产品销售利润的比重、新产品产值占工业总产值的比重等指标。同时，企业技术创新的技术成果也是创新产出能力的一个重要指标，主要是指专利的申请数和专利拥有数等。从某种意义上讲，对创新产出能力的评价才是对企业技术创新能力最现实、最重要的评价。

第二节 技术创新能力评价指标与方法

技术创新能力评价的目的，一方面是找出企业在技术创新能力方面的差距；另一方面是对某一区域或行业内的企业技术创新能力进行比较，分析本企业在同行竞争中所处的地位，以便为企业制定合理的技术创新能力发展规划提供参考依据。技术创新能力的评价主要涉及以下主要内容和步骤：科学合理指标体系的建立、综合评价方法的选择以及各指标权重的确定等。下面分别对这些内容进行介绍。

一、技术创新能力指标体系

（一）指标体系的构建原则

为了使指标体系具有较强的实际操作性，又能客观、全面地反映企业技术创新能力，一般来讲，指标体系的构建应遵循以下几个原则：[①②]

（1）科学性原则。指标体系的构建是否科学、合理直接关系到评价的质量。为使指标体系能反映出企业技术创新的概貌、内涵与规律，体系必须具备层次性、代表性、完整性和系统性。并且还应以现代科技统计理论为基础，进行必要的专项调查和考证，做到定量与定性相结合、横向与纵向相结合，通过综合考核评价，得出科学、合理、真实、客观的评价结果。

（2）可操作性原则。在比较准确地反映各企业技术创新能力发展的基础上，指标体系的设计要注意数据资料的可能性和可得性，以保证指标能够得到有效的测度或统计，所需的资料应易于调查和收集，尽可能从统计资料中获取，或者可从现有的资料基础上加工获得，尽量避免形成庞大的指标群或层次复杂的指标树。此外，还要尽可能地实现指标的量化，以利于企业创新能力的横向和纵向比较。

（3）导向性原则。建立企业技术创新评价体系的目的就是对企业技术创新工作进行规范化，从而对企业技术创新工作起到导向和监控作用。从人力、财力和物力投入开始，重在研究开发和市场化，以获取最佳商业利润为目标，实现企业持续发展的目的。因此，在科学性和可操作性的基础上，应尽可能选择具有足够代表性的综合指标和专业指标，以便比较准确、简洁地表述企业技术创新的状况，引导企业找出努力的方向。

---

① 阎军印：《企业技术创新的系统分析与评价》，中国财政经济出版社，2002 年，第 52~54 页。
② 赵玉林：《创新经济学》，中国经济出版社，2006 年 3 月，第 378 页。

（二）指标体系的构成

依据企业技术创新能力的构成和指标体系的构建原则，建立了以下相应的指标体系。具体指标说明如表 2–2 所示。

表 2–2 企业技术创新能力评价指标体系

目标层	一级指标	二级指标	指标性质
技术创新能力	创新投入能力	R&D 投入强度	定量
		R&D 人员素质—数量强度	定量
		非 R&D 投入强度	定量
	创新管理能力	信息采集能力	定性
		创新机制	定性
		创新倾向	定量
		企业文化和气氛	定性
		技术创新的预测和评价能力	定性
		与外界研究和生产的合作能力	定性
		技术水平先进程度	定性
	创新研发能力	研发成功率	定量
		消化吸收能力	定性
		专利拥有情况	定量
		自主创新产品率	定量
		开发的时间和费用	定量
	创新生产能力	生产设备水平	定量
		现代技术采用率	定量
		生产人员的构成	定量
		标准化工作水平	定性
		工艺准备周期	定量
		产品生产周期	定量
	创新营销能力	营销的费用	定量
		市场了解程度	定性
		营销体系的适应度	定性
		营销网络化度	定性
	创新产出能力	新产品的市场占有率	定量
		新产品销售份额	定量
		技术贸易指数	定量
		技术水平	定量

资料来源：参见庄卫民：《产业技术创新》，东方出版中心，2005 年 5 月，第 272~277 页；朱祖平：《创新新视野》，经济科学出版社，2004 年 10 月，第 100 页；王伟光、唐晓华：《技术创新能力测度方法综述》，《中国科技论坛》，2003 年第 7 期，第 39~41 页。作者整理。

1. 创新投入能力的构成指标

（1）R&D 投入强度。该指标是 R&D 经费占销售收入的比重，其计算公式如下：

R&D 投入强度 = R&D 经费/销售收入

R&D 投入强度的另外两个指标是技术创新总费用和 R&D 经费/技术创新总费用。这里将 R&D 设备的费用并入了 R&D 经费中。技术创新总费用不仅包括 R&D 经费，还包括技术引进和技术改造费用。

（2）R&D 人员素质—数量强度。该指标用素质对数量进行加权来计算 R&D 人员数量，故称为素质—数量。其计算公式为：

$$企业 R\&D 人员的素质—数量 = \frac{\sum_{i=1}^{n} w_i r_i}{\sum_{i=1}^{n} w_i}$$

i：素质 i 的等级。企业 R&D 人员的素质等级划分为 4 级：第 1 级为初级研究开发人员；第 2 级为中级研究开发人员；第 3 级为高级研究开发人员；第 4 级为国家级有突出贡献专家。

r_i：第 i 级研究人员数。

w_i：第 i 级的素质权重。

于是，R&D 人员素质—数量强度可表示为：

R&D 人员素质—数量强度 = R&D 人员素质—数量/职工人数

（3）非研究开发投入强度。非研究开发投入强度用技术引进和技术改造经费占销售收入的比重来表示。其计算公式为：

非 R&D 投入强度 =（技术引进费用 + 技术改造费用）/销售收入

2. 创新管理能力的构成指标

（1）信息采集能力。信息采集能力属于定性评价指标，用以反映创新信息的获取对技术创新能力的影响。信息资源的开发利用是企业提高技术创新能力的保障。信息采集能力一般可由信息资源管理机构是否健全、信息管理人员素质、现代信息技术利用程度等方面来定性度量。采用“强、中、弱”或“好、中、差”表示，或借助专家评判换成 0~100 的数。

（2）创新机制。也属于定性化评价指标。创新机制要使创新人员人尽其才、沟通顺畅、合作有效，主要反映企业成员进行技术创新的主动性和积极性。在测度上难以找到可以准确计量的指标，只能用经验数据，借助专家评判来进行度量。可以依据创新激励机制是否健全、有效，机制的运行情况等进行定性测评。测评结果采用“强、中、弱”或“好、中、差”表示，或借助专家评判换成 0~100 的数。

（3）创新倾向。创新倾向表现为企业家追求创新的强烈愿望化做现实，即创新的主动性和前瞻性。该指标反映企业领导在技术创新中的牵头作用，通常可用创新频率和每千人创新数量来衡量。创新频率指企业的年创新数。企业技术创新可分为工艺创新和产品创新，而各自又区别为重大创新和渐进创新。在考察创新频率时，只计算工艺创新和产品创新数量。其计算公式为：

创新频率 = 年内产品创新数 + 年内工艺创新数

每千人创新数量 = 创新频率 × 1000/职工人数

（4）企业文化和气氛。定性化指标，主要反映企业技术创新的内部环境和氛围，包括创新观念等。测评结果采用“强、中、弱”或“好、中、差”表示，或借助专家评判换成 0~100 的数。

（5）技术创新的预测和评价能力。定性化指标，主要反映技术创新过程中企业减少技术创新的不确定性和风险的能力。企业技术创新存在很大的不确定性和巨大的风险。

技术创新的预测和评价能力较强则能找准技术创新的主攻方向，尽量减少或避免技术创新中的风险。

（6）与外界的研究和生产合作能力。定性化指标主要反映企业与外界环境的沟通和协调对技术创新的影响。采用“强、中、弱”或“好、中、差”表示，或借助专家评判换成 0~100 的数。

（7）技术水平先进程度。半定性化指标。技术水平先进程度可通过对被评价技术与其他可比技术的主要技术、经济指标比较进行度量。可用的方法有：①评分法。对主要性能指标比较评分，加权求和后，评价技术的先进程度。②等级法。在比较各主要指标后，将被评价技术定位于某一等级，从而得到技术水平的大致概念。通常分为六个等级：国际上领先水平、国际上先进水平、国内或行业内领先水平、国内或行业先进水平、省内领先水平、省内先进水平。

3. 创新研发能力的构成指标

（1）研究开发成功率。主要反映 R&D 机构的研究能力，可用相对指标“研究开发成功次数/研究开发总数”和绝对指标“研究开发项目数”来计算。

（2）消化吸收能力。用于反映企业非自主创新、接受创新扩散的能力，对引进技术后消化、吸收、改进的能力。主要表现在工艺上，因产业技术不同，消化、吸收、改进的衡量指标无法统一。如有的企业对引进技术的改进表现为原来生产线经改进后能够生产更多的产品；而有的企业对技术引进的改进则表现为节约原材料和降低成本。由于对“消化吸收能力”指标在计量上存在上述复杂性，通常利用经验、数据测度，然后换算成 0~100 的数。

（3）专利拥有情况。研究开发的重要成果是专利，每年的专利申请数可能不是当年研究开发的成果，而是数年研究开发的产物，但持续的研究开发活动应连续不断地出现新发明（专利）。

专利在创新中的比例 = 拥有专利数/创新成果数

（4）自主创新产品率。自主创新产品不是依靠引进技术直接生产新产品，而是由企业自行或合作研究开发的新产品。设计“自主创新产品率”指标是考核企业在自主创新方面所取得的进步。

自主创新产品率 = 自主创新产品数/创新产品数

（5）开发的时间和费用。这个指标反映了同类创新产品的开发时间和成本费用，可以用开发时间和费用占同类产品开发的平均时间和费用或估计的时间和费用来评价。

4. 创新生产能力的构成指标

（1）生产设备水平。生产设备水平可按国际先进水平、国际一般水平、国内先进水平、国内一般水平等档次，分别计算各档次水平的生产设备占总设备的比例，采用加权平均法来计算。计算公式为：

生产设备水平 = 1 × 国际先进（%）+ 0.75 × 国际一般（%）+ 0.5 × 国内先进（%）+ 0.25 × 国内一般（%）

（2）现代技术采用率。

现代技术采用率 =（采用现代制造技术生产的产品数/企业生产的产品总数）

（3）生产人员的构成。指标反映生产人员的素质，用技术工人的技术等级来评价。

$$工人技术等级=\frac{\sum_{i=1}^{n} w_i r_i}{\sum_{i=1}^{n} w_i}$$

i：技术的等级。工人的技术等级划分为5级：第1级为初级工；第2级为中级工；第3级为高级工；第4级为技师；第5级为高级技师。

r_i：第i级工人数。

w_i：第i级的素质权重。

（4）标准化工作水平。定性化指标。利用经验数据转化为百分制数字来度量，或采用“强、中、弱”或“好、中、差”表示。

（5）工艺准备周期。反映技术成果转化成现实生产所需要的时间，可用工艺准备周期占同类产品的平均工艺准备周期或估计周期来评价。

（6）产品生产周期。指标反映产品从初始原料投入到产品完成所需要的时间，处理方式与工艺准备周期相同。

5. 创新营销能力的构成指标

（1）营销的费用。这里用营销费用率来评价。

营销费用率=营销总费用/市场销售额

（2）市场了解程度。指企业在潜在需求分析、竞争对手分析、用户分析、技术发展趋势判断、需求及使用产品信息等方面的努力程度。测评时，采用“强、中、弱”或“好、中、差”表示，或借助专家评判换成0~100的数。

（3）营销体系的适应度。指企业在组织机构设计中针对新产品投放市场和扩大市场做的专门研究，而在实际中这种专门考虑起到了促进新产品销售的作用。比如，在广告宣传、定价策略、销售渠道建立等方面为新产品所做的专门努力。测评时，采用“强、中、弱”或“好、中、差”表示，或借助专家评判换成0~100的数。

（4）营销网络化程度。指企业现存的销售网络对新产品上市、扩大销售规模和信息反馈的及时与准确性起什么作用，可采用问卷调查方式获取经验数据，然后再转化为百分制数，也可以采用“强、中、弱”或“好、中、差”表示。

6. 创新产出能力的构成指标

（1）新产品的市场占有率。反映企业创新产品的商业化程度，可计算其市场占有份额。

市场占有率=企业在该年度产品销售量/该年度产品的市场总销售量

（2）新产品销售份额。创新产出表现为收益性产出、技术性产出和竞争性产出，分别用收益性指标、技术性指标和竞争性指标反映。新产品销售份额属于收益性指标，用以测度新产品对企业销售收入的贡献。

新产品销售份额=新产品销售收入/总销售收入

（3）技术贸易指标。技术贸易指标属于收益性指标。用技术净收入反映企业在技术买卖方面的情况，技术净收入是企业年内技术售出额与技术购入额的差。技术贸易指标计算公式为：

技术贸易指标 = 技术净收入/(技术购入额 + 技术售出额)

(4) 技术水平。技术水平属于技术性指标，用经验数据来测度。技术水平从低到高依次为企业水平、本省水平、全国水平和国际水平。综合技术水平可进行加权求得。

$$技术水平 = \frac{\sum_{i=1}^{n} w_i A_i}{\sum_{i=1}^{n} w_i}$$

i：表示技术水平 i 的等级。技术水平等级划分为 4 级：第 1 级为企业水平；第 2 级为省内水平；第 3 级为国内水平；第 4 级为国际水平。

A_i：第 i 级水平设备或技术数目。

w_i：第 i 级水平的权重。

(5) 标准化工作水平。标准化工作水平属于定性化指标。利用经验数据转化为百分制数字来度量，也可以采用"强、中、弱"或"好、中、差"表示。

二、技术创新能力的模糊综合评价

目前，评价企业技术创新能力的方法较多，如模糊综合评价法、层次分析法、灰色关联分析法，以及最近发展起来的线性规划范畴的数据包络分析法 (DEA) 与非线性规划范畴的神经网络方法等。鉴于企业技术创新能力受到多重因素的影响，且评价过程涉及模糊因素，所以必须对多个因素做综合考虑。因此，这里主要介绍模糊综合评价这一现代数量经济分析方法。

模糊综合评价法是美国控制论专家 L. A. Zadeh 于 1965 年首先提出来的。它是以模糊数学为基础，应用模糊关系合成原理，将一些边界不清、不易定量的因素定量化，进行综合评价的一种方法。其基本思想是，由于相邻评价等级之间具有模糊性，因而引入模糊隶属度作评价指标，从末级指标开始进行评判直至一级指标为止，可获得评价对象的综合定量评价结果。模糊综合评价法能较好地反映等级，使评估方法具有合理性。[①②③]本法是对逐级存在大量不确定信息或模糊信息指标的评价对象进行综合评分的一种首选方法。其不足之处在于指标权重的赋值受到主观因素影响，且用隶属度作为评判准则，使原指标的信息有所丢失。[④⑤]

---

① 易晓文:《基于 BP 神经网络的民营企业技术创新能力的模糊综合评价》,《数量经济技术经济研究》, 2003 年第 8 期，第 105~108 页。

② 李群:《企业技术创新能力指标体系的模糊理论综合评价》,《数学的实践与认识》, 2004 年第 5 期，第 41~46页。

③ 吴永林、高洪深、林晓言:《企业技术创新能力的多级模糊综合评价》,《数量经济技术经济研究》, 2002 年第 3 期，第 53~56 页。

④ Paul P. Wang and S. K. Chang. Fuzzy Sets: Theory and Application of Policy Analysis and Information Systems. Plenum Press. New York and London, 1980.

⑤ R. R. Yager. Fuzzy Decision-making Including Unequal Objective, Fuzzysets and System .Man and Cybernetics, 1976, 13: 47.

模糊综合评价主要分为两步：第一步先按每个因素单独评价；第二步再按所有因素综合评价。具体步骤如下：

（一）建立指标集

根据企业技术创新能力评价的指标体系，将影响技术创新能力的所有因素组成指标集 J，将 J 中各个指标按其性质分为六类，即将 J 分为相应的六个子集 J = {A，B，C，D，E，F}，每个子集包含的指标是不同的，如第一个子集包含 3 个指标，有 A= {A_1，A_2，A_3}，其余类推。

（二）建立权重集

1. 建立二级指标集的权重集

指标权重的确定可采用专家调查法。请专家组的每位专家就某二级指标集中的各项指标的权重作评判。评判积分法可采用相对评分法，即对每一对指标分别比较。以 B= {B_1，B_2，B_3，B_4，B_5} 指标集为例，若 B_1 与 B_2 相比较，B_1 的重要程度是 B_2 的两倍，则记 b_{12} = 2，b_{21} = 1/2，以此类推，可以得出指标集权重的相对比较矩阵（如表 2–3 所示）。

表 2–3 相对比较矩阵

	B_1	B_2	B_3	B_4	B_5
B_1	b_{11}	b_{12}	b_{13}	b_{14}	b_{15}
B_2	b_{21}	b_{22}	b_{23}	b_{24}	b_{25}
B_3	b_{31}	b_{32}	b_{33}	b_{34}	b_{35}
B_4	b_{41}	b_{42}	b_{43}	b_{44}	b_{45}
B_5	b_{51}	b_{52}	b_{53}	b_{54}	b_{55}

根据各位专家评判结构采用简单算术平均法进行归一处理。简单算术平均法是将专家组中全体专家对某一指标权重的评分进行算术平均。这样就得出了综合各专家意见后的相对比较均值矩阵，如表 2–4 所示。

表 2–4 相对比较均值矩阵

	B_1	B_2	B_3	B_4	B_5
B_1	$\overline{b_{11}}$	$\overline{b_{12}}$	$\overline{b_{13}}$	$\overline{b_{14}}$	$\overline{b_{15}}$
B_2	$\overline{b_{21}}$	$\overline{b_{22}}$	$\overline{b_{23}}$	$\overline{b_{24}}$	$\overline{b_{25}}$
B_3	$\overline{b_{31}}$	$\overline{b_{32}}$	$\overline{b_{33}}$	$\overline{b_{34}}$	$\overline{b_{35}}$
B_4	$\overline{b_{41}}$	$\overline{b_{42}}$	$\overline{b_{43}}$	$\overline{b_{44}}$	$\overline{b_{45}}$
B_5	$\overline{b_{51}}$	$\overline{b_{52}}$	$\overline{b_{53}}$	$\overline{b_{54}}$	$\overline{b_{55}}$

这时，再用方根法求 B_i（i = 1，2，3，4，5）的权重 b_i（i = 1，2，3，4，5），具体步骤如下：

首先，计算表 4 中的行元素的乘积，记做 M_i（i = 1，2，3，4，5），以 M_1 为例，$M_1 = \overline{b_{11}} \times \overline{b_{12}} \times \overline{b_{13}} \times \overline{b_{14}} \times \overline{b_{15}}$；

其次，对 M_i 开 5 次方根，记为 $\overline{W_i}$（i = 1，2，3，4，5），即 $\overline{W_i} = (M_i)^{1/5}$；

最后，对 $\overline{W_i}$ 进行正规化，记为 $b_i = \overline{W_i} \Big/ \sum_{j=1}^{5} \overline{W_j}$，由此可得 B 指标集的权重集 $V_2 = \{b_1, b_2, b_3, b_4, b_5\}$。

2. 建立一级指标集的权重集

与建立二级指标集的权重方法相同，首先得出每位专家的相对比较矩阵；其次求出相对比较均值矩阵，见表 2-5；最后求出一级指标集的权重集 $U_j = \{j_1, j_2, j_3, j_4, j_5, j_6\}$。

表 2-5 相对比较矩阵

	A	B	C	D	E	F
A	j_{11}	j_{12}	j_{13}	j_{14}	j_{15}	j_{16}
B	j_{21}	j_{22}	j_{23}	j_{24}	j_{25}	j_{26}
C	j_{31}	j_{32}	j_{33}	j_{34}	j_{35}	j_{36}
D	j_{41}	j_{42}	j_{43}	j_{44}	j_{45}	j_{46}
E	j_{51}	j_{52}	j_{53}	j_{54}	j_{55}	j_{56}
F	j_{61}	j_{62}	j_{63}	j_{64}	j_{65}	j_{66}

（三）建立评价集

评判集大小可根据实际细分程度及计算量大小设定，一般来讲，无论是一级指标还是二级指标，评价集设计为：

R = {强，较强，一般，较弱，弱}

1. 二级指标模糊综合评价

首先，由专家组对某二级指标进行评价，例如现对 B 指标中的指标进行评级，若专家组共由 10 人组成，其中 3 人认为强，2 人认为较强，5 人认为一般，则指标 B_1 的评价集 RB_1 为：

$RB_1 = \{B_{11}, B_{12}, B_{13}, B_{14}, B_{15}\} = \{0.3, 0.2, 0.5, 0, 0\}$

以此类推，可得出由 B 指标集中各二级指标评价结果构成的评级矩阵 R_2，见表 2-6。

表 2-6 评价矩阵

R_2	强	较强	一般	较弱	弱
RB_1	B_{11}	B_{12}	B_{13}	B_{14}	B_{15}
RB_2	B_{21}	B_{22}	B_{23}	B_{24}	B_{25}
RB_3	B_{31}	B_{32}	B_{33}	B_{34}	B_{35}
RB_4	B_{41}	B_{42}	B_{43}	B_{44}	B_{45}
RB_5	B_{51}	B_{52}	B_{53}	B_{54}	B_{55}

其次，根据二级指标权重集 V 和由二级指标评价结果构成的评价矩阵 R，进行低级

模糊综合评价，可得到低级模糊综合评价集 S。例如 B 指标的低级模糊综合评价集 S_2为：

$$S_2 = V_2 \times R_2$$

$$= (b_1, b_2, b_3, b_4, b_5) \times \begin{bmatrix} B_{11} & B_{12} & B_{13} & B_{14} & B_{15} \\ B_{21} & B_{22} & B_{23} & B_{24} & B_{25} \\ B_{31} & B_{32} & B_{33} & B_{34} & B_{35} \\ B_{41} & B_{42} & B_{43} & B_{44} & B_{45} \\ B_{51} & B_{52} & B_{53} & B_{54} & B_{55} \end{bmatrix}$$

$$= (S_{21}, S_{22}, S_{23}, S_{24}, S_{25})$$

所以，二级指标模糊综合评价集 S 为：

$$S = \begin{bmatrix} S_1 \\ S_2 \\ S_3 \\ S_4 \\ S_5 \\ S_6 \end{bmatrix} = \begin{bmatrix} S_{11} & S_{12} & S_{13} & S_{14} & S_{15} \\ S_{21} & S_{22} & S_{23} & S_{24} & S_{25} \\ S_{31} & S_{32} & S_{33} & S_{34} & S_{35} \\ S_{41} & S_{42} & S_{43} & S_{44} & S_{45} \\ S_{51} & S_{52} & S_{53} & S_{54} & S_{55} \\ S_{61} & S_{62} & S_{63} & S_{64} & S_{65} \end{bmatrix}$$

2. 一级指标模糊综合评价

首先，根据一级指标集的权重级 U_j 和二级模糊综合评价级 S，进行一级指标模糊综合评价，可得到一级指标模糊综合评价集 H。

$$H = U_j \times S \ (j_1, j_2, j_3, j_4, j_5, j_6) \times \begin{bmatrix} S_{11} & S_{12} & S_{13} & S_{14} & S_{15} \\ S_{21} & S_{22} & S_{23} & S_{24} & S_{25} \\ S_{31} & S_{32} & S_{33} & S_{34} & S_{35} \\ S_{41} & S_{42} & S_{43} & S_{44} & S_{45} \\ S_{51} & S_{52} & S_{53} & S_{54} & S_{55} \\ S_{61} & S_{62} & S_{63} & S_{64} & S_{65} \end{bmatrix}$$

其次，得到模糊综合评价结论。得出一级指标模糊综合评价集后，可采用模糊分布法确定评判对象的具体结果。模糊分布法是直接把评判作为评判结果或将评判归一化，用归一化的评判作为评判结果。评判归一化的具体做法如下：先求评判之和 h；再用评判之和 h 分别除原来的各个评判，组成归一化的模糊综合评价集 H^*。即：

$$H^* = \{h_1/h, h_2/h, h_3/h, h_4/h, h_5/h\} = \{h_1^*, h_2^*, h_3^*, h_4^*, h_5^*\}$$

其中 $h = h_1 + h_2 + h_3 + h_4 + h_5$ 为归一化的模糊综合评判。据此企业可以从总体上了解自身技术创新能力的强弱状况，进而制定相应对策。

第三节 技术创新能力与企业竞争优势

在市场竞争中赢得竞争优势是每一个企业的目标，也是企业的战略决策者所要思考和解决的核心问题。面对经济日益全球化、知识经济飞速发展的今天，技术创新能力的高低已经成为企业竞争优势获得的关键。正如著名经济学家罗伯特·艾伦所言："技术是参与竞争的一个强有力的武器，尤其是当技术能帮助企业向市场推出一代新产品时，其威力更大。"

一、企业竞争优势的源泉

竞争优势概念最早是由英国经济学家张伯伦（E. Chamberlin）于 1939 年提出的。1978 年，霍弗和申德尔（Hofer & Schendel）将"竞争优势"概念引入企业战略管理领域。后来哈佛商学院迈克尔·波特（Michael E. Porter，1980）教授基于产业经济学对企业竞争优势进行了系统的研究，并认为企业竞争优势是指企业在特定市场、特定阶段、特定地域，在为消费者提供有价值的产品或服务的过程中所具有的超越主要竞争对手、获得超过行业平均利润的能力或潜能，是表征竞争性市场中企业绩效的核心。

根据波特的竞争优势理论，企业能否在激烈的市场竞争中获胜，关键在于产生和保持企业的某种优势或独特功能。竞争优势的两种基本表现形式为低成本优势和歧异性优势。低成本优势是指企业的经营成本低于同行业其他企业，从而形成价格竞争优势；歧异性优势是指企业的产品或服务与同行业其他企业相比具有某种特殊的功能，满足消费者的需求偏好，从而形成差异性优势。在市场竞争中赢得竞争优势是每一个企业的目标，也是企业的战略决策者们所要思考和解决的核心问题。而企业如何获得低成本，如何做到标新立异，就是企业获取竞争优势的途径。

全球最大的零售商店沃尔玛在建立初期，有效地采用了歧异化战略和低成本战略。创始人萨姆·沃尔玛发现许多小城镇中缺少较大的零售商店，因为当时的大商场商品价格较贵，无法与小城镇的经济状况相适应。因此，他选择了在小城镇建立廉价仓储店的进入战略。为了达到降低成本的目的，萨姆·沃尔玛坚持直接与第一手的供货商联系，争取最低的进货价，并且采用仓储式的商品摆放形式，以达到最低的设施及管理成本；同时，他一贯要求本人及员工在所有的方面厉行节约，因而被有些媒体嘲笑为"守财奴"。但是他的这种战略选择和守财奴行为却为沃尔玛公司带来了巨大的成功。这种成功的竞争优势显然不仅仅来自于单一的企业行为，而是来自于企业价值链的各个环节的技术创新。

另一个案例是中国的海尔集团，从一开始进入家电市场，海尔就采用了与其他同行不同的竞争战略。无论国内家电行业打价格战还是打科技概念战，海尔始终选定自己的战略方针，坚持以优质的售后服务策略，在家电市场上树立起了“海尔”品牌，而且通过售后服务获取关于产品质量、性能和顾客需求等信息又反馈回企业，使产品的设计和创新更适合消费者需求。因此，即使海尔的家电产品价格略高于同类国产品牌，但仍然受到不少消费者的青睐。这是一个采用售后服务技术优势战略，从而促进产品的差异化的典型例证。

二、技术创新能力与企业竞争优势

在工业经济时代，企业持续竞争优势的主要源泉是规模经济和范围经济。而在信息技术革命时代，企业持续竞争优势的主要源泉是技术创新。当前在许多行业，技术创新已经成为企业获得竞争优势的最主要动力，在过去5年内开发出来的产品的销售额或利润占企业总体销售额或利润的1/3以上。例如，医疗器械设备行业中的领头羊——百特（Baxter）公司2002年的研发费用占该年销售收入的37%，3M公司的这一比例也高达45%。实践证明，只有技术创新能力较高的企业才能显著提高产品和服务的附加值，获得竞争优势。

（一）技术创新能力是企业竞争优势的重要来源

关于企业竞争优势的来源，一直以来都是学术界、企业界关注的焦点。到目前为止，学者们纷纷从范围经济、规模经济、学习曲线、纵向一体化、多元化、企业文化等不同角度对竞争优势及其来源进行了不同的解释。但随着新科技革命的推进和科技经济一体化的深入，企业的经营环境发生了巨大的变化，竞争优势的来源及其构成因素也发生了进一步的深化，技术要素以及建立在技术要素基础上的企业技术创新能力在竞争中的地位和作用日益凸显，并已经成为企业竞争优势的重要源泉。[①]

关于技术创新是企业竞争优势源泉这一命题，可以从产品的角度来加以解释。这是因为，产品是企业间技术创新的载体和最终表现，是企业竞争取胜的决定因素和最重要的武器，是检验企业是否具有竞争优势的试金石，只有那些能更大程度地满足消费者需求的产品，才能获得市场的青睐，所以企业要取得竞争优势就必须在产品市场获得优势。[②]

首先，强大技术创新能力可以使企业在新产品市场获得竞争优势。当今世界，市场需求不断变化，新的需求不断产生；全球经济一体化进程加快，供大于求是普遍现象。在这样的时代，企业要想获得竞争优势，就必须具有良好的创新意识和足够强大的技术创新能力，不断推出新产品以满足消费者日益增长的新需求。同时，若能拥有强大的创新能力，企业就能不断创造出新需求，处于市场竞争的有利位置。一个无力推出新产品的企业是不可能长期生存的。因为任何产品都有生命周期，并且现在产品的生命周期在

① V.K.纳雷安安著，程源、高建等译：《技术战略与创新：竞争优势的源泉》，电子工业出版社，2002年。

② 高湘一、李志伟：《试论技术创新是企业竞争优势的核心》，《科学技术与辩证法》，2002年第12期，第80~81页。

不断地缩短，如果不能适时实现产品创新，企业就会随着现有产品的衰落而衰落。若企业能够抓住市场的潜在盈利机会，重新组织生产条件和要素，推出新产品、新生产（工艺）方法，开辟新的市场以满足新的需求，企业就会继续保持自己的竞争优势。然而，新产品、新工艺的创新需要拥有强大的技术创新能力来支撑。

其次，强大的技术创新能力可以使企业在现有产品市场上赢得竞争优势。拥有强大的技术创新能力，企业就能够依靠技术创新改善产品功能，提高产品质量，增强产品竞争力，获得竞争优势。同时，通过技术创新，企业可以改进不合理的生产工艺，实现更合理化的生产，提高效率，扩大批量，形成规模经济，从而更具竞争优势。因此，具有强大的技术创新能力就可以在已有产品市场赢得竞争优势。

专栏 2-1

海信：以技术打造竞争优势

海信只用10多年的时间，就把原来只有5亿多元资产的青岛电机厂发展到有118亿元资产的海内外知名大企业，很大一部分要归功于“技术立企”的发展战略。现在，海信自主开发的技术专利已有800多项，并利用这些技术生产、制造了300多种新产品。如海信在2002年8月就实现了数字等离子自主研发的规模化生产。2003年实现了背投、等离子、液晶等60多类高清电视三大新产品系列，其中13类达到国际先进水平。2004年，海信率先应用1080P顶级高清技术生产出带动高清电视的全面升级。也正是高新技术应用的成果，使其变频空调占市场份额的60%。2005年6月，中国第一款音视频领域的核心芯片“信芯”在海信诞生，其结构设计与关键算法设计均达到国际先进水平，可完全替代国外同类产品。同年8月，海信1080P新亮彩魔镜引擎领先研发成功，使色域覆盖率从70%提高到80%，完全突破了其他厂商单一的分屏图像处理或移动图像处理色域数值不能精确控制的技术“瓶颈”。

强大的技术实力使得海信大平板电视在市场上的表现一枝独秀。据国务院发展研究中心公布的中国平板市场调查数据显示：液晶电视的7个指标中，海信在关键的4项指标（知名度、第一提及率、质量满意度、预期购买率）名列第一，其中质量满意度高达92%；海信等离子的质量满意度和预购率也位居首位。2006年2月，中怡康统计数据显示，海信平板电视（含等离子、液晶）的销售量、销售额已经连续18个月双双蝉联榜首，并遥遥领先于其他所有品牌。

也正是凭借领先的技术优势和产品品质，海信大平板电视多次被选做国礼，先后送给南非副总统、白俄罗斯国家图书馆，还被22国外长会议确定为唯一指定使用的平板电视品牌。2005年12月，海信平板电视又成为央视高清频道唯一指定使用的中国品牌，成为央视高清频道的战略合作伙伴。

资料来源：曹明新：《海信的技术立企之道》，www.hexun.com，2006年3月1日；徐斌：《海信大平板：以技术、品质打造核心竞争力》，《中国经济时报》，2006年4月13日，第8版。有改动。

（二）技术创新向企业竞争优势的转换

波特认为技术创新对企业竞争优势的影响主要表现在以下几个方面：通过技术创新影响企业价值链的活动，从而创造竞争优势；通过影响产业结构，譬如影响进入壁垒、买方与卖方的讨价还价能力、影响替代技术、改变现有竞争对手之间的竞争性质等方面来创造竞争优势。另外，企业还可以通过技术领导与技术追随去获得竞争优势等。[①②]

实际上，不同类型的技术创新在形成和增强企业竞争优势中的作用是不同的。根据技术创新的程度或深度，可以把技术创新分为根本性创新和渐进性创新。根本性创新也称重大创新、基本创新，是指技术上有重大突破的创新，往往要求企业具备雄厚的研发实力，拥有一定的基础研究能力，具备很强的后续创新能力，尤其是工程化能力和营销能力。渐进性创新是指对现有技术的改进引起的渐进的、连续的创新，对企业创新能力的要求相对较低，并且是根据渐进性创新的具体内容要求企业具备某一方面的创新能力，如以根本性创新在现有产品中应用为主要内容的渐进性创新，创新的重点是创新链的中间环节。

根本性创新对企业竞争优势的作用突出表现为促使企业形成相对于竞争者的技术壁垒。这种技术壁垒包括：率先创新所形成的技术的自然壁垒、技术创新成果申请专利后的法律壁垒、研发活动的规模经济壁垒等。技术壁垒保证了率先创新的企业依靠根本性创新获得垄断的超额利润。根本性创新对企业竞争优势的这种作用在制药行业表现得尤为突出。在制药业，许多大企业的主要利润源自于所获利的专利，如果专利在过期时没有重续，较小的一般药品制造商就会进入，因而就会降低该种药品的利润。[③]

渐进性创新对企业竞争优势的作用，则主要是通过对产品成本和歧异性的影响实现的，包括直接影响和间接影响两方面。渐进性创新的直接影响表现为创造出新产品，在这种情况下，技术创新本身就是企业竞争优势的来源，即新技术的应用降低了企业的总成本，提升了企业的成本优势。如自动化技术和设备的引入，先进制造技术的应用；某一专门技术的应用提高了产品的性能，强化了产品的歧异性。间接影响表现为技术创新通过改变或影响其他成本或歧异驱动因素来影响竞争优势。如技术创新改变了产品生产的规模经济效应或生产流程，从而对成本产生了影响。[④]

此外，行业不同，技术创新对提升企业竞争优势的作用也不同。在生产能力驱动型行业（如钢铁行业）中，资金投入在成本和附加值中所占比重较大，市场竞争主要表现为价格竞争，经济规模、资金和劳动力等成本驱动因素是企业竞争优势的决定性因素，技术创新尤其是研发活动对企业竞争优势的影响较小。在顾客驱动型行业（如服装业）中，品牌或顾客关系方面的投资是成本和附加值的重要组成部分，营销能力是企业竞争优势的决定性因素，技术创新尤其是研究开发对企业竞争优势影响也不大。在知识驱动

---

① 迈克尔·波特：《竞争优势》，华夏出版社，1997 年。

② 蒋峦、谢卫红：《企业竞争优势理论综述》，《软科学》，2005 年第 4 期，第 17~18 页。

③ 许继琴：《关于技术创新与企业竞争优势关系的探讨》，《中国科技论坛》，2004 年第 1 期，第 56~60 页。

④ 傅家骥等：《技术创新学》，清华大学出版社，1998 年。

型行业（如制药业、软件业）中，研发投资在成本和附加值中所占比重较大，企业的研发能力或技术创新能力是企业竞争优势的决定性因素。

三、企业技术创新能力的培育

在当前竞争国际化的背景下，技术创新能力不足会给企业的发展带来一定的影响。比如，不能很好地消化、吸收引进的技术；得不到技术合作方的重视，吸引不了优秀的合作伙伴；技术创新缺乏基础和后劲，影响企业的产品和工艺创新。这些影响最终使得企业难以形成技术核心能力，进而影响企业的竞争优势。因此，企业要保持并增强在市场中的地位，就必须不断提高自己的创新能力。本部分便从学习机制和积累途径两个方面对几种主要的技术创新能力培育方式加以介绍。

（一）构建有效的学习机制

创新能力是组织在技术和管理方面的知识总和，它体现在企业的人力资源、技术装备、信息系统和管理体系中，而其本质是知识的有效组织。作为企业不断提高技术创新能力的重要途径，建立有效的学习机制已被众多国内外研究者和企业所推崇。对于知识学习来讲，主要包括实践中学习、应用中学习、研发中学习、组织间学习四种方式。

实践中学习和应用中学习是程序化学习的典型方式，已为人们所熟知，主要体现于生产过程中重复操作效率的提高，是操作知识的积累。与具有世界先进技术的企业相比，我国企业常处于技术能力积累的初始阶段，企业的研发能力普遍较弱。在此阶段，实践中学习、应用中学习是学习的主导模式。

研发中学习则是在研发创新过程中进行知识吸收的学习过程。一般认为，研发可以分为四个阶段：发散（diverge）、吸收（absorb）、收敛（converge）、实施（implement）。其中发散阶段产生创新思想，经过吸收和合并阶段产生解决方案，实施阶段执行解决方案。与之对应，研发中学习可分为连续循环的四个阶段：具体的体验、沉思的观察、抽象的概念化、积极的试验。基于此，可以认为研究开发是一个学习系统，进行循环往复的持续的学习，如图 2–2 所示。

研发不仅是一个知识整合与创造的过程，也是一个对整合与创造后的知识不断再学习的过程。而且，研发所产生的新知识有许多是企业特有的隐性知识，是竞争对手所难以模仿的，这些知识的吸收和学习使技术能力得以积累。所以，研发中学习属于能力学习层次，对企业技术能力的提高比实践中学习和应用中学习更为重要。

组织间学习具有更强的战略性，一般是在战略性合作的过程中，组织向合作伙伴进行知识的吸收，以提高自身的技术能力。组织间学习涉及的知识不仅包括现行技术知识，还包括许多隐性的技术知识，因此能有效地提高企业的技术创新能力。如战略性合作中合作双方的吸收过程就是一个组织间的学习。组织间学习的有效性取决于两个组织在以下几个方面的相似性：知识基础、组织结构、补偿政策和主导文化等。

对于发展中国家企业而言，国外技术的引进被认为是改善自主技术能力的有效方式，因此，企业技术创新能力的发展呈现出从技术引进和吸收，到技术改进，再到自主

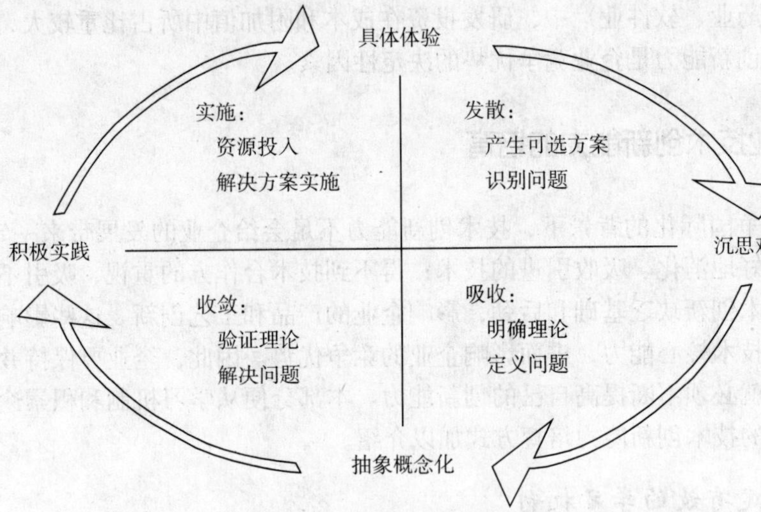

图 2–2　研发中学习过程模型

资料来源：陈劲：《永续发展——企业技术创新透析》，科学出版社，2001 年，第 84 页。

技术创新的发展道路。在这个过程中，学习的主导模式呈现出从实践中学习，到应用中学习，再到研发中学习的动态转换特征。

（二）选择合适的能力积累途径

企业必须根据自身条件和特点，采用适用的技术创新能力积累途径。技术积累途径有内外之分，包括内部研发、合作联盟、购买兼并等。

1. 内部 R&D

内部 R&D 对企业技术创新能力的提高具有不可替代的作用。因为技术知识具有环境依赖性，企业放弃 R&D 活动，意味着失去了新知识产生的环境，这将会严重减弱企业的创新能力，而内部 R&D 恰恰提供了潜在的环境，来保护现有能力和开发潜在能力。因此，通过内部 R&D 来优化和扩展企业的技术存量，是提高技术创新能力的重要途径。

内部 R&D 的具体作用体现在：以重大或渐进创新不断完善现有技术体系；以重大创新成为新技术体系的开创者；在创新中产生的技术“副产品”，有可能会形成一个独立的新领域；对引进技术的模仿或改进开发，会促进引进技术的消化、吸收。同时，内部也具有几个明显的缺陷：成本投入往往较高；技术发展前景的不确定性，会阻碍企业的内部投资；现有企业组织的惰性可能会限制技术研发规模的扩张等。

2. 合作联盟

合作联盟是指两个或多个企业为了实现特定的战略目标而采取的任何股权或非股权形式的共担风险、共享利益的联合行动，是 20 世纪 80 年代出现的一种企业发展途径。合作联盟具有以下特点：企业对于产品相关的资产投入较少；适用于高度不确定性的技术环境；能够衡量创新绩效；拥有更成功的联盟经验；适于在低增长产品领域中竞争。

按照合作的具体形式分，合作联盟主要包括三类关系：松散的合作关系，如网络组织、集会性联盟等；契约关系，如分包经营、许可证经营和特许权经营等；正式的所有关系，如联营、合资企业等。从提高技术创新能力的角度来看，合作的途径主要包括合作 R&D 与合资合作。

（1）合作 R&D。合作 R&D 是多个企业之间共同分担 R&D 项目成本和共享创新成果的合组研发模式，其形式包括 R&D 合同、R&D 协议等，是一种企业通过向其他合作者学习技能和能力来克服其资源限制的有效手段。尤其是在当前技术迅速发展和开发规模日益庞大的情况下，企业不可能将全部研发工作都内部化，必须通过战略合作，获取企业所需要的互补性知识和资源。与内部 R&D 不同，合作 R&D 是一个组织间学习、能力学习与知识创造交替进行、互相促进的过程。在此过程中，如果双方能力与知识互补，并且组织结构与文化类似，组织间学习会取得很好的效果，不仅有助于 R&D 项目的成功，也有助于双方技术创新能力的提高。

（2）合资合作。合资合作也是一种通过知识学习和知识创造机制共同作用积累能力的途径，往往是一种基于股权的合作方式。由于双方之间存在利益的关联，技术先进方愿意提供最先进的产品技术，并且帮助技术落后方提高其生产技术和管理技术。图 2-3 描述了这种技术创新能力的形成轨迹。图中 A、B 为独立的企业，其中企业 A 不具有技术创新的能力，企业 B 具有技术创新的能力，箭头的方向代表了技术、技能和技术创新经验及相关知识的转移方向。不具有技术创新能力的企业 A 通过企业 AB，间接向企业 B 学习。技术合作、技术转移以及生产许可等是常用的学习途径。这种学习模式的典型特点是，技术创新能力弱小的一方可以避免直接的学习带来巨大的学习成本、技术转移和转让的成本。与此同时，这种合作还可以避免双方在经济利益上的直接对抗。

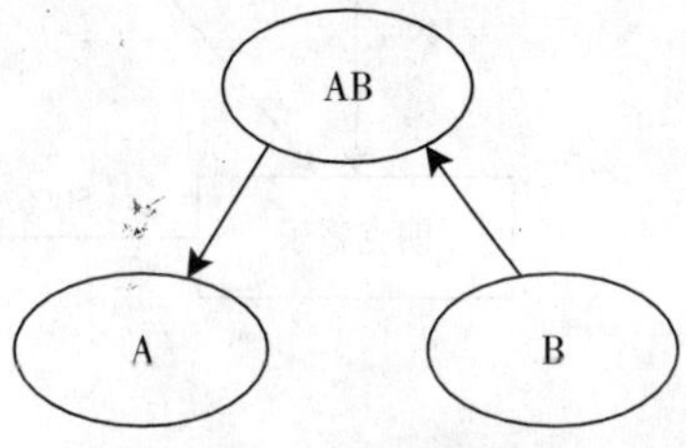

图 2-3　基于合资或控股企业的学习模式

3. 购买兼并

收购兼并是目前世界大企业通行的一种发展战略，具有迅速扩张规模、降低成本、多元化经营降低风险、增强市场控制等优点，从技术角度来说，对增强企业的技术研发能力也具有很好的作用。例如，美国通用汽车公司兼并休斯公司，目的就在于引进高级技术；日本索尼公司兼并美国哥伦比亚影片公司和哥伦比亚广播公司的唱片公司，主要也是为了获取这两家公司在摄像、有线电视系统、高清晰度电视以及卫星广播方面的技术。

这种途径的优势在于能够快速进入新的行业，并获得外部资源和能力。但其中问题也很突出，如双方文化之间的冲突、资源整合的不善等。

目前，随着我国资本市场的完善和企业的迅速崛起，一些资金实力雄厚的大公司已开始利用购买兼并来提高自身的技术能力。如青岛海尔进入微波电器、冷柜、洗衣机等相关领域时，都是依靠控股购买兼并的方式。

● 本章案例

富士施乐的技术创新能力的形成

一、富士施乐的发展背景

富士施乐由施乐的控股子公司朗克施乐和富士胶卷公司共同出资组建于1962年，该公司的使命是在日本以及其他亚洲地区销售静电复印产品。其股权结构如图2-4所示。施乐公司持有朗克施乐51%的股权，朗克施乐和日本的第二大胶卷公司富士胶卷公司分别持有富士施乐50%的股权。

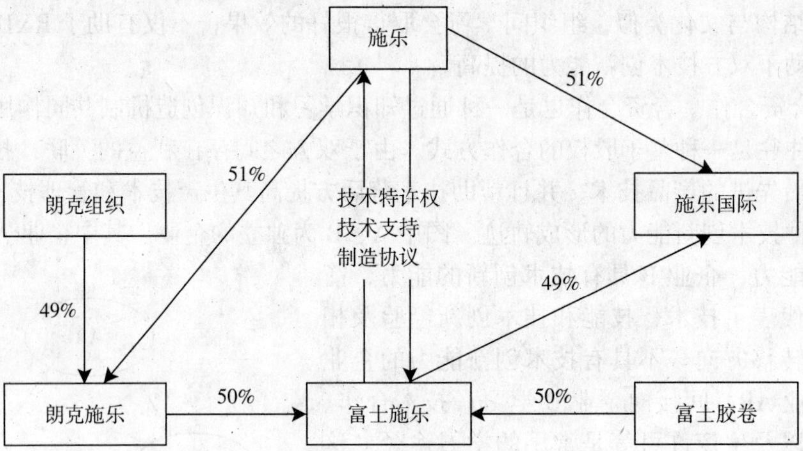

图2-4 富士施乐股权结构

二、富士施乐技术创新能力的形成

1962年，富士施乐公司取得了在日本国内使用静电复印专利的特许权，公司开始生产静电复印产品。富士施乐从给朗克施乐生产静电复印机开始，逐渐转变成一个兼生产和开发于一身的复印机生产企业。1973年，富士施乐推出了基于施乐复印机产品技术的FX2200，该机型是当时世界上最小的复印机。1975年，推出了FX3500，该机型属于小型机，每分钟复印40张，制造成本是同类产品的一半，机器大小是以前机型的一半，开发时间只用了两年。1979年，富士施乐向施乐公司提供FX2202及其相关机型。1982~1986年，富士施乐与施乐公司合作，开发并生产了Xerox1075产品系列中的1020、1035和1055低档产品。其中，1055是基于富士施乐自己开发的技术即FX3500原型机的第一个产品。进入20世纪80年代，富士施乐的力量持续发展、壮大，技术开发实力大大增强，同时公司与施乐公司的合作关系也日益紧密，富士施乐也基本完成了从产品生产到技术开发的重大转变，公司的发展前景非常看好（卡瑟尔斯，2000）。

富士施乐公司技术创新能力的形成是一个逐渐积累、渐进形成的过程。在这个过程中，富士施乐先引进了静电复印技术，初步形成了企业生产静电复印产品的能力，其后，在施乐公司的技术特许、技术支持以及制造协议的支持下，公司逐渐积累了企业的生产能力和工艺改进能力，此后通过对施乐复印机产品设计上的改进这个技术能力积累的过程，终于在1986年开发出了基于自己开发技术之上的1055低档机型，至此，富士施乐的技术创新能力已初步形成。图2–5描述了富士施乐公司技术创新能力的这种形成过程。

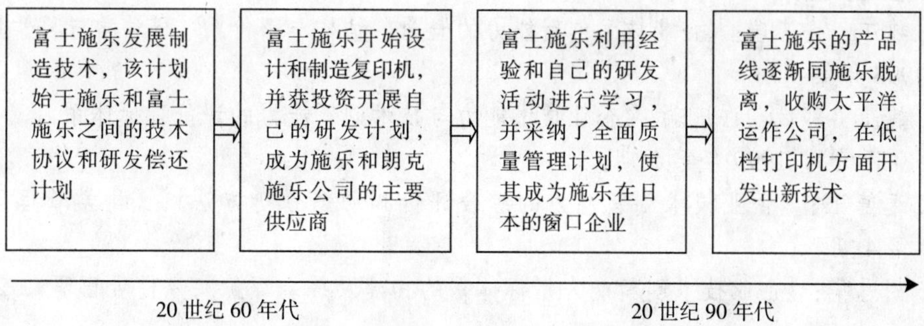

图2–5 富士施乐公司技术创新能力的形成和演变

富士施乐公司技术创新能力的形成在一定程度上得益于公司的所有权的特殊性。事实上，富士施乐公司是施乐公司的子公司，因为施乐公司是美国著名的静电复印机的设计、生产和经销商，因此，施乐公司对富士施乐的技术支持、对富士施乐公司的技术创新能力的形成是至关重要的。可以说，没有施乐公司的技术许可、技术特许权以及制造许可协议，富士施乐公司可能只能成为一个典型的生产型企业，而不能成为一个生产、设计型企业。当然，如果两个公司之间没有股权关系，这种合作关系也是极其脆弱的。富士施乐公司的成长具有普遍性和一般性，它对中国企业培育自己的技术创新能力具有直接的借鉴意义。

● 思考题及答案要点

1. 简述技术创新能力的内涵及其构成。

企业技术创新能力是由多项能力构成的、综合性的能力系统，是企业作为技术创新行为主体能够实施并完成技术创新行为的多项要素的有机结合和集成。具有系统性、规律性、主观能动性、承继性、静态和动态双重性等特征。主要有创新投入能力、创新管理能力、创新研发能力、创新生产能力、创新产出能力以及创新营销能力。

2. 简述技术创新能力评价指标体系的构建原则及企业技术创新能力评价的基本步骤。

技术创新能力评价指标体系的构建主要遵循科学性、可操作性、导向性等基本原则。评价企业技术创新能力的基本步骤：首先建立科学合理的指标体系，然后选择综合评价方法，最后确定各指标权重，进行评价。

3. 简述技术创新能力对企业增强竞争优势的作用。

根本性创新对企业竞争优势的作用，主要是促使企业形成技术壁垒；渐进性创新对企业竞争优势的作用，则主要表现为对产品成本和歧异性的影响。

4. 企业如何培育或提升其技术创新能力？

企业提高自身技术创新能力的途径主要有两条：一个是构建有效的学习机制，主要包括实践中学习、应用中学习、研发中学习、组织间学习四种方式。另一个是选择合适的能力积累途径，包括内部研发、合作联盟、购买兼并等。

● 参考文献

1. 魏江、许庆瑞：《企业技术创新能力的概念、结构与评价》，《科学学与科学技术管理》，1995 年第 9 期。

2. 魏江、郭斌、许庆瑞：《企业技术能力与技术创新能力的评价指标体系》，《中国高科技企业评价》，1999 年第 5 期。

3. 远德玉：《企业技术创新能力的综合评价和动态分析方法》，《科学管理研究》，1994年第 4 期。

4. 胡恩华：《企业技术创新能力指标体系的构建及综合评价》，《科研管理》，2001年第4 期。

5. 傅家骥：《技术创新学》，清华大学出版社，1998 年。

6. 傅家骥：《技术创新——中国企业发展之路》，企业管理出版社，1992 年。

7. 范柏乃：《城市技术创新透视》，机械工业出版社，2004 年。

8. 阎军印：《企业技术创新的系统分析与评价》，中国财政经济出版社，2002 年。

9. 赵玉林：《创新经济学》，中国经济出版社，2006 年 3 月。

10. 庄卫民：《产业技术创新》，东方出版中心，2005 年 5 月。

11. 朱祖平：《创新新视野》，经济科学出版社，2004 年 10 月。

12. 王伟光、唐晓华：《技术创新能力测度方法综述》，《中国科技论坛》，2003 年第 7 期。

13. 易晓文：《基于 BP 神经网络的民营企业技术创新能力的模糊综合评价》，《数量经济技术经济研究》，2003 年第 8 期。

14. 李群：《企业技术创新能力指标体系的模糊理论综合评价》，《数学的实践与认识》，2004 年第 5 期。

15. 吴永林、高洪深、林晓言：《企业技术创新能力的多级模糊综合评价》，《数量经济技术经济研究》，2002 年第 3 期。

16. V.K. 纳雷安安著，程源、高建等译：《技术战略与创新：竞争优势的源泉》，电子工业出版社，2002 年。

17. 高湘一、李志伟：《试论技术创新是企业竞争优势的核心》，《科学技术与辩证法》，2002 年第 12期。

18. 迈克尔·波特：《竞争优势》，华夏出版社，1997 年。

19. 蒋峦、谢卫红：《企业竞争优势理论综述》，《软科学》，2005 年第 4 期。

20. 许继琴：《关于技术创新与企业竞争优势关系的探讨》，《中国科技论坛》，2004 年第 1 期。

21. 傅家骥等：《技术创新学》，清华大学出版社，1998 年。

22. 陈劲：《永续发展——企业技术创新透析》，科学出版社，2001 年。

23. Burgelman R.A.，Toward an Innovative Capability Audit Framework，Strategic Man-

agement of Technology Innovation, 1988, (1): pp.31-34.

24. D. L. Barton, Core Capability & Rigidities, A Paradox in Magazing New Product Development, 1992, (2).

25. C.K.Prahalad & Gary Hamel. The Core Competence of the Corporation, Harvard Business Review, 1992 (3): pp.85-86.

26. Robert A Burgelmanetal. Strategic Management of Technology and Innovation. Second Edition, Mcgraw-Hill, 1996: 117-158.

27. D. L. Barton. Core Capability & Core Rigidities: A Paradox in Managing New Product Development. Strategic Mgt, 1992 (13): 56-61.

28. Paul P. Wang and S. K. Chang. Fuzzy Sets: Theory and Application of Policy Analysis and Information Systems. Plenum Press. New York and London, 1980.

29. R. R. Yager. Fuzzy Decision-Making Including Unequal Objective, Fuzzysets and System .Man and Cybernetics, 1976, 13: 47.

30. Clayton M. Christensen. Assessing Your Organization's Innovation Capabilities, Leader to Leader, No.21 summer 2001.

第三章　技术创新战略的制定与实施

● 本章提要

了解知识经济时代的技术创新战略决策的一般理论，重点掌握新技术开发决策流程及其影响因素，理解技术创新全球化的表现形式。

● 章首案例

在企业创新战略的制定与实施过程中，适当的组织创新不仅是企业战略的重要组成部分，也是创新成功的制度保障。有效的计划与控制、优化组织结构和专门化的服务是实现组织创新的重要途径。①

一、有效的计划与控制

艾默生电气公司在 1957~ 2000 年近半个世纪的时间里，其每股盈余一直保持着增长，这在很大程度上源自其独具特色的组织创新。结合环境变化，艾默生公司像一个指挥和控制机构，指挥与控制着该公司的业务。20 世纪 90 年代，该公司建立了客户组，以管理大客户问题。该公司还在印度建立了一个工程设计中心，在中国进行大量投资，并聘请了顾问帮助公司制定战略及培养领导人才。正如该公司领导人查尔斯·奈特所说："我们在保持高度持续性的同时进行了根本性的改革。"

二、优化组织结构

优化组织结构，其核心是企业内部结构重组。BP 在 1992 年几近破产，当时该公司负责石油和天然气勘测分部（BPX）的约翰·布朗爵士开始了"解体"式重组。斯坦福大学的约翰·罗伯茨认为这种重组的要素"包括重新划定公司的横向与纵向界限，以强化战略重点，在公司内部设立相对较小的子部门，并将重要决策权交给它们，缩小总部工作人员的工作范围"。经过重组，BP 公司总部员工裁减了 80%，并且把决策权下放给了 90 个新成立的独立部门，这些独立部门的负责人直接向公司的 9 人执行委员会汇报。这种结构变化为 BP 公司近十年的持续增长奠定了基础。

三、专门化的服务

专门化的服务，即合理确定一种核心业务领域，并成立专门机构。在 1992 年之前，

---

①《深呼吸》，英国《经济学家》周刊，2006 年 1 月 21 日，转引自《参考消息》，2006 年 2 月 9 日，第 4 版。

诺基亚的经营范围非常广泛，涉及胶靴、电视机等多个领域，但是在哪个行业都不出色。后来，该公司改变战略，专攻电信产品，并就此建立了一种新的架构，目前诺基亚已成为了欧洲市场价值最高的公司之一。罗伯茨认为："如果运用得当，组织创新的确能带来更好的经济表现，影响到人们的物质生活，而且，它们改变了工作的方式，改变了人们的生活。"

第一节　知识经济时代的技术创新战略决策

一、知识经济时代的技术创新战略与竞争优势

（一）技术创新战略

在传统的工业经济时代，企业之间的竞争基础往往是自然资源和资本资源，而在知识经济时代，知识资源和技术创新竞争则逐渐成为企业之间乃至国家之间的竞争优势的决定性因素之一。最大限度地利用企业现有的知识技术基础，并积极构建新的知识技术基础，是许多企业赢得未来竞争优势的重要目标。因此，一个合适的、具有现实特点的技术创新战略决策就变得格外重要了。技术创新战略是20世纪80年代才得以推广和发展的一个概念。

在传统的战略管理理论中，技术仅仅是企业战略执行中的一个具体问题。企业在决定战略后，再考虑如何应用新技术。近些年来，随着知识经济的发展，全球市场竞争不断加剧，技术更新周期越来越短，包括企业技术战略在内的企业战略正处于调整与变革时期。技术创新战略已经成为企业一种核心战略工具，技术创新与企业战略的高度整合已经成为战略管理的一种新的发展趋势。技术创新战略的核心是技术选择。在许多竞争领域，由技术选择决定的产品创新和工艺创新的成功，使得企业在不同领域具有不同的竞争优势，战略性的技术选择可以通过创新全新的业务和竞争领域，改变现有竞争与竞争规则，以及支持现有业务等方式，创造、提高和维持企业的竞争优势。①

V.K.纳雷安安（中译本，2002）认为，"技术创新战略就是企业技术选择的表现形式。这些选择包括为获取、维持、利用和放弃技术能力而投入的资源。这些技术选择决定了企业基本技术能力的特征和程度，以及可用的产品和过程平台"。根据诺玛·哈里森和丹尼·萨姆森（中译本，2004）的观点，企业的技术创新战略至少应该包括公司所能做的技术选择、将技术嵌入新产品和生产过程的标准、对技术资源的使用所进行的企业

① 现代管理领域教材编写委员会：《现代管理公需教材》，企业管理出版社，2006年，第277页。

实践和管理过程等内容。

（二）技术创新战略内容

波特的竞争战略大体上包括产业范围差异化、集中差异化、产业范围成本领先和集中成本领先四个基本战略（通用战略）。波特认为，在这四类战略的实施过程中，技术创新战略可以发挥重要作用。技术创新可以简单区分为产品创新（产品技术变革）和工艺创新（工艺技术变革）两种基本类型。这两种技术创新形式在不同竞争战略中的作用稍有不同。技术创新类型与企业创新战略形成了系列组合关系（见表 3-1）。在知识经济时代，许多跨国公司的技术创新战略也在不断调整，以适应技术发展需要和市场需求变化，微软公司就是一个典型的例子（参见专栏 3-1）。

表 3-1 技术创新战略与企业基本战略的关系

	全面成本领先战略	全面差异化战略	集中成本领先战略	集中差异化战略
产品技术变革	通过产品开发降低产品成本，主要手段是减少材料使用量、增强可制造性、简化后勤要求等	通过产品开发提高产品质量、特性、可交付性或转换成本	通过产品开发设计恰好达到该市场区间能够接受的性能要求	产品设计能够满足某特殊市场区间的应用要求
工艺技术变革	提高学习曲线效应。通过工艺开发，提高规模经济	通过工艺开发达到更高的偏差容量、更好的质量控制、更可靠的进度、对订单更快的反应速度，或提高其他执行能力	通过工艺开发调整生产和交付系统恰好达到该市场区间的要求，以尽可能降低成本	通过工艺开发调整生产和交付系统、提高性能，达到该市场区间的要求

资料来源：M.E. Porter（1983），转引自罗伯特 A. 伯格曼、莫德斯托 A. 麦迪奎、史蒂文 C. 惠尔赖特：《技术与创新的战略管理》，机械工业出版社，2004 年，第 7 页。

一个成功的战略，包括战略的制定和有效实施，离不开对企业技术创新战略内外环境的有效分析，以及在战略竞争态势分析基础上的科学定位。技术创新战略应该包括如下内容：[①] ①企业目前技术资源的状况和技术能力水平。②产业竞争和技术演化趋势的分析。③核心技术的选择。④研究开发投入强度（R&D 经费支出与企业销售收入的比重）。⑤技术源的获取方式。⑥技术应用的相关资源。⑦技术在产品和价值链的运用。⑧何时以何种方式将新技术引入市场。⑨如何进行有效的创新管理。这些战略内容在具体实施过程中会有不同类型的表现形式，可以进一步细分，也可以进一步整合。但是，无论采用何种方式，只要能够将战略分析、战略选择和实施与企业总体发展目标进行有效协调，调动企业内外一切可以调动的创新要素，企业就会创造出持续的竞争优势。

① 现代管理领域教材编写委员会：《现代管理公需教材》，企业管理出版社，2006 年，第 279~280 页。

二、技术创新战略类型

任何一项技术选择基本上都是按照范围和领先两个维度展开的。范围是指在若干可供选择的技术空间中，企业为获取竞争优势必须集中于有限的几个区域，即选择哪个技术方向。领先是指企业在技术开发中制定领先的目标，是在国内的本行业领先，还是在国际领先。根据范围和领先这两个维度，V.K.纳雷安安（中译本，2002）将技术创新战略划分为四种基本类型。

（一）技术领先战略

技术领先战略是指通过技术开发和利用，建立和保持企业在所有技术领域的主导市场地位。技术是企业创造和保持竞争优势的主要方法，采用该种战略需要企业拥有较好的技术基础或条件。例如，完善的研究开发中心、充足的资金投入或良好的新技术融资，其中最为重要的是企业必须拥有一定规模的技术储备，否则将面临很大的市场风险。

（二）市场缝隙战略

市场缝隙战略是指通过抓住关键技术来获得领先。该战略是许多企业特别是中小企业常常采用的一种战略。这种战略的最大好处就是集企业之所长，重点开发一种或几种产品，或者围绕市场畅销商品，为其提供辅助支持。

（三）跟随战略

跟随战略是指保持较大范围技术的适应性。该战略的重点在于应用及应用基础上的再创新，能够避免基础研究和先发研究的风险以及巨额 R&D 投资。当然，采用这种战略的企业，如果仅仅是模仿、仿制，而不是站在巨人肩上再进一步的话，是难以获得持久竞争优势的。在知识产权制度日益完善的市场环境中，如果是简单的、长期的跟随或复制，可能面临诸多不利条件。

专栏 3–1

微软创新战略：创新氛围 + 创新合作

内部：创新氛围。自从 1992 年微软设立自己的研究院以来，微软公司一直保持着大量的研发投入，目前每年的研发经费高达 80 亿美元。2003 年英国《金融时报》指出，微软研究院的重要性并非体现在它所占有的巨额研究开发费用，而是体现在它给微软员工营造的颇具吸引力的研发气氛。在这种环境下，研究院所有部门都至少参与到一个产品小组中来，例如视窗操作系统、Office 办公软件、SQL 数据库服务器、可编程软件 Visual Studio、平板电脑等产品开发。在开发过程中，“思想交流”成为微软内部创新的关键环节。研究人员和产品小组总在不同的场合进行创新交流，甚至盖茨等公司高官也通常参与到这种交流之中，高层决策者的率先垂范，更加激发了微软研究院的创新热情，也提高了创新效率。

外部：创新合作——IP Venture（专利技术合作）。创新合作是微软创新战略及其变革的一个重要内容。除了充分利用研究院的内部创新资源外，公司还通过合作研发、收购创新型小企业、设立风险投资基金或者创业投资基金等方式，积极利用外部创新资源，并整合到公司的总体创新战略上来。近年来，微软在英国、爱尔兰等国家进行了专利合作，目前在全球已经发展了 40 多个合作伙伴。2006 年 10 月 31 日，微软中国研发集团宣布，移动图片与移动视频优化 2 项专利技术授权深圳科通（Nasdaq：COGO）使用，个性化人脸卡通技术授权湖南拓维信息股份公司使用。这是自 2005 年 5 月微软启动专利技术合作项目以来首度与中国公司合作。在选择专利技术合作伙伴的时候，微软主要有两个标准：企业在技术有很强的二次开发能力；有大量的客户资源和一定的市场。这种合作的收费主要由两部分组成：一次性专利费用的支付以及新产品问世后基于销售的分成。

资料来源：《微软集思广益》，英国《金融时报》，2003 年 2 月 5 日，转引自《参考消息》，2003 年 2 月 17 日，第 4 版；赵明：《微软尝试卖专利》，《中国经济时报》，2006 年 11 月 8 日，第 12 版。有改动。

（四）技术合理化战略

技术合理化战略是指保持选定范围技术的适用性。对采用该战略的企业而言，可以借助于它们在其他领域的竞争优势来弥补缺陷。这类企业通常可以通过有选择地在某些领域实施跟踪与模仿，然后获得一定的技术能力。这一战略要比单纯的跟随战略更先进一些。

在这四种技术创新战略中，技术领先战略强调技术是未来竞争优势的来源；技术跟随战略看重的是现有业务的拓展或现有战略要胜于技术能力的获取；市场缝隙战略和技术合理战略则分别将重点集中在了有选择的领先和有选择的跟随上。

技术创新战略的选择不仅要考虑企业的自身条件、外部环境等因素，更要结合技术的不同演化阶段、竞争地位和市场地位的变化。例如，在技术的渐进演化阶段，技术领先战略适用于有着强大的技术和市场地位的企业，市场缝隙战略适用于技术能力强但市场地位中等的企业；在技术萌芽或刚起步阶段，技术领先战略适用性更广一些。具体组合关系请参见表 3-2。

三、技术创新战略组织实施过程

作为企业战略的重要组成部分，技术创新战略的组织实施一般包括三个阶段：[①]

① 参见 V.K.纳雷安安：《技术战略与创新：竞争优势的源泉》，电子工业出版社，2002 年，第 213~217 页。

表 3-2　技术创新战略的适用性

市场状态		竞争地位					
		强	中	弱	强	中	弱
技术地位	强	领先	领先	跟随	领先	跟随	兼并
	中	领先	跟随/市场缝隙	兼并	市场缝隙	跟随/市场缝隙	合理化
	弱	市场缝隙	合资	合理化	合资	合理化	剥夺
技术演化		技术出现阶段			渐进变化阶段		

资料来源：V.K. 纳雷安安：《技术战略与创新：竞争优势的源泉》，电子工业出版社，2002 年，第 211 页。有改动。

（一）技术创新战略分析阶段

在企业技术创新战略形成的第一阶段，企业应该重点进行环境评价，并确定企业所处的竞争地位。其中，核心问题是评价一个企业的创新能力。罗伯特 A. 伯格曼等人（中译本，2004）提出了一个创新能力审计框架。企业可以利用该框架进行技术创新战略计划设计。在企业创新能力审计中至少要涉及三个问题：①在所提供的产品、服务领域和生产、交付系统中，公司已经表现出的创新性如何？②公司当前业务、公司战略与创新能力之间的匹配程度如何？③要支持其长期经营和公司竞争战略，公司在创新能力方面还有哪些要求？由于企业创新能力存在于业务单位与公司（多业务）两个层次，因此，对企业创新能力的审计可以从两个层面进行。①

1. 业务单位层次审计

该层次的创新战略与新产品、新服务领域和生产、交付系统有关，具体可以从进入市场的时机、技术领先或追随、创新范围、创新速度等方面加以分析。业务层次的创新战略一般要受到以下因素的影响：创新活动的资源、竞争对手的创新战略和产业演化、业务单元的技术环境、业务单元组织结构和文化环境、业务单元的战略管理能力等。其中，每一类因素还可以进一步细分，如可以通过业务单元管理层重大开发战略的决策能力、创业行为战略性的评价能力等角度来衡量业务单元的战略管理能力。

2. 公司层次审计

该层次技术创新战略分析的一项重要任务就是评价公司创新能力如何提高业务单元的创新能力，也就是分析公司创新能力整体如何大于各业务单位创新能力之和。这一层次创新能力描述的重点是：综合横跨当前业务单位的创新能力而产生的新产品、新服务领域和生产、交付系统的范围与速度，在公司研究开发和技术开发工作基础上形成新业务的范围与速度，以及上述各事项的进入时机。这一层次创新战略的影响因素与业务单元层次创新战略的影响因素基本一致，但是重点有所差异，这一层次更加依靠自身的能力。其影响因素具体包括：可用资源及其配置（可用于风险项目上的现金）、竞争对手的创新战略和产业演化（公司的创新战略规划）、公司的技术环境（技术预测）、公司组织结构和文化环境、公司战略管理能力（公司内部创业投资与并购战略）等。当然，每

① 参见罗伯特·A. 伯格曼、莫德斯托·A.麦迪奎、史蒂文·C. 惠尔赖特：《技术与创新的战略管理》，机械工业出版社，2004 年，第 9~13 页。

一个因素还可以包括一些更为具体的内容。

上述两个层面的审计可以由公司战略规划部门作出，也可以成立一个由战略规划、研究开发、新产品经理等相关职能部门组成的专门审计组来进行相关工作。在审计过程中，有两个参照系供选择：①企业自身的历史状况——现在与过去相比如何？②相对于现有竞争者的地位。

（二）技术创新战略决策阶段

在该阶段，企业将对企业技术创新进行战略决策，即企业将根据创新资源与市场条件状况，进行一系列的技术选择，确定企业产品以及价值链中需要获得、应用、市场化或放弃的技术。这些选择或决策将是企业未来 R&D 项目、新产品开发项目、价值链变化和技术许可的基础。这些选择主要集中在三个方面：①技术的获得。企业要在“自己做”和“外购”之间进行选择，来确定通过特定的 R&D 项目、新产品项目，还是通过并购相关企业的方法，来获得某些技术或者开发某些技术。企业的资源将在这些项目和企业其他项目之间进行比较。此外，为了开发现有技术，企业还需要在技术许可或放弃特定技术能力之间进行权衡。②技术的应用。如何将获得的技术与企业整体发展战略有机结合，是企业技术创新战略选择面临的一大课题。产品改进或新产品开发中体现的技术以及产业和竞争者分析，构成了企业产品开发或技术创新战略规划的重要组成部分。③在价值链中的应用。通过根本性创新或特定价值链活动，引入过程创新以提高竞争优势，这些需要进行相应的规划。在技术战略决策过程中，企业要根据不同技术特点，选择不同的战略（见表 3–3）。

表 3–3　企业技术创新战略的技术领域选择

技术类型	优　点	缺　点	适用范围
高新技术	利润高、机会多	风险大、竞争激烈、不稳定	有技术基础的新进入企业
传统技术	风险小、较稳定	机会少、利润低	已进入市场的老企业，对新企业不利
通用技术	风险小、难度小、易获得	竞争力弱、利润低	技术开发能力较弱的企业
独特技术/专有技术	可为竞争提供有力支撑	应用范围较小	掌握特殊技术的企业
先进技术	能增强竞争力	技术难度大、获取难	技术开发和吸收能力较强的企业
一般技术	风险小、投资少、难度小	竞争力弱、利润低	技术开发和吸收能力较弱的企业

资料来源：吴贵生：《技术创新管理》，清华大学出版社，2000 年，第 27 页。

（三）技术创新战略实施阶段

企业技术选择的完成，意味着企业技术创新战略的正式形成，并将进入实施阶段。在技术创新战略实施阶段，企业需要解决三个重要问题：①为了实现决策，应当独自开发或与其他企业合作开发？②怎样才能防止技术选择投资所创造的收益被他人分享？③执行技术选择的内部组织应该如何进行？

与技术选择相关的详细的开发计划和人力资源配置是确保技术创新战略顺利实施的重要条件。在技术实施阶段，技术创新战略执行者和关键业务功能执行者（营销、制造、金融和战略）之间需要建立一种合作与协调机制。当然，随着外部环境、技术发展、业务战略变化，企业技术创新战略也要进行相应的调整。

第二节　新技术的开发与决策战略

技术创新战略只是勾画了企业技术创新战略选择的一般框架。在知识经济时代，新技术的开发与决策基本上贯穿于企业技术创新战略的始终，是企业整个技术创新战略的重中之重。在竞争激励的市场环境中，如何快速开发新技术，快速应用新技术和快速从新技术中获得利益，并将新技术与企业的原有技术基础有机融合，形成新一轮竞争优势的源泉，成为现代企业创新竞赛的前沿。

一、新技术的开发决策流程

新技术是建立在科学基础上的革新，它们可能创立一个新行业或改变某个老行业，这些技术包括产生于一些根本性的创新，如生物治疗学、数码相机、高温超导体等，也包括一些集成性技术，如核磁共振成像、传真、电子银行等。每一项新技术都将创造一个丰富的市场机会，引导着经济资源的重新配置，从而变革着企业产品结构、社会生产结构和经济结构。能够率先寻找到、获取到一项新技术的企业，当条件具备时，通过适当的策略就可以获得一定的竞争优势。但是，由于新技术在技术的基本属性、基础结构、市场/客户、行业等方面，均与老技术存在很大不同（见表 3-4），这就需要企业采取相关策略克服新技术存在的不确定性和复杂性，适应技术变化，并发展新的能力。

表 3-4　新老技术比较

因素		老技术	新技术
技术	科学基础及应用	已建立	不确定
	体系结构或标准	在变革	新出现
	功能或利益	在变革	未知
基础结构	供货者、渠道的价值网络	已建立	正在形成
	规则标准	已建立	正在形成
市场/客户	利用模式/行为	明确	正在形成
	市场知识	彻底	投资的
行业	结构	已建立	初级状态
	竞争者	知名	新加入者
	竞赛规则	已知	新出现

资料来源：乔治·戴、保罗·休梅克：《沃顿论新兴技术管理》，华夏出版社，2002 年，第 4 页。

在知识经济时代，新产品、新工艺的开发速度和开发规模直接影响着公司的长远发展。许多企业，特别是一些科技型企业或者创新型企业，为了获得技术上的领先优势或者获得优于竞争对手的战略地位，在客观分析企业资源、传统、能力和预期的基础上，也开始制定和实施创新战略。这些战略包括领导者/进攻、跟随者/防御、成本最小化/模仿、市场细分专家/传统（见表 3-5）。这些战略的实施，能够缩短企业制造、财务、市场、研发和人事部门之间的距离，使得“全员式创新”成为可能，客观上也加大了创新的成功性，特别是创新的应用与扩散过程。当然，不同类型的企业可以选择不同类型的战略，或者进行合适的战略组合。

表 3-5 计算机企业的创新战略

战 略	特 征	公 司	产 品
领导者/进攻	科技密集型	英特尔公司	微晶片
	高风险	苹果公司	麦金托什机图形使用者界面操作系统
跟随者/防御	较强的技术基础	IBM 公司	个人电脑
	敏捷的设计和制造	康柏公司	个人电脑
成本最小化/模仿	低成本生产	研究机器公司	低成本个人电脑
	有限的技术基础	研究机器公司	部件装配
市场细分专家/传统	小市场	苹果公司	图形设计和教育市场
	最低限度的技术变化	不详	不详

资料来源：［英］保罗·特罗特，吴东等译：《创新管理和新产品开发》，中国人民大学出版社，2005 年，第 112 页，稍有改动。

根据 Noori 和 Radford 的研究成果，新技术的开发与决策要顺次经过四个阶段：新技术选择的目的、新技术的引进时机、新技术的引进环节以及新技术的引进方式。在实施新技术之前，可以采用新技术决策流程图的方法进行分析（见图 3-1）。在具体分析中，可以使用 Noori 和 Radford 提出的方法（见表 3-6）。

二、新技术商业化的影响因素

有调查显示，新产品的失败率也高达 80%~95%。但是对不同的企业而言，技术创新的失败率是不相同的。一个企业能否确保实现好的思想市场化，并获得创新利润，关键在于能否利用有利因素，将技术转化为商业利益。根据 Joe Tidd 等人的总结，影响企业将技术转化为商业利益的能力的因素主要包括如下九个方面：①

（一）保密

保密是企业经营者进行技术保护的一种有效形式，在工艺创新中如何加强保密是企业技术创新战略最为重要的一个环节。但是，保密并不一定能够对所有的技术诀窍、技术秘密形成绝对的保护，因为某些工艺过程的特点和创新特性可以通过诸如反求工程等方式进行“解密”。日益频繁与方便的科学家和工程师交流以及人员流动，也会导致某

① 参见 Joe Tidd，John Bessant and Keith Pavitt：《创新管理》，清华大学出版社，2002 年，第 68~71 页。有改动。

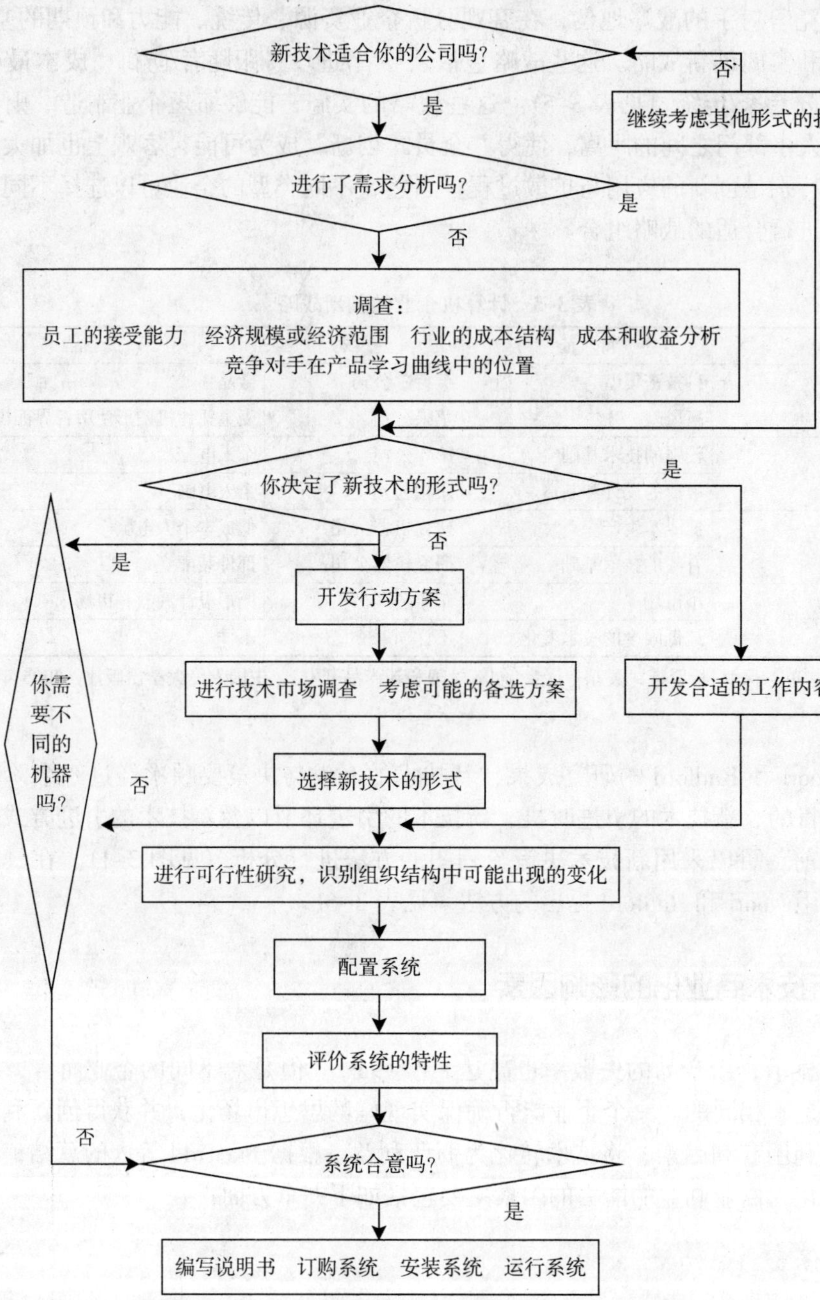

图 3–1　Noori 和 Radford 的新技术采用决策流程图

资料来源：转引自诺玛·哈里森、丹尼·萨姆森：《技术管理：理论知识与全球案例》，清华大学出版社，2004 年，第 67 页。

些专有技术、技术诀窍的泄露，尽管某些泄露可能是无意的，并且这些泄露有助于更多的企业获益，但是，长此以往，将最终削弱整个社会的创新动力。

表 3-6 Noori 和 Radford 的新技术采纳评估表

决策领域	决策需要考虑的事项	决策方案
采用新技术的目的	提高技术的有效性	抓住机遇，或者保持现状
	竞争对手采用新技术的程度	应对竞争，或保持现状
	劳动力成本	提高现有劳动生产率，或者利用新技术替代劳动
	灵活性要求	引进灵活制造系统，或者利用新技术来补充现有过程，或者保持现状
	质量水平	利用新技术提高精度，或者应用手工统计的质量控制方法，或者实施质量循环
	营业杠杆作用的程度	增加新技术的应用，或者降低过度的劳动重点，或者继续现有的政策
	依赖性	实现更短的提前期，或者改变存货策略，或重新评估能力限制
	总体系统重点	增加集成性和交互性（将新技术应用于各职能部门之中），或者应用传统方法
	信息访问的要求	弥补信息隔阂（如办公自动化），或者通过现有组织结构解决信息需求
	工程和设计	利用计算机辅助设计系统或者传统方法
	经济规模	利用新技术创造效益，或者利用现有技术扩展工厂能力
	独特的能力	利用新技术形成专有资产，或者维持现状
新技术的引入时机	竞争压力	应对，或者维持现状
	社会压力/舆论	协调好时间（以减少负面影响或提高正面影响），或者仅根据内部要素来安排时间
	市场	即使获得新技术应对市场需求，或者不考虑市场需求
	公司文化	根据公司的惯例安排时间，或者不考虑惯例
	管理和技术储备	当管理和员工具备能力的时候，或者不考虑此因素延迟新技术的获取
	现金流量	当收入大于采购费用时引进技术，或者根据其他原则（债务融资）决定技术引进时机
	新产品引进	新技术的引进与新产品的引进同步，或者不同步
	技术创新的新颖性	在新技术进入市场后立刻获取新技术，或者延迟获取，直到技术成熟
新技术的引进环节	工厂和设备状况	替代现有技术，或者不考虑现状
	部门/职能的适应性	根据过程的适宜严格限制新技术引进，或者改变给定的过程以扩展适应性
	影响重点	放在能够带来最大潜在效益的特定过程上，或者大范围引进
	产品生命周期	针对特定产品引进新技术，或者根据其他原则分配优先权
	劳动的有效性	引进新技术到那些劳动力缺乏的领域，或者对被替代的工人进行培训或再分配
	成长暗示	将新技术的获取与预期成长领域结合起来，或者利用新技术应用保持一致和广泛的支持
新技术的引进方式	引进的速度	采用渐进的或者迅速的引进方法
	员工/工会的参与	让员工参与或者不参与决策过程
	对员工级别的影响	考察对员工的长期和短期影响
	支持服务的利用	依赖于政府顾问的支持，或者内部专家
	观念接受的产生	鼓励员工采用新技术，或者允许员工从事自己的工作路线
	优先定位的程度	利用人事培训和定位加速实施过程，或者实施新技术并在实施中学习

资料来源：诺玛·哈里森、丹尼·萨姆森：《技术管理：理论知识与全球案例》，清华大学出版社，2004 年，第 64~66 页。略有变化。

（二）积累的隐性知识

知识不同于一般的商品。有些知识已经或能被转化为各种符号，便于传递、复制和存储，这类知识被称为显性知识，还有一些知识具有不可言传和高度专有的特性，不容易被复制、传递，如技术秘密和技术诀窍，这类知识就是隐性知识。当这些隐性知识与某些企业、区域高度融合时，任何个体的流动或者局部的知识泄露都不可能将企业的技术秘密全部泄露，因为这类知识的传递和转变为现实生产力，必须与周围的许多要素结合在一起。例如，贝纳通等意大利公司的服装设计、罗尔斯—罗伊斯公司的飞机发动机设计等，这些积累起来的隐性知识是难以被模仿的。

（三）领先时间和售后服务

领先时间和售后服务是防止模仿行为发生的重要方式，这一点在防止模仿产品创新方面表现得尤为明显。通过持续的技术开发、产品创新，企业可以通过建立品牌忠诚度和良好信誉的方式，加速用户的使用信息反馈，然后进一步修改并扩大生产规模，进一步扩大市场，进一步增加用户数量，如此反复，获取学习成本优势，从而提高模仿者的进入成本。当然，领先时间和售后服务对企业技术成果商业化过程的影响在不同产业的表现也有所不同（见表3-7）。总体上看，在那些技术含量比较高的产业，领先时间比较长一些。

表 3-7 不同产业的产品创新领先时间

产 业	产品创新领先时间大于5年的公司所占比例（%）	产 业	产品创新领先时间大于5年的公司所占比例（%）
全部产业	11.0	金属材料	4.2
药品	57.5	公共事业	3.7
航天	26.3	玻璃、水泥、陶瓷	0
化学药品	17.2	塑料和橡胶	0
石油产品	13.6	食品	0
仪器	10.0	电信设备	0
汽车	7.3	计算机	0
机械设备	5.7	金属加工	0
电气设备	5.3		

资料来源：Arundel et al.（1995），转引自Joe Tidd，John Bessant and Keith Pavitt：《创新管理》，清华大学出版社，2002年，第69页。略有不同。

（四）学习效应

学习效应是指“随着劳动者的技能因重复操作相同的手工任务而提高，工厂的效率也随着时间的推移而不断提高”的现象。这一现象最早是在飞机制造产业中被数量化的，后来研究者在造船、雷达设备、钢铁等许多产业都发现了这一现象。学习效应通常强调现场工程师的认知技能而非手工技能的提高，因为每一个新工厂中都存在着“启动期”，在这一时期，工程师们要对操作进行学习。当然，学习效应并不是连续的，当达到一定阶段后，学习效应将消失。[①] 但是，这种效应对产业的先进入者而言，意义十分巨大，因为他们可以凭借“先动”优势获得规模经济，提高行业的进入壁垒。

（五）互补技能

创新的有效商业化有赖于生产、营销和售后服务的技能或能力，企业的这些能力能够弥补其技术能力上的不足。与施乐公司相比，EMI 公司之所以在扫描仪行业竞争中败北，主要原因是后者缺乏那些补充资产及其相应的能力，IBM 之所以能够在 20 世纪中后期获得个人计算机行业的比较竞争优势，就是来源于其强大的互补技能。随着 IBM 在大型服务器等行业技术能力的积累以及个人 PC 行业利润率的下降，它的补充技能在新领域发挥了更大的作用，这也是它逐渐退出个人 PC 领域的一个重要原因。[②]

（六）产品复杂性

通常产品越复杂，率先开发产品、进入市场的企业将获得较高的利润率，因为后进入者或者新的企业要想进入该市场，必须掌握复杂产品生产的许多技能，客观上加大了模仿成本，先进入市场的企业的领先时间就会长久一些。但是，随着整个行业技术水平的提高，原有产品的复杂性将降低，原有的市场结构也将发生变化。例如，在 20 世纪 80 年代之前，IBM 依靠计算机主机的复杂性建立起了有效的进入壁垒，但是，随着微处理器和标准软件的出现，以及 Apple、Dell、Arce、Lenovo 等企业的成长，其风光已不再。相反，波音和空客之所以仍然没有面临有力的威胁，主要原因是大型民用飞机的模仿成本和领先时期仍然很高，此外，烦琐与严格的市场准入条件，也将那些新进入者挡在了民用飞机市场之外。

（七）标准

一个企业的产品标准如果能够获得广泛的市场接受，这个企业的市场也将随之扩大，从而提高市场进入壁垒。一般的，在标准竞争中获得胜利的一方，通常会对竞争者和供应商提供技术特许等政策，鼓励他们采用自己的标准。在未来竞争中，谁掌握了标准，谁就获得了竞争优势。例如，目前我国围绕数字电视“机卡分离”展开的三个标准之争就很生动地表明了这一点。所谓“机卡分离”就是将采用三个标准的数字电视终端中的通用部分（硬件）独立出来，做成“机”，而把各地广电运营商的 CA（条件接受系统）和 EPG（电子节目指南）、中间件、数据广播等诸多增值服务部分做成“卡”。“机卡分离”共有三种方案，分为大卡、小卡两类，其中大卡方案有以深圳国微为代表的 PCM/CIA 接口和清华大学为代表的 USB 接口两种格式；小卡“智能卡”格式则以上海交通大学为代表。这三种标准最终谁将获胜，数字电视市场将起决定作用。

---

① 参见多纳德·海、德理克·莫瑞斯：《产业经济学与组织》，经济科学出版社，2001 年，第 60~61 页。

② 当然，还有其他一些战略层面的原因。

（八）早期新产品

在新产品开发早期，产品特性和市场需求面临许多不确定性，此时技术领先者并没有多大优势。例如，De Havilland 公司由于没有预见到飞机的关键产品特性——金属疲劳，所以失去了它在喷气式客机领域的领先地位。这种情况在一些消费品市场表现得更为明显。因此，新产品开发者既要积极监视竞争对手的产品进展情况，又要善于从用户那里学习，不断改进产品。实践证明，成功往往属于具有市场远见、耐心及灵活性的“早期进入者”。

（九）专利

专利是政府依法向全新者（发明者）授予的，在一定时期内对某项实用新型产品、工艺、物质或设计的独占权利。这种权利及其相关制度安排有利于鼓励企业进行创新并对创新成果实施有效的保护。

三、成功的创新企业和创新产品的成功①

技术创新（包括产品创新和过程创新）是企业成长的动力，更是企业提高核心竞争能力的关键，但由于技术和市场等方面的不确定性，许多技术创新并没有获得预想的成功。下面简要介绍成功的创新企业所具有的特点以及如何保障创新产品走向成功。

（一）衡量创新企业成功的三种标准

通常可以利用 SAPPHO 标准、Freeman 标准和 Rothwell 标准来考察成功的创新企业所具有的特点。

1. SAPPHO 标准

SAPPHO（Scientific Activity Predictor from Patterns with Heuristic Origins）是较早对此类问题进行研究的一个课题小组。该小组在对化学产业和科学仪器产业的创新成功和失败进行对比后，认为成功的创新者具有如下特点：能够更好地理解用户需求；非常重视营销和产品宣传；在项目开发上比失败者更有成效，但速度不一定更快；更善于利用外部的技术和科学建议；其项目主持者资历更深、权威更高等。

2. Freeman 标准

Chris Freeman 在对 SAPPHO 标准进行整合的同时，提出创新成功的企业所具有的10 个特征：企业内部具有相当强的 R&D 能力；从事基础性研究及其相近的研究；能利用专利保护自己并与竞争者讨价还价；公司规模大，能为 R&D 活动提供长期资助；研发时间短于竞争对手；愿意承担高风险；能够较早和富有想象力地识别一个潜在市场；重视潜在市场，并努力地帮助用户；具有有效地将 R&D、生产和营销相协调的企业家精神；与外部的客户和科学界保持密切联系等。

---

① 参见王伟光：《成功的创新企业和创新产品的成功》，《经济管理》，2001 年第 11 期。

3. Rothwell 标准

Rothwell 对 20 世纪 80 年代有关此类问题的研究成果进行了集成，并证实了 SAPPHO 标准。但他更强调管理计划和控制程序，它认为创新成功的因素包括两类：一类是项目执行层面的因素，包括良好的内外部交流活动，能够获取外部知识；将创新视为公司范围的任务，有效地协调职能部门并在其间保持其平衡；认真贯彻项目计划和执行控制程序，进行高质量的超前分析；提高开发高质量生产工作的效率；有强烈的市场导向意识，能满足用户需要，开发活动主要集中在创造用户价值的层面上；向用户提供良好的技术服务，为用户提供现时的培训；具有高效生产的拥护者和技术“看门人”；实施高水平的、能广纳新思想的管理，承诺开发人力资本；获得跨项目的协同效应和项目间的学习效应。另一类是企业层面的因素，包括高层管理部门要承诺和明确地支持创新；公司的长期发展战略要与技术创新战略相协调；对重大项目的长期支持（包括资金）；企业组织要保持柔性和适应变革；高层管理部门要承担风险；形成倡导创新、宽容的企业家精神。

专栏 3–2

美国 GE 的创新要诀

通用电气公司（GE）是世界上最大的多元化服务性公司，同时也是高质量、高科技工业和消费产品的提供者。从飞机发动机、发电设备到金融服务，从医疗造影、电视节目到塑料，GE 公司致力于通过多项技术和服务创造更美好的生活。GE 在全世界100 多个国家开展业务，在全球拥有员工近 300000 人。目前，美国通用（GE）全球研发中心几乎覆盖了所有科技和工程领域，分布在印度班加罗尔、中国上海和德国慕尼黑等地，以支持通用在全球的发展。在百年研发历程中，通用保持了强大的创新活力。其成功要诀包括加强与市场的联系、良好的内部激励机制等。

开放式创新来源　GE 对世界各地的好想法采取开放态度，把它们集中起来，变成自己潜在的项目。GE 鼓励研发人员和外界建立广泛联系，以了解外面正在进行什么样的开发。

接近市场　通过诸如聘请知名专家演讲等方式，促进公司各部门了解市场需求。同时，GE 定期组织研发人员和外界开展讨论和研究，刺激和鼓励员工与外界保持联系，把全球的好想法集合起来，使好的想法形成概念。

成立内部风险投资基金　GE 通过设立内部风险投资等方式，建立种子基金并投给一个小组，让这个小组进行短期研发，看看某些新的想法能不能实现。如果这个想法比较好，GE 会进一步投资，让它变成更大的题目，最终使其变成通用的产品。

丰富的激励手段　GE 研发中心给研究人员的激励并不单纯体现在薪酬上，而首先是有更好的培训和更多的成长机会。除了技术培训和领导力的培训，还鼓励研究人员有更多机会看到他们的技术如何给人们的生活带来变化。研发人员不仅可以在公司内部分享工作经验，还可到研究机构和学校学习。很少有人可以在 GE 如此宽广的研究领域工作，他可以在飞机发动机、医疗、水处理、清洁能源这些方面作出各种不同的贡献。今天可以为某一个业务部门解决一个很难的问题，明天可以到另外一个部门迎接更有挑战的问题。

鼓励冒险精神 通用全球研发中心总裁迈克·利特尔认为，较为先进的技术研发一定都是很困难、很棘手的，成功的概率不一定会很高。虽然我们期待成功，但同时也不惧怕失败，我们希望员工更自信、更勇敢，能够冒各种风险，做各种实验。我们的支持体系鼓励做不同尝试，这使得我们第一不怕失败，第二能够在失败中吸取经验，取得成功。

加强商业与科技的联系 曾有人把通用与摩托罗拉做过对比：当后者有了创意并进行研发后，会到处去找客户，看谁要这项技术；前者则是先找到客户，看有什么想法和需求，再进行研发。对于商业和科学技术的关系，迈克·利特尔说，“通用首先要做一些综合考虑和平衡，做研发不是因为它是一个很酷的技术，而是要看业务部门的需要”。这决定了哪些项目要做，哪些项目先保留着不做，最终的决定因素就是看它对业务部门的影响有多大。

资料来源：华凌：《GE 全球研发中心总裁利特尔谈研发要诀》，《科技日报》，2006 年 11 月 3 日。

（二）保证创新产品获得成功的 B－N 准则与 MPD 模式

上述标准仅为衡量企业创新是否成功提供了一种参考，企业要想获得真正的成功，尚需遵循一定的原则和采取适当的策略。其中，由 Eric Berggren 和 Thomas Nacher 率先提出来的创新产品成功的五项原则，简称 B–N 准则，虽然不能保证创新产品完全获得成功，但至少可以在一定程度上减少新产品进入市场的风险。而 MPD 模式则能在市场竞争激烈的信息时代，在一定程度上保证创新产品顺利进入市场，获得创新利润，并赢得竞争优势。下面简要介绍一下能够促进创新产品走向成功的 B–N 准则与 MPD 模式。

1. 保证创新产品获得成功的 B–N 准则

（1）洞悉消费者的全部经验。许多企业常常不能从创新产品中获益，其原因之一就是它们不知道消费者到底“想获得什么”和“如何获得”。为此，企业可以通过分析“消费者经验寿命周期”(customer experience lifecycl）的不同阶段，来提高产品创新的成功率。例如 Peapod 网上公司（一家食品零售商）发现，必须增强用户与网站的“友谊”，才能使计算机新手具有“初次试用”的经验，然后再促使他重复使用（或购买）。正如该公司的 Cio Johfl Furton 所说的那样，“当前最大的挑战是，如何让用户开始对我们的服务感兴趣并使他试用”，“一旦他们开始使用我们的产品，他们就会在网络的另一端等着，因为他们喜欢这种服务，但最重要的事还是让他们使用我们的服务”。

（2）将目标定位在具有最高价值的消费者群上。有许多公司由于没有正确定位消费群，而使好的思想化为泡影。Gemplus（法国的一家“灵通卡”制造商）虽然在欧洲信用卡市场上大获全胜，但在美国却吃了闭门羹，因为美国人喜欢信用卡及其信贷的灵活性，而不喜欢“灵通卡”的现金式特点。后来，Gemplus 调整策略，进军美国的“预付费卡”领域，才获得了成功。

(3) 与渠道伙伴的行为保持一致。企业赢得渠道伙伴的关键在于，必须充分了解一种新产品会对供给链中每一个环节的运营和利润带来何种影响。所以，拥有新产品的企业一定要对“渠道伙伴生命周期”的每一个阶段进行分析，以了解渠道伙伴的业务特点，并获得激励其适宜行为（desired behaviors）的机会，从而提高新产品分销的成功率。

(4) 衡量消费者价值。实际上，要更好地遵循前三个原则，还必须用一种可信的办法来衡量消费者的价值。只有消费者和渠道伙伴能够确切了解新产品的价值，他们才会选择该产品。但顾客由于缺乏“经验”而很难体会新产品的价值，这就需要企业采取多种方法以获得有关那些价值的数据，从而促进新产品的增长。Med—I—Bank 就是一个成功的案例。Med—I—Bank 的信用卡允许其使用者从它们的账户中向医疗服务机构付费，因此减少了使用 MSA（Medical Spending Account）的时间和一些纠纷。该公司在研究中发现，这种卡既可以增加 MSA 计划的参与率，又能增加储蓄，这种统计分析帮助 Med-I-Bank 在新产品上市的第一年中就赢得了 1500 名持卡者。

(5) 忘掉你是谁。过去的成功常使得一些企业故步自封、不求创新，所以，当它们发现竞争者以一种新方式进入自己的业务领域时，会显得相当被动。例如，Barnes Noble 迫不得已与网上的 Amazon.comg 一争高下，E-trade 则在电子经纪业务领域向 Merrill Lynch 发出了强大的攻势。Barnes Nobel 和 Merrill Lynch 之所以陷入这种尴尬境地，是因为以往的成功限制了它们在网络空间的竞争能力。所以，在竞争激烈的网络时代，一些过去成功的公司必须忘掉自己的过去，一切从头再来，这样才能够最大限度地利用新技术和新市场。

2. 倡导为用户设计产品的 MPD 模式

MPD 是多源产品设计（Multisource Product Design）的缩写。众所周知，产品设计是企业战略中不可缺少的一部分，但一项产品设计能否成功则取决于多方面的因素，如供给者、用户、创造能力、成本、时间、管理、可用性及营销能力等。只有协调好上述因素，企业才能从技术创新中获得良好的经济效益和更高的市场份额。其中 MPD 就是保证产品创新成功的一种方法。根据 P.Tarasewich 和 S.K.Nair 的观点，MPD 应由三部分构成：①将产品设计者和消费者的偏好整合起来。因为仅依从消费者偏好进行产品设计，既不现实也不可能，若仅凭设计者精心构思，产品的“技术含量”可能会很高，而消费者却可能不买账。实践证明，创新产品的失败与消费者不准确的信息反馈存在着高度的相关性。所以，在产品创新中，必须将消费者和设计者的偏好整合起来。②在产品设计中要使用多层面数据。其中共同分析（CA）程序是一种非常流行的方法，它能够在产品设计初期，就把消费需要与产品设计过程统一起来。也就是可以利用来自于消费者的数据，进行最优的产品设计决策，这种设计实际上是一种给定标准的最优化设计，如有多少消费者宁愿购买新产品而不愿购买现有产品。③在消费者和设计者之间追求一种平衡。消费者看待产品属性与设计者看到的产品特性是不相同的。产品特性能明晰产品，并影响着产品属性的形成；产品属性则在数量上要少于产品特性，但比后者更具体。每一种消费者属性都与一种或几种设计特性相关联。所以，产品设计要达到最优化，必须把消费者属性转变为适当的产品设计特性。

第三节 企业技术创新全球化战略

自从20世纪中叶以来，科技进步对发达国家经济增长的贡献已经高达60%~80%，远远超过资本和劳动力的贡献。随着跨国公司技术转移以及技术创新战略的重新布局，技术创新全球化趋势日渐明显。

一、技术创新全球化的表现形式

创新全球化包括三个方面的内容：一国生产的技术在全球范围内的利用、创新的全球性和全球技术合作。[①] 这三个方面的内涵是相互补充的，而非相互排斥的。它们可以是企业层次，也可以是国家层次。创新全球化的基本单位是创新或创新项目，不同类型的创新全球化，其主体和表现形式不尽相同（见表3-8）。

表3-8 创新全球化的形式和主体

层 次	主 体	形 式
本国创新的全球化利用	追求利润的企业和个人	创新产品的出口；技术和专利的许可转让；创新产品的外国生产（合资企业等）
创新的全球性	跨国公司	在国内和全世界进行研发和创新活动（研发的国际化）
全球科技合作	大学和国立研究机构，各国的企业和跨国公司	科技项目合作、人员交流、合资企业等

资料来源：柳卸林、胡志坚：《跨国公司的创新全球化战略与中国企业的对策》，载中国科技促进发展研究中心：《中国科技政策与发展研究：2001调研报告精选》，科学技术文献出版社，2002年，第83~93页。

毫无疑问，与经济全球化一样，跨国公司在科技全球化尤其是产业技术全球化中扮演着决定性的角色，是技术转移、技术溢出的重要载体。Cheng和Bolon（1993）对跨国公司R&D投资国际化的动机进行了深入研究（见表3-9）。根据《2002年世界投资报告》，目前世界上有6.5万家跨国公司，其分支机构或国外子公司高达85万家，占世界GDP的10%以上，占世界出口额的30%以上。另有资料显示，国际技术贸易的60%~70%、工艺研制的80%~90%都被跨国公司所控制。[②] 跨国公司技术战略的一个重要特点

① Daniele Archibugi and Simona Iammarino，The policy implications of the globalization of innovation，Research Policy，28，1999，pp.317-336. 转引自柳卸林、胡志坚：《跨国公司的创新全球化战略与中国企业的对策》，载中国科技促进发展研究中心：《中国科技政策与发展研究：2001调研报告精选》，科学技术文献出版社，2002年，第83~93页。

② 郭万达、朱文晖：《中国制造："世界工厂正转向中国"》，江苏人民出版社，2003年，第15~16页。

是，通过企业间的战略性技术联盟建立起一个立体的全球性技术预警和监控网络，实现对有增长潜力的技术知识的控制。MERIT/UNCTAD 统计表明，1980~1989 年世界各国跨国公司间的战略性技术联盟为 4092 个，而在 1990~2000 年则上升到了 6477 个，增长了近六成，由于参加技术联盟的企业都是相关行业的巨头，跨国公司的技术垄断意图和技术控制趋势可见一斑。

表 3-9　跨国公司 R&D 投资国际化动机

项目	具体内容
前提	信息和通信技术的提高极大地促进了经济全球化和国际合并，为跨国 R&D 投资创造了良好的国际环境 许多发达国家和发展中国家的社会、经济与科技条件的改善，为跨国 R&D 投资提供了必要的基础设施 国际专利保护一致性的增加使在国外 R&D 获取的技术成果得到了一定程度的保护
动机	获得重要的研究资源，利用国外的科技人才和国外重要的科技中心 通过在国外开展 R&D，其环境多样性能为产品和工艺设计带来新思维，这些新思维是企业创新过程的必要投入，并能增加 R&D 成功的可能性 通过在不同国家 R&D 机构的国际分工，依据不同国家基础研究设施，知识和专家的分布情况合理配置公司研究资源以及分割创新过程，这样能够整合不同的国别专有优势，显著提高 R&D 效率 国际 R&D 活动可以缩短跨国公司对当地需求变化的反应时间，提高反应的正确率和敏感率，有利于公司产品全球化的推进 利用东道国为吸引技术流入制定的优惠政策，如东道国为外资 R&D 提供的税收减免、无息贷款、合作 R&D 资助等
诱因	跨国公司海外生产和全球市场卷入程度的加深，创造了在子公司所在地建立永久 R&D 机构为当地市场作出市场调节和技术支持的需要 以母国研究资源为基础的 R&D 国际化成功的事例激励了竞争者在国外 R&D 投资的跟进，如 IBM 在日本建立 R&D 中心成为公司技术网络的重要成员，成为其他计算机公司在日本相继建立 R&D 机构的榜样 国内某些领域技术人才的缺乏刺激跨国公司转移国内 R&D 活动到技术人才丰富的国家，如瑞典一些跨国公司把主要 R&D 职能转移到国外 国外对知识产权保护程度的加深以及引用本国先进技术专利的成功，为本国在国外直接进行 R&D 投资提供了信心保障 东道国在经常要求跨国公司从事国际生产和服务的同时建立 R&D 机构，有时候这个要求还是东道国附加的允许跨国公司进入本国市场的必要条件之一 1992 年后对可能出现的所谓“欧洲堡垒”的恐惧、参加制定新的欧盟标准和获得欧盟资助的合作研究项目的需要，引导了许多非欧盟跨国公司对它们位于欧盟国家的子公司加大 R&D 投资

资料来源：Cheng J. Bolon D. The Management of Multinational R&D：A Neglected Topic in International Business Research [J]. *Journal of International Business Studies*，1993，24（1）：1-18.转引自薛求知、关涛：《跨国公司 R&D 投资国际化动机的理论研究》，《研究与发展管理》，2005 年第 4 期，第 84页。

二、技术创新国际化的风险

虽然创新全球化是跨国公司实现其整体战略布局、获得竞争优势的重要途径，但是由于 R&D 活动本身的特点，R&D 国际化战略客观上也面临一些风险，其中市场和技术方面的不确定性是最为重要的两种风险。[①]

① 柳卸林、胡志坚：《跨国公司的创新全球化战略与中国企业的对策》，载中国科技促进发展研究中心，《中国科技政策与发展研究：2001 调研报告精选》，科学技术文献出版社，2002 年，第 83~93 页。

（一）市场的不确定性

市场的不确定性是指企业在市场上推出新产品时需要了解的客户的期望、偏好、需求、销售渠道而产生的不确定性。这种不确定性主要来自于四个方面：①消费者需求变化。不同国家、不同地区的消费者的收入差异和偏好差异，促成了不同类型的消费模式。对于不同的产品和服务，其需求也不尽相同。②信息传递的粘滞性。这是指一种信息从一个地方转移到另一个地方所面临的诸多困难。通常一种需求信息在不同地方进行传递时，将面临信息失真、损失等问题。信息失真、损失的数量与信息传递量的多少、信息的性质、接收和发送者的能力等存在密切关系。当信息是一些不可言传的知识时，信息的传递与扩散将很困难。③政策变化。一个国家或地区某种政策的变化将对市场需求产生巨大影响。例如，我国信息通信技术采用了GSM标准，由于诺基亚、摩托罗拉等采用了这种标准进行生产，获得了巨大成功，而一些日本企业由于受制于其国内不同的标准，导致无法快速适应中国市场，目前已经全部退出了中国市场。最近，我国颁布了新一代信息通信标准TD-CDMA，这将为中国企业创造一个新的市场空间。④文化、地域的影响。一个国家的市场与当地的生活习惯、文化习俗密不可分。例如，在中国使用的计算机必须要中文语言界面，否则将使信息交流受阻而无法获得更大的市场空间。再如，一些与中国文化相适应的国外产品也日益受到欢迎。

（二）技术的不确定性

技术的不确定性是指企业在推出新产品时在器件、结构、工艺、方法等方面所面临的不确定性。主要包括：①技术变化的快慢。越是技术变化快的产品，技术的不确定性就越大；而技术变化慢的产品，所面临的不确定性就相对较小一些。②技术信息传递的粘滞性。例如，汽车开发过程涉及的工艺比较多，而且大多是一些技术诀窍或技术秘密，必须经过大量的接触、实践、面对面的交流等方式，才可能有效传递，技术转移的粘滞性较大。这一点在技术合作时表现得尤为突出，例如，北京切诺基在吸收美国的技术时，仅仅依靠图纸并没有获得满意的效果，使得合资生产的切诺基很难赶上美国技术变化的节奏。③产品的复杂性。产品复杂性越高，技术的不确定性越大。例如，汽车要比医药类产品复杂，尽管后者属于高新技术产业，但它所面临的技术不确定性仍然较小，所以，开发汽车要比开发新药难得多。

三、跨国公司全球化模式

跨国公司要想解决好全球化创新的问题，首要问题是解决好技术和市场的不确定性，以一种更为有效的方式合理配置其研究开发、生产、营销和服务方面的资源。依据技术和市场两个维度，可以将跨国公司全球化模式分为四类，见表3-10：

表 3-10 市场、技术与创新的全球化模式

		创新所需的技术信息	
		高	低
创新所需的市场信息	高	本地化模式 创新依赖当地的需求偏好而不是技术，当地开发、当地销售，成本较高	跨国化模式 研究开发、生产和销售服务都在最好的地点，如硅谷
	低	国际化模式 先本国，成功后再全球化，如麦当劳	全球化模式 研究、开发、生产在一地，供应全球，如英特尔

资料来源：柳卸林、胡志坚：《跨国公司的创新全球化战略与中国企业的对策》，载中国科技促进发展研究中心：《中国科技政策与发展研究：2001 调研报告精选》，科学技术文献出版社，2002 年，第 83~93 页。

专栏 3-3

跨国公司为什么要在海外设立研究与开发机构

一般的，跨国公司在国外设立研究与开发机构通常采用三种形式：企业直接在国外独资或吸收国外部分资金组建创设全新的研究与开发机构；通过全资收购或控股方式购并国外相关研发机构；将本企业在国外的产品维修、测试、售后服务等机构进行改造，并升级为技术中心。

跨国公司之所以在国外设立研究与开发机构，其原因在于：①技术获取。在国外技术发达国家或竞争对手国家设立研究与开发机构，便于掌控竞争对手的技术开发动态，了解前沿技术的发展趋势，加快研发速度。同时，也为研究和判断国外先进技术的价值，购买引进国外先进技术提供了方便。②缓解研发资源短缺问题。在全球人才竞争激烈的时代，技术人才特别是研发人才是企业竞争制胜的关键要素之一。但是，成熟的研发人才培养不仅需要大量的投资，而且也需要较长的时间周期，所以，在国外设立研究与开发机构，雇用国外的技术人员和技术骨干，能够弥补国内技术人才短缺问题。③寻求好的研发环境。研发需要良好的技术基础设施、法律保护、政策和社会经济环境等方面的因素的支持，更需要相关技术领域的支持、协作与融合。有些国家因为国内科技基础环境较差，纷纷到海外设立研发机构。大量欧洲公司在美国设立研究机构，特别是设立一些生物技术公司，其目的就是利用美国良好的技术环境和政策优惠措施。④占领海外市场。在海外设立研发机构，可以面对海外市场需求信息开发新产品和新工艺，及时了解竞争对手的信息，并为本国企业或海外子公司提供有竞争力的原型产品或先进的工艺技术，占领市场。⑤迫于东道国的压力。一些东道国为了加速国外技术转移步伐，促进本国自主研发能力提高，常常采取各种措施吸引或者迫使跨国公司在东道国设立研发机构。

资料来源：魏后凯：《区位决策》，广东经济出版社，1998 年，第 204~206 页。

（一）国际化模式

国际化模式是指本国技术的国际利用，即创新的国际化。跨国公司一般具有很强的

研究开发实力，许多产品和技术源于本国市场，但又具有国际通用性，这使得许多跨国公司致力于使本国技术能够走向全球化，例如肯德基、麦当劳、可口可乐等产品。这种国际化模式的特点是技术和市场的不确定性都较低。

（二）全球化模式

它是指研究、开发、生产集中在一地，但利用其技术高的特点，面向全球市场开发并进行销售，其特点是市场不确定性低，而技术不确定性较高，如英特尔公司的芯片、微软公司的软件。

（三）跨国化模式

这是在全球进行自己的研究开发部署，面向全球不同地方进行创新的方式，但这种模式的创新资源配置并不均衡。跨国公司通常在一些地方进行密集的研究开发投入，也就是创新集聚现象。当前，美国、欧洲和日本是创新跨国化发生比率最多的三个地区。

（四）本地化模式

这是一种面向当地的市场需求、在当地进行研究开发并生产营销的方式，其特点是市场不确定性大，但技术不确定性较小。由于这种创新的技术含量不高，且需要在当地进行较深的市场研究，与当地企业相比，跨国公司并不占显著优势，一般很好采用此方式。

● 本章案例

宝马公司的技术创新战略①

2006 年上半年，尽管欧元保持坚挺且原材料价格不断上升，但是，宝马公司的销售额和税前利润分别高达 320 亿美元和 32 亿美元，分别增长了 10.2%和 44.5%。目前，宝马公司是世界上经营业绩最好的汽车公司之一。技术创新是宝马公司不断发展壮大的一个重要因素。在慕尼黑的一个科研实验室里，宝马“5 系列”轿车内部充满了各种电子装置和电线，该公司正在进行一项新的科研项目——车载计算机。这部计算机能够识别顾客，并帮助顾客挑选出他想要的信息和喜欢的娱乐节目。在这个项目中，“当你睡觉时，你的宝马车会通过无线高速连接或其他连接方式快速搜索网络，进行信息收集，比如说先收集 15 分钟的新爵士乐，再通过播客收集 10 分钟有关能源产业的信息”。这种构想的本质是通过对车进行人性化设计而取悦顾客的一种新方法。这种智能化汽车会通过监控用户的选择来不断地了解用户的喜好。该项目主管汉斯—约尔格·弗格尔认为，下一代宝马“5 系列”和“7 系列”轿车将是公路网络智能化程度最高的汽车。这类技术变革仅仅是宝马公司技术创新群中的一个代表。根据盖尔·埃德蒙森的研究，宝马公

---

① 资料来源：盖尔·埃德蒙森，王超译：《宝马梦工厂》，美国《商业周刊》，2006 年 10 月 16 日，转引自《参考消息》，2006 年 10 月 22~27 日，第 4 版。这里有局部调整与改动。

司技术创新战略之所以大获成功，主要是因为该公司拥有一套比较好的创新支撑体系。这些体系包括：和谐的学习机制、全员式创新、强烈的危机意识、融洽的人际关系和个性化的产品模式。

一、和谐的学习机制

瑞士洛桑国际管理发展研究院的管理学教授乌尔里希·施特洛认为，“非常和谐的学习机制”是宝马公司创新和发展的重要原因。这种学习机制包括良好的学习气氛、学习组织和信任员工三个重要内容。在宝马公司，车间工人、设计师和市场营销人员可以提出任何新想法，不论何种类型的“古怪主意”都不会受到惩罚，这种学习气氛使得员工能够有勇气畅所欲言，不断改进汽车的生产质量。相对于美国僵化和人浮于事的官僚组织体制，宝马公司的管理结构比较简单、灵活，强调创业精神，而且有着很高的效率，这种组织模式保证了宝马公司能够快速应对竞争威胁和适应市场环境的变化。

很少有宝马公司那样持续地追求一条可以不断进行修改且品质几近完美的生产线，而这正是顾客所需要的。四轮驱动单排座跑车和曲线突出、被称为“豪华运动巡洋舰”的小型乘用车定于2008年投入生产。2006年9月接任公司新总裁的诺贝特·赖特霍费尔认为，这些产品将沿袭宝马公司的“酷车之路”，“为确保实力，我们在公司内部推行变革”。任何宝马公司员工都被期望能够帮助公司寻找到保持创新、保持竞争的新方案。这种信任文化给公司注入了持续动力。例如，慕尼黑生产线的工人在2005年建议为“5系列”轿车更换小型柴油发动机。他们认为这种发动机的动力完全可以适应“Bimmer”之类的车，这种选择将有助于节约成本，并保持对顾客的强大吸引力。

二、全员式创新

盖尔·埃德蒙森认为，宝马公司的斐然业绩主要归功于它的创业氛围，在德国公司中，多数采用的是自上而下且员工和管理层存在隔阂的管理方式。而拥有10.6万名员工的宝马公司采取的则是另外一种模式——网络模式。在这种网络组织结构中，不存在等级障碍，有助于发挥每个员工的创造性。当新员工进入公司时，他们将接受企业文化的教育，使他们拥有强烈的归属感、历史责任感和使命感。公司里所有级别的员工共同构成一个超越等级的网络，任何员工都可以为“Bimmer”车改进或者利润率提高提出新想法。许多宝马车就是这种网络中成千上万次灵感的产物。因此，盖尔·埃德蒙森认为，宝马公司可能是有史以来工作氛围最为轻松的汽车公司。

三、强烈的危机意识

盖尔·埃德蒙森认为，宝马公司面临的巨大威胁可能在于它自身的发展和成功。所以，宝马公司一直有极度的危机感。1959年，宝马公司濒临破产，几乎被其竞争对手梅塞德斯公司收购。这次重创成为了公司的特殊时刻。公司总裁赖特霍费尔说：“我们永远忘不了1959年。它已植入我们的基因，并激励我们进取。”宝马最大的股东匡特家族当时的紧急财务援助以及与工会的协调成为企业起死回生的决定性要素。这种经历促使企业居安思危。在宝马公司进行新员工教育时，1959年的故事是一个不能遗漏的教育内容。美国密歇根州安阿伯汽车研究中心的合伙人戴维·科尔说：“与死亡擦肩而过的经历对企业来说十分有益。宝马公司多年来一直如履薄冰。”

四、融洽的人际关系

和谐的人际关系是宝马公司创新和发展的重要力量。早在1972年宝马公司就开始让员工分享公司利润，而当时的其他欧洲公司远未考虑到对工作业绩给予奖励。宝马公司当时起草的计划书上写道，只要完成各项财务指标，公司将在年底多发一个半月的工资。在这种激励措施下，员工们表现出了更为积极灵活的工作态度。当公司引进新技术或者需要提高产量时，公司其他工厂的员工通常会在离家很远的临时宿舍住上几个月，并在生产线上加班加点。

盖尔·埃德蒙森认为，宝马公司会迅速提拔有才干的管理人员，但在此过程中却很少提供培训机会，这就迫使他们去请教他人。由于没有人指导管理人员如何从事新的工作，他们不得不保持谦逊作风，与下级和同级密切合作，这就最大限度地限制了企业中经常出现的基层争斗现象。在这种工作方式下，所有想推广创新理念的人很快便懂得了成功的关键。公司首席财务官斯特凡·克劳泽说："你可以去争论，也可以争取上级的许可和大家的支持。如果你不广泛建立关系的话，那就寸步难行。"

五、个性化的产品模式

盖尔·埃德蒙森的研究发现，宝马公司的灵活性使得人们可以选择基本车型进行各式改装。从发动机类型到变速器的颜色再到种类繁多的内饰，宝马客户都可以进行选择。即使在投产前五天，顾客还可以改变主意，去定一辆外形完全不同的汽车。在每月的订单中，顾客要求变动的地方有17万处之多，而且顾客大多会作出更高价位的选择，例如选择马力更大的发动机或更为奢华的内饰。这种个性化的产品模式不仅有助于公司不断进行产品更新，也扩大了企业的财富基础。宝马的许多竞争对手被这种个性化模式拖入到了财务危机的窘境，但是它却成了宝马制胜的一个重要手段。宝马公司的竞争对手丰田公司德国总部总裁认为，宝马公司通过按顾客要求改装汽车，从而创造了与顾客的亲和力，这是丰田所不及的，因为"宝马车的顾客从不买其他牌子的车"。

● **思考题及答案要点**

1. 简述技术创新战略的几种类型。

技术创新战略就是企业技术选择的表现形式。这些选择包括为获取、维持、利用和放弃技术能力而投入的资源。技术创新战略主要包括技术领先战略、技术缝隙战略、技术跟踪战略和技术合理化战略。技术创新战略的选择不仅要考虑企业的自身条件、外部环境等因素，更要结合技术的不同演化阶段、竞争地位和市场地位的变化。

2. 简述影响新技术商业化的因素。

根据Joe Tidd等人的总结，影响企业将技术转化为商业利益的能力的因素主要包括如下九个方面：加强保密工作；重视隐性知识的积累，防止模仿；控制领先时间和售后服务，提高竞争对手的模仿成本；利用学习效应，获得创新的规模经济效益；通过互补技能强化，提高市场进入壁垒；提高产品复杂性；抢先制定标准；合理确定早期新产品的进入市场时间和时机；加强知识产权保护。

3. 简述创新全球化的形式和实现模式

创新全球化包括三个方面的内容：一国生产的技术在全球范围内的利用，创新的全球性和全球技术合作。创新全球化主要有四种模式：国际化模式、全球化模式、跨国化模式和本地化模式。

● 参考文献

1. Freeman C., The Economics of Industrial Innovation, The MIT Press, 1992.

2. 约瑟夫·熊彼特:《经济发展理论》, 商务印书馆, 1997年。

3. 德布雷森:《技术创新经济分析》: 辽宁人民出版社, 1998年。

4. 保罗·特罗特, 吴东等译:《创新管理和新产品开发》, 中国人民大学出版社, 2005年。

5. R.纳尔逊, 悉尼·G.温特:《经济变迁的演化理论》, 商务印书馆, 1999年。

6. 柳卸林:《技术创新经济学》, 中国经济出版社, 1993年。

7. V.K.纳雷安安:《技术战略与创新: 竞争优势的源泉》, 电子工业出版社, 2002年。

8. 罗伯特·A. 伯格曼、莫德斯托·A.麦迪奎、史蒂文·C. 惠尔赖特:《技术与创新的战略管理》, 机械工业出版社, 2004年。

9. Joe Tidd, John Bessant and Keith Pavitt:《创新管理》, 清华大学出版社, 2002年。

10. 多纳德·海、德理克·莫瑞斯:《产业经济学与组织》, 经济科学出版社, 2001年。

11. 诺玛·哈里森、丹尼·萨姆森:《技术管理: 理论知识与全球案例》, 清华大学出版社, 2004年。

12. 乔治·戴、保罗·休梅克:《沃顿论新兴技术管理》, 华夏出版社, 2002年。

13. 吴贵生:《技术创新管理》, 清华大学出版社, 2000年。

14. 中国科技促进发展研究中心:《中国科技政策与发展研究: 2001调研报告精选》, 科学技术文献出版社, 2002年。

15. 马库斯利特兹格, 崔文杰译:《知识产权的战略管理》,《经济研究资料译丛》, 2005年第1期。

16. 富田彻男:《市场竞争中的知识产权》, 商务印书馆, 2000年。

第四章　新一代产品开发战略

● 本章提要

了解新一代产品开发管理的最新发展趋势，重点掌握新一代产品开发的过程，掌握新一代产品开发管理工具。

知识经济时代的灵魂是创新，创新是经济增长的发动机。企业是市场竞争的主体，产品是市场竞争的物质载体，也是市场竞争的焦点，企业必须不断开发新产品才能适应知识经济时代的要求，才能在竞争中立于不败之地。然而，新产品开发的复杂性和风险性决定了企业不能盲目地、随意地进行产品开发。因此，在知识经济时代，为了降低新产品开发的风险，提高开发的成功率，企业必须确定明确的开发战略，从而指导新产品的开发活动，为新产品的开发导航引路。

● 章首案例

华为 3Com 公司成立于 2003 年 11 月，运营总部设在杭州，在日本、美国、南非、韩国、泰国、俄罗斯和印度成立了子公司，在欧洲、拉美、中东、亚太、非洲等地区设立代表处，在中国 30 个省市设立了分支机构。作为全球唯一拥有路由器、以太网交换机、WLAN、安全、VOIP、视频、SOHO 产品及软件管理系统等在内的多层次、全系列基于 IP 网络产品的全业务解决方案提供商，华为 3Com 的产品广泛应用于核心骨干网、城域网、园区网、企业网、家庭（SOHO）等。华为 3Com 公司每年将销售额的 15%以上用于研发投入，在中国的北京、杭州、深圳以及印度的班加罗尔分别设有研发机构，在北京和杭州设有产品鉴定测试中心。[①]

在实施新产品开发模式改革之前，华为 3Com 在产品研发方面最主要的问题就是概念与计划阶段合并到了一起，经常是在无任何业务计划的情况下，只在高层指示下就直接开始了新产品开发。在这种旧研发模式中，产品与技术的开发重合导致实用产品无法如期推向市场。与此同时，由于评审和决策仅仅是出于主观判断，没有符合市场需求的标准，结果造成产品一改再改，无法一步到位。例如，一个电信产品用两个月的时间研

---

① 资料来源：裘丽萍：《IT 企业新产品开发中 R&D——营销界面集成度研究》，浙江大学硕士学位论文，2005 年 12 月。有删改。

发，修改却用了1年。

华为3Com改进了新产品开发体系，引入IPD（集成化产品开发）。IPD强调的是以市场和客户需求作为产品开发的驱动力，在产品设计时就构建产品质量、成本、可制造性和可服务性等方面的优势。实施IPD模式之后，3Com的产品项目开发周期缩短到原来的1/4 ~1/2，绝大多数单板首次设计就能够支持调试和实验，二次投板成功率提高30%，单板返修率下降30%。据统计，与行业内同类企业相比，华为3Com研发资源的浪费要少一半，这就意味着在同等投入下，华为3Com的研发力量要强大一倍，由此所带来的新产品开发费用的削减使企业具备了强大的竞争力。

第一节　新一代产品开发的目标与过程

一、新产品开发管理的发展过程

新产品开发管理的发展过程是一系列不同时代的演进，每一个时代都有其特点，任何一个新阶段取得的并不仅仅是进步，也是某种形式的转型突破。回顾这些发展阶段能更好地认识其随时间推移所发生的演变和发展，也能让我们更好地认识新一代产品开发所带来的变化。Michael E.McGrath将新产品开发管理分为四个时代，即发明与商品化时代、项目成功时代、快速上市时代和研发生产率时代。①

（一）发明与商品化时代

这个时代开始于19世纪末，止于20世纪50年代左右。顾名思义，在这一时代首先开始尝试将新的发明制度化和商品化为主流产品。

可以说达·芬奇是第一个现代意义上的研发专业人员，他对自然规律的基础研究导致他能够预想出一些装置，从飞行器到潜水艇。但一直到19世纪晚期，还没有人真正将发明看做是一个可组织的流程，而是看做一个随机事件——个人的脑力活动。产品开发管理的正式起源应归功于爱迪生及其最早创立的商业化实验室。1887年，爱迪生在新泽西建立了世界上成熟的研究开发中心，这个实验室是全球此类实验室的第一个，因而有人将其视为爱迪生最伟大的发明。爱迪生自己说过，他创立此实验室的目的就是将发明商品化。到1946年，有将近2000个研发实验室在运作。②

在这一时代成立了许多新公司，它们将特定问题的创新解决方案商品化并从中获

---

① Michael E.McGrath：《下一代产品开发》，清华大学出版社，2005年。
② 威廉·L.米勒、朗顿·莫里斯：《第四代研发》，中国人民大学出版社，2005年。

利，如 IBM、福特汽车公司、通用汽车公司等。

（二）项目成功时代

20 世纪 50 年代基本上标志着项目成功时代的开始，因为各家公司开始关注如何使新项目获得成功。许多新产品很大胆，但成功概率并不是很高，因而成功就成为唯一的目标。这一时期开始更加注重其研发机构中个体项目的管理，其特征就是新项目进度计划的发展和项目小组的初步形成。

20 世纪 50 年代末，对项目进度计划，特别是数学方法在安排中的运用，越来越受到重视。在项目规划和进度计划中，有两种数学方法被广泛运用，即关键路径法（Critical Path Method，CPM）和计划评审技术（Program Evaluation and Review Technique，PERT）。这两种方法在计划项目进度方面发挥了重要作用，但对于项目规划和控制却仍然没有很好的解决方案。

同时期许多公司也开始实验项目管理的不同组织方法，其中职能方法是开发项目最常用的方案。在这一方法中，每一职能部门都按顺序或交接式地服务于产品开发流程。具体的方案有利用项目协调员管理进度计划和协调各类跨职能项目的活动，指派多名职能项目经理，为项目的每一阶段指派项目小组以及项目管理的矩阵管理方法等。

到了 20 世纪 80 年代中期，项目管理已经取得许多长足的进步，但产品开发要取得成功，项目管理需要融合到一个更为正式的产品开发流程中去。

（三）快速上市时代

这一时代可追溯至 20 世纪 80 年代中期，到了 21 世纪，快速上市时代的做法几近普及。这一时代主要关注如何更快地开发出个体产品，引发了基于时间的竞争战略。

专栏 4-1

北钢新产品开发拓宽了企业发展空间

北钢集团以市场为导向，以用户需要为目标，依托科技创新调整产品品种结构，提高企业的经济效益，增强企业的市场竞争优势。2006 年，北钢集团新产品开发的数量、产量和效益均取得了新突破。2006 年 1~10 月，共开发板材、钢坯、中宽带钢和高速线材等 24 个钢铁产品新品种，新产品产量达 77 万吨，为钢铁总产量的 15%，新产品净增利润 9000 多万元，达到了历史最好水平。

为了使新产品适应用户的需要，今年以来，北钢投入 2400 多万元，对生产全过程开展技术攻关，重点是提高关键工序的质量控制和检测。2006 年以来，北钢新产品的综合成材率达到目标的 98%以上。为了适应市场需要，北钢今年开发出了 5.5 米非标尺球墨铸铁管、石油管线钢和 A 级、B 级船板用钢等多种市场需求量较大的品种，不但打开了新的市场，而且有力拓宽了企业的发展空间。

资料来源：新华网辽宁频道，www.ln.xinhuanet.com，2006 年 11 月 17 日。

快速上市时代的突破在于其认识到，产品开发是一个管理流程，就如同其他管理流程一样，一个更优秀的流程可以产生更好的、更具可预测性的结果。开发管理流程并不仅仅止于项目管理，还涵盖有关部门新项目上马和项目间标准使用的决策过程，以确保更为一致的项目结果。这一时代产品开发管理的首要目标是更快地将产品推向市场，认为将产品更快地推上市场能比降低开发成本带来更大的财务利益。因而这一时代重点关注三个管理领域：按阶段的新产品决策流程、跨职能项目小组的引入以及产品开发标准流程的使用。

（四）研发生产率时代

20 世纪与 21 世纪之交，许多公司面临历史性的经济低迷，收益大幅度下降，新产品开发受到了研究预算紧缩的制约，人们越来越多地关注开发管理，新产品开发将进入一个新的时代——研发生产率时代，这一时代将引发基于开发生产率的竞争。新一代的开发管理将促成基于更高生产率的竞争战略，开发、推出更多的新产品。在新的产品开发时代，公司可以极大地提高其开发小组的生产率，从每一项目获得更高的财务回报，并且显著增加对稀缺资源的利用，降低资源成本。

研发生产率时代的新产品开发建立在快速上市时代带来的基于时间的收益之上，在新产品引入的速度、数量和质量等方面将产品开发带到一个新的发展起点，产品开发与产品战略更紧密地结合在一起，公司可以将新产品收益与利润最优化并实现对研发的财务控制与财务集成。

二、新一代产品开发的目标与优势

在快速上市时代，新产品开发的目标与优势是通过产品更快上市所带来的收益增长，而新一代的产品开发着重于整个企业的创造性生产率的提高，它使企业能够在投资水平不变甚至更低的情况下，取得更大的产出，即投入更少、获得更多。作为生产率提高的副产品，开发速度将进一步提高，产品质量也将取得新的提高。[①]

（一）研发能力利用率的提高

研发能力的提高就是在投入相对固定的情况下开发出更多的新产品，因而能力利用率的提高就能明显提高生产率。

（二）项目资源效率的提高

在新的产品开发时代，资源的利用将更为有效。由于项目资源计划的进步，项目的完成只需要较少的开发人员。现今的项目计划、将计划与资源可用性相结合的能力以及所有项目计划的集成能力让项目小组的领导人可以更有效地计划其项目资源需求，从而

① Michael E.McGrath：《下一代产品开发》，清华大学出版社，2005 年。

有效地利用稀缺的研发资源。

（三）开发人员生产率的提高

在新的时代，项目研发人员将花费更少的时间在无附加价值的项目活动上，利用制度化经验，能更有效地共同工作，其生产率可以大幅度地提高。

（四）合作与外包开发利益的增加

在新的时代，协同开发、合作以及有选择的研发活动的外包必将越来越多。合作与外包能带来三方面的利益。首先是项目成本的降低，项目的部分工作交由开发合作者完成，由于后者的专业经验或成本结构，这些合作者的成本会更低。其次，通过合作与外包可以降低研发人员的人均成本。最后，通过合作与外包增加了项目完成的数目。此外，通过利用共享新产品投资的外部开发伙伴或供应商，公司能够以更少的投资进行更多的开发，然后再与伙伴分享部分新产品利润。

（五）研发行政管理效率的提高

新一代的产品开发中，管理与行政活动将会更有效，无附加价值的管理与行政任务将会大幅度减少，因而研发管理与行政活动将以更低的成本完成。

（六）流程管理有效性的提高

新一代的产品开发中，更佳的资源管理、改进的研发战略管理、项目信息与状态的实时集成改善了对外界条件变化的反映，新产品开发流程管理将得到极大改进。

（七）产品战略的改进与产品成功的加强

新一代的产品开发能与商业计划、财务管理、产品战略更有效地结合起来，因而能更好地利用市场机会开发出更优的产品，可以进行更有效的创意管理和更好的制度化经验，这都将促进产品的改进和收益的增加。

三、新一代产品的开发过程①

在新的产品开发时代，即研发生产率时代，产品开发流程将转变为高效、高度自动化、高度集成的覆盖整个企业的流程，并且运行在极高的绩效水平上。新一代的产品开发不仅关注前一代所主要关注的项目管理，还将涵盖全面资源管理以及一体化的组织与产品战略，并引入更多新的管理方法。

新一代开发基于一些集成系统，这些系统将信息流、愿景及决策自动化，以实现全新层次的研发绩效，这些系统统称为开发链管理系统（Development Chain Management system，DCM）。DCM 系统集成于整个企业范围内，是基于网络的应用，是产品开发的

① Michael E.McGrath：《下一代产品开发》，清华大学出版社，2005 年。

管理或项目层面。图 4-1 说明了 DCM 系统的构成，以及低一级的产品生命周期管理（Product Lifecycle Management，PLM）运营层。

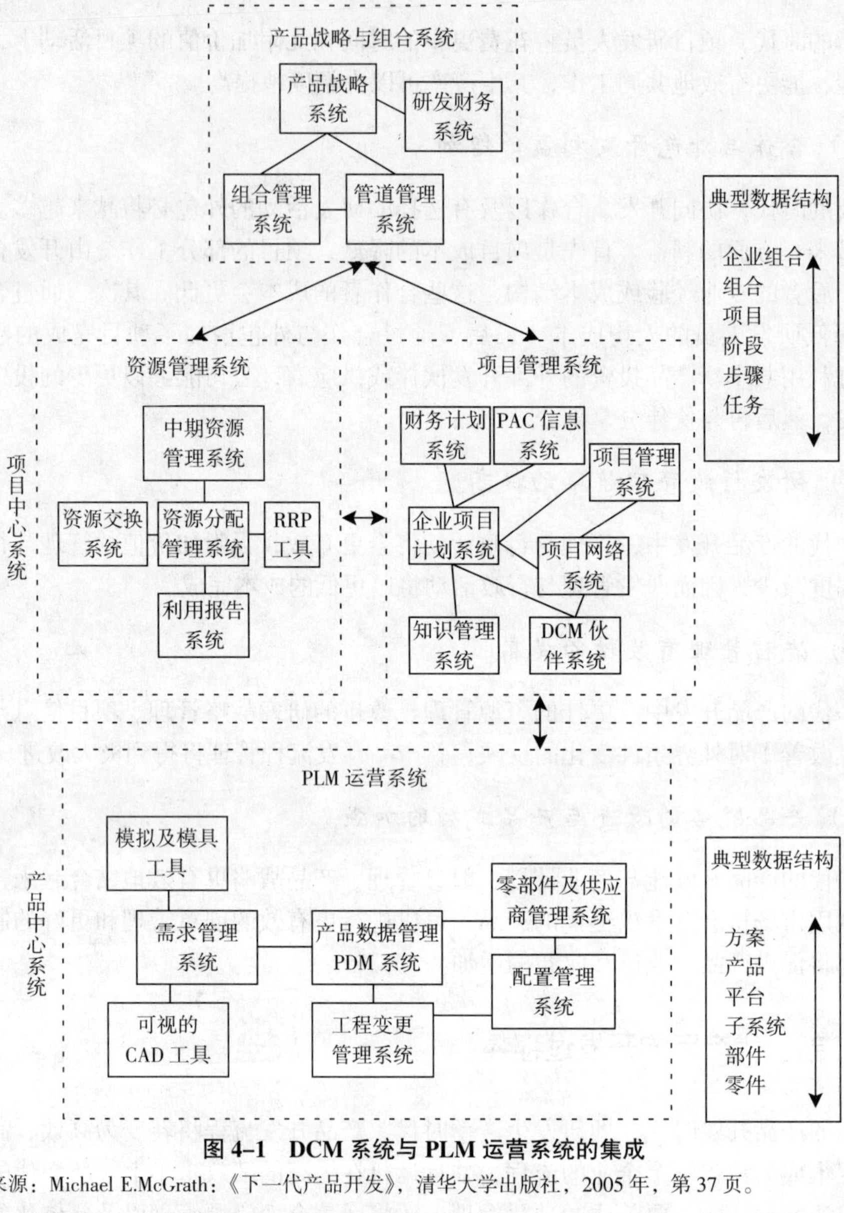

图 4-1 DCM 系统与 PLM 运营系统的集成

资料来源：Michael E.McGrath：《下一代产品开发》，清华大学出版社，2005 年，第 37 页。

图中 DCM 共分为三类系统：资源管理系统、项目管理系统和产品战略系统。每一类又包含一定数量的密切联系在一起的应用与子系统。

资源管理系统管理并优化项目资源，其中居于中心位置的是管理项目资源分配的应用，这是资源管理最基本的功能。围绕这一系统的包括支撑计划需求与能力管理的中期资源管理应用系统、利用率报告应用系统、针对项目经理资源需求计划（Resource Requirement Planning，RRP）集成工具以及针对项目与资源经理的集成的交易管理流程。

项目管理系统包括支撑新一代先进的项目管理做法的一系列应用。企业级项目计划系统与项目网络系统构成了 DCM 的基础。其他的项目管理应用系统包括集成财务系统、高级管理层使用的信息系统、除项目管理外的公司计划管理系统、用于协同开发管理的集成合作系统以及集成知识管理系统。

产品战略与组合管理系统包括集成了 DCM 系统项目数据的在线流程（管道）管理与组合管理应用系统和研发财务系统等。

第二节 新产品的协同开发

一、协同开发合作伙伴的类型[①]

协同开发是指越过公司边界与一定范围的外部伙伴协同开发产品，这是新一代产品开发的重要特点。由于不同类别的合作伙伴要求不同的协作方式，因此，有必要把协同开发的合作伙伴分成不同的类型。

（一）客户

协同开发扩大了客户在新产品开发中的参与度，既利用了他们的理解力，又获取了他们对新产品的早期支持。公司的客户可以以多种方式参与公司的新产品开发，既可以让少数客户加入新产品开发过程，在新产品方面提供深度协作，也可以征求客户对于当前和未来产品的反馈意见，然后定期运用这些反馈意见来更新产品的特性。

（二）开发合作伙伴

新产品项目小组可能会决定与另一家公司合作开发一个产品，这时，外部合作伙伴对产品的某部分会承担较大的责任。外部合作伙伴一般会根据合同工作并获取报酬，但在将来外部合作伙伴可能会根据产品收益的一定比例获取部分或全部收益。

（三）承包商

利用外部承包商是外部开发的传统形式，但在有系统支持的协同开发中，外部承包商就能更好地集成到项目中，而且不受地理距离的限制，因为他们可以远离项目小组工作。

---

① Michael E.McGrath：《下一代产品开发》，清华大学出版社，2005 年。

（四）供应商

将供应商集成到开发流程中是协同开发的一个自然延伸。供应商可以承担产品的设计，帮助企业完成更多的产品。由于供应商对特定部件或材料的认识更深刻，所以他们在产品开发中的作用越来越重要。后面会专门探讨供应商的集成问题。

（五）渠道伙伴

销售渠道或营销伙伴也可以得益于与产品开发小组的协作，特别是在接近开发结束的时候。这种协作可以帮助销售和营销伙伴做好产品销售的准备，参与发布计划，认识产品的功能与特性等。

二、新产品开发中的供应商集成

供应商是一个很重要的战略资源，供应商在新产品开发中的介入对降低产品的成本和开发风险、提高原料采购的质量、缩短产品开发的时间以及提高新技术的应用具有很重要的意义 。因此，许多制造企业在产品开发、设计以及制造等方面给予了供应商越来越多的参与机会和责任。

（一）供应商参与新产品开发的作用①

基于并行工程和供应链管理的大量研究和实践已经表明，供应商在新产品开发过程中的早期参与，给供应商和制造商都带来了很大的好处和利益，让企业获得了战略柔性，拥有更大的市场占有率，主要体现在以下几个方面：

1. 核心竞争力的提升和开发费用的降低

对制造商来说，通过供应商核心能力和专业化技术资源的应用，在较短的时间里用较小的努力就开发出更具创新特色和竞争力的产品，降低了产品开发的成本，而且在整个开发过程中对供应商的技术战略方向造成了影响和改变，为将来的继续合作打下了基础。

对供应商来说，不仅仅是自己的核心能力和技术得到了提高，而且由于与客户之间的密切合作关系，降低了库存成本以及在行政、销售等一般管理上的日常开支以及供应商和客户之间的交易成本。

2. 有利于新产品开发过程的改善和产品性能的提高

供应商的参与能够把自身所拥有的专业化的产品技术和过程技术注入新产品的开发过程，从而改善新产品的设计和开发过程，并且保证这种积极效果的最大化与消极效果的最小化。

在概念设计阶段，供应商参与可提供与产品相关的技术咨询。在详细设计和制造阶段，供应商的参与为构件和零件的设计提供了解决方法，给制造企业提供了最合适的原

① 韩东辉、侯亮、林祖胜：《供应商参与企业新产品研发过程的研究》，《现代制造工程》，2006 年第 4 期。

料和配件的选择，并有助于提高零部件的可制造性、可维修性等性能。

3. 清晰的产品定义和明确的战略规划

供应商参加新产品开发过程，增进了与客户之间的交流，使得制造商对市场和产品有更加清晰的定义。在这个过程中，给予双方接近和了解对方技术能力和战略方向的机会，从而为下一阶段的合作找到了基点和更适宜的合作办法。

4. 资源共享和风险共担

供应商的参与使双方可以进行资金、人才和物资方面的资助，不仅使合作双方能够共担开发成本的压力以及开发风险，而且可以共享知识和经验，能够共同解决在开发中存在和出现的问题。

5. "隐含价值"的获取

随着整个项目过程的开发和进行，协作问题的出现和共同解决，让供应商和制造商都学到了方法和知识。

（二）影响供应商参与新产品开发成功的因素[①]

供应商参与新产品开发的作用是明显的，为提升企业在市场上的竞争力带来了战略价值和优势。但随着产品中需要由不同供应商提供的零部件越来越多，供应商的参与增加了产品开发项目的复杂程度，而制造商没有对其进行系统的战略规划和管理，使产品协同开发的结果受到影响。

1. 产品平台的构建方式

产品平台一般理解为一组产品所共享的设计与零部件的集合，是市场需求和企业内、外资源整合的综合反映，也是实现产品创新和快速开发的基础，凝聚了企业在目标细分市场上的核心技术能力。产品平台的组成、特征等也必然会影响产品开发的模式和效率。特别是随着企业间协作开发模式的增加和供应商等资源的加入，企业需要基于产品战略和市场调研，综合考虑企业内、外资源，进行产品/资源平台的重新整合、规划和构建。

2. 供应商的分类和选择

在产品协同开发过程中，供应商的参与不仅要保证核心模块的技术含量和创新，同时也要保证非核心模块的质量、效率和成本。

企业产品结构、研发战略以及技术需求不同，对于参与的供应商的要求也不同。同时由于不同供应商的能力、技术路线以及地域、文化等因素存在的差异，其适应新产品开发的能力和条件也会有所不同，而且供应商相互之间的依赖程度以及模块的协调匹配性对产品的研发过程都会产生影响。

因此，在产品协同开发过程中，根据企业产品族的特征和结构以及资源配置的需要和研发战略建立起一套准则和体系，完成对候选伙伴评价数据的采集、分析处理，获得及时、公正、准确的指标测度值，以确定合适的供应商参与产品开发。同时，市场需求和开发过程的动态变化，也使得评估模型应该能够对供应商进行动态的、连续的评估和

① 韩东辉、侯亮、林祖胜：《供应商参与企业新产品研发过程的研究》，《现代制造工程》，2006 年第 4 期。

审核，能够根据需求和变化调整参与的供应商。供应商选择的指标，主要集中于供应商的技术能力、创新能力、团队协作的精神和客户的信任度等因素。

3. 协调机制的确定

产品协同开发是一个开放系统，其内部各实体的机制功能必须相互协调合作，高度的协同性是产品协同开发成功的一个必要条件。

产品结构、组织架构以及开发过程中存在的大量的接口关系是协同开发系统从无序状态向有序状态转化的关键因素。通过计划、决策和组织协调开发过程中的接口和项目任务之间的关系，保证设计信息和知识在跨企业的项目组内协调流通是协同的最终目的。系统内这些接口、任务的分析和明确以及合理化协调和集成不仅影响到产品协同开发体系内部的组成关系，而且也影响到产品协同开发的效率，因此必须确定产品、组织、实施过程的耦合机制。

4. 供应商参与方式和时机的确定

产品模块化模式中组成产品的模块类型和定义、定制化程度及产品品种、批量等的差异，将产生不同的产品开发和生产模式，同时开发阶段、外协和自制的决策不同，供应商参与的程度、时机和方式也就不同。

产品开发过程由一系列相互关联且相互重叠的阶段活动组成，开发小组从技术和商业可行性角度对产品概念不断进行修改和完善，直至确定最终产品结构和性能，完成设计、分析和测试，为批量生产所需的采购、人员和设备进行准备。在这一过程中，成本、性能、时间和质量等其他问题会不断出现，导致设计过程和内容的修改和平衡。

在不同的阶段，对供应商的职责要求是不同的，供应商在开发过程中的集成层次也是不同的。譬如，制造企业在确定市场和产品战略与规划时，供应商的职责是能够在准确定位客户需求的基础上，进行概念设计开发，并为设计开发提供成套的系统。在此过程中，供应商的参与对后续的开发及核心能力的提升具有很大的影响，因此，供应商与核心企业的合作关系定义为战略协作型，供应商定义为战略供应商。

第三节 新一代产品开发管理工具

一、基于新产品开发的数据分析中心[①]

（一）基于新产品开发的数据分析中心的基本职能

基于新产品开发的数据分析中心构建使命在于：研究新产品开发战略；研究市场的

① 刘春年、戈国莲：《基于新产品开发的数据分析中心研究》，《情报科学》，2005 年第 4 期。

需求热点和未来的潜在需求；根据社会需求和市场潜力提供新产品开发所需的知识和信息；分析新产品的包装、推广策略；分析新产品跟踪反馈的推行效果，总结完善新产品推广中的问题，评价新产品风险控制体系和产品开发推广考核体系。

数据分析中心必须提供的服务包括：①提供基本数据分析服务。所谓基本信息是指在整个企业研发活动中，各阶段新产品开发活动均需要考虑的一些基本数据资料，如企业性质、成长历史等。这些信息应根据统一标准进行分类汇总，便于分析研究。②提供特殊数据分析服务。在各类新产品开发中都可能会发现一些特殊问题，需要数据分析中心人员进行深层次的调查分析，而不只是提供相关信息来源，以使企业研发活动快速、高效完成。③进行定期统计分析，提供相关资料分析结果。由于数据分析中心有大量统计资料，其人员可以定期对信息进行分类分析，总结出符合一定要求的统计资料，提高新产品开发时费率设计的科学性、准确性，为新产品开发服务。

为使基于新产品开发的数据分析中心能够卓有成效地工作，应注意的问题是：

数据分析中心必须和现有的专业部门分离开来，使其和现有部门的程序化工作分离，在组织结构和权责上与现有的工作发生较少联系，保证其将全部精力投入到新产品开发中去。

专栏 4-2

一汽集团数字化设计流程

中国一汽集团公司技术中心是我国成立最早、规模最大的汽车产品研制开发和试验检测基地，担负着一汽集团主要产品的设计和研发，技术力量在国内具有领先地位。一汽集团技术中心拥有多年的 Pro/ENGINEER 应用史，并于 2001 年 4 月开始利用 Windchill 分阶段对产品数据进行管理。

随着数字化解决方案的应用程度逐渐深入，一汽集团技术中心发现，由于商用车设计部门一部分产品设计采用二维设计软件，导致了其产品的设计数据脱节、一致性差，零部件的三维设计问题多，而且产品修改十分困难。其直接后果就是整车设计的修改和变更变得困难，试制周期延长，直接影响了产品开发的速度。

一汽集团技术中心选择了 PTC 公司来重新界定和规范其整个产品设计流程。通过密切合作，PTC 全球服务部利用自己在汽车领域的丰富专业经验，深入探究设计流程中的现存问题，帮助一汽集团技术中心理顺业务流程中存在的症结，成功地完善了其数字化设计流程，增强了数字化产品开发能力。此次项目的实施规范化了整车 Top-down（由顶至下）零部件设计流程，实现了有效的协同设计。在实施中，Pro/ENGINEER 被规定为唯一的设计平台，整车零部件全部使用 Pro/ENGINEER 进行设计、工程绘图及打印，实现了从设计到出图的数据无缝连接。由于所有的产品设计数据都基于 Pro/INTRALINK 产品数据管理解决方案进行管理，执行数据传递及存放规范，整个过程变得轻松高效。PTC 全球服务部的咨询顾问还根据通用部件设计、Top-down 设计、电气和管路设计三方面对一汽集团新产品开发进行了定制，为中心设计人员的操作流程进行规范，并交付了厚达 1000 余页的适用于整车及部件设计规范文档，使设计人员不论在产品设计的哪一阶段都有据可循。

“新的集成一体化设计流程保证了产品设计的相关性、一致性，确保了项目组的协同设计，提高了产品开发的一次成功率。”一汽集团技术中心商用车部车型开发主管金叙龙表示，“在采用了 PTC 汽车行业解决方案（PTC 汽车工业解决方案旨在满足汽车工业 OEM 和供应商的产品设计和产品生命周期管理需求）后，我们得以高效地利用数字化信息。新的开发过程为整个技术中心的信息化实施提供了很好的范例，也为缩短我们的产品开发周期打下了良好的基础。中国的汽车市场竞争非常激烈，减少产品的制造成本、缩短开发时间无疑会帮助一汽集团提升自己的竞争力。”

“单纯的技术并不能优化复杂的企业生产过程，”PTC 公司负责策略服务及合作伙伴的执行副总裁 Barry Cohen 说，“科技代表了我们能够提供给客户的潜在价值。为了帮助客户实现这种潜在价值，PTC 必须成为真正的解决方案供应商，为客户提供市场上最好的产品以及服务。”

PTC 简介

PTC（Nasdaq：PMTC）为全球 40000 多家企业提供领先的产品生命周期管理（PLM）、内容管理和动态企业发行解决方案。PTC 客户包括制造、发行、服务、政府以及生命科学等行业中全球最具创新的企业。PTC 已被列入标准普尔 500（S&P 500）和罗素 2000（Russell 2000）指数。详情可登录 www.ptc.com。

资料来源：中国国家企业网 www.chinabbc.com.cn，2006 年 11 月 22 日。

数据分析中心必须有充分的自主权。新产品开发作为创新性工作不同于日常管理工作，它无章可循，需要掌握大量信息，进行大量分析，研究人员需要充分发挥其创造力，因此要给研究人员一定的灵活性。

数据分析中心的管理职权应由公司高层领导直接负责，不纳入现有的部门管理体系中。数据分析中心的人员可由公司内部本领域的专业人士、跨部门相关人员、原有信息工作者及社会相关领域的专家组成，通过数据分析中心形成团体创造力和不断的创新能力，确保产品领先，铸造核心竞争优势，同时培养出一支高技术、专业的新产品开发队伍。

（二）基于新产品开发的数据分析中心的主要业务

基于新产品开发的数据分析中心主要研究对象包括相互关联的三个方面：目标市场的发现、竞争对手的态势分析、以新产品竞争力分析为核心的产品规划与综合评价。其基础是建立一个反映市场整体态势的数据平台，以便分析市场宏观和总体的态势。产品目录信息、竞争对手的市场表现与生产能力、市场销售信息是构成数据平台的三个主要方面。

1. 开发活动整体分析

在新产品设计开发活动过程中，存在四种信息依赖关系，即独立任务、依赖任务、交互任务和输入任务之间的关系。独立任务是指不需要从其他信息中获取输入信息即可完成的任务；依赖任务则需要从其他任务处获取输入信息才能完成；交互任务也需要从其他任务处获取输入信息；而输入任务是指不向其他任务输出任何信息的任务。基于新产品开发的数据分析中心应该根据这四种信息流性质提供不同的信息处理服务，保证新产品开发的顺利进行。

2. 市场态势综合分析

在集成数据平台之上，对产品、竞争对手、市场三者间的交互关系进行系统分析。在产品方面，根据行业产品分类标准，对竞争对手进行系统组织；在市场方面，根据生产和销售的历史信息，对整个市场、各主要细分市场的现状及其历史变化过程进行系统分析。在产品与市场坐标系中，清晰地反映有关竞争对手的市场态势，如产品主要类型分布、市场分布和综合的市场表现。

3. 目标市场定位分析

目标市场定位分析是新产品开发中的重要阶段，其主要任务包括市场预测分析和对竞争者能力的判定。市场预测分析确定了市场的宏观整体以及局部细分的趋势变化。此外，还需要综合考虑竞争者的生产能力及其对未来市场的可能冲击，以确定新产品的目标市场与进入市场的时机。目标市场定位分析将得出许多重要的结果，如整体与细分市场变化的时间趋势函数，以及综合了竞争对手生产能力的细分市场增长变化的量化数据。

二、价值分析在产品开发中的应用

（一）价值分析概述

产品的质量不仅是制造出来的，而且是设计出来的。同样的，产品的成本也决定于产品的设计阶段，由此可见设计工作在产品开发中的重要地位。价值分析就是一种在设计阶段提高产品质量、降低成本的行之有效的研究方法。

价值分析也称为价值工程（Value Analysis/Value Engineering）。第二次世界大战期间，美国军火工业获得了飞速发展，随之出现了原材料供应紧张等问题。当时在通用电气公司任采购科长的麦尔斯（L. D. Miles）负责寻找解决防火材料 Asbestos，他根据实际经验，加上对供需关系的研究，提出“如果得不到所需的材料和物品，可以想办法获得它的功能”的设想。他从研究材料代用问题开始，发展到对功能进行分析与研究，逐步总结出一套在保证功能得以实现条件下的价值分析方法。此方法经过不断完善，于1954 年被美国海军船舶局采用。

1955 年，处于第二次世界大战后工业复苏中的日本将价值分析方法迅速导入本国，在产品研发中得到推广，对提升产品竞争力起到了很大作用。价值分析被视为降低成本的利器，其核心是功能分析，它通过对产品各项功能的研究和分析，确认必要功能，补足不足功能，剔除不必要功能，达到用最低的总成本实现用户要求的目的，简单地说，就是达到最高的性价比。

（二）价值分析的目的和意义[①]

性价比是决定产品未来生命力的一个重要指标。但在有些场合，性价比并不是产品设计时追求的首要目标，比如武器装备、航空航天设备、安全设备等，产品的可靠性成为更重要的指标，而可靠性同样可以通过功能分析得到提高。另外，在提高产品性价比和可靠性的同时，将功能分析推而广之，从用户的角度出发，通过研究各项功能设计的合理性，还可以提高产品的易操作性、易维护性等。

1. 追求最高的性价比，降低产品的寿命周期总成本，实现产品价值与成本的协调统一

在价值工程中，产品成本是指产品的总成本，即寿命周期成本，它包括制造成本和使用成本。制造成本是指一个产品在调研论证、方案设计、技术设计、产品制造、试验检验等阶段发生的单台平均费用；使用成本是指产品在仓储、运输、使用、维修直至报废等环节发生的费用。所谓“买得起骡子配不起鞍”，即是指产品使用费用太高。因此，这就要求产品不仅要具备用户所要求的必要功能，还要符合用户总费用最低的要求，才能在市场上有竞争力。一般来说，产品功能提高，使制造成本上升，使用成本下降，而总费用呈马鞍形变化。价值分析的目的即是找到总成本的最低点。

通过功能分析来降低成本有多种方法：提高功能，同时降低成本；功能保持不变，降低成本；成本保持不变，提高功能；大幅度提高功能，稍微增加一些成本；稍微降低功能，大幅度降低成本等。

2. 通过功能分析，确定产品的主要功能和次要功能，对主要功能进行充分设计和分析，从而提高产品的可靠性

功能分析类似于可靠性分析和故障模式分析，只是可靠性分析是以产品模块为研究对象，而功能分析是以功能单元为研究对象。通过功能分析确定产品的主要功能及必要功能，对这些功能进行降额设计，甚至冗余设计，从而提高完成这些功能的可靠性；而产品的次要功能和不必要功能，甚至是过剩功能会增加产品的故障率，降低产品的可靠性，对这些功能需进行简化或剔除。通过功能分析，也可能发现不足功能，这些功能可能是对主要功能的必要补充，也可能有利于简化操作，方便用户，若增加这些功能，将有利于提高产品的可靠性，增加产品的竞争力。

3. 产品的设计人员应该从用户角度出发，一切为用户着想，改进产品设计的合理性，提高产品的易操作性和可维护性

在进行功能分析时，要对产品的功能逐项进行分析。概括起来就是对每项功能作“5W2H”提问，了解并掌握功能的全部制约条件。“5W2H”即：What，该功能是什么？如何表述？Why，为何需要这个功能？它能给用户带来什么？Where，在何处、什么环境下使用这个功能？When，在什么时候使用这个功能？Who，由谁来使用？How to，这

① 靳保民：《价值分析在产品开发中的应用》，《舰船科学技术》，2005 年第 6 期。

项功能如何实现？采用什么方式、手段来实现？是否易于保养、维修、更换？是否便于操作？How much，这个功能的成本是多少？实现程度如何？能否达到？

（三）功能分析方法概述①

功能分析是价值工程的核心研究方法。在新产品开发中，特别是在技术设计阶段，运用价值工程的方法，将功能分析同设计方案密切结合，将会有效提高设计输出的质量。功能分析主要包括以下三个方面：

1. 功能定义

功能定义就是对研究对象（项目、产品或零部件）的本质属性加以定义，指出其功用，明确其功能。功能定义一般采用“动词 + 名词”的动宾词组来表示，要求简洁准确，体现本质。在进行功能定义时，要注意研究对象的特点，一般从总体到部件再到零件，按照研究对象的内在结构关系或从属关系逐层定义。对一个零件有多种功能或一个功能由多个零件实现的情况，要给每一个功能下一个定义。

2. 功能整理

功能整理就是按照功能的内在逻辑关系对已经下了定义的功能进行分类、整理，绘制功能系统图。功能整理的步骤为：

第一步，要对功能进行分类。按功能的性质特点来分，可分为使用功能和美学功能两类，随着产品类型的不同，两种功能的比重有所不同，多数产品要求两者兼备，一般产品以使用功能为主，但也有的产品以美学功能为主，如工艺品等；按功能的重要程度来分，可分为基本功能和辅助功能；从用户角度考虑，可分为必要功能和不必要功能，不必要功能又有无用功能、重复功能和过剩功能等形式。

第二步，研究各项功能的逻辑关系。通过分析每项功能的目的和手段，理清各项功能之间是从属关系还是并列关系。

第三步，绘制系统图。每一个产品都存在一个结构系统，又存在一个功能系统，功能分析是以功能系统为研究对象。一般可按照功能的分类方式进行，以必要功能（基本功能、使用功能）为主组成骨架，再将不必要功能（辅助功能、美学功能）按逻辑关系连接到骨架上。

3. 功能评价

功能评价是对功能系统图进行分析、评价，去掉不必要功能，补充不足功能，并对功能的实现手段作出优劣评价。功能分析的目的不同，进行功能评价的方法也不同。

以降低产品成本为主要目的时，多采用技术评价分析法，对功能的重要性打分，用功能价值除以实现成本得到价值系数，用来衡量设计方案的优劣。以提高产品可靠性为主要目的时，可根据功能系统图分析影响功能实现的“瓶颈”和薄弱环节，可对一些子功能进行降额设计或冗余设计。以改进产品设计的合理性为主要目的时，可采用 5W2H 提问法，从不同角度分析各项子功能的合理性。

① 靳保民：《价值分析在产品开发中的应用》，《舰船科学技术》，2005 年第 6 期。

三、设计管理在新产品开发中的应用①

（一）设计管理的含义

关于设计管理的概念众说纷纭，主要原因是这个复杂的词将“设计”和“管理”结合在一起。不论在管理学的历史上还是在设计的历史上都是全新的概念。不同背景的人士对它的定义也是不同的，归纳总结设计管理定义如下：

设计管理（Design Management，DM）即界定设计问题与目标，寻找合适的设计师，整合、协调或沟通设计所需的资源，运用计划、组织、监督及控制等管理手段，寻求最合适的解决方法，并通过对设计战略、策略与设计活动的管理，在既定的预算内及时有效地解决问题，实现预定目的。设计管理一般包括两个层面的管理：设计政策和设计策略的管理，这个由公司高层管理人员负责；设计实务的管理，具体包括设计师的管理、设计专案的执行与运作、设计标准的制定等。

（二）参与新产品开发的人员

新产品开发是一项综合性的活动，几乎整个公司的人员都在参与这项活动，但是主要的参与人员是以下部分：

1. 市场营销人员

市场营销人员是企业和消费者之间的沟通者和交流者。他们能帮助企业进行产品机会的识别、细分市场的界定和顾客需求的判断，对新产品价格的设定、新产品的测试、试销都会起重要作用。在目前的一些小规模的企业中，市场营销人员往往决定新产品开发的项目。

2. 设计人员

设计的职能在于它会产生最能迎合顾客需求的产品实物形态的定义。此处的设计包括工程结构设计（机械、电子、软件等）和工业设计（美学、人机环境设计、界面设计等）。

3. 制造人员

制造部门的人员首先要对设计和运作制造系统负责。此外，采购人员、安装人员也属于广义的制造系统。在新产品开发过程中，往往都是由很多部门的人员共同协作，组成项目小组或专案小组来进行产品开发。

（三）设计师介入新产品开发的程度

新产品开发的成功取决于两个因素：一个是做正确的项目；另一个是把项目做正确。传统的观点认为，选择正确的项目是企业决策者的事情，而把项目做得漂亮则是产品研发人员的事情。而设计管理者认为，设计人员一定要参与新产品开发的全过程。研

① 刘和山、李普红、范志君：《设计管理在新产品开发中的应用》，《包装工程》，2005 年第 3 期。

究表明，现在越来越多的设计人员参与新产品开发的全过程，而且设计师参与产品策划阶段也即是项目立项准备阶段的频率和初期设计要比设计进行阶段的频率多得多。

（四）对新产品开发进行设计管理

新产品开发过程是一个创新性、动态的、循环往复的、综合性的、复杂的过程，参与开发活动的人员来自不同的部门，有不同的背景和利益。所以，为了保证新产品开发的成功和提高新产品开发的效率，必须对新产品开发进行设计管理。

（1）使新产品项目符合公司的整体计划和战略，并且把新产品项目作为企业战略的一个有力武器。

（2）对新产品的开发进行整体的把握，使新产品符合企业的设计政策和设计策略，突出企业的整体形象，传达出企业的整体理念。

（3）使新产品在制造过程中不会走样，符合最初的设计目标，使设计质量得到保证。

（4）能够充分整合利用企业现有的材料、设备、技术和设计水平等资源，并且会进一步推动企业的发展。

（5）能够对新产品开发过程进行严格的控制，在时间上、资金上和质量上，使新产品开发能够保质、保量地完成。

（6）对新产品的评估能够按照比较规范的方式进行，并且评估的结果有记录，能够作为下一轮新产品开发的参考。

（7）协调开发过程中不同背景、不同利益的人员能够朝着一个既定的目标努力，不会出现互相推诿责任、沟通困难的问题。

● 本章案例

佳能集团对喷墨打印机的开发

一、佳能集团的基本概况[①]

佳能集团（canon）是全球领先的生产影像与信息产品的综合集团。自 1937 年成立以来，经过多年不懈的努力，佳能已将自己的业务全球化并扩展到各个领域。目前，佳能的产品系列共分布于三大领域：个人产品、办公设备和工业设备，主要产品包括照相机及镜头、数码相机、打印机、复印机、传真机、扫描仪、广播设备、医疗器材及半导体生产设备等。佳能总部位于日本东京，并在美洲、欧洲、亚洲及日本设有 4 大区域性销售总部，在世界各地拥有子公司 203 家，雇员约 93000 人。佳能在 2004 年全球财富 500 强的营业额排名中列第 165 位，名列《新闻周刊》全球 500 强排行榜第 7 位，并在计算机及办公设备行业类公司的排名中名列第 5 位。佳能集团对技术研发的重视和投入使佳能数十年来不断发展壮大，并成为同行业的领导者。在美国专利商标局公布的

① 佳能中国网，www.canon.com.cn。

2005年在美专利注册数量排名中佳能名列第2位，仅次于IBM公司。至此，佳能已第10年连续进入该排名前3位。

二、佳能集团对喷墨打印机的开发

1937年，佳能公司凭借光学技术起家，并以生产世界一流相机为目标。此后，佳能不断研发新技术，并在20世纪70年初研制出日本第一台普通纸复印机。80年代初，佳能首次开发成功气泡喷墨打印技术，并将其产品推向全世界。

打印机制造业是伴随着计算机的普及而迅速成长起来的一个产业。这个产业经历了从应用碰撞原理的色带打印、针式打印到应用非碰撞原理的感热打印以及目前流行的激光打印和喷墨打印的技术与市场的巨变过程。佳能集团自1988年到20世纪90年代中期，一直维持着该行业“领头羊”的优势地位。这一地位的取得，不仅取决于该公司从研发复印机中培养起来的电子照相技术在开发激光打印机得到了充分应用的结果，而且还取决于该公司未雨绸缪地开发和培育起喷墨技术这一新的替代核心技术并得以市场化的结果。1986~1994年，佳能集团的喷墨打印机的累计市场占有率高达68%。

激光打印机虽然具有打印速度快、清晰度高、噪音低等优势，但同时也因其构造复杂，存在着难以小型化、彩色化、低价格化等问题，而能解决这些问题的则是喷墨式打印技术。

1975年，佳能集团完成了将电子照相技术应用于激光打印机LBP的开发工作，并把它作为企业的一项核心事业。这项事业刚起步，佳能集团中央研究所的研究人员就开始了探索替代该技术的新技术。他们把目光投向喷墨打印技术时，发现今后可能成为喷墨打印机技术主流的压电振动子原理的技术专利都已被人申请了。为此，他们只能寻找新的技术，于1977年发明了以热能为喷射源的喷墨技术原理，又称BJ原理。但靠激光技术起家的公司其他技术人员的反应则是十分冷淡的。他们认为，该技术作为原理虽很理想，但从实现它的方法上看，却是完全“没用的技术”。为了完善这一技术，BJ开发组成员开始了长达10多年的技术开发与改良工作。为了消除其他技术人员的偏见，使自己开发出来的技术得以应用，他们说服了公司的各个事业部门。几经周折，最终以使用原有的打印机外壳，不增加产品开发成本为前提，换取了使用他们开发的机芯的机会，实现了喷墨打印技术的产品化和量产化。1990年，在公司首脑的主导下，他们推出了世界上最廉价的小型喷墨打印机BJ-10V，迈出了该技术走向产业化的关键一步。1991年以后喷墨打印机开发集团作为新的核心部门，其产量大大超过了激光打印机，1995年的销售额超过了佳能集团总销售额的20%。

三、启示

一般地说，企业要获得竞争的优势，就必须开发出其他企业所没有的独特的核心技术与能力，而且还必须进行持续的投资以进一步改良和完善这一技术。但通过这一系列努力而达到的技术能力一旦确立，特别是能为企业带来强大的竞争力时，就蕴涵着可能出现阻碍开发和培育另一种新技术的危险性。这是因为在通常情况下，处于发明初期阶段的新技术在多数成果指标上，大都比现有技术拙劣得多，与发明无关的技术开发人员一般不会热心对待这些“不过关的技术”，而产品开发部门也因为它无法满足作为目前事业活动中心的顾客需求而不敢轻易采用这些新技术。也就是说，产品的生命虽来源于它与顾客的密切度，但在技术与市场不断变化的环境中，这种密切完成得越彻底，阻碍在该企业组织内产生新的核心技术与能力的可能就越大。那些曾经一度辉煌的领袖企业之所以走向衰落和失败，其中的一个重要原因在于它们没能及时地开发和培育出适应技术与市场变化环境的新的核心替代技术。

佳能集团可以说是一个能够比较好地处理和平衡企业现有核心技术与新的核心技术关系的典范企业。该公司在现有企业核心技术作为事业中心起步之时，就着手开发新的核心技术，并且锲而不舍地从人力和财力等多方面培育这一技术。该公司先是应用电子照相技术开发出激光打印机，取得竞争优势；当激光打印机的技术逐渐被竞争企业所模仿和超越时，又不失时机地应用新的核心技术推出喷墨打印机，进而能比较持久地维持它的竞争优势。

● 思考题及答案要点

1. 简述新一代产品开发的过程和优势。

新一代开发基于一些集成系统，这些系统将信息流、愿景及决策自动化，以实现全新层次的研发绩效，这些系统统称为开发链管理系统（Development Chain Management system，DCM）。DCM 系统集成于整个企业范围内，是基于网络的应用，是产品开发的管理或项目层面。DCM 共分为三类系统：资源管理系统、项目管理系统和产品战略系统。每一类又包含一定数量的密切联系在一起的应用与子系统。新一代产品开发的优势是：①研发能力利用率的提高。②项目资源效率的提高。③开发人员生产率的提高。④合作与外包开发利益的增加。⑤研发行政管理效率的提高。⑥流程管理有效性的提高。⑦产品战略的改进与产品成功的加强。

2. 如何进行协同开发？

协同开发是指越过公司边界与一定范围的外部伙伴协同开发产品，这是新一代产品开发的重要特点。由于不同类别的合作伙伴要求不同的协作方式，因此，有必要把协同开发的合作伙伴分成不同的类型。

3. 新一代产品开发工具有哪些？

主要有基于新产品开发的数据分析中心、价值分析方法、设计管理等。

● 参考文献

1. Michael E.McGrath：《下一代产品开发》，清华大学出版社，2005 年。

2. 威廉· L. 米勒、朗顿·莫里斯：《第四代研发》，中国人民大学出版社，2005 年。

3. V.K. 纳雷安安：《技术战略与创新》，电子工业出版社，2002 年。

4. 刘春年、戈国莲：《基于新产品开发的数据分析中心研究》，《情报科学》，2005 年第 4 期。

5. 丁玉国：《新产品开发中的信息需求及其对策研究》，《工商管理》，2001 年第 4 期。

6. 徐晓刚：《产品开发过程重构与实践》，《汽车工业研究》，2001 年第 6 期。

7. 郭伟：《市场信息驱动的产品规划方法研究》，《计算机集成制造系统》，2001年第1期。

8. 靳保民：《价值分析在产品开发中的应用》，《舰船科学技术》，2005 年第 6期。

9. 刘和山、李普红、范志君：《设计管理在新产品开发中的应用》，《包装工程》，2005 年第 3 期。

第五章　技术创新项目管理

● **本章提要**

本章介绍了技术创新的创新源以及创新项目的一般组织结构及其风险管理，并对项目经理在项目中所起的重要作用做了一定的阐述。

随着科技的飞速发展，人类已经进入了知识经济时代。知识经济时代给企业带来了发展的机遇，同时也向企业提出了挑战。在传统的工业时代，企业可能靠一个主打产品即可长期盈利，并且保持较高的市场占有率。但如今，这样的企业甚至无法生存。面对激烈的市场竞争，企业要想保持竞争优势，就必须具备持续变革、创新的能力，技术创新已经越来越为企业所重视。同样，技术创新项目也需要有效的管理，以便使其能顺利地经过 R&D 研发、项目评估以及进入市场为企业创造利润。创新项目管理与一般项目管理在组织结构等方面有很大相似之处，同时又具有自己的特点。与一般项目相比，创新项目一般都是高风险、高回报，在管理过程中对项目经理的能力要求很高。

● **章首案例**

作为领先的消费品公司，宝洁每年都会成功地推出大量的系列新产品，并获得了很好的经济效益。而这正得益于一套完全不同的思维方法——宝洁的产品研发项目组织模式的转变，即从过去依赖高能研发团队转变到利用一种新的模式——“C&D”（Connect and Develop，联合开发）。[①]

一、从 R&D 到 C&D

像大多公司一样，宝洁一直坚持传统创新模式，即以实实在在的研发基础设施为中心，而创新也必须是来源于公司内部。当公司规模较小时，这种模式比较有效，但是随着规模的不断扩大，宝洁规模达到了 700 亿美元，宝洁公司发现，以往“自己制造”的模式不可能再帮助它们保持高水平的收入增长了。因为全球的创新形势已经变了，重要的创新正逐渐变成由一些小型或中型的企业来完成，甚至个人都急于出售他们自己的知识产权。大学和政府实验室也开始对建立行业合作关系表现出了兴趣。2000 年，新任

① 资料来源：邝平：《中国创新网——中国高新技术产业导报》，2006 年 11 月 6 日。

CEO 雷富利提出要求：重新建立公司的创新业务模式，实现 50%的创新想法来自公司外部的连接，即一半的新产品应该来自于宝洁自己的实验室，剩下的一半则来自于宝洁公司外部。

二、“C&D”新模式

宝洁的“C&D”创新模式就是与世界各地最有创意灵感的聪明人联系起来，开发能够提高消费者生活水平的产品。它不是通过正式的联盟合作来找到最好的、最醒目的研究和创新，而是通过一个网络。在网络中，宝洁可以识别出那些当今最优秀的精英人才和先进技术，并与他们建立联系，从而建立一个全球创新网络。执行的具体细节取决于消费者的前 10 个需求，即由宝洁识别的 10 个需求。这些需求变成了“科学问题”而被传送到网络中去寻求答案。当越来越多的创新需求涌现时，宝洁专家就分析即将出现的新产品，像竞争对手的牙膏品牌。然后提出一个“科学问题”，希望针对竞争对手的产品开发出一种新功能。宝洁首席技术官 G.GilbertCloyd 说：“我们也更加关注 360 度创新。”这意味着让商业团队和技术团队更加紧密地合作。“我们希望在内部连接——把技术和想法在企业内部广泛推广；我们也希望与外部连接——这是我们创新的真正来源。”

在宝洁的内部网络上，设计了一个“问我”功能，可以连接到全球 1 万个技术人员。因此，如果某人有一个问题或有某种需要，他们可以通过这个功能直接与相关领域的专业人员联系。同时，宝洁也投入到计算机模型和仿真领域，利用互联网与消费者互动。过去要花很多时间和金钱来生产出一个物理原型，然后通过消费者测试它，而现在只需 24~48 小时就可以了。因此，实现了在虚拟世界做创新，在真实世界实现创新的模式。

第一节　技术创新的源泉

创新是一个民族进步的灵魂，是一个国家兴旺发达的不竭动力，更是企业生存发展的基本保障。经济学家熊彼特在《经济发展理论》中提出创新这一概念以后，人们越来越充分地认识到了创新的重要性，但是值得注意的是一些曾经通过创新受益的企业现如今却大势已去。对于企业来说，创新并不难，难的是持续创新。要让创新成为企业持续发展的动力，就要打破传统企业普遍认为的技术推动创新的惯性，找到创新的源泉，自主创新。

一、用户（市场）

在传统的卖方市场中，商家控制着市场，顾客（用户）只能被动地接受市场上出售的产品。现如今却恰恰相反，顾客的意愿成为了企业所关注的焦点。“顾客就是上帝”已经渐渐成为各个企业的座右铭。企业存在的根本目的就是追求利润的最大化，而利润的最大化恰恰需要由顾客配合才能完成。因此，顾客所需逐渐成为了企业所想。海尔经过不断的发展，已经成为享有世界美誉的大型企业集团，如今的海尔人仍然时刻谨记着："真诚到永远"、"速度创造用户的资源，创新创造用户的价值"，这充分验证了海尔人始终把用户放在第一位，把对用户的忠诚看做自己的工作目的，也表明了海尔优秀的企业文化。

专栏 5-1

用户导向：南京富士通计算机有限公司的创新模式

南京富士通计算机设备有限公司（以下简称"南京富士通"）通过 12 年来不断地进行技术创新，拓展服务网络和提升服务质量，以杰出的产品和服务满足了金融行业的高要求，成为金融领域打印机提供商中的佼佼者。

南京富士通的技术创新重点主要是针对用户需求进行研发，结合先进的打印技术，细化需求，从需求定制中看到客户价值。在引进技术的同时引进思维，针对客户的需求进行技术改进，富士通打印机的汉字超高速打印在同行业的产品中有明显优势，中文高速达 138 字/秒，中文超高速则可以实现 207 字/秒的打印速度；富士通的打印机新品还具备"向下最小"和"逐行计算"两种智能自动压缩功能方式，使宽行报表打印更加顺畅；平推式打印机实现了新产品对多种仿真环境的兼容，推出了适用于所有环境的 3A 标准，并能够自动对 PC 端发出的程序指令进行识别、处理。

资料来源：王晓军：《创新产品金色服务 做优秀的金融 IT 产品和服务供应商——访南京富士通计算机设备有限公司副总经理李孝庆》，《中国金融电脑》，2006 年第 8 期。

市场由用户组成，用户可以说是市场的代名词，企业要想获得创新的源泉，就应该多倾听用户的想法，了解用户真正需要什么样的产品，想购买什么样的产品，能接受的价格是多少。"知己知彼，百战不殆"，商家要想在大量的企业中脱颖而出、在竞争中取胜，就要进行持续创新，而要实现持续创新，了解用户需求是必需的。用户可以分为普通用户和领先用户。

（一）普通用户

现实生活中的大部分消费者都属于普通用户，由于生活的需要，消费者对于那些自己需要但市场上没有的产品常常做一些小的发明，或根据原有产品做一些改进，企业可以通过与顾客的接触发现这些产品并进行生产，投放市场。这些普通用户虽然会对产品的创新产生一定的影响，但是不够灵敏，仅仅通过对大量普通用户的普查而从用户手中获取创新的思想收效并不大。尤其对于高新技术、更新速度快、生命周期短的产品，大量普查结束后，产品的商业生命周期可能已接近尾声，调研也就失去了意义。因此，必须找到一种快捷地从用户手中获得正确信息的方法。冯·希普尔经过市场调查得出：直接从用户那里获得消费情况及分析工业市场的数据存在很大的局限性，因为用户对新产品（工艺及服务）的需求及对可能的解决方法的把握都受到实际经验的限制。由于用户多依赖于现实经验，因此，他们不可能形成与其所熟悉产品相抵触的新产品概念。[①]

人们受到固有的思维模式及经验的束缚，已经习惯了原有产品，习惯于产品的性能，习惯于产品的操作模式，越是习惯于原有产品，就越难形成新产品的概念。因此，我们有必要从用户中选取一部分代表用户，既要有敏锐的洞察力，又能“领导潮流”。虽然他们也会受到使用经验的限制，但是由于他们具有敏锐的洞察力，可以预测出未来产品的方向，产品创新思想的形成要比普通用户容易得多。冯·希普尔将这样的用户视为领先用户。

（二）领先用户

冯·希普尔把领先用户定义为具有以下两种特征的用户：

（1）在面临一个行将增大的市场需求时，领先用户能在市场的大量需求出现前几个月或几年就察觉到这种需求。

（2）领先用户可因找到满足这一需求的解决途径而获得巨额收益。[②] 领先用户的建议对于企业从用户中获取创新思想是非常重要的，企业可以通过对用户进行分类，识别出领先用户，再与领先用户沟通，了解他们的创新思想，最后将创新思想整理成计划，生产出产品，并且邀请领先用户参与到新产品的概念设计中。这样一系列活动比传统的市场普遍调查所用的时间要少得多。在知识经济时代，知识是基础，时间是标准，产品生命周期大大缩短，谁推出的产品快（创新快）、准（把握好消费者）、好（质量好），谁就会占据大量的市场份额，获得巨大的市场利润。

企业进行领先用户研究可分为四个阶段进行：[③] ①确定项目：管理人员在分析市场需求与公司战略目标的基础上确定可行的项目计划，决定研究小组成员。②确定项目研究的趋势和要求：通过进行深入的市场和趋势调查，寻找领先用户进行研究，收集依据，初步拟定领先用户的需求。③从领先用户那里获取信息：通过精选，确认领先用户，与领先用户一起研究用户的需求，初步提出可行方案。④与领先用户一起开发概念：邀请精选出的领先用户（有时是其他专家）参与企业的开发过程，然后将概念交由管理层评审（见图 5-1）。

---

① 埃里克·冯·希普尔，柳卸林、陈道斌等译：《创新的源泉》，第一版，知识产权出版社，2005 年，第 133 页。
② 埃里克·冯·希普尔，柳卸林、陈道斌等译：《创新的源泉》，第一版，知识产权出版社，2005 年，第 138 页。
③ 陈劲：《永续发展——企业技术创新透析》，第一版，科学出版社，2001 年，第 48 页。

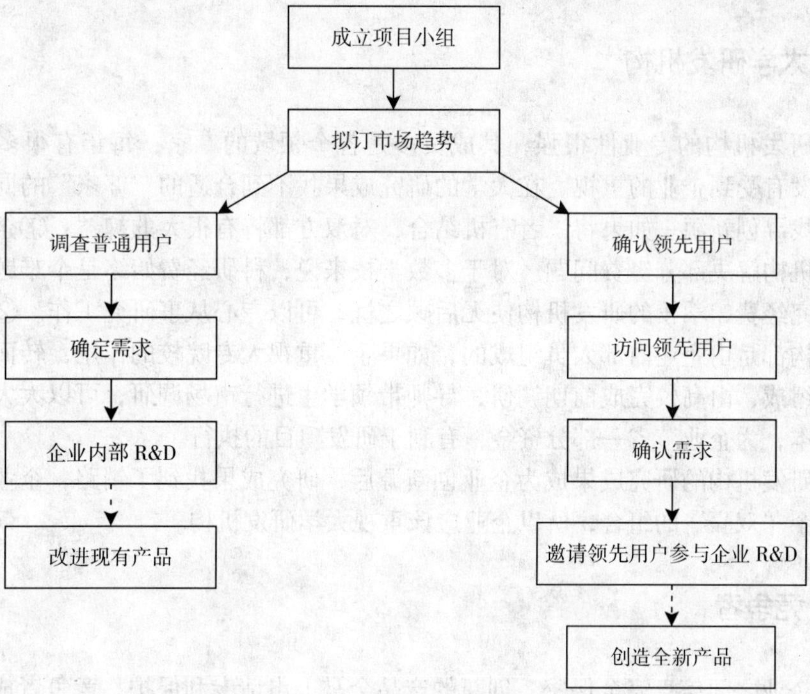

图 5-1 领先用户创新模式

资料来源：陈劲：《永续发展——企业技术创新透析》，第一版，科学出版社，2001 年，第 47 页。

专栏 5-2

NOKIA 的创新源

NOKIA 全年在手机研发方面的投入达到了 10 亿美元，而在应用实验室的投入只有近3000 万美元。感兴趣的用户可向 NOKIA 公司提出申请，NOKIA 将提供免费或低成本的研究开发帮助，如果用户开发的新产品具有非常大的商业价值，将对用户进行巨额的奖励，以激励新的创新用户的加入。NOKIA5110 手机在 1997 年和 1998 年初风靡全球，但从 1998 年 6 月起，由于竞争对手不断推出新品，5110 型号面临很大的市场压力，因此，NOKIA 推出新品代替 5110 型号的地位非常重要，3210 型号的开发正是在这样的背景下进行的。3210 型号手机的推出包含了移动电话的两个创新：内置天线和可换彩壳，这两个创新概念的提出均是在应用实验室完成的。NOKIA 公司对这两个概念进行了市场测试，发现这两个概念在普通用户中非常受欢迎，于是 NOKIA 公司迅速进行这两个概念的商业化。3210 型号推出后，在全球单机占有率最高时达到了 10%，创下了单机占有率最高的纪录。

资料来源：陈劲、童亮、徐忠辉：《移动电话业创新源和领先用户研究》，《科研管理》，2003 年第 3 期。

二、大学研发机构

大学研发机构的专业性很强，其成员多是各个领域的专家，每年有很多的研究成果，但并没有受到企业的重视。在大学的研究成果找不到合适的“婆家”的同时，企业也在苦苦找寻创新源。如果将二者有机结合，对双方都将有很大的裨益：①企业可以为大学研发机构解决部分经费问题。对于多数学校来说，科研经费始终是个难题，如果企业承担研究经费，学校的研发机构便无后顾之忧，可以专心从事研究工作。②传统的企业研发机构都是由企业内部人员组成的，如果企业重视大专院校的作用，转而由企业和高校联合组成，由高校完成前期调研，导师带领学生进行市场调研，可以大大降低企业的调研成本，为企业节省一部分资金，有利于研发项目的执行。

大学研发机构的研究成果成为企业创新源后，研究成果找到了销路，企业找到了产品，是一个“双赢”的组合，所以企业应该重视大学研发机构。

三、竞争者

竞争企业之间信息完全保密，创新的产品会马上申请专利保护，竞争者成为彼此的创新源听起来似乎不可思议，但是有时竞争者的确成为了彼此的创新源，这是不可否认的。冯·希普尔在其关于美国小钢铁企业的非正式研究中证明了：企业间确实存在互为创新源的现象，无论在竞争企业还是非竞争企业之间，竞争者作为彼此创新的源泉是由两方面体现的。

1. 企业是一个整体，每个成员都是一个组成单位，不同企业的成员之间势必存在一定的沟通，尤其是那些具有共同兴趣爱好又处于同一行业的专业性人员，他们可能无形中会形成一个交流的网络，在不影响本公司利益的情况下相互交流产品的技术问题。

2. 竞争企业之间都比较关注对方产品的动向，当 A 企业有新产品上市后，B 企业会迅速购买 A 企业的产品，进而研究产品的原理及性能。同一行业的产品又有很大的相似性，一般情况下，B 企业很快会了解到 A 企业产品的详细信息，对其加以改进、生产。这样，A 企业的产品不知不觉中就成了 B 企业的创新源，尽管这是 A 企业所不愿意看到的，但这种现象却非常普遍，尤其在网络发达、信息高速传播的时代。①

四、制造商、供应商及其他

制造商创新是传统的技术推动创新的典型例证。每个企业都有自己的研发部门，对自己的产品最为熟悉，自然地，也最容易对产品进行改进及创新。冯·希普尔对牵引式铲车的创新源进行了调查，结果显示，制造商的创新占总创新的绝大多数比例，这说明

① 陈劲：《永续发展——企业技术创新透析》，第一版，科学出版社，2001 年，第 42 页。

了制造商也是创新的一个职能源。因为创新的起点是制造商，所以制造商创新存在的缺点是：必须进行大量的市场调研及产品的宣传来确保创新后产品的销路。制造商进行的创新通常适用于那些技术性很强、用户不能轻易改进的产品。

供应商虽然不直接接触用户，但是它们通过对原材料等物质的长期供应，对产品有充分的了解，也有可能成为产品的创新源。冯·希普尔对工业气体、热塑性塑料创新源的调查表明：由原材料供应商开发的创新大约占到1/3。供应商的创新并不是从产品的角度出发，而是希望自己用于创新产品的原材料销路更好而已。另外，还存在很多其他的创新源，如非正式专家聚会、学术期刊，甚至申请专利时对内容的公布也可能成为其他企业创新的源泉。

第二节　创新项目组织结构

项目组织结构对于项目的成功与否具有重要影响。它实质上决定了组织成员的职责和权力。创新项目组织结构与普通项目类似，但是由于“创新”的特点，其对项目的结构要求更高一些。本章将讨论几种主要的组织结构：职能型组织结构、矩阵型组织结构、纯项目型组织结构、网络式结构等。我们可以这样认为：职能型组织结构是项目组织结构中的一个左极限，经过矩阵型组织结构的过渡达到组织结构的右极限——纯项目型组织结构，而网络式结构是经济发展的必然趋势。

专栏5-3

格兰仕的组织结构变化

从直线制结构到职能结构，格兰仕的前身“桂洲羽绒制品厂”由于处于初创阶段，结构简单能节约成本，所以采用直线制结构。但是，直线制结构虽然有简单易行、决策速度快、责任分明等优点，同时它也有横向协调差、对最高领导者的依赖性大等缺点。所以，随着企业的发展壮大，1988年6月，企业升级为“桂洲畜牧产品企业集团公司”，就采用了“直线职能结构”，融入了职能结构的经济性和能促进专业技术的提高等优点，更有利于企业的管理和发展。

格兰仕集团正式成立后，由于成功进军微波炉市场，企业规模不断扩大，业务范围也从国内扩展到海外，并且开始投资空调生产。直线职能结构已不能满足企业发展管理的需要，所以开始实行事业部制。事业部制使最高管理部门摆脱了日常行政事务，成为坚强有力的决策机构，并使各个事业部充分发挥经营管理的主动性、灵活性，因而，这种结构既有较高的稳定性，又有较强的适应性。同时，这种结构有利于培养全面的管理人才，扩大了有效控制的宽度，各事业部之间的比较竞争又有利于克服组织的僵化和官僚化。所以，事业部制适应并有利于格兰仕集团的管理和经营。

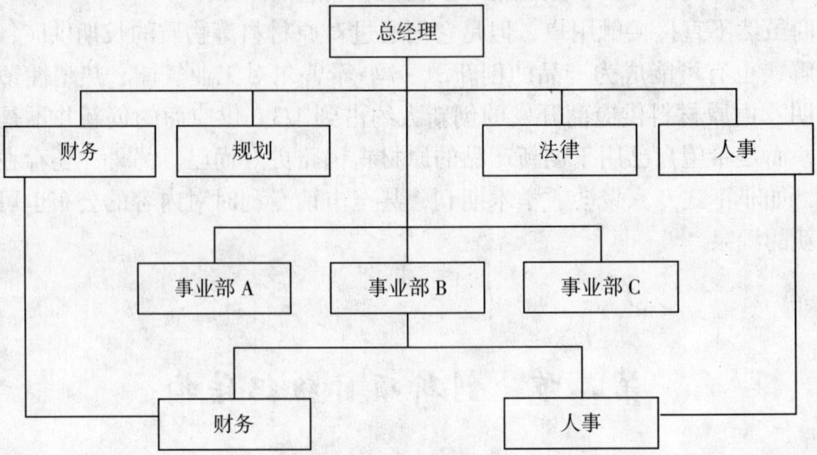

图 5–2 事业部结构

资料来源：穆文婷、吕璐、史文景：《格兰仕组织结构变化因素分析》，《科技资讯》，2005 年第 27 期。

一、职能型组织结构

职能型组织结构是一种传统、简单的项目组织结构，根据传统职能部门的上、下等级关系设置。高层管理者处于最上层，逐级向下分布，各个职能部门互相之间不往来，其下属职员只接受直接上级的领导，不服从间接领导的指挥。当公司要完成一个项目时，由各个职能部门互相配合共同完成。比如营销部门负责市场调研，研发部门负责设计，财务部门负责生产管理。通常来说，它们在兼职完成项目的同时，还要完成职能部门内的本职工作。项目经理只起到一定的协调作用，并没有绝对的权力（见图 5–3）。

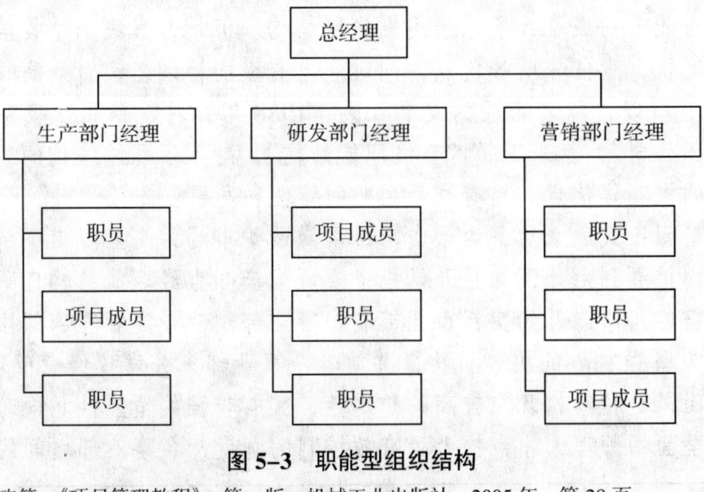

图 5–3 职能型组织结构

资料来源：骆珣等：《项目管理教程》，第一版，机械工业出版社，2005 年，第 28 页。

（一）职能型组织结构的优点

1. 结构简单、清晰

职能型组织结构框架清晰、结构简单，团队中的每个成员都听从唯一的领导（本职能部门经理）指挥，易于管理，不会出现由双层领导命令不统一而产生的员工不知所措的尴尬局面。

2. 技术能力强

项目团队人员由各个职能部门下的职能人员组成，而各个职能部门又是按照专业分布的，因此，团队人员的专业技能都很强，有助于更好地完成项目。

3. 分工明确

由于项目团队中的人员都是各个职能部门的人员，他们之间的沟通较少，因此，在任务的分配上采用科学管理方法，把具体的任务分配到每个员工，分工明确。每个员工只要做好自己的本职工作就可以促进项目的正常完工。

4. 消除顾虑

项目团队成员都是由各个职能部门的人员兼职组成的，因此，项目结束后，他们仍会回到各自的职能部门工作，不必担心项目结束后的去处问题。

（二）职能型组织结构的缺点

1. 责任心差

由于完成项目的人员都是兼职人员，他们对于项目是否完成的责任心不强，在自己任务的先后次序安排上，很有可能把自己的本职工作先于项目中的工作完成，这就在一定程度上加大了延误项目工期的可能性。

2. 职能部门间的沟通少，反应速度慢

由于各个职能部门相对独立，平时都是以部门为单位组织活动，部门之间沟通很少，导致成员之间缺乏合作精神，也没有默契，对于突如其来的情况不能作出快速的反应。

3. 项目经理权力有限

职能型组织结构的项目经理在项目中只起到一定的协调作用，权力范围小，对于出现的冲突和问题，能够驾驭的可能性小，不利于项目的正常完工。

4. 不利于创新

由于团队成员分工明确，人员固定在自己从事的专业领域中，每个成员只负责分给自己的任务，成员间沟通有限，不利于创新思想的形成。而且由于团队没有很强的向心力，对于市场上出现创新的机会把握不够，很可能与创新机会擦肩而过。

二、纯项目型组织结构

纯项目型组织结构与职能型组织结构完全相反，它是针对项目而建立的，高层领导人下设项目管理办公室，接下来设有各个项目的独立部门，部门下有各种职能型部门为之服务。项目经理全权负责项目，团队中的成员都是专职人员，项目完成后，团队自动解散（见图 5-4）。

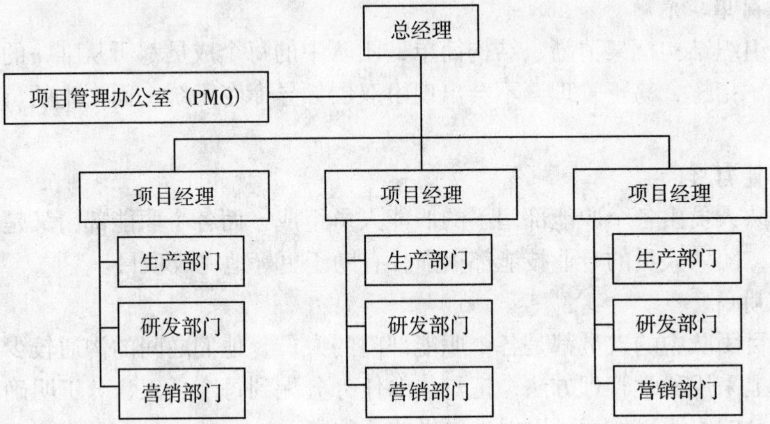

图 5-4　项目型组织结构

资料来源：骆珣等：《项目管理教程》，第一版，机械工业出版社，2005 年，第 30 页。

（一）纯项目型组织结构的优点

1. 项目经理有绝对的权力

与职能型组织相比，项目型组织结构中的项目经理具有绝对的权力，对项目全权负责，对于项目的整体把控较为灵活，有助于应对项目实施过程中的突发状况，保证项目的按时完成。

2. 团队成员是专职人员

团队成员都是专职的项目人员，而不是职能型中的兼职人员，因此，他们可以集中精力完成项目，不必因为其他工作而分心。

3. 权责分明

整个项目成为一个独立的部门，由项目经理全权负责，项目经理在具有绝对权力的同时，也对项目负有不可推卸的责任。

4. 应变能力强

项目经理是项目唯一的负责人，项目出现问题时，项目人员能够及时汇报给项目经理，便于及时处理，避免延误工期。

（二）纯项目型组织结构的缺点

1. 资源的浪费

项目下设独立的职能部门，如果企业同时进行多个项目，各个项目之间又不能资源共享，势必造成资源的浪费。

2. 缺乏专业性

由于是临时组建的项目团队，虽然有自己的职能部门，但是其技术人员的专业性远不如企业内原有职能部门的专业人员技术能力强。

3. 项目末期缺乏向心力

项目完成后，临时组建的团队自动解散，原有组织内的人员相当于被解雇，需要再找新的工作。这样会导致在项目收尾的时候，团队成员有所顾虑，不愿按时完工，不利于项目工期的完成。

三、矩阵型组织结构

矩阵型组织结构介于职能型组织结构和项目型组织结构之间，兼具二者的特点，是职能型组织结构和项目型组织结构的有机结合。矩阵型组织结构在一定程度上避免了二者的缺点，取其精华，去其糟粕，是实践中比较受欢迎的模式。它与数学中的矩阵很相似，垂直结构代表职能部门，水平结构代表项目部门（见图 5-5）。

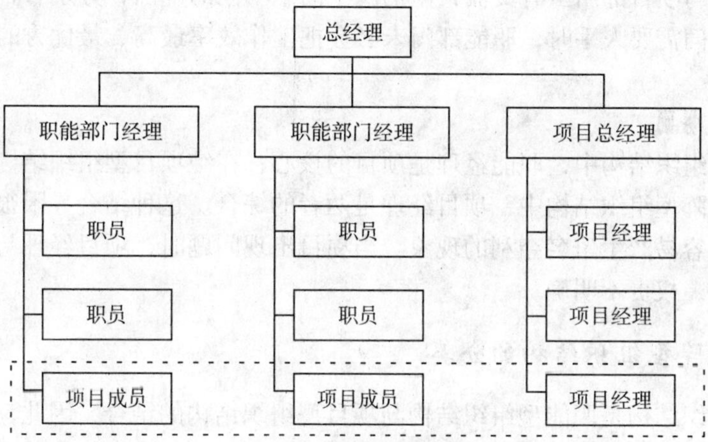

图 5-5　矩阵型组织结构

资料来源：骆珣等：《项目管理教程》，第一版，机械工业出版社，2005 年，第 31 页。

（一）矩阵型组织结构的优点

1. 有利于资源配置

当公司有多个项目同时进行时，可以对各个项目所需资源进行综合协调，以达到更有效的资源配置，避免资源忙时缺乏、闲时浪费的局面。

2. 有效调动资源

项目经理与职能经理更好地配合可促进资源的有效调动，有利于项目经理从职能部门调动资源，更好地为项目服务。

3. 消除顾虑

项目结束后，项目成员可以回到职能部门，也可以到其他项目中去。团队成员不用担心项目结束后的去处问题。

4. 避免频繁招募人员

项目开始时，从职能部门抽取人员，不必每次有项目时都招贤纳士，避免了频繁招募人才所需的时间和费用。

（二）矩阵型组织结构的缺点

1. 多重领导

项目经理与职能经理的双重领导容易导致团队的混乱及忠诚的分散。尤其当两层领导的意见出现分歧时，团队成员不知所措，不知道该执行谁的命令，容易影响项目的正常进展。

2. 对项目经理要求高

矩阵组织结构不仅要求项目经理具有协调本部门人员的能力，还要求具有与职能部门协调的能力，对人际交往及沟通能力要求较高。

3. 职能部门不太愿意把最好的人才派给项目部门

职能部门与项目部门虽有交流，但仍属于两个不同的部门，分别有各自的职责。因此，在项目部门需要人手时，职能部门未必会把工作效率最高、最优秀的人才派给项目团队。

4. 权责不明确

在职能型组织结构中，职能经理是项目的核心；在纯项目型组织结构中，项目经理是核心；在矩阵型组织结构中，项目经理是两者的综合。这种结合界限很模糊，当项目有利可图时，容易产生争名夺利的现象。当项目出现问题时，项目经理与职能经理都有可能推卸责任，权责不明确。

（三）矩阵型组织结构的分类

矩阵型组织结构是职能型组织结构与项目型组织结构的结合，因此，按照与两种结构的倾向程度把矩阵型组织结构分为弱矩阵（协调矩阵）、平衡矩阵（重叠矩阵）和强矩阵（借调矩阵）（见表 5-1）。

表 5-1　创新项目组织类型的比较

特征 \ 组织结构	职能型	项目型	矩阵型		
			弱矩阵式	平衡矩阵式	强矩阵式
项目经理的权限	很少或没有	很高甚至全权	有限	小到中等	中等到大
全职人员的比例（%）	几乎没有	85~100	0~25	15~60	50~95
项目经理的投入	兼职	全职	兼职	全职	全职
项目经理的角色	项目协调员	项目经理	项目协调员	项目经理	项目经理
项目管理行政人员	兼职	全职	兼职	兼职	全职

资料来源：骆珣等：《项目管理教程》，第一版，机械工业出版社，2005 年，第 33 页。

1. 弱矩阵式组织

弱矩阵式组织与职能型组织很相似，项目经理的权力小于职能经理的权力，项目经理通常处于项目协调员的位置，并没有实际的权力。因此，当各部门产生矛盾时，项目经理通过协调并不一定能收到很大成效。职能部门的管理人员在工作中通常从自己部门的利益出发，而项目人员的真实领导仍然是本部门的职能经理。因此，项目经理的头衔形同虚设，不能真正地为项目负责。

2. 平衡矩阵式组织

平衡矩阵式组织是矩阵中最常见的组织形式，相对于弱矩阵式组织而言，项目经理的权力约等于职能经理的权力。项目经理需要具备与职能经理协调资源使用的能力。

3. 强矩阵式组织

强矩阵式组织接近于纯项目型组织，具备纯项目型组织的主要特征。项目经理由高层领导任命，直接听命于高层领导。项目经理的地位在权力层次上高于职能经理，但是由于项目实施过程中需要从职能部门调动资源，因此，项目经理同样需要与职能经理进行协商。人员从职能部门调到项目部门后，直接由项目经理领导。

四、其他项目组织结构

（一）网络型组织结构

随着时代的发展，已有的组织结构已经不能满足人们的需求，进而出现了其他几种组织结构。比如说，网络型组织结构打破了传统组织结构中不同环节的前后逻辑关系，各个部门像网络一样交织在一起，同时工作，并行作业，避免了各部门资源的重复配置以及工作的重复进行，促进了组织中资源更有效的分配，缩短了产品开发周期。信息可以在组织中无方向流动，充足的信息大大提高了创新的效率。同时，也正是由于各个部门像网络一样交织在一起，更加大了管理的难度，因此，对于项目经理的协调能力和迅速决策的能力要求很高。

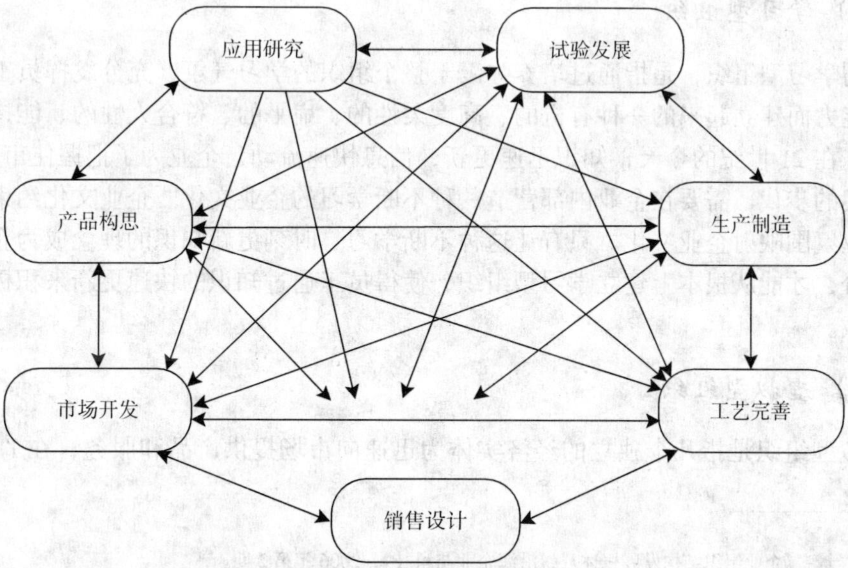

图 5-6 网络型组织结构

资料来源：陈劲：《永续发展——企业技术创新透析》，第一版，科学出版社，2001 年，第 98 页。

（二）多维制组织结构

多维制组织结构，又称立体组织结构，是在矩阵式结构的基础上建立起来的。它由美国道—科宁化学工业公司于 1967 年首先创立。在矩阵式结构（即二维平面）基础上构建产品利润中心、地区利润中心和专业成本中心的三维立体结构，若再加时间维可构成四维立体结构。虽然这种细分结构比较复杂，但每个结构层面仍然是二维制结构，而且多维制结构未改变矩阵制结构的基本特征，多重领导和各部门配合，只是增加了组织系统的多重性。因而，其基础结构形式仍然是矩阵式，或者说它只是矩阵式结构的扩展形式。[①]

五、项目组织结构的发展趋势[②]

（一）组织结构的扁平化、柔性化、网络化

在知识经济的推动下，为了更迅速地应对市场的变化，企业必然要寻找一种灵活的组织结构。而扁平化、柔性化、网络化正是这种组织结构的先决条件，也是发展的必然趋势。扁平化的结构是指减少管理层次，对员工充分授权而形成更加紧密、紧凑的组织结构。柔性就是适应外界环境变化的能力，组织结构的柔性化就是将固定的组织模式抛弃，以临时的、以任务为导向的团队式组织完成企业的工作。企业要想在竞争中取胜，要求组织结构更加灵活，具有韧性，也就是组织的柔性化。网络化的组织结构是一种很精干的中心机构，以契约关系的建立和维持为基础，依靠外部机构进行制造、销售或其他重要业务经营活动的组织结构形式。

（二）学习型组织

所谓学习型组织，是指通过培养弥漫于整个组织的学习气氛、充分发挥员工的创造性思维能力而建立起来的一种有机的、高度柔性的、扁平的、符合人性的、能持续发展的组织。在 21 世纪的今天，知识迅速更新，信息快速流动，企业为了把握住市场信息，跟上时代的步伐，需要在企业内部营造一种不断学习的企业文化。企业文化约束企业环境，企业氛围映射企业文化。只有让这种不断学习、时刻更新知识的理念成为企业文化的一部分，才能从根本上建立学习型组织，使得员工通过知识的快速更新来积极应对外界的挑战。

（三）虚拟型组织[③]

虚拟型组织是指几个独立的经济实体为迅速向市场提供产品和服务，在 IT 网络技

① 顾春景：《企业组织结构发展概述》，《沿海企业与科技》，2006 年第 2 期。
② 王仕会、成文：《信息化时代组织结构变革研究》，《沿海企业与科技》，2006 年第 4 期。
③ 现代管理领域教材编写委员会编：《现代管理公需教材》，企业管理出版社，2006 年，第 292 页。

术的支持下，在一定时间内结成的临时性联盟，是企业面对日益激烈的国际竞争、现代科技的日新月异作出的卓有成效的组织创新。虚拟组织不具有法人资格，也没有固定的组织层次和内部命令系统，是一种开放的组织结构。

当某个新的市场机会出现时，通常由最早意识到这一市场机会或者掌握某一关键技术的企业牵头，联合其他有关机构和企业形成一个临时性组织，迅速动员各方资源和能力，以对市场作出快速反应，共同完成新产品开发。在既定的创新目标完成时，创新联盟即这个虚拟组织随之解散。之所以成立虚拟型组织，是因为现有的市场机会是某一个单独企业所难以把握的，它需要动用各个企业的资源，发挥各个企业的优势共同完成。虚拟组织很好地利用计算机网络互联技术，让各成员企业仅保留其最“精益”的功能，而将自己难以胜任的或难以高效完成的生产和服务委托给其他成员企业，以求在竞争中高效率地发挥各成员企业有限的资源优势。组织中的成员共担创新风险，共享创新利益。虚拟组织作为一种组织创新很早就已经存在，但只有在信息技术特别是网络技术高度发达后才得以真正的发展。网络技术的发展为企业组织虚拟化创造了有利条件。[①]

六、创新项目组织结构的选择

在前面提到的几种组织结构中，项目型组织结构和职能型组织结构是比较极端的两种结构，而矩阵型结构兼具了二者的特点，适用于大型项目的建设。网络模式是最灵活、最易沟通的组织结构，在形式上类似于头脑风暴法，也是最容易产生新思想的组织模式，易于创新。目前，在知识经济的推动下，组织结构正向着适应环境变化的方向变迁。扁平化、柔性化、网络化的结构可以使得组织快速、高效的运营。虚拟化结构是以网络为平台淡化企业组织边界的组织形式，充分地利用了各个企业的优势资源。

项目组织结构的选择是一个复杂的过程，对于给定的项目没有一致的选择模式可供参考，要根据具体项目的特点及企业的环境等因素具体分析，尤其对于创新型项目而言，不确定性是它的典型特点。所以在进行创新项目选择的时候，要充分考虑它的不确定性，降低风险。

第三节 项目经理

项目经理是项目的核心，是项目的高层领导及直接责任人。项目经理在项目实施过程中扮演着举足轻重的角色，他的决策对项目的成败有着决定性的影响。项目经理在项目实施过程中的作用是不可替代的，是企业高级领导者与团队成员的纽带。项目经理是项目的计划、组织、控制的直接领导，也是项目实施过程中的最高领导。

① 彭若弘、高有典：《网络经济下企业组织结构的变革趋势》，《郑州大学学报》，2006 年第 4 期。

专栏 5–4

贺洪松——合格的项目经理

贺洪松，中铁二局武襄铁路项目经理部常务副经理。武汉至襄樊铁路增建二线工程是一条时速 200km 的客货洪线铁路。他在长期的项目管理实践中深深地意识到，创新是增强企业核心竞争力之所在，更是项目管理生命之所在。他结合达（州）、成（都）、内（江）、昆（明）等线路建设工程项目的管理经验，带领全体员工坚持走创新之路，深化武襄铁路的项目管理，取得了骄人的业绩。

2005 年初上武襄线，贺洪松和项目部领导班子首先就确立了施工企业要牢固树立用户至上的管理理念，要求各参建单位在项目管理中必须始终坚持把国家质量标准作为项目考核的起点，把建设单位的标准作为项目追求的目标。武襄项目由于设计变更、征地拆迁等客观因素的影响，迟迟没有形成全面开工的局面。但由于贺洪松审时度势，超前谋划，采取抓大放小，立足保开工、抢工期的管理思路，化解矛盾，渡过危机，实现了武襄铁路全线 4 个标段主体工程第一个开工，受到了业主的高度赞扬。

为使项目管理由人治向法治改变、由数量型向质量效益型转变、由粗放型向集约型转变，贺洪松结合武襄的实际，制定了一整套可靠、有效的运行机制：一是实施集约化的目标管理。以工期进度为重点，以成本效益为中心，把管理层与业主层的主观能动性统一集中到项目的目标管理上来，通过“过程参与”实现“过程控制”，形成上下互动效应，使项目管理的“过程三满意”（公司经理部、子公司、项目分部）变成“结果三满意”。二是实施制度化的运行管理。以管理规定和办法作为支撑，形成有力的制度保障体系，实现“阳光管理”，营造人人都充分释放能量的大舞台。

贺洪松同志深有感触地说：“用计划经济的眼光看市场，企业没市场；用市场经济的眼光看市场，企业有望得市场；创新在建项目管理，企业稳占市场。”

资料来源：《项目管理创新的带头人——记中铁二局武襄铁路项目经理部优秀项目经理贺洪松》，《建筑》，2006 年第 16 期。

一、项目经理的角色与职责

项目管理协会将项目定义为：为创造独特的产品或服务而进行的一种临时性工作。项目经理作为项目团队的最高领导，在享受公司赋予的权力的同时，也承担计划、实施和按期完成项目的责任。项目经理需要对三方负责：对公司负责，对客户负责，对团队成员负责。①对公司负责：做到及时汇报，及时沟通，对于项目可能出现的问题不能隐瞒，最终为企业创造效益。②对客户负责：保证项目按时完工，对于客户提出的合理建议要积极采纳，不能因为麻烦而故意回避。③对团队成员负责：团队成员是项目经理的直接下属，项目经理应该为团队成员着想，从成员的根本需要入手，解决他们真正的需要。

由于项目一次性的特点，团队在项目结束后自动解散，尤其在接近项目尾声的时候，项目经理应该为成员的去向着想：回职能部门或到新的项目中去，让成员在项目的尾声也能尽心尽力地工作，不至于因为分心而影响项目的按时完成。项目经理在工作中的具体职责包括项目的计划、组织和控制。

（一）计划

一个好的计划对于项目的完成具有重要的推动作用，因此，在项目开始前，项目经理要负责组织制定各阶段工作的详细计划及目标，尽管项目的计划不一定要项目经理亲自完成，但他却是计划的最后决策者。在执行项目计划的过程中，项目经理要对内、外部环境以及期间突然发生的各种状态进行分析评价，并及时地对项目计划进行调整，以确保项目计划的准确性。制定的计划包括战略计划和项目具体计划：战略计划包括项目的完工期、项目的总体目标等；具体计划指阶段性的规划，比如任务的分配等。

（二）组织

项目经理是维系整个项目运行的纽带，由他来分配各部门的任务，进行组织活动的管理。在组织职责中，项目经理主要进行如下几方面的活动。

1. 获取资源

通过项目计划识别项目所需要的各种资源，包括人力资源、物质资源，使项目资源能够及时到位，保障项目的后勤工作。

2. 工作分工

根据项目的特点、人员的技术专长，为项目的每项活动选择合适的人选，把每项活动落实到具体的个人，确保每项具体活动能在预算下按时完成。

3. 选择适当的组织结构

项目的组织结构主要有职能型、矩阵型、纯项目型以及网络型等几种结构。项目经理要根据项目所处的具体环境、项目的目标和特点选择合适的组织结构，有时也可选用两种组织结构结合起来使用。

另外，由于项目团队都是临时组建的，团队成员之间缺乏了解，项目经理还应促进形成团队成员间的默契，在组织内营造一种积极向上、良性竞争的气氛，使得项目团队成员能够相互配合、相互协调，以便更有效地工作。

（三）控制

为使项目的实际进展与项目计划相一致，需要对项目进行实时监控。项目经理应该有一套有效的项目管理信息系统，对项目的进展及项目中临时出现的问题进行分析，发现问题及时作出相应对策，必要时可以对项目原有计划进行修改，保证项目在可控制状态下平稳、正常地运行。

项目经理是项目控制的中心，要成为一名合格的项目经理，必须处理好进度、质量及效益之间的关系。

二、项目经理的能力要求

项目具有一次性、不可重复的特点。有的项目经历的时间很短，但是项目本身却是一个复杂的系统。每一个项目对于项目经理来说都是新的，没有现成的经验可以模仿。因此，要想完成一个项目，对项目经理的要求很高。“麻雀虽小，五脏俱全”，不管项目大小，涉及的领域、部门、人员都很多，也很复杂。所以，项目经理应该是一个复合型的人才，不仅具备计划、组织、控制与基本技能，还要精通管理、通晓技术。

（一）知识技能

项目与各个领域都有着密切的联系，在项目计划、实施的各个阶段也都会用到各方面的知识，也就是说要求项目经理是一个通才，比如要有最基本的知识——法律常识、经济学等。在项目管理中，不能超越法律的界限，也要学会用法律的手段维护本单位的权益。“书到用时方恨少”，项目经理在平时就应该多重视各方面知识的积累。

（二）技术技能

项目一般是一定专业领域中的一次性工作。作为一名项目经理，应该具备项目的相关技术知识。

项目经理是项目的最高决策人，为了作出正确的决策，应该对项目的技术方面有所把握。对技术茫然的项目经理，很难作出正确的决策，也很难让队员信服、树立威信。但是，项目经理本人又不可能懂得所有项目所涉及的技术知识，因此，有必要对项目经理在项目进行前针对项目所涉及的领域进行一定的技术培训。对于项目经理，不一定要培训到精通的程度，毕竟项目经理是一个管理人员，而不是技术工程师。在项目管理中，除了运用本身对技术方面知识的积累外，还应该听取项目团队中技术专家的建议，集思广益，作出正确的决策。

（三）管理技能

项目团队由人组成，项目经理除了具备对项目本身所涉及的技术、知识技能外，还要具备管理的技能。

1. 领导能力

领导能力是项目经理进行项目管理的基本能力。主要体现在用自己的行动影响成员、为成员作出榜样和指导成员用正确的方法完成项目等方面。项目经理的职位赋予了项目经理很多的职权，比如决策权、奖惩权等。项目经理要能够正确使用这些权力，并掌握一定的领导艺术，引导团队成员积极、主动地完成任务。

2. 组织能力

项目团队是一个新组建的“大家庭”，团队成员需要项目经理的协调与管理，“众人拾柴火焰高”、“团结就是力量”、“1 + 1 > 2”等这些耳熟能详的语句说明了一个普通的道理：团队、集体的力量是无穷的。如果一个团队具有很强的向心力，那么它的工作绩效一定是相当高的。因此，要求项目经理具备一定的组织能力，使团队真正成为一个整体，保证团队中各成员的工作能够协调、有序地进行。在组织中，项目经理既要树立领导者的威信，又要具备与团队成员合作的亲和力。

3. 激励能力

由于项目团队一般是由新成员组成的，所以项目经理在管理项目本身的同时要注意在项目团队内部营造一种和谐的气氛。在与成员进行沟通的同时要注意对成员的激励，以便更好地完成项目。一般的激励分为物质激励与精神激励两种。传统的观点认为物质激励效果更好，但是根据马斯洛的需求层次论，人的需求分为五个层次：生理需求、安全需求、社交需求、尊重需求和自我实现需求，说明人的最高需求是自我实现需求（精神需求），因此，有时仅仅用物质激励或者说是金钱激励是不能解决问题的，精神方面的激励或者物质激励与精神激励的结合会更有效。

4. 应变能力

项目不是一成不变的，它是一个动态的过程，随着外界环境的变化而变化。项目经理要具备识别影响项目因素变化的能力和迅速作出决策的能力，快速的应变能力可以为项目争取一定的时间、经费，节约人力、物力。任何项目的目标都包括按时完成工期：工期是项目成功的最基本标准，而应变能力又是工期正常完成的保证。

5. 人际交往能力

项目经理在进行项目管理时，人际交往能力是基础，项目经理的人际交往能力涉及许多方面。他必须与团队成员、公司领导及项目的利益相关者进行交流沟通，与团队成员建立良好的关系，倾听团队成员的建议及工作汇报，通过良好的语言表达能力把自己的意见传达给成员。而且，项目所需资源通常是从职能部门调出的，项目经理与职能经理的沟通贯穿于项目的始终，怎样处理好与职能经理的关系也是项目经理人际交往能力的一个体现。在很多情况下也可以用非正式的沟通获取资源，如朋友聚会、通过朋友说服他人来获取充足的资源等。

三、项目经理的素质要求

创新型项目比普通项目有更大的收益与风险，对项目经理的素质要求会更高，其中包括性格素质和品格素质。

（一）性格素质

“江山易改，本性难移”，性格是与生俱来的，性格中的很多因素对项目的成败都有着直接的影响。因此，能够胜任项目经理的人选同时也要具备一些好的性格特征。

1. 创新精神

项目具有一次性的特点，项目管理中没有固有的经验可以遵循，每一项目活动都需要项目经理的创新和探索，教条主义的做法是行不通的。因此，创新精神对于项目经理来说是非常重要的。

2. 沉着、冷静

项目的时间或许并不长，但这并不能说明其中发生的问题就会少。项目管理与职能部门管理有着明显的不同：职能部门中重复性的工作很多，突发的情况属于意外；而在项目中没有意外，唯一不变的就是变化。项目经理要冷静对待时刻发生的变化，作出正确的判断。

3. 自信心强

项目经理是团队的负责人，虽然决策者可以有很多的辅助人员为他提供帮助，提出建设性的意见，但是，最后的决策者仍然是项目经理。决策既是项目经理的权力，又是项目经理的职责。项目经理在作出决策的时候要有自信心，不能经常更改决策或摇摆不定、优柔寡断；但也不要盲目自信、一意孤行，不听从下属的意见。正确的决策有助于项目经理在团队中树立威信。

4. 待人真诚，具有亲和力

待人真诚不仅是对项目经理的要求，也是一般普通人应该具有的品质。项目经理与团队成员及外界沟通时要本着待人真诚的原则，要真诚地对待团队成员，营造团结的气氛，避免与团队成员疏远，以免陷入被孤立的局面。一个人的能力是有限的，而集体智慧的结晶通常会更加令人信服。

（二）品格素质

1. 道德品质

良好的道德品质是人们应该具备的最基本的品德，道德品质影响人的行为。项目经理具有较大的职权，并且控制着项目中的各种资源。因此，为防止项目经理贪赃枉法，项目经理一定要具备良好的道德品质。

2. 责任心

项目经理要按进度、高质量地完成项目，就要有很强的责任心，清楚自己身上的责任，并敢于承担责任。项目经理要对客户负责、对公司负责，也要对社会负责。在考虑经济效益的同时，也要考虑社会效益、环境效益。

3. 实事求是

实事求是是创新的前提，只有以事实为依据进行的创新才是真正的创新，才能达到创新的效果。另外，实事求是也是为人处世的原则，尤其是项目经理，身为团队成员之首，更应该注重自身实事求是品格的培养。

四、创新项目经理的选择

项目经理是项目的带头人，在拥有大量职权的同时也担负着巨大的责任。与普通项目相比，创新项目的管理对项目经理来说更是一个挑战，项目经理对项目的成败起着关键性的作用。因此，对于项目经理的选择至关重要。

无论是内部培养还是外部提拔，项目经理都应该是经验丰富的企业管理人员。首先，应根据项目的特点选择项目经理，比如技术性的强弱，对于技术性弱的项目就不一定要求项目经理对技术方面有太深的造诣。其次，还要考虑项目经理的能力与素质是否适合项目的要求。可以通过民意测试或问卷调查，进行加权评分，对项目特别要求的能力赋予大的权重，最后根据综合得分找出项目经理的合适人选。有些不能通过笔试评定的标准，如道德品质等素质，可通过面试或一些必要的暗访评定。总之，项目经理的选择要慎重。

第四节 创新项目风险管理

专栏 5-5

一则寓言的哲理

魏文王问名医扁鹊说："你们家兄弟三人，都精于医术，到底哪一位最好呢？"

扁鹊答："长兄最好，中兄次之，我最差。"

文王再问："那么为什么你最出名呢？"

扁鹊答："长兄治病，是治病于病情发作之前，由于一般人不知道他事先能铲除病因，所以他的名气无法传出去；中兄治病，是治病于病情初起时，一般人以为他只能治轻微的小病，所以他的名气只及本乡里。而我是治病于病情严重之时，一般人都看到我在经脉上穿针管放血、在皮肤上敷药等大手术，所以以为我的医术高明，名气因此响遍全国。"

管理心得：事后控制不如事中控制，事中控制不如事前控制，可惜大多数事业经营者均未能体会这一点，等到错误的决策造成了重大的损失时才寻求弥补，这往往是于事无补。在项目中，我们要积极地进行风险管理，才不至于酿成大错。

资料来源：孙曙和：《选择·创新·坚持——技术总监谈趋势》，《通信世界》，2005 年第 26 期。

每个项目都存在着风险，没有风险的项目同时也不存在收益。如果想在项目中得到可观的收益且降低风险，那么就要对项目进行风险管理，这是显而易见的。根据美国项目管理学会的报告，风险管理有三个定义：①风险管理是系统识别和评估风险因素的形式化过程。②风险管理是识别和控制能够引起不希望变化的潜在领域和事件的形式、系统的方法。③风险管理是在项目期间识别、分析风险因素，采取必要对策的决策科学与艺术的结合。[①]

创新项目存在的风险与普通项目存在的风险相比有过之而无不及。因此，对创新项目进行风险管理是必不可少的。项目风险管理是项目管理的一个重要方面，对项目风险

① 沈建阳：《项目风险管理》，第一版，机械工业出版社，2004 年，第 15 页。

的有效管理是项目管理正常进行的保证。它主要包括项目风险的识别、项目风险的评估、项目风险的应对和项目风险的控制四个阶段。

一、创新项目的风险性

创新即对旧事物的变革与更新，尝试和检验新的东西和想法，开拓新的应用领域和市场。创新的这一定义揭示了创新本身的不确定性，不确定性的存在使公司的研发项目在其规划阶段和筹备阶段均面临各种未知的挑战。管理者、创业者、投资者、研发人员等相关人士在无法确知行动结果的情况下制订行动计划，随着创新活动的展开，不断地调整、完善，有时甚至要改变主要目标和行动路线，甚至彻底放弃最初的计划。例如，以高新科技研制抗癌药物紫杉醇的上海某制药公司，外部市场普遍看好，并已投入巨资建造研发设备和生产设施后，突然遭遇不确定性打击：生产紫杉醇的主要原材料红豆杉，作为国家一级保护植物，被严禁采伐，该公司研制的基础受到严重动摇，计划中的生产和销售活动也化为泡影。①

二、风险识别

项目风险识别是项目风险管理的前提，项目风险识别利用各种技术手段找出项目中已经存在的或潜在的项目风险，并分析其来源及可能产生的后果，以便及时应对，防患于未然，项目风险识别过程中，要根据风险识别的种类（财务风险、技术风险、管理风险、质量风险等）、项目计划书以及历史资料的总结对现存的项目进行管理。识别出的风险一般分为内部风险和外部风险。对于内部风险，如工作安排不合理，可以通过内部调整，减少发生的可能性；对于外部风险，如国家政策等，企业无法控制它的发生，因此要及早识别并作出决策。尽早识别出风险，及早进行项目变更，就会减少项目的损失。

风险识别的一般方法有检查表、头脑风暴法及德尔菲法。

（一）检查表

检查表是对可能出现的潜在风险，以以往的项目为依据，进行归纳、总结得出的。管理人员可以对检查表中的风险一一进行检查、对比，对项目做一个普查。如果要全面地检查项目存在的风险，还要结合其他方法，仅仅用这个方法是不够的。

（二）头脑风暴法

头脑风暴法就是把各个领域的专家、学者邀请到一起进行讨论，各抒已见，不允许批评他人的想法，通过听取他人的意见达到思想的“共振”，激发创造性思维，以期找到解决问题的最佳办法。头脑风暴法是集体智慧的结晶。

---

① 董静、苟燕楠、封洁：《基于不确定性和复杂性的创新项目管理模式研究》，《科研管理》，2006 年第 3 期。

（三）德尔菲法

德尔菲原是美国空军一个研究项目的名称，后来成为这一研究分析方法的代名词。德尔菲法是指把所要预测的问题发给各个专家，收集到各个专家的匿名意见之后，经过归纳、总结、统计再匿名反馈给各个专家，再次征求意见，再集中，再反馈，反复进行，直到得到最佳意见。

以上是三种典型的风险识别方法，其他的识别方法还有很多，如情景分析法、流程图、SWOT 分析等。

三、风险评估

项目风险评估是对风险识别出的结果进行分析、估计，考虑项目进展程度、数据可靠性等因素，通过定量、定性的分析方法分析其发生的可能性和破坏程度的大小。项目评估的结果是项目经理对风险作出应对措施的依据，可以根据评估出的项目风险程度，即严重、轻微等类别，选择立即采取措施、需要采取措施或暂不采取措施。

风险评估的一般方法有决策树法、敏感性分析。

（一）决策树法

决策树法是对项目风险进行评估的既简单又有效的方法。它通过图形的方式来分析各个方案的可行情况，具有直观、易于理解的特点，是项目管理人员实用的管理工具。

决策树是一种像树枝形状的图形。决策树法是利用各种情况发生的概率以及相应的收益来求取各个方案的期望净现值，判断其可行性的分析方法（见图 5–7）。

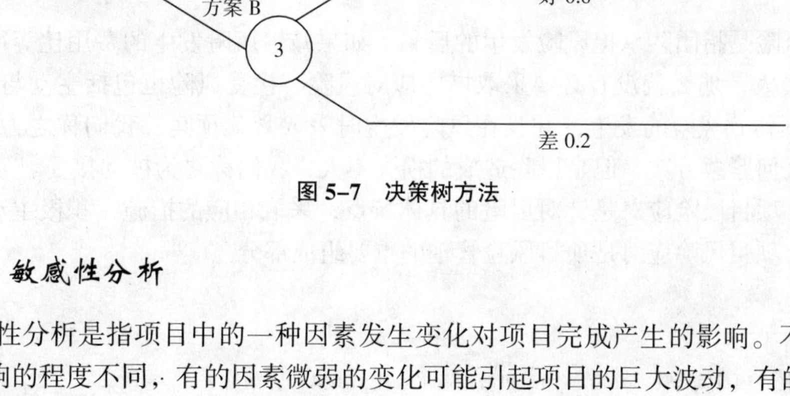

图 5–7　决策树方法

（二）敏感性分析

敏感性分析是指项目中的一种因素发生变化对项目完成产生的影响。不同的因素对项目影响的程度不同，有的因素微弱的变化可能引起项目的巨大波动，有的因素较大的变动对项目却没有丝毫影响。敏感性分析就是分析这些因素对项目影响的程度，分为单因素敏感性分析和多因素敏感性分析。单因素敏感性分析指分析一种因素的变动对项目的影响；多因素敏感性分析指研究多个因素变化对项目的影响。

除了以上介绍的两种方法，项目风险评估的方法还有模拟法、统计评分法等。

四、风险应对

项目风险的应对是根据项目风险评估得出的风险级别、危害程度以及项目管理计划做出应对风险的有效策略。一般的应对策略分为：减轻风险、转移风险、回避风险和接受风险。而这些策略在应用的同时都要产生一定的费用。因此，在采取应对策略之前要权衡应对措施是否比接受风险带来的损失大，不能因为人们的心理因素——厌恶风险，而对所有风险一概除之。

（一）减轻风险

减轻风险就是降低风险发生的可能性以及减少风险带来的损失。风险又可分为已知风险、可预测风险及不可预测风险。已知风险要比可预测风险及不可预测风险更容易加以控制；对于可预测风险及不可预测风险，要尽量避免其发生。

（二）转移风险

转移风险是指通过债券保险等方式将风险有偿地转移给第三方。当出现风险时，与第三方共同承担，如保险：保险公司根据保险的额度收取一定的保险费，当有风险发生时，保险公司与公司共同承担风险带来的损失。

（三）回避风险

回避风险是指风险造成的危害特别大时，放弃有可能导致风险的活动或用其他工作替代，从而彻底消除风险。回避风险是既节约成本又简单、有效的方法。但是从另一个角度考虑，风险往往与收益并存，回避了风险也意味着放弃了相应的收益。

（四）接受风险

接受风险是指团队承担风险发生的后果。如果减轻风险发生的费用比等待风险发生造成的损失大，那么就没有必要采取措施应对风险。接受风险也包括主动与被动之分，如果已经预料到风险的发生，并且在风险发生时采取紧急预案，我们称之为主动接受；如果没有任何紧急方案，但是风险造成的损失不大，我们称之为被动接受。①

总之，项目风险应对是针对风险的具体特点，采取相应的措施，积极主动地减少损失的活动；项目风险应对是项目风险管理的重要组成部分。

① 沈建明：《项目风险管理》，第一版，机械工业出版社，2004 年，第 137 页。有改动。

五、风险控制

项目风险控制是对项目风险的宏观把控，对风险识别、评估、应对等进行全过程的监控，从而保证风险管理计划目标的实现。如果项目进展过程中出现意外情况，应及时调整项目风险管理计划。①应该强化风险意识，重视风险管理，从思想上意识到风险控制的重要性。②要对项目的全过程进行实时监控，确保项目正常进行。

风险是项目经理所不愿看到的，但它却是项目管理中将会必然出现的。因此，为了避免风险的出现妨碍项目的正常运行，必须对风险进行有效的管理。从某种角度来说，对风险管理的好坏在一定程度上决定了项目能否正常运行。尤其对于创新型项目而言，不确定性的特点更加大了项目风险管理在项目管理中的权重。所以，为了保证完成项目，应该重视项目的风险管理。

● 本章案例

海尔的组织结构与创新[1]

20 世纪 80 年代，海尔同其他企业一样，实行的是“工厂制”。海尔集团成立后，1996 年开始实行“事业部制”，集团由总部、事业本部、事业部、分厂四层次组成，分别承担战略决策和投资中心、专业化经营发展中心、利润中心、成本中心职能。

事业部制是一种分权运作的形式，它是在总公司领导下设立多个事业部，各事业部有各自独立的产品和市场，实行独立核算。事业部内部在经营管理上则拥有自主性和独立性。海尔的事业部制在很大程度上有美国通用的痕迹。美国通用组织机构的变迁经过了三个阶段：一是 20 世纪 60 年代的分权运作；二是 20 世纪 70 年代根据公司总财源的分配来安排下属单位的战略需求，让各下属公司建立战略事业单位；三是到 20 世纪 80 年代进入战略经营管理时期，对前两个阶段的组织模式不断进行修正。

张瑞敏认为这种高度分权对市场销售具有有效刺激，但这种个体户式的拼杀会造成各事业部之间的盲目竞争，竞相重复使用内外资源，于大局不利，有可能形成单位销售额上升而集团整体投资回报率不高的局面，不利于集团重点扶持未来有发展前途的产业。因此，海尔对分权的大小多少有自己战略性的考虑。对“夕阳型”的产品尽可能分权划小经营单位，让其随行就市；而对“朝阳型”的产业，如未来的数字化家电则要集中人力和财力，做大规模，确保竞争力。

张瑞敏说，海尔的事业本部有些像通用 1978 年实行的“超事业部制”，这种体制就是在各个事业部上再建立一些“超事业部”，以统辖和协调各事业部的活动，也就是在事业部的上面又多了一级管理。像通用的五个执行部归副总裁领导一样，海尔的几位副总裁也分别领导着几大事业本部，总裁只管横向的几大中心，如财务中心、规模发展中心、资产运营中心、人力资源中心和企业文化中心等。

① http：//www.i918.cn/bbs/viewthread.php？tid=589648。

在企业的运作方式上，海尔集团采取“联合舰队”的运行机制。集团总部作为“旗舰”以“计划经济”的方式协调下属企业。下属企业在集团内部是事业本部，对外则是独立法人，独立进入市场经营，发展“市场经济”，但在企业文化、人事调配、项目投资、财务预决算、技术开发、质量认证及管理、市场网络及服务等方面须听从集团的统一协调。用海尔人人都熟悉的话说，各公司可以“各自为战”，不能“各自为政”。

从本质上说，海尔的组织结构经历了从直线职能式结构到矩阵式结构再到市场链结构[①]的三次大变迁。直线职能式结构就像一个金字塔，下面是最普通的员工，最上面是厂长、总经理。它的好处就是比较容易地控制到终端。直线职能在企业小的时候，“一竿子抓到底”，反应非常快。但企业大了这样就不行了。最大的弱点就是对市场反应太慢。为了克服这一问题，海尔改用矩阵式结构。横坐标是职能部门，包括计划、财务、供应、采购；纵坐标就是不同的项目。对职能部门来讲，横纵坐标相互的接点就是要抓的工作。这种组织形式的企业发展多元化的阶段可以比较迅速地动员所有的力量来推进新项目。

在论述海尔组织结构的变迁时，张瑞敏再次强调了“有序的非平衡结构”:“整个组织结构的变化源自我们组织创新的观点，就是企业要建立一个有序的非平衡结构。一个企业如果是有序的平衡结构，这个企业就是稳定的结构，是没有活力的。但如果一个企业是无序的非平衡，肯定就是混乱的。我们在建立一个新的平衡时就要打破原来的平衡，在非平衡时再建立一个平衡。就像人的衣服一样，人长大了服装就要改，如果不改肯定要束缚这个人的成长。”

一、创新意识

2006年11月10日，中国商业科技领先媒体《信息周刊》在北京召开秋季大会，并在会上正式推出《2006年中国商业科技100强白皮书》，公布了2006年“中国商业科技100强”榜单。据了解，“中国商业科技100强”榜单是中国首份关于企业商业科技创新的榜单。商业科技指的是具有商业价值的信息技术，它是企业实现商业创新和管理创新的原动力和助推器。在评选出的商业科技100强中，海尔位居榜首，可见创新意识在海尔人的心中是不可替代的。

海尔在自身的组织结构建设上模仿了美国通用的组织模式，但是其在跟随的同时又有自己的创新，在GE高度分权的时候，海尔注意到这种高度的分权容易造成企业内部各部门的纷争，产生恶性竞争。因此，海尔对分权的大小及程度加入了自己的战略性考虑，把产品进行分类，适度分权。

二、海尔组织结构的变迁

20多年来，海尔的发展是有目共睹的，从一个昔日小厂发展到国际性的海尔集团，

---

① 市场链机制的原理是：打破原有组织的平衡，使各个部门、各个岗位之间形成了相互咬合的链条关系。由于每一个岗位都有与其接口的部门：作为下一岗位的产品供应商，同时又是上一岗位的客户，以此可以形成内部市场机制。市场链条的起始处为销售部门的订单，订单进入生产部门后，生产部门紧接着对采购部门下达采购订单。结合资源存折法，生产部门的各个岗位也是利润中心，其收入来源于销售部门的订单，销售部门没有订单，生产部门就没有收入，生产部门收入的高低取决于其对销售部门订单的满足情况；采购部门的收入来源于生产部门的订单，其收入的高低同样取决于对生产部门订单的满足情况。

除了归功于好的管理之外，与企业适时选取正确的组织结构是密不可分的。在建厂初期，企业采用直线职能式组织结构，因为企业的规模小，直线型组织结构便于管理，企业内高度的集权对于出现的变化可以及时处理、灵活应变。随着公司规模一天天地扩大，企业的职能型结构下设了很多的事业部，对于管理层来说，他们已经开始觉得有些手忙脚乱、自顾不暇，因此，海尔又转向矩阵式组织结构，纵向为职能部门，横向为项目，这样就能把看起来很多、很复杂的事情安排得井井有条。

三、海尔组织结构的变迁对企业创新的影响

中国标准化协会理事长李忠海说："海尔集团在技术创新的同时，积极通过标准规范市场，带动整个行业的良性发展，体现了海尔对用户、对社会高度负责的精神。"在市场经济、知识经济的今天，一贯重视创新的海尔更是注意到了技术创新对于企业的重要性，海尔面向市场重新组织企业的结构——由传统的结构转化为扁平化的结构。扁平化的结构可以灵活应对外界的变化，而且对于市场出现的创新时机也会有很好地把握。海尔重视创新的企业文化决定了海尔势必会选择一种对市场反应灵活的组织模式——扁平化模式。创新来源于市场，对市场、对客户的关注同时会给企业带来可观的利润。

海尔在创业20年纪念日之际启用了新的标识，向外界传递着海尔站在新起点，重新开始，争取更大发展的全新姿态。在新标识中，每笔的笔画比以前更简洁，"a"减少一个弯，表示海尔人认准目标不回头；"r"减少了一个分支，表示海尔人向上、向前的决心不动摇。整个设计的核心是速度，风格是简约、活力、向上，显示海尔组织结构更加扁平化，每个人更加充满活力，对全球市场有更快的反应速度。

● 思考题及答案要点

1. 创新的源泉有哪些？

创新的源泉主要有用户、大学研发机构、竞争者、制造商、供应商以及其他，其中最主要的是通过用户捕捉到创新的契机进行创新，其中用到的领先用户法是在创新的过程中必不可少的。

2. 如何选择创新型项目结构？

创新型项目具有较强的不确定性的特点，因此，它的选择比一般的项目结构选择更加复杂。在知识经济的大环境下，项目的结构偏向于扁平化、柔性化和虚拟化。灵活、善于适应环境变化的结构更适合于创新型项目。同时，要根据项目所处的环境、企业的文化以及项目本身的特点进行选择。

3. 选择项目经理有哪些要求？

项目经理是项目的核心，他的决策关系到项目的成败。因此，对项目经理的要求很高，其中包括能力要求和素质要求。能力要求包括知识技能、技术技能和管理技能。不仅要求项目经理懂得专业的技术，而且要精通管理。同时，还要有良好的道德品质和果断、机智、应变能力强等性格素质。

4. 项目风险管理包括哪几个方面？

项目风险管理是项目正常进行的基础，项目风险管理包括四个方面：风险识别、风险评估、风险应对及风险控制。具体的过程为：通过风险的识别找到项目已经存在的风险或潜在风险，然后进行评估，分析风险的严重性，进而选择合适的方法应对。在项目实施过程中要时刻注意风险的控制，防患于未然。

● 参考文献

1. 埃里克·冯·希普尔，柳卸林、陈道斌等译：《创新的源泉》，第一版，知识产权出版社，2005 年。

2. 陈劲：《永续发展——企业技术创新透析》，第一版，科学出版社，2001 年。

3. 罗里·伯克，腾冲译：《项目管理——计划与控制技术》，经济科学出版社，2005 年。

4. 杰克·R. 梅瑞狄斯、小塞缪尔·J. 蔓特尔，郑晟、扬磊、李兆玉译：《项目管理——管理新视角》，第四版，电子工业出版社，2002 年。

5. 骆珣等：《项目管理教程》，第一版，机械工业出版社，2005 年。

6. 余志峰、胡文发、陈建国：《项目组织》，第一版，清华大学出版社，2000 年。

7. 沈建明：《项目风险管理》，第一版，机械工业出版社，2004 年。

8. 董静、苟燕楠、封洁：《基于不确定性和复杂性的创新项目管理模式研究》，《科研管理》，2006 年第 3 期。

9. 顾春景：《企业组织结构发展概述》，《沿海企业与科技》，2006 年第 2 期。

10. 彭若弘、高有典：《网络经济下企业组织结构的变革趋势》，《郑州大学学报》，2006 年第 4 期。

11. 现代管理领域教材编写委员会编：《现代管理公需教材》，企业管理出版社，2006 年。

12. 王仕会、成文：《信息化时代组织结构变革研究》，《沿海企业与科技》，2006年第4 期。

第六章　创新模式管理

● 本章提要

了解企业自主创新、模仿创新、合作创新三种创新模式的一般特点，重点掌握自主创新、模仿创新、合作创新的内涵，了解三种不同类型创新模式的风险。

技术创新是开始于研发（R&D），而终止于市场实现的动态过程，技术创新的过程涉及许多因素，这些因素的相互作用、组合与配置的方式及其结构上的差异，就构成了技术创新的不同模式。根据技术创新方法的不同，将技术创新分为三种基本模式，即自主创新模式、模仿创新模式及合作创新模式。企业的创新模式及其选择是与企业的竞争战略、生产技术能力和组织管理特征密切相关的，企业可以通过不同创新模式的发展阶段进行动态管理，以便在市场竞争中和技术竞争中立于不败之地。创新模式对一国经济技术的发展与产业结构的优化升级有着特别重要的意义，因此，本章将重点介绍这几种创新模式，并对中国的奇瑞汽车的自主创新问题进行分析。

● 章首案例

在IT等许多领域，研发新产品所需时间越来越短，一个企业如果花费很长时间来开发出市场需要的新产品，并将之视为企业未来的生命线，这是很难的一件事情。其中，企业内部以及企业之间存在的一列组织问题可能是造成创新困境的关键原因，而研发合作问题最为突出。由于缺乏很好协商以及责任不明确，合作项目往往会陷入混乱状态，或者公司里有些部门会因为这些项目危及其地位而阻碍创新。那些担心失去工作的员工可能也反对创新。因此，如何利用企业内部资源显得尤为重要。

一些成功的创新企业主要通过设立专业创新机构或者管理机构来协调企业内外的创新组织问题。①设立新机构。E-plus公司为克服内部组织在创新方面存在的问题，新设立了“创新部”，而贝斯塔曼公司则任命一位业务开发经理协调新的研发项目，并防止出现重复劳动。②了解顾客需求。花旗银行、德国邮政全球网络、汉莎航空公司之所以在创新管理方面表现得十分出色，除了较好地解决了企业内部创新过程中的组织问题之外，另一个成功要素就是“比竞争对手更了解顾客想要什么”。例如，德国联邦邮政公司就系统地利用员工们每天接触上百万顾客而获得的信息。该公司根据这些信息开发出了新的服务项目，如建立包裹分发站，使得顾客可以在下班后到那里取包裹。③选择合适的市场进入时间。创新很重要，但是并不意味着企业把研发部门的最新成果成批地推向市场；相反，企业创新管理的重点应该是“把精力集中在正确选择市场对一项创新变得成熟的时间”。多年来，德国顾客一直偏爱纯白色的洗涤剂，而不接受其他颜色的洗涤剂。尽管汉高公司在10多年前就发明了一种适用于黑色衣服的特殊洗涤剂，但是直到竞争对手宝洁公司把类似的产品摆放到商店时，这种黑色液体才被推向市场，从而节约了大量的市场开发资金。目前，黑色洗涤剂成为汉高公司最为赚钱的产品之一。

第一节　自主创新模式

一、自主创新的内涵

从国家层面上来看，现在已经明确提出要深入实施科教兴国战略和人才强国战略，把增强自主创新能力作为科学技术发展的战略基点和调整产业结构、转变增长方式的中心环节。国家对自主创新的政策导向将使我国的自主创新进入一个新的发展阶段。过去自主创新是指一个国家不依赖外部的技术，而依靠本国的力量独立开发新技术，进行技术创新活动，即摆脱技术引进方式下对国外技术的依赖，依靠自己的力量所进行的原创创新，原创创新是自主创新的核心问题（赵大庆，强燕平，2006）。在新时期、新形势下自主创新已经被赋予了更丰富的内涵。现在所讲的自主创新并不是封闭起来的自主创新，而是开放性的自主创新，是在经济全球化条件下的自主创新，可以借鉴别人成功的经验，根据中国国情来进行的自主创新。

Hoskisson 和 Busenits（2002）、Lengnic Hall（1991）认为自主创新是企业仅运用自身的资源与能力来开发新的产品或服务的实践。即企业以自身的研究开发为基础，通过自身的努力和研究产生技术突破，实现科技成果的商品化、产业化和国际化，获取商业利益的创新活动。由于自主创新可以带来技术的率先性和市场的领先地位，这种创新方式有利于企业为自己构筑坚实的技术壁垒，通过对关键性核心技术的控制，在一定程度上控制某种产品甚至整个行业技术发展的进程，从而在竞争中处于十分有利的地位。自主创新是企业技术创新的最高境界，是企业成为技术领先者和市场领袖的根本标志。[①] 但是自主创新要求企业必须具备较强的技术储备能力、资金投入能力及风险承受能力。

① 赵更申、雷巧玲：《我国企业自主创新的制约因素及对策研究》，《科技进步与对策》，2006年第3期，第129页。

二、自主创新的基本特征

自主创新是一个复杂的系统工程，正确认识自主创新的特征有助于把握自主创新的基本要求。自主创新是一种全新的创新理念，它主要有以下五大特性。

（一）在技术突破上的内生性

自主创新强调技术突破的内生性，即企业在研发方面不是独立攻克每个技术环节，但其中的核心技术必须是企业依靠自身的技术力量而获得的。自主创新是破解关键技术受制于人的战略安排，多年以来的实践已经表明，真正的核心技术是买不来的，自主创新的核心技术来源于国家内部的技术突破，是国家依靠自身的力量，通过独立的研究开发活动而获得的，这是自主创新的本质特点，也是创新战略和其他自主创新战略的本质区别（赵玉林，2006），自主创新的许多优势也是由此决定的。“神六”的成功及中国航天工业的自主技术发展道路，恰恰再次证明了这样一个道理，即靠单纯的引进不可能有真正意义上的世界一流的领先技术，而没有技术领先就不能保证经济发展安全的可靠内生动力，并在经济全球化的竞争中保持优势。

自主创新并不意味着要独立研发其中的所有技术，只要企业开发了其中的关键核心技术，通过创新攻克最关键的技术环节，实现掌握核心技术原理，其他环节的技术则可以灵活决定是否由企业自己研发。[①]

（二）在技术方面的首创性

首创性是自主创新追求的目标。新技术成果具有独占性，在技术开发的竞争中，真正的成功者只有一个，其他晚于首创注册专利者的同类成果不仅不能受到法律的保护，而且不能够合法使用。因此，在同一市场中，非首创性的自主创新是没有意义的，自主创新项目必须将技术上的首创性作为努力追求的目标，才有望获得成功。

（三）在市场方面的率先性

经济学家认为“自主者全得”，即一个国家或者一个企业在高技术领域即使拥有微弱的领先优势，都有可能占领绝大多数市场份额，其他竞争者将很难生存。技术上的首创性必然带动市场开发方面的率先性。技术开发成果只有尽快商品化，才能为自主创新单位带来丰厚的利润，才能有效防止跟随者抢占市场，侵蚀其技术开发的成果。

（四）知识和能力支持的内在性

无论原始创新、集成创新还是引进、消化、吸收再创新，知识和能力支持是创新成功的内在基础和必要条件，在研究、开发设计、生产制造、销售等创新的每一个环节，都需要相应的知识和能力的支持。自主创新不仅在技术上的突破是内生的，而且创新持

---

① 赵玉林：《创新经济学》，中国经济出版社，2006 年 3 月，第 326~327 页。

续过程也主要是依靠自身的力量推进的。因此，自主创新在知识与能力支持方面具有内在性。另外，自主创新过程本身也为创新者提供了独特的知识和能力，创造了良好的环境。

（五）在经济效益和环境效益上的显著性

综合国力的竞争说到底就是科技实力的竞争。目前，全世界86%的研发投入、90%的发明专利都掌握在发达国家手里。发达国家及跨国公司凭借科技优势和建立在科技优势基础上的国际规则，形成了对世界市场特别是高新技术市场的高度垄断，牢牢把持着国际产业分工的高端，获取超额利润。中国许多产业尽管在规模上不断扩大，但由于缺乏核心技术，失去了许多应得的利益。

事实证明，全球化不是“免费的午餐”，缺乏核心竞争力是很难分享全球化成果的。在由发达国家主导的国际贸易规则下，后发展国家企业的生存与发展空间将面临越来越多的挤压。随着中国制造业规模的不断扩大，特别是近百种工业成品的产量位居世界第一，有许多问题值得我们深思。目前中国大多数企业的设备和技术是国外提供的，有的原材料也是依赖于进口。表面上看似中国的经济已经有了飞速发展，但实际上获得的利润却是极少的一部分。这些“两头在外、大进大出”的产业无非是把中国变成了“世界加工厂”，[①] 这不仅消耗了大量宝贵的不可再生资源，对中国极为脆弱的生态环境构成了巨大压力，而且在全球价值链中处于较低位置。由此可见，自主创新无论经济效益还是环境效益都非常显著。[②]

三、自主创新的优势及风险[③]

（一）自主创新的优势

自主创新作为率先创新，具有一系列的优势：①自主创新的成果一般都属于创新企业内部所有，这使得技术创新主体能够在一定时间内掌握与控制某项核心技术，为创新企业带来先发优势，在竞争中占据有利的地位，同时有助于树立良好的企业形象。②在创新的开发与实施过程中，有利于创新企业积累生产技术和管理经验，为后续的生产经营、市场开拓以及新产品开发奠定了扎实的基础。③在一些技术领域的自主创新往往能

---

① “世界工厂”与“世界加工厂”有着本质上的区别，后者说明中国在国际产业链中处于最末端。长期以来，我国主要依靠引进国外先进技术，较快地提高了我国的技术水平。但我们始终不能回避的一个重要的事实是，我国企业的技术水平在总体上与国外仍然有很大的差距，企业规模普遍较小，研究开发强度低，在高新技术产业国际分工体系中仍然处于较低层次，高新技术产品进出口均集中在计算机与通信技术领域，但是这些高新技术产品的贸易方式主要是来料加工装配和进料加工，占到85%以上，真正利用自己掌握的高新技术生产出来的高新技术产品只占我国高新技术产品出口总额的10%左右，而绝大多数所谓的中国出口的高新技术产品实际上是贴了中国制造标签的外国商品，在高新技术产品增值链条上是微不足道的一环，我们所赚取的只是加工费。

② 王四强：《自主创新的科学内涵及其特性》，转引自科学网：http://www.sciencetimes.com.cn/col116/col143/article.html1? id=74984。

③ 赵丽：《中小企业技术创新模式研究》，对外经济贸易大学，硕士论文，2006年4月。

够引发一系列的技术创新，带动一批新产品的产生，推动新兴产业的发展。④由自主创新开发出的新产品初期在市场上都占据垄断地位，可以使企业获得超额利润，同时也能够率先与供应链的上下游各方建立稳固的关系。

专栏 6-1

自主创新过程中的风险

据统计，在美国基础性研究的成功率仅有5%，在应用研究中有50%能够获得技术上的成功，30%能够获得商业上的成功，其中只有12%的创新能够给企业带来利润。除了巨额的研发投入与巨大的市场风险以外，一旦技术被开发出来，由小规模的开发试制到大规模的生产也需要一个过程，这往往不是一帆风顺的。美国Raytheon公司于1946年首次推出了微波炉，但是由于产品的设计和成本等问题，长期都未能打开销路，直到70年代微波炉市场才开始活跃，最终走出了20多年的市场沉默期。自主创新企业在市场开发与前期的消费观念、产品概念等的导入上也需要投入大量的资源，这具有很大的外溢效应，市场开发的收益很容易被其他跟随者无偿占有。最后，在一些法律不健全、不完善的地方，知识产权也一直是困扰技术领先者的一个问题。

Intel公司的计算机微处理器、北大方正的中文电子出版系统等都是自主创新的典型的例子。1970年，Intel自主开发出了世界上第一块微处理器Intel4004，在随后的时间里又相继推出了Intel8080、Intel80386和Intel80486系列，1994年该公司提出的Pentium系列处理器风靡全球，最终确立了它在世界微处理器上的霸主地位。北大方正集团公司创立于1986年，是由北京大学创办的一家高新科技企业。由北大方正历时10余年自主开发的中文电子出版系统凝聚了公司在图文处理方面的核心技术，成为了公司的核心产品。目前北大方正已经成为全球最大的中小电子出版系统供应商，用户遍及中国大陆、港澳台地区、东南亚、北美和欧洲等地。

（二）自主创新的风险

通常新技术领域的探索都具有较大复杂性，因此要求企业必须具备雄厚的科研开发能力，同时需要巨额的人力、物力与财力的投入，加之研发周期一般都比较长，因此，创新主体所面临的风险较大。能否产生技术突破、何时产生技术突破、何时及如何将新技术商业化等都是企业难以预料的，这就使企业面临着极大的风险。而且在自主创新过程中，这种风险是由单个企业承担的，没有别的企业与之共担，所以自主创新中的财务风险、技术风险及市场风险较高。Chandler等人（2000）证明了自主创新与风险正相关。①

① 赵更申、雷巧玲：《我国企业自主创新的制约因素及对策研究》，《科技进步与对策》，2006年第3期，第130页。

企业所从事的自主研发活动都具有很高的不确定性，如果成功了，则会给企业带来竞争优势；如果失败了，则会给企业带来相当大的财务风险，因此，从事自主创新的企业要面对技术的不确定风险。即使自主研发成功了，推出了自己的新产品，也不见得能够在市场上受到买方的欢迎，因此，自主创新又要面临较高的市场不确定性风险。

除了有财务风险、技术风险及市场风险外，自主创新还具有高投入性的特点。自主创新作为一种创新模式，具有很大的市场不确定性和技术不确定性，高投入并不一定伴随着高产出。为了在市场竞争中处于主动地位，企业在进行自主创新时，要投巨资于技术研究与开发，Hitt Hosdisson，Johnson 和 Moesel（1996）证明了研发费用与自主创新正相关，此外，自主创新必须保有一支实力雄厚的科研队伍、较丰富的技术成果积累；在市场营销方面，自主创新企业需要在市场开发、广告宣传、用户使用知识普及方面投入大量的资金，努力挖掘有效需求，打开产品销售的局面。由于这种广告宣传对用户所起的作用在很大程度上是一种新产品概念和消费观念的导入，因此，其投入具有很强的外溢效果，即相当部分的投资收益将被模仿跟进者无偿占有，而所有的研发及商业化中的费用都由企业独自承担，所以成本较大。

第二节　模仿创新模式

一、模仿创新的内涵

模仿创新模式是指创新主体通过学习模仿率先创新者的方法，以率先创新者的创新思路和创新行为为榜样，并以其创新产品为示范，引进、购买或破译率先创新者的核心技术和技术秘密，并以其为基础进行改进和完善，进一步开发和生产富有竞争力的产品，参与竞争的一种渐进性创新活动。简单地讲，模仿创新是后发者的创新。模仿创新是各国企业普遍采用的创新行为，其中以日本为代表。日本是模仿创新最成功的典范，日本松下公司、三洋电机等都依靠模仿创新取得了巨大成功。[①]

模仿创新并非简单的抄袭，而是以别人的技术或产品为基础，投入一定的研发资源，进行进一步的完善和开发，特别是工艺和市场化研究开发。因此，模仿创新往往具有低投入、低风险、市场适应性强的特点，其在产品成本和性能上也具有更强的市场竞争力，成功率更高，耗时更短。模仿创新模式的主要缺点是被动性，在技术开发方面缺乏超前性，当新的自主创新高潮到来时，就会处于非常不利的境地。如日本企业在信息技术革命中就处于从属的地位。另外，模仿创新往往还会受到率先创新者的技术壁垒、

① 刘岚：《企业模仿创新研究》，江西财经大学，硕士论文，2002 年。

市场壁垒的制约，有时还面临法律、制度方面的障碍，如专利保护制度就被率先创新者利用作为阻碍模仿创新的手段。

二、模仿创新的基本特征

（一）跟随性

模仿创新的一个显著特点是跟随性。这种跟随一是体现在技术方面，二是体现在市场方面。在技术方面，模仿创新不做新技术的开拓探索者和率先使用者，而是做有价值的新技术的积极追随学习和改进者；在市场方面，模仿创新者也不会独自去开辟全新的市场，而是充分利用并进一步发展率先者所开辟的市场。总之，是充分利用率先创新在技术和市场开发方面的外溢效益，之所以这样做可能有下列三方面的原因：①企业的资金实力、技术实力和经验均不足以涉足充满风险的率先创新研究和市场开发，而只能以模仿创新者的身份边观察、边学习、边追赶。②由于信息传播的障碍或决策失误，当率先创新者的产品推向市场后，模仿创新者才发现其巨大的市场潜力，于是奋起直追，并试图通过向市场提供更好的改进产品与先进入市场的企业竞争。这样的模仿创新者其技术实力与率先者相差并不大，一旦进入市场，竞争力将很强。③为回避风险，节约投资，一些企业对尚难掌握的技术领域和产品采取故意等待和观望的策略，自愿作为模仿创新者，待率先者已探明风险，时机成熟后迅速跟进，利用其强大的实力开发、生产模仿创新产品，占领市场。如摩托罗拉公司早在20世纪80年代初就开始对RISC[①]处理器进行基础性研究，但对其市场前途一直没有把握。因此，在RISC芯片开发方面就故意延缓了开发行动，待仙童公司、MIPS公司、AMD公司等率先开发的RISC芯片产品推向市场，用户需求从低水平徘徊开始不断增长，市场风险和技术风险大幅下降后，才从事该芯片的开发，并于1988年向市场推出自己的RISC芯片。

（二）开拓性

模仿创新在技术上和市场上具有跟随性并不是否定其开拓创造性。在技术方面模仿创新既然称之为创新，就必然而且必须有相应的研究开发（R&D）活动。模仿创新在技术方面所作出的开拓性及发展性的成果同样可以申请知识产权保护，即模仿创新同样会

---

① RISC，是Reduced Instruction Set Computing的缩写，意为精简指令集计算。它的中心思想是简化硬件设计，硬件只执行很有限的一部分最常用的指令，大部分复杂的操作则使用成熟的编译技术，由简单指令合成。RISC出现的结果是，相对少的晶体管可设计出极快的微处理器。自从20世纪70年代RISC技术推出以来，高性能微处理器设计的中心从半导体厂商转向了系统厂商。由于其优化的指令系统带来的运算速度的提高等优势，使得RISC技术在80年代后期逐渐在高端服务器和工作站领域中取代了复杂指令集计算（Complex Instruction Set Computing，CISC）成为主流的微处理器设计架构之一。随着RISC架构的提出，各个具备一定技术实力的厂家开始在这个架构的基础上研发出自己的处理器，经过近20年的发展，生产芯片的厂家经历了各种分分合合，到目前为止，我们见到的主流RISC芯片主要有PowerPC、SPARC、PA-RISC、MIPS等，这些芯片分别由重要的服务器厂商用来作为其高端服务器产品和工作站的核心。无一例外，各种大型计算机和超级服务器都采用RISC架构的处理器，RISC处理器已经逐渐成为高性能计算机的代名词，这也就是我们平时所指的Unix服务器阵营。

拥有自己的知识产权。因此，那种将模仿创新与对率先成果机械复制不加区别的观点是错误的。模仿创新属于一种渐进性创新行为，其投入的研究开发力量一部分用于消化吸收率先者的核心技术，另一部分用于对率先创新技术的完善和进一步开发。从数量上看，模仿创新企业的研究开发可能要投入很高的R&D资金。日本许多以模仿创新而著称的企业每年的研究开发经费投入均占销售收入的5%以上。如1985年，当时属于典型模仿创新企业的日本松下电器公司的研究开发经费就达2200亿日元，占销售收入的6.4%。再如曾在数控机床、小型计算机领域较有影响力的日本富士公司，1993年的研究开发经费为33.4亿美元，占销售收入的11%，而同年以率先创新著称的索尼公司的研究开发经费占销售收入的比例为6%。模仿创新不仅是对率先创新的渐进性改进，同样也可能产生局部性的技术跳跃，如韩国现代汽车公司在进行其发动机的开发过程中，发现新的MPI（电控多点喷射）技术动向，便果断地放弃原先的开发计划，投资于MPI开发，结果获得了成功，申请了专利，所开发生产的新型发动机缩小了与国际先进水平的距离。模仿创新过程中甚至也会发现崭新的技术领域引致重大的技术突破，使得原先的模仿创新企业在某一领域内成为率先创新者。

模仿创新在市场方面同样具有开拓性，开辟新市场、激发新需求是技术创新的一个重要特点和内容，模仿创新亦不例外。模仿创新不仅是抢占率先创新已开辟的市场空间，而且包含着对新市场空间的进一步拓展和扩充，亦即模仿创新产品的问世必将拓展和激发更大的市场需求，推动新市场疆界的延伸。模仿创新通过提供不同品质、不同价格、不同特种功能的产品，形成差别化，激发潜在的市场需求和额外的需求，在市场开发方面实现向深度和广度进军。比如国外质高价贵的高档蒸汽电熨斗面市后，国内一些厂家马上开发出低档的简易塑料蒸汽电熨斗，其功效与国外产品大致相当，但价格只及进口产品的1/10，该产品一上市便激发了大批低收入用户的购买需求。再如，戴姆勒奔驰公司19世纪末率先开发生产出汽车，但工艺制造技术十分落后，全部手工制作，由此导致成本高昂，只能面向贵族，作为贵族的玩物，普通老百姓根本买不起。而福特公司却在此基础上开展工艺创新，引入流水线生产方式，大幅度降低了生产成本，开发出500美元左右一辆的普通汽车，打开了巨大的普通老百姓的消费市场。从这一角度看，福特公司的贡献并不亚于率先创新者的贡献。每一个成功的模仿创新都可能在开拓率先创新开辟的市场，这与单纯模仿者瓜分率先者开辟的市场的做法是不同的，也正因如此，奠定了模仿创新较强的竞争力。

（三）积累机制

学习积累机制是技术创新中的核心问题，是支持技术创新得以顺利开展的重要基础。在这一方面，模仿创新与率先创新有显著的差别，率先创新的学习积累主要依赖于自我探索，除了基础知识可来源于企业外部外，大部分与率先创新直接相关的特殊知识和专业技能都是企业“干中学”（learning-by-doing）的结果。而模仿创新的技术积累来源却是多方面的，在初期阶段，主要是通过“看中学”（learning-by-watching），即通过观察、选择、模仿率先创新者的行为，在观察率先者的成功和失误中学习，在模仿中吸取大量的外部知识，培养提高自身的技能。这样的积累机制具有投资少、时间短、效率高的特点，是模仿创新竞争力的重要根基。

（四）中间聚积性

模仿创新在资源投入方面，与率先创新有较大的区别。率先创新面临着艰巨的新技术和新市场开发的任务，必然要在创新链的前期（即研究开发阶段）和后期（即市场开发阶段）投入足够的人力物力。因此，率先创新在创新链上的资源分布较为均衡。在某些情况下，为了集中资源进行强势投入，率先创新甚至会牺牲在创新链中段的投入，如美国的许多公司已将生产制造环节转包给国外企业，在本国只保留研究开发和销售部门。由于模仿创新省去了新技术探索性开发的大量早期投入和新市场开发建设的大量风险投入，因而能够集中力量在创新链的中游环节投入较多的人力物力，即在产品设计、工艺制造、装备等方面投入大量的人力和物力，使得创新链上的资源分布向中部聚积。以率先创新为特色的美国企业和以模仿创新为特色的日本企业的有关数据可提供有力的证明。曼斯费尔德曾经对日、美 100 家公司创新成本分配比例进行过调查研究，结果如表 6-1 和图 6-1 所示。日本企业创新资源投入具有明显的中间聚积性，而美国则比较平坦。曼斯费尔德还对美、日 R&D 的资源配置情况做过调查分析，发现美国企业 2/3 的研究开发预算用于产品技术的改进，1/3 用于工艺技术的改进，而日本则正相反。

表 6-1 日、美 100 家公司创新成本的分配比例

阶段序列号	阶段内容	日 本	美 国
1	应用阶段	14%	18%
2	产品性能指标设定中试	21%	25%
3	工具制造设备及装备	44%	23%
4	批量生产启动	10%	17%
5	市场开拓	8%	17%

资料来源：傅家骥：《技术创新学》，清华大学出版社，1998 年。

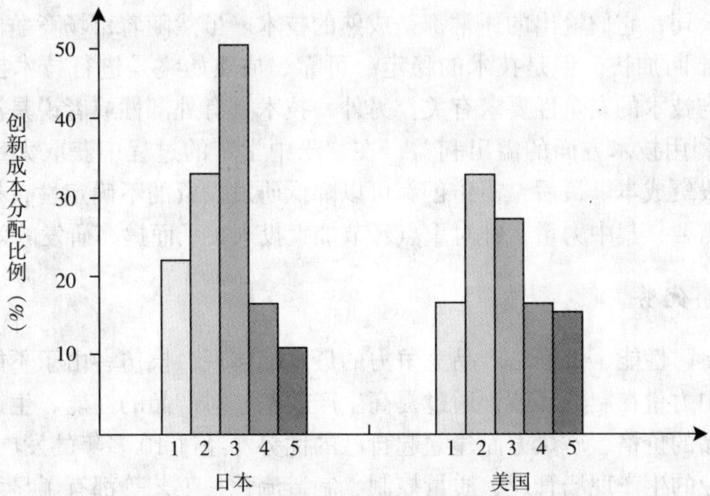

图 6-1 日、美 100 家公司创新成本的分配比例

模仿创新这种资源投入的中间聚积性一方面保证了模仿创新企业并不丰厚的创新资源的集中利用；另一方面保证了在工艺改进、质量控制、成本控制、大批量生产管理等方面形成强势技术积累，造就了模仿创新竞争力的又一重要根基。

（五）普遍性

模仿创新是一种受利益驱动的行为，在任何经济中都是存在的。由于率先创新引人注目，易产生轰动效应，尽管量很少，但也能获得举世关注。而模仿创新大都是在不知不觉中发生的，难以引人注目。但事实上，模仿创新在数量上远远超过了率先创新，在经济收益上也并不亚于率先创新。从宏观上来看，由于发达国家企业多数处于国际技术扩散链的上游环节，是现代工业领域内率先性重大创新的开拓者，而发展中国家大多数企业技术水平落后，在客观上常常扮演对发达国家模仿创新的角色。但这并不是说模仿创新是发展中国家的特有现象，大量的事实说明，模仿创新在发达国家经济中也是大量存在的。

三、模仿创新的优势

（一）成本优势

模仿创新企业的研发投资具有高度的方向性、集中性和针对性，能够避免产品或技术的重复研发，节省了大量的时间成本、资金成本以及人力成本。模仿创新拥有了大量的关于被模仿产品的信息，不必花费大量的时间去搜索有关信息。模仿创新可以跨越前期的大量的基础性研究，减少研发过程中的资金投入。

模仿创新产品的竞争力主要得益于它的低成本和低风险，以及能更好地满足市场的需求。在技术开发方面，模仿者不必像率先创新者那样承担创新的风险，负担创新失败的损失，而是能够根据市场的需要来选择和应用技术。合资企业的技术来源一般是合资企业的外方母公司，它们输出的通常都是成熟的技术。虽然随着市场竞争的加剧，技术转让的节奏在不断加快，但是技术的稳定、可靠、成熟始终是进行技术扩散的首要条件，这也许还与技术的安全性要求有关。另外，技术具有外部性或者说是溢出效益，模仿者可以充分利用技术方面的溢出利益，在“干中学”的过程中获取大量的技术和经验，由此降低投资成本。最后，模仿创新可以降低研发投资的不确定性，根据市场与企业自身发展的需要，集中力量，针对重点环节加大投入，从而提高研发的效率。

（二）效率优势

产品的质量、性能、价格是产品竞争力的最直接体现，模仿者由于不能在研发方面占优，往往集中力量在制造环节，通过提高生产效率，对产品的性能、生产工艺不断改善，从而在产品的价格、质量方面建立起自己的优势。经过 10 多年的发展，上海三菱、广州日立等企业的生产现场管理、质量控制、制造流程、工艺等都有了显著的进步，在整体上已达到甚至在某些方面超越了外方母公司的水平。国内生产的电梯成本较国外低，这除了与劳动力等资源成本有直接关联外，还因为国内的合资企业作为创新的模仿者，在生产成本方面有比较优势。在购置生产设备方面，合资企业的投资更少，在生产效率方面，由于“干中学”的学习效应，新产品的单位成本随着积累产量呈下降趋势，因此，模仿者有可能以较少的投入获取更多的产品。

（三）市场优势

在市场销售方面，模仿者的优势在于回避了市场或长或短的沉默期，减少了新产品的促销费用，以及在一定程度上满足了消费者的消费心理。对电梯合资企业而言，其优势还在于可借助技术供应方的知名度来打开市场。国内合资企业的产品大多借用外方的商标，这种现象一方面引来关注民族品牌人士的不同声音，但另一方面，它的确有助于国内合资企业的市场开拓，在企业的起步阶段更是如此。

（四）技术优势

模仿创新不仅能通过产品上的优势为企业带来直接的经济效益，作为企业的战略，它还能引起企业许多内质的变化，带来更深层意义上的基础竞争力提升。对后起国家的企业而言，这种竞争力是企业发展和参与市场竞争的前提和基础，是追赶发达国家不可逾越的一个发展阶段。企业在长期不懈的模仿创新中，有效地提高了基础竞争力，这一过程主要是依靠技术积累来获得。

技术积累通常指的是企业知识和技能的积累，是沿特定的方向和轨道逐步积累下来的，并内化到企业组织结构之中的技术知识和能力。技术积累一方面增加了企业内在隐含的知识和无形资产；另一方面为企业今后的技术创新打下了基础。无形资产和有形资产都是企业发展不可缺少的资源，后起的国家首先要进行资源的积累，解决这一发展中的“瓶颈”问题。无形资产在多种资源要素中占据了核心的位置，这是因为资源的积累不仅是追求量的扩张，更重要的是质的提高。出于同样的理由，我们对技术的学习给予了很大的关注，并在上面的论述中对我国电梯产业的学习过程进行了分析。模仿不一定都能为企业带来优势，成败的关键在于是否建立了快速积累资源（包括有形资产和无形资产）的机制，其重点又是无形资产的掌握。模仿创新的“跨越效应”在很大程度上是依赖技术的快速积累，要实现持续的快速成长，就必须设法保持这种技术积累的有效性和高质量。①

---

① 余志良：《中国电梯产业技术创新实证研究》，转引自广东信息网：http：//www.gdtg.com.cn。

第三节　合作创新模式

一、合作创新的内涵

所谓合作创新，是指企业间或企业、研究机构、高等院校之间的联合创新行为（傅家骥，1998）。合作创新通常以合作伙伴的共同利益为基础，以资源共享或优势互补为前提，有明确的合作目标、合作期限和合作规则，合作各方在技术创新的全过程或某些环节共同投入、共同参与、共享成果、共担风险。合作创新一般集中在新兴技术和高新技术产业，以合作进行研究开发（R&D）为主要形式。国内学者主要使用合作创新这一概念，如郭晓川（1998）提出的网络合作化技术创新是指由多个企业（在很多情况下也吸收部分研究机构和大学加入）形成的技术合作契约关系，由多个企业共同投入资源，参与到一个创新过程中，然后基于共同的创新成果，再进行后续的差异化创新，是一种反复交易行为。[①]

创新包括新思想的形成、新产品的生产以及商业化的过程，它源于研究开发而结束于市场实现，广义的技术创新甚至还包括技术扩散过程，合作创新的概念比较宽泛，合作主体只要在创新过程中部分地参与，就是合作创新。在国外，合作创新这一概念较少被采用，通常是使用合作研发（R&D Cooperation）、合作研究（Cooperative Research）、共同研究开发等概念来体现。

之所以较少采用合作创新这一概念，可能的原因如下：①由于西方发达国家产业化水平较高，产品具有较高的技术含量，所以企业的技术创新合作倾向于创新前期阶段，即研发阶段，而在创新后期即工业化、商业化阶段进行竞争，以实现产品的差异化。②为了避免企业在生产、销售阶段的串谋行为和在最终产品市场上产生垄断市场结构，美国在 1984 年通过了“国家合作研究法案”（NCRA），将合作限制在产品和技术的原型开发阶段。因此，西方学术界的研究也主要集中在合作研发方面。由于合作创新的概念更适合中国的国情，并已为学术界所接受，在不致引起歧义的情况下，本章采用合作创新这一概念。

① 罗炜、唐元虎：《国内外合作创新研究述评》，《科学管理研究》，2000 年第 4 期。

二、合作创新的动因

（一）技术协同与知识共享

随着新技术复杂性的提高和不同学科、技术领域之间的交叉融合趋势日益明显，企业之间紧密地合作越发显示出其必要性。过去20年出现的全新技术很少，但是不同技术领域交叉融合的创新却很多。一个企业，无论规模多大，技术能力如何多样化，也不可能具备所需的各个领域的技术能力，这将成为制约企业从事重大技术创新活动的“瓶颈”。合作创新将使企业获得互补性的科学知识和技术，形成技术协同效应和技术组合优势，实现合作伙伴研发的范围经济。企业不可能在所有的技术领域拥有足够的能力，因此与其他企业合作将开阔视野，共享信息、知识和经验，更好地认识评价当前的技术发展趋势，并在技术轨道的特定阶段把握住机遇。

（二）创新成本和风险分摊①

合作创新能使企业参与分摊创新成本和分散创新风险。合作创新对分摊创新成本和分散创新风险的作用与合作创新的规模和内容有关，一般来说，创新项目越大，内容越复杂，成本越高，风险越大，合作创新分散风险的作用也就越显著。随着全球性的技术竞争不断加剧以及技术发展的不确定性，企业技术创新活动中面对的技术问题越来越复杂，技术的综合性和集群性越来越强。单个企业依靠自身能力取得技术突破和进展越来越困难。因此，以合作方式进行重大的技术创新，通过合作创新实现外部资源的内部化，将成为知识经济时代下企业技术创新战略的主要形式。

（三）外溢效应（Spillovers Effect）

在产业组织理论中，这样来解释合作创新的原因：由于技术存在溢出效应，而专利制度只能起到部分的保护作用，因此，企业无法独占研究开发产生的技术成果，这通常会挫伤企业技术创新的积极性，导致企业在研究开发上的投资少于社会最优投资。②因此，社会应对技术创新活动提供补贴并加强专利保护。但是，对研发活动进行补助将干预市场机制的作用，专利制度有时并不十分可行。从产业经济学的角度来看，合作创新具有以下作用：①合作可以将研究开发的外部效应内部化，增加成员的研发支出。②合作创新消除了重复研究和重复投资，而且知识的分配和共享、企业合作的协同效应将使创新显示出更高的效率。③通过成员企业共同投资，合作创新可以完成企业无法单独承担的大规模研究项目。④合作创新可以克服专利制度不完全时研究开发中常常遇到的“搭便车”（Free-Rider）现象，从而提高企业创新的积极性。

---

① 赵玉林：《创新经济学》，中国经济出版社，2006年3月，第340~343页。

② Aspremont C, Jacquemin A. Cooperative and non-cooperative R&D in a duopoly with spillovers [J]. American Economic Review, 1988, 78: 1133-1137.

（四）交易成本[①]

交易成本经济学将合作关系作为一种介于市场交易和层级组织之间的经济形式。[②]市场交易有较强的灵活性和资源优化配置能力，但是在面临信息不对称和不确定性时，交易成本较高。技术的市场交易具有以下特点：①在一项技术创新成功之前，技术的经济效益存在着很高的不确定性。②不同于其他商品，一项技术的供给者和需求者的数量是有限的。③技术知识是一种无形产品，交易双方受到"有限理性"的约束，对技术本身和交易伙伴的技术能力很难作出准确评价，因此，技术交易过程中存在着逆向选择行为。④技术开发需要大量的 R&D 投入，而技术知识却具有溢出效应，技术的扩散很难控制，因此，技术交易过程中存在着严重的机会主义行为（道德风险[③]）。

这些特点决定了技术的市场交易具有较高的交易成本。另外，层级组织尽管具有良好的分配效率，可以大大降低交易过程中的信息成本和道德风险，但是由于层级组织所固有的"惯性"，面对高速变化的市场显得过于迟钝。此外，在需要多个领域融合的系统性创新上，层级组织又面临着资源不足或者企业规模过大而引起的高管理成本问题。合作协议使合作伙伴共同进行资源投入，形成了一种相互抵押的激励机制，迫使合作企业按照事先商定的协议规范自己的行为，从而降低了交易成本。合作创新一方面实现了不同组织间 R&D 资源的共享，另一方面又最大限度地降低了交易费用。因此，合作创新是当前技术和市场环境下技术创新的合理选择。

三、合作开发模式

（一）技术合作

从技术合作的角度而言，包括技术的纵向合作与横向合作。纵向合作是指包括供应商和消费者在内的合作形式，在创新上属供求关系。这类创新活动直接与本企业和合作方的市场地位、竞争地位有关。与消费者合作或与用户合作，企业自然是为了更好地满足用户需求而创新。与供应者合作时企业成为用户，企业让供应者明确创新需求，并以

---

① 罗炜、唐元虎：《企业合作创新的原因与动机》，《科学学研究》，2001 年第 3 期，第 92~93 页。

② Williamson O E. The economic institutions of capitalism [M]. Free Press, New York, 1985.

③ "道德风险"指的是人们享有自己行为的收益，而将成本转嫁给别人，从而造成他人损失的可能性。"道德风险"主要发生在经济主体获得额外保护的情况下，它具有非一般的意义。譬如，美国联邦储备银行为了避免银行经营失败引发社会问题，所以要给商业银行提供贷款保护，这就可能引发道德风险。因为商业银行，包括所有的经济主体都要追求利润最大化，它们一定要将贷款（经营）规模扩张到边际成本等于边际收益的阶段，如果没有联储的保护，它们享有贷款规模的边际收益与边际成本对等，这就没有道德风险。但如果联储提供保护，商业银行贷款（经营）的风险相应下降，防范风险的成本由联储承担，商业银行的边际成本下降，它们势必相应扩大信贷规模，从而更多地享有贷款的收益。这种利用保护而获得额外利益的行为肯定是非道德的，或者是道德水平下降的。社会承担的风险随着商业银行道德水平的下降而提高，因为社会承担风险来自商业银行的行为，在没有保护的情况下，商业银行造成的风险小，社会承担的风险也不大。在联储提供保护的情况下，商业银行扩大信贷规模，社会承担的风险相应扩大，但是，商业银行承担的部分仍然不变，差额部分则为联储承担。显然，没有联储的保护，商业银行的道德水平不下降，社会遭受损失的可能性就小，这就是额外的保护引发的道德风险。

各种方式参与创新所带来的预期利益。这种形式的目的是缩短技术创新周期，减少成本，提高成功率。随着信息技术和网络技术的迅速发展，一种新的技术合作形式——网络技术联盟组织渐渐兴起。这种合作的主要特征是每个合作主体都是自主独立的，没有确定的组织结构，尽管它们有共同的技术开发目标，向同一技术的研发开发投资。[①] 网络技术联盟组织以电子信息的快速流动和反馈来取代资本和科技人才的聚集，具有强大的技术研发能力和竞争力，合作企业通过网络信息平台实现技术与信息的资源共享，从而能够迅速协调行动，最终形成一个虚拟的技术开发组织。

（二）创新主体合作

从技术创新主体合作的角度而言，有两种类型：一是企业间的创新合作，二是产、学、研合作。由于全球经济一体化速度加快，技术创新周期缩短，创新成本增加，创新所伴随的高风险等，诸多因素推动企业间的创新合作，甚至一些原本是竞争对手的企业也在从事创新合作，如美国柯达公司与日本富士公司共同投资数亿美元，开发新彩色胶卷。企业间的创新合作可以分担创新风险，不同地区的企业创新合作可以分配市场区域，技术优势互补的企业可以减少创新成本，加快创新速度。[②] 这种合作的形式常常是一方强于研究开发，弱于制造、营销等，而另一方弱于研究开发，强于制造、营销，合作双方是优势互补。除了这种常见的直接合作方式外，还有一种间接合作方式。如数家公司共同出资成立技术开发公司，对具有市场前景的技术进行研究开发，技术成果只能转让给出资公司，由出资公司对技术成果进行销售，出资公司把得到的利润重新投入技术开发公司，支持新的项目。在中国，由于长期形成的条块管理体制，企业本身的制度不完善，企业的技术水平低下，使企业间的创新合作并不活跃。

产、学、研合作是企业从事技术创新的另外一条重要途径。它主要是指在技术创新过程中，企业与高校、科研机构进行技术创新的合作。院校和科研机构的科技研究力量强，企业的市场开发能力强，两者联合可以实现优势互补。院校和科研机构致力于技术创新研究，企业致力于把技术创新推向市场，并把市场需求反馈给院校和科研机构，形成创新良性循环系统，内容包括技术转让、合作研究、合作开发、共建新企业等。由于中国科技、经济体制的长期分割，使企业弱于技术，强于市场，而高等院校、科研院所强于科技、弱于市场。目前中国以企业为主体的技术创新体系尚未形成，大部分的R&D 经费和 R&D 成果集中于独立研究机构和大学，这为企业以较低的成本寻求外部技术源进行产、学、研合作创造一个比较好的条件。

（三）行业或区域合作

以行业为依托的合作创新模式利用本行业所具有的资源、人才、信息、技术等方面的优势，组成技术开发小组进行项目开发。这种模式适用于开发产品使用范围行业性强或技术人才较为聚集的部门，如化工、医药行业等。

---

① 赵玉林：《创新经济学》，中国经济出版社，2006 年 3 月，第 344 页。

② 李根：《中小企业合作技术创新模式》，《科学管理研究》，2001 年第 6 期，第 4~8 页。

区域联合创新是以推动区域经济发展的技术和技术进步为目标，地方政府推动实施，由区域内的企业、科研院所、高校科委等单位共同组成技术开发小组，对具有市场前景且具备技术能力的项目进行开发。

专栏 6–2

中国企业的六条创新路径

IBM 商业价值研究院 2006 年 11 月 3 日正式发布名为《创新无国界——中国企业的创新之旅》的中国 CEO 调查报告。这是 IBM 商业价值研究院首次发布以中国企业 CEO 为调研对象的研究报告，该报告围绕中国企业如何试图通过创新成为全球领先、如何将创新从理念落实为具体行动、如何应对创新过程中的机遇与挑战等一系列问题提出了针对性的意见。

调查报告显示，中国 CEO 们对创新之“道”的理解与国际同仁相当一致，他们对产品/服务、业务模式和企业运营的创新都很重视并具有清晰的愿景。但是，由于所处市场环境的差异，国内外企业的创新之“策”有所不同。

中外企业的创新差异表现在五个方面：中国企业的 CEO 们更重视通过产品/服务创新来寻求增长机会；中国企业更注重组织结构变革，而较少对主要战略合作伙伴采取创新措施；技术系统与业务战略、业务模式之间缺乏联系，成为中国企业普遍存在的问题；在由内而外的协作创新中，中国企业更倾向于从业务伙伴和竞争对手处获得创新灵感；人才短缺和不利于创新的企业文化成为中国 CEO 面对的两个最大的内部挑战。

调查显示，中国 CEO 有着极强的创新意识，但从总体上看，创新依然是一个重大而严峻的课题，当“中国制造”渐渐与低廉的价格、微薄的利润画上等号时，中国企业必须考虑走创新之路，提供附加值更高的、自有品牌的产品和服务，逐步向全球产业价值链的高端升级，获得更大的利润空间和生存空间。从这个意义上说，中国 CEO 的创新之路依旧漫长而曲折。

本次调查为中国企业揭示了六条主要的创新路径，用来支持中国企业在不断自我突破与外部突破的过程中，寻找创新的“解密方程式”：一是拓展创新思路，把注意力从产品/服务创新延伸到运营和业务模式创新上来，设计并实施一种区别于竞争对手的独有的创新组合；二是设计与众不同的业务模式，探寻能够创造最大价值的方式和领域，以创造战略性价值；三是融合业务和技术，激发创新，确定技术投入与相关业务运营和产品/服务的对应关系，并调整业务战略，使之适应技术对市场的影响；四是充分利用外部资源，协同创新，不仅从企业内部推动价值创造，而且推动众多的业务合作伙伴一起创造价值；五是积极培养创新的团队文化，创新文化的关键要素包括以开放的心态面对异议并纠正错误的意愿、探索新想法的自由以及与他人协作的愿望等；六是建立创新的绩效管理机制，明确并持续对团队及个人的创新实践予以评估和奖励。

资料来源：《IBM 商业价值研究院：中国企业的六条创新路径》，《中国经济时报》，2006 年 11 月 6 日，第 5 版。

第四节 创新模式的风险比较

一、三种模式的关系

一般将技术创新活动按照模式划分为自主创新、模仿创新和合作创新三种类型，这三种创新模式在本质上同属于创新活动。自主创新是技术创新的全过程由企业自身去完成，企业要有自己的技术路径，而不将要素禀赋（专用性人力资本）靠到原来别人的技术路径上去。模仿创新则是企业通过学习模仿率先创新者的创新思路和创新行为，吸取率先者的成功经验和失败的教训，引进购买或破译率先者的核心技术和技术秘密，并在此基础上改进完善，进一步开发，这是一种二次创新行为，它依赖于别人的技术路径。合作创新是指企业间或企业、研究机构、高等院校之间的联合创新行为（傅家骥，1998），它以合作伙伴的共同利益为基础，以资源共享或优势互补为前提，有明确的合作目标、合作期限和合作规则，合作各方在技术创新的全过程或某一环节共同投入、共同参与、共享成果、共担风险。①

二、自主创新与模仿创新的风险比较

自主创新犹如一位开荒者，它在开辟一条前人未涉足过的路，而模仿创新则是一位后来者，它走在前人开辟出来的道路上或者类似的路。由此可见，自主创新模式要比模仿创新模式难以实现，亦即自主创新面临的风险要比模仿创新大得多，见表 6–2。

表 6–2 自主创新与模仿创新的过程比较分析

	自主创新	模仿创新
创新的获取并形成样品	企业内部获取，科研机构的技术发展成果或对市场潜在需求的发现	企业外部获取，购买或引进先进技术或对市场上的产品进行逆向分析其技术并进行二次创新
创新的产品化	依据企业自身的生产能力进行规模化生产	依据企业自身的生产能力进行规模化生产
创新的市场化	依靠企业自身的营销能力进行市场化，替代产品竞争较小，获得创新利润	依靠企业自身的营销功能进行市场推广，替代品的竞争激烈，获取较少利润
创新成果的维护	大量模仿者出现，竞争激烈，创新利润下降，企业开始进行相关的创新利润维护，包括技术转让、专利保护等	竞争越来越激烈，利润空间狭小，转向下一个模仿创新阶段

资料来源：陈海滨、张耀辉：《自主创新模式的风险研究》，www. 51start. net。

① 陈海滨、张耀辉：《自主创新模式的风险研究》，转引自 www.51start.net。

从以上的比较分析可以看到，自主创新在前期阶段较之模仿创新要面临更大的技术风险，而在中间的创新产品化阶段，二者的风险相当，都取决于自身现有的生产能力，而在后期，自主创新面临的市场风险则要小于模仿创新，这是由于自主创新所得到的技术在市场上是独有的，它为自主创新企业取得竞争优势并获得巨大的创新利润，但这种优势会随着市场化的深入而减少，到最后自主创新企业只能通过技术转让来维持较低的利润，并进入下一阶段的技术创新。

三、自主创新与合作创新的风险比较

自主创新突出的是企业依赖自有的技术路径进行的创新，它强调创新企业独自完成整个创新过程，承担其中的风险问题并独自享有创新成果；合作创新虽然也强调要开创一条自有的技术路径，但是在这个创新过程中，它不强调企业独自去完成，而是在创新过程的某一阶段或者全过程中与其他企业之间的合作，共同承担风险，共同获得创新利润。合作创新把自主创新模式中的单独承担风险分散化，包括财务风险、技术风险以及市场风险。

因此，自主创新与合作创新面临着相同或者类似的创新过程，并且在这一过程中二者也面临着几乎相同的风险问题，在市场化过程中有着类似的利润以及利润维护的过程。它们所不同的是单一企业面临的问题的大小，自主创新由于强调企业自身，因此，单一企业面临的风险、享受的利润空间以及在创新利润的维护问题上都要比合作创新中的单个企业所面临的要大。另外，合作创新的企业还要面临一些自主创新所没有的问题，包括道德风险问题、利润分配问题等。其中道德风险问题可能是困扰合作创新的关键问题，可能会产生次优的均衡结果。

● 本章案例

中国奇瑞汽车集团的自主创新

一、企业概况

奇瑞（Chery）① 汽车有限公司成立于1997年1月，是由安徽省及芜湖市5个投资公司共同出资兴建的国有股份制企业。1997年3月在芜湖经济开发区80多万平方米的土地上破土动工；由安徽省政府和芜湖市政府下属的5家公司共同投资的、注册资本为17.52亿元人民币的安徽汽车零部件工业公司同时正式成立；同年10月，发动机厂房

① 中文品牌释义，奇，有“特别的”的意思；瑞，有“吉祥、如意”的意思，合起来就是特别的吉祥如意。英文品牌释义，CHERY是英文单词CHEERY（中文意思为“欢呼的、兴高采烈的”）减去一个“E”而来，表达了企业努力追求、永不满足现状的理念。奇瑞标识释义，标志的整体是英文字母CAC一种艺术化变形；CAC即英文CHERY AUTOMOBILE CORPORATION LIMITED的缩写，中文意思是奇瑞汽车有限公司；标志中间A为一变体的“人”字，预示着公司以人为本的经营理念；徽标两边的C字向上环绕，如同人的两个臂膀，象征着一种团结和力量，环绕成地球型的椭圆状；中间的A在椭圆上方的断开处向上延伸，寓意奇瑞公司发展无穷，潜力无限，追求无限；整个标志又是W和H两个字母的交叉变形设计，为“芜湖”一词的汉语拼音的声母，表示公司的生产制造地在芜湖市。

（建筑面积达75600平方米）建成投入使用；经过13个半月的安装调试后，1999年5月第一台发动机顺利下线并一次点火成功；1999年9月CAC 478/480发动机一次性通过产品鉴定。目前，公司的主要产品有东方之子、瑞虎、A5车系、旗云、QQ、V5共6种车型，已经形成年产40万辆整车和40万台发动机、30万套变速箱的生产能力。2005年的总资产达118亿元。

图6-2 奇瑞标志

经过几年的神速发展，目前的奇瑞已成为拥有完全自主研发能力的大型轿车企业，自主品牌轿车生产得最多、综合实力排名第一的民族品牌企业。同时奇瑞也是国内第一个将整车制造技术和CKD散件出口国外的企业。2005年，奇瑞公司在自主创新的道路上取得了一系列的成绩，创造了中国汽车行业的“四个第一”：中国第一个汽车发动机的自主品牌ACTECO在奇瑞诞生；奇瑞汽车销量增幅第一，年销售汽车189000辆，同比增长了118%，净增长超过10万辆；单一品牌销量第一，奇瑞QQ的年累计销量超过10万辆，同比增长129.8%，每月销量近万辆，连续12个月在中国两厢车销量中位列第一；轿车出口18000辆，位列全国汽车出口第一。目前，已有40个国家的41个总经销商以及1个奇瑞海外子公司（俄罗斯）销售奇瑞汽车，获得46个国家的市场准入。奇瑞2006年上半年夺得四块“金牌”。尽管自5月起汽车市场进入通常的淡季，但奇瑞汽车公司仍以夺得4项全国第一的实绩，成为上半年中国汽车市场最耀眼的主角。2006年上半年累计销售144177辆，销量同比增长71.9%，继2005年全年增幅名列全国十大汽车集团第一后，又以明显优势夺取第一；出口总量第一。1~6月，奇瑞累计出口13548辆，继续保持中国轿车出口第一；单品增幅第一。在SUV单品牌TOP 10中，瑞虎NCV以358%的增幅高居榜首，其绝对销量也以较大优势于2006年二季度排在榜首；自主品牌上市第一。2006年3月28日，奇瑞第50万辆汽车顺利下线，成为中国自主品牌中跨越50万辆大关的第一家，同时也是世界汽车工业史上发展最快的企业之一。2006年6月，奇瑞汽车成“国旗班”专用车。由10辆奇瑞汽车组成的专用车队，将伴随着“国旗班”整齐、威武的仪仗队，在天安门广场降旗仪式上亮相，从此自主品牌的汽车将作为“国旗班”专用车。选择奇瑞汽车作为“国旗班”专用车，向世人展示中国车的风采，是对国产汽车的一种肯定。

从2002年开始，奇瑞与AVL公司合作开发了18款强有力的具有世界先进水平的汽油、柴油发动机，全部达到欧Ⅳ排放标准。其自主研发、具有完全自主知识产权的发动机已出口到多个国家。目前，奇瑞发动机已批量出口美国，首批2100台奇瑞发动机已于2006年3月2日发往美国。①

奇瑞自主创新的主要经验是：一是制定科学的发展战略，选择以国际合作为主要方式，走自主创新的发展道路；二是以人为本，用创新的机制聚集和培养人才，激发企业创新活力；三是积极开拓国内外两个市场，实施"走出去"战略，大力开拓海外市场。②

二、自主发展，研发先行

奇瑞诞生之时，中国汽车工业正充斥着两个神话：一是汽车企业不与跨国公司合资没有前途；二是企业不达到100万辆以上生产规模不能进行自主研发。奇瑞公司的决策者决心走一条自主品牌、自主研发、自主创新的成长之路。

1997年，公司从国外引进了福特公司二手发动机生产线，在外国专家信心不足、同时还对我方技术人员进行技术封锁的情况下，毅然决然地撵走了外国专家，自主装配开发，一次点火成功。1999年12月18日，奇瑞公司的第一辆轿车下线，标志着奇瑞公司已形成完整的轿车生产能力。2001年3月，奇瑞公司获得了国家生产目录，自主研发的第一款车风云正式上市后，立即就以较高的性价比引起市场的强烈反响。当年销售28000辆，第二年又销售5万辆，跻身于全国轿车生产的主流厂家的行列。2002年，风云车获得市场成功后，奇瑞旋即进行QQ、旗云、东方之子3款车的研发。2003年，这几款车型相继投放市场，均获得了不同程度的成功。尤其是奇瑞QQ，在市场上形成了巨大的冲击波，迄今销售近25万辆，在微型轿车领域领尽风骚。奇瑞车型开发的战略计划见图6-3。

为了获得真正的核心竞争力，掌握汽车研发核心领域的核心技术，创建研发先导型企业，奇瑞公司每年的研发投入均保持在当年销售收入的10%以上。

2002年，奇瑞把目光投射到汽车的心脏——发动机的研发上。而当时中国发动机的研制水平与世界先进水平相比，至少有20年的差距。③奇瑞从2002年开始与AVL公司合作开发了全部满足欧Ⅳ排放标准、具有多项世界顶尖技术的3个家族18款强有力的具有世界先进水平的汽油、柴油发动机，其中，汽油机升功率达72kW，柴油机达到50kW。这些指标不仅比自主品牌的国产主流产品高出近一倍，而且比国内部分合资企业的产品还要先进。2005年4月，奇瑞在上海车展上展出了自己研发的6款最尖端的发动机，立即引起了国内外业界人士的高度关注，国外有媒体称，中国民族汽车工业由此将跨越仿造阶段，研发技术已直接与世界接轨。④奇瑞的自主研发在车型、变速箱、新能源和混合动力轿车的研发上取得了较快进展，仅车型储备就达20多个，具备了每年推出4~6个新车型的能力。

---

① 作者根据奇瑞汽车集团网站提供资料整理。

② 中国信息报（网络版），http：//zgxxb.com.cn/news.asp？id＝4614。

③ 黄习伟：《奇瑞汽车：民族品牌自主创新领军者》，《信息时报》，转引自http：//informationtimes.dayoo.com/。

④ 商务部市场建设司：《创新为魂人为本，自主发展争第一》，转引自http：//scjss.mofcom.gov.cn。

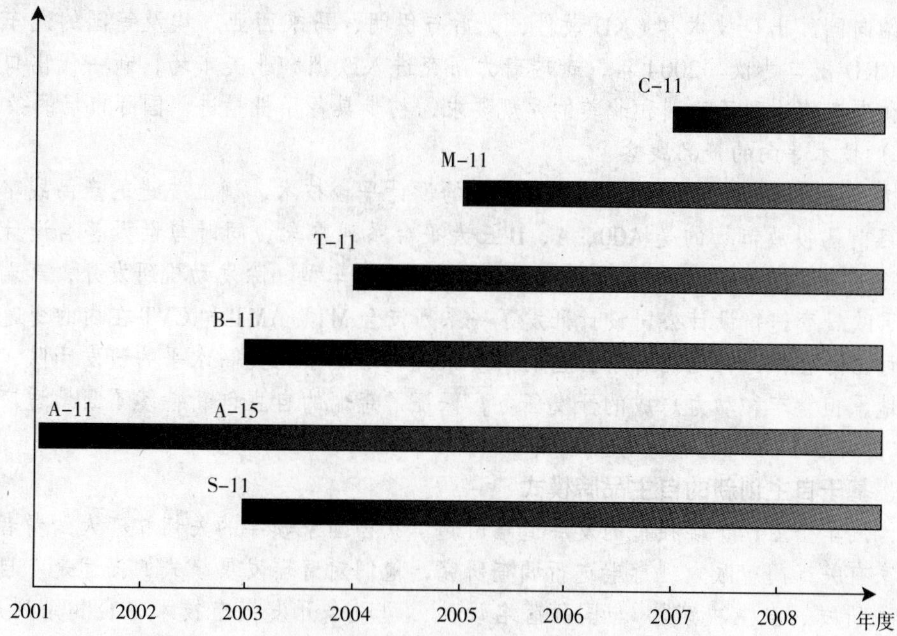

图 6-3 奇瑞车型开发的战略计划

注：S 系列是微型车系列，代表车型：QQ（S-11）
A 系列是经济型轿车系列，代表车型：风云（A-11），旗云（A-15）
B 系列是中级轿车系列，代表车型：东方之子（B-11）
C 系列是高级轿车系列，代表车型：暂无
T 系列是多功能休闲车、越野车系列，代表车型：即将上市但尚未公布名称的越野车（T-11）
M 系列是商务车系列，代表车型：暂无

资料来源：《商务周刊》，转引自 http：//www.sina.com.cn。

三、资源整合，开发创新动力

奇瑞人大胆利用和整合世界资源，走集成创新与原始创新、引进消化吸收再创新相结合的路子，在产品研发、生产、销售、管理等方面全面与世界标准接轨。

（一）人才国际化战略

奇瑞屡次遭遇跨国公司设置的技术壁垒，而突破技术壁垒的有效办法就是引进站在世界技术前沿的优秀人才。公司高层到北美、欧洲、日本及韩国等知名汽车企业进行商务活动时，把引进人才纳入出差工作的必备内容。公司人力资源部设有专人维护国际重点人才库，为同步拥有世界级人才资源，在库的人员常年保持在 200 多人。自 2002 年以来，奇瑞陆续从著名的跨国公司引进 30 多名高水准的海归人才，分别在汽车发动机、变速箱、车身、底盘、车型开发和整车制造、汽车电子、混合动力等汽车研发的关键领域担当重任。此外还有近 100 名来自美国、日本、德国等汽车强国的外籍专家先后来奇瑞工作。他们的加盟促进了奇瑞公司与国际先进技术的同步发展。

（二）市场国际化战略

奇瑞的产品是自主研发的，拥有自主知识产权，进入国际市场比其他企业更有自主性。2002 年，奇瑞率先实现中国轿车产品批量出口后，出口量每年以倍数递增。2005 年，奇瑞出口轿车 1.8 万辆，再度蝉联全国出口第一。除整车出口外，奇瑞公司从 2003

年起开始向国外出口技术和CKD散件，先后与伊朗、马来西亚、埃及等国的汽车厂家达成了CKD出口协议。2004年，奇瑞着力研究进入欧洲和北美市场，新一代出口车型的设计和生产均达到了欧洲和北美的法规要求，初步具备了批量进入国际市场的条件。

（三）技术导向的产品战略

坚持瞄准国际先进技术前沿，打造先进的设计平台技术，确立先进的产品战略。奇瑞公司目前已投放市场的是A00、A、B三大平台系列整车。同时与世界著名设计公司博通、宾法等正在合作开发的还有A0、C级平台系列车型。除发动机研发外，奇瑞公司还联合了欧日变速箱设计公司设计开发了一系列包含MT、AMT和CVT在内的变速箱。

通过国际合作，奇瑞拥有了自己的研发系统，培训了一支高水平的研发团队，已能够独立地承担整车和动力总成的开发任务，保证了奇瑞的自主创新持续不断地适应市场的需要。

四、基于自主创新的自主品牌模式

作为汽车企业，奇瑞独特的发展道路引起了党和国家领导的关切和广大消费者的青睐。国家有关部门曾派人到奇瑞进行调查研究，他们对奇瑞发展模式的描述是“自主品牌、自主研发、自主决策”，与国际著名设计公司联合开发汽车技术平台和系列产品，引进国际先进的生产设备和管理的“自主创新型”发展模式。

奇瑞选择“自主创新型”的发展模式不是偶然的。中国的企业要有根，就必须自主；只有自主，才能使中国的汽车产业从价值链的低端向高端爬升，在世界上取得与中国这样一个正在成长中的大国经济相适应的产业地位。企业要自主发展，前提就是自主品牌、自主研发、自主创新。

奇瑞的发展实践证明：积极整合和利用国际资源，走自主创新型的道路，可以获得更高效率、更快速度的发展。奇瑞最初的研发团队来自一汽、二汽等大公司的合资企业；奇瑞QQ能在全球著名的质量信息发布公司J.D.POWER公司质量调查中名列中国车市微型车第一，是向合资企业的产品学习和正面竞争的结果；奇瑞风云能够异军突起，正是利用了合资公司在中国建立的零部件生产体系。奇瑞的发展实践还证明，只有坚持自主发展、自主创新，才能更广泛、更快地发展。[①] 奇瑞历史荣誉见表6–3。

表6–3　奇瑞历史荣誉

2001年7月	获得由中国质量检验协会颁发的“国家权威检测合格产品”
2001年11月	获得由中国质量检验协会颁发的“2001年第2季度国家级权威检验合格”、“国家监督抽查合格好产品”
2001年11月22日	获得由安徽省科学技术厅颁发的“高新技术企业认定证书”
2002年6月	获得由中国质量网颁发的“合格产品生产企业3·15推广介绍”
2002年7月	获得由中国质量检验协会颁发的“全国质量稳定合格产品”
2003年1月	获得由芜湖市工商行政管理局颁发的“2002年度工商免检企业”
2003年3月14日	获得由中国质量检验协会颁发的“全国产品质量·售后服务信誉双保障企业”

① 此案例来源于奇瑞汽车集团主页、《信息时报》、《中国信息报》（网络版）、商务部官方网站以及商务周刊等，经作者整理。

续表

2003年4月	获得由科学技术部火炬高技术产业开发中心颁发的"国家级火炬计划项目证书（SQR7080经济型轿车）"
2003年4月	获得由科学技术部火炬高技术产业开发中心颁发的"重点高新技术企业证书"
2003年5月15日	获得由芜湖市红十字会颁发的"为'非典'捐赠人民币贰佰万元荣誉证书"
2003年12月	获得由中华人民共和国民政部颁发的"爱心捐助奖"
2004年8月	公司获得芜湖市政府残工委颁发的"二零零四年慈善大使荣誉称号"
2004年12月31日	获得由安徽省工商行政管理局颁发的"安徽省著名商标（"奇瑞"商标）"

资料来源：奇瑞汽车主页，http：//www.chery.cn，作者整理。

● 思考题及答案要点

1.简述自主创新的基本特征。

自主创新具有如下基本特征：在技术突破上的内生性；在技术方面的首创性；在市场方面的率先性；知识和能力支持的内在性；在经济效益和环境效益上的显著性。

2.简述模仿创新的优势。

模仿创新主要具有低成本和低风险优势、价格和质量优势、市场优势、技术优势。

3.简述合作创新的动因。

合作创新的原因主要有技术协同与知识共享、创新成本和风险分摊、创新成果具有外溢效应、降低交易成本。

● 参考文献

1. Hoskisson R.E. and Busenitz L.W. Market Uncertainty and Learning Distance in Corporate Entrepreneurship Entry Mode Choicc in Creating a New Mindset Integrating Strategy and Entrepreneurship Perspectives [M]. Oxford U.K.;Blackwell Publishing，2002.

2. LengnickHall C.A. A Conceptual Framework for Evaluating Designs for Corporate Innovation [J]. Journal of Engineering and Technology Management，1991.7.

3. Chandy RK，Tellis GJ，The Incumbents Curse Incumbency Size and Radical Product Innovation [J]. Journal of Marketing，2000.64.

4. Hitt.M.A.，Hoskisson，R.E.，Johnson.R.A.，&Moesel D.D.The Market for Corporate Control and Firm Innovation [J]. Academy of Management Journal.1996.39.

5. Aspremont C，Jacquemin A. Cooperative and Non-cooperative R&D in a Duopoly with Spillovers [J]. American Economic Review，1988，78：1133-1137.

6. Williamson O E. The Economic Institutions of Capitalism [M]. Free Press，New York，1985.

7. 王伟光：《自主创新、产业发展与公共政策》，经济管理出版社，2006年。

8. 赵大庆、强燕平：《原创技术发明方法：自主创新源泉》，华夏出版社，2006年。

9. 赵玉林：《创新经济学》，中国经济出版社，2006年。

10. 傅家骥：《技术创新学》，清华大学出版社，1998年。

11. 袁庆明：《技术创新的制度结构分析》，经济管理出版社，2003年。

12. 施培公：《后发优势——模仿创新的理论与实证研究》，清华大学出版社，1999年。

13. 苏敬勤、王延章：《合作技术创新理论及机制研究》，大连理工大学出版社，2002年。

14. 高梁：《跟踪模仿和自主创新》，《宏观经济研究》，2004年第4期。

15. 张清辉：《合作创新风险研究综述》，《工业技术经济》，2005年1期。

16. 郭晓川：《企业网络合作化技术创新及其模式比较》，《科学管理研究》，1998年第10期。

17. 赵更申、雷巧玲：《我国企业自主创新的制约因素及对策研究》，《科技进步与对策》，2006年第3期。

18. 花建锋、赵黎明：《影响创新的模式和资源配置方法研究》，《中国软科学》，2003年第4期。

19. 李曦、郭豪：《浅析中国企业的技术创新模式》，《科学与管理》，2001年第3期。

20. 王四强：《自主创新的科学内涵及其特性》，转引自科学网：http：//www.sciencetimes.com.cn。

21. 赵丽：《中小企业技术创新模式研究》，对外经济贸易大学，硕士论文，2006年。

22. 刘岚：《企业模仿创新研究》，江西财经大学，硕士论文，2002年。

23. 罗炜、唐元虎：《国内外合作创新研究述评》，《科学管理研究》，2000年第4期。

24. 罗炜、唐元虎：《企业合作创新的原因与动机》，《科学学研究》，2001年第3期。

25. 李根：《中小企业合作技术创新模式》，《科学管理研究》，2001年第6期。

26. 陈海滨、张耀辉：《自主创新模式的风险研究》，转引自www.51start.net。

27. 黄习伟：《奇瑞汽车：民族品牌自主创新领军者》，《信息时报》，转引自http：//informationtimes.dayoo.com。

28.《中国信息报》（网络版），http：//zgxxb.com.cn/news.asp？id=4614。

第七章 融资战略与技术创新

● 本章提要

了解技术创新融资的基本方式，重点掌握如何吸收创业投资，灵活运用上市融资战略。

21世纪是知识经济时代，以知识密集型为特征的高科技企业已成为一个国家获得长期竞争优势的主要来源，同时技术创新活跃的中小企业成为了另一支重要力量，它们共同成为社会经济可持续发展的推进器。知识经济的发展需要知识、人才和资本通过技术创新有机结合起来，其速度主要取决于高科技企业和大量的中小企业的技术创新程度，而这些企业发展的每一阶段、每一步技术创新都需要有大量的金融资本支持。

● 章首案例

由于创新型企业，特别是科技型中小企业在发展过程中面临着诸多融资障碍，政府的创新政策支持就显得十分必要了。实施创新投资税收优惠、加强人力资本投资与培训、发展创业投资等都是解决企业创新融资问题的重要手段，其中，设立政府担保机构也是一种十分有效的政策工具，这些政策工具在一些国家高新区中表现得尤为突出。例如，2006年6月，由大连高新园区管委会吸收社会资本共同设立的大连高新技术担保投资有限公司成立，一期注册资本8000万元，主营信用担保和创业投资。该种模式的出现，标志着以政府投入为引导、企业投入为主体、直接和间接融资为支撑，多层次、多渠道地服务中小企业的投融资体系已经形成，其将有力地推进中小企业的技术创新，推进高新技术产业的发展。

大连高新技术担保投资有限公司以较强的资金实力，一方面，对科技含量高、市场前景好的项目进行创业风险投资，同时积极与国内外的证券交易所、证券公司等机构合作，建立并完善创业投资的退出渠道；另一方面，联合国内外投资机构，发起设立创业投资基金，引导风险投资向高新技术企业聚集。在间接融资方面，大连高新技术担保投资有限公司通过融资担保、履约担保及担保中间业务等产品的运营与开发，重点支持科技创新型企业的发展。该公司将以规范的商业运作模式，发挥信用担保的资金放大效应，引导更多的商业性金融机构支持技术含量高、具有高成长性的中小企业的发展。目前，我国已经拥有很多像大连高新技术担保投资有限公司这样为中小企业解决融资难题的区域性机构。

第一节　技术创新的融资方式

一、技术创新融资的基本方式

为了更好地满足各类型企业技术创新的融资需求，各个企业应该多渠道地筹集资金。融资渠道包括内源（内部）融资和外源融资。内源融资是指企业主个人财产、企业留存收益和企业成员集资；外源融资是指间接融资、直接融资和政策性融资。间接融资主要指国有商业银行各项贷款；直接融资包括股票融资、债券融资、风险融资、投资基金融资；政策性融资包括财税扶持、政策性银行、中小企业发展专项基金和中小企业贷款担保基金。

内源融资是指企业在其生产经营过程中，从其内部融通资金以扩大再生产或者解决财务困难，它主要包括累计折旧和留存收益。当然企业所有者将个人财产用于企业，或者企业降低成本，增加潜在利润、加速资本周转等也属于内部融资。从动态的角度看，企业融资总是先从内源融资开始，当企业发展到一定程度，具有一定的资金积累能力和风险承受能力后再通过外源融资，借助外部资金发展自己，当壮大到相当规模再逐步缩小外源融资总量，转而依靠自身雄厚的积累资金发展。内源融资的优点是不发生筹资费用，筹资成本较低。但随着企业的发展壮大，技术创新所需要的大量资金是内源融资远远不能满足的，这时就需要借助于外源融资。

外源融资在企业的发展过程中（尤其是技术创新过程中）起着非常重要的作用。外源融资的具体方式如表 7–1 所示。

表 7–1　外源融资方式

财政融资	（1）预算内拨款 （2）财政贷款（包括“拨改贷”和财政信用） （3）通过授权机构的国有资产投资（“贷改投”） （4）政策性银行贷款 （5）预算外专项建设资金（中小企业创新基金、“863”计划、攻关计划、火炬计划、星火计划等） （6）财政补贴
证券融资	（1）股票融资 • 发行普通股（包括 IPO、配股、增发新股） • 发行优先股（可/不可转换优先股、可/不可累积优先股、可/不可参与优先股） （2）债券融资（包括可转换债券、不可转换债券） （3）投资基金融资 （4）风险融资：投资者包括个人、企业、创业投资公司、创业投资基金

续表

<table>
<tr><td>银行融资</td><td colspan="2">(1) 短期银行融资
• 短期银行借款 • 信贷额度贷款 • 商业票据 • 应收账款
• 抵押贷款（不动产抵押贷款、动产抵押贷款、无形资产抵押贷款）
• 担保贷款（自然人担保贷款、专业担保公司贷款、托管担保贷款）
(2) 长期银行融资
• 长期银行借款融资 • 政府担保贷款 • 项目开发贷款
• 租赁融资（包括经营租赁、融资租赁、转租赁、返回租赁、杠杆租赁）</td></tr>
<tr><td>商业融资</td><td colspan="2">• 赊购 • 预收货款 • 典当融资
• 期票 • 商业票据 • 固定资产出售并回租
• 其他商业融资方式：包括企业间（尤其是上下游企业间）资本借贷、卖方信贷、补偿贸易</td></tr>
<tr><td rowspan="3">国际融资</td><td>国际间接融资</td><td>(1) 国际商业银行贷款
(2) 国际金融组织贷款：包括世界银行贷款、亚洲开发银行贷款、国际货币基金组织贷款、国际农业发展基金贷款
(3) 外国政府贷款
(4) 国际贸易融资
• 短期国际贸易融资：包括贷款和透支、票据贴现、进出口押汇、使用开证额度
• 中长期国际贸易融资
• 新型国际贸易融资：有包买票据（福费廷）、国际保理业务、银行包涵业务等
(5) 其他国际间接融资方式：国际租赁融资、补偿贸易融资、对外加工装配</td></tr>
<tr><td>国际直接融资</td><td>(1) 国际债券融资
(2) 境外股票融资
• 境内上市外资股——B 股
• 境外上市外资股：H 股、红筹股、N 股、L 股、S 股及纳斯达克、OTCBB 等创业板上市的高科技股
(3) 海外投资基金融资
(4) 中外合资、合作融资
(5) 国际直接融资方式创新：金融衍生工具、资产证券化、项目融资证券化等</td></tr>
<tr><td>国际融资创新</td><td>(1) 国际项目融资：包括 BOT、TOT、ABS 等方式
(2) 存托凭证融资
(3) 结构贸易融资
(4) 国际战略结盟式融资</td></tr>
</table>

资料来源：谢代银：《现代企业融资策略研究》，西南财经大学出版社，2004 年，第 37~38 页。内容略有增加。

二、支持技术创新的主要融资工具

财政融资、风险融资（创业投资）和上市融资对于技术创新的企业非常重要。在企业技术创新的初期阶段，财政融资和创业投资占有重要地位。当企业技术创新发展到一定阶段时，上市融资就显得更加重要，第二节和第三节将详细地讲解创业投资和上市融资，在这里只讲除了它们之外的主要融资工具。为了较好地给中小企业技术创新提供支持，政府、银行都有各种专项资金，如科技型中小企业技术创新基金、项目开发贷款。另外，还有迎合中小技术创新企业特点的创新融资工具，如动产抵押贷款、无形资产抵押贷款、信用担保贷款、典当融资和应收账款融资。

（一）科技型中小企业技术创新基金

许多国家都通过设立专项基金的方式来支持企业创新。经国务院批准，我国于 1999

年设立了用于支持科技型中小企业技术创新的政府专项基金。该基金通过政府拨款资助、贷款贴息和资本金投入等方式，扶持和引导科技型中小企业的技术创新活动。根据中小企业和项目的不同特点，创新基金的支持方式主要有贷款贴息、无偿资助和资本金投入三种方式。①贷款贴息。对已具有一定水平、规模和效益的创新项目，原则上采取贴息方式支持其使用银行贷款，以扩大生产规模。一般按贷款额年利息的50%~100%给予补贴，贴息总额一般不超过100万元，个别重大项目可不超过200万元。②无偿资助。主要用于中小企业技术创新中产品的研究与开发以及中试阶段的必要补助和科研人员携带科技成果创办企业进行成果转化的补助，资助额一般不超过100万元。③资本金投入。对少数起点高，具有较广创新内涵、较高创新水平并有后续创新潜力，预计投产后有较大市场，有望形成新兴产业的项目，可采取成本投入方式。[①]

（二）项目开发贷款

一些高科技中小企业如果拥有重大价值的科技成果转化项目，初始投入资金数额比较大，企业自有资本难以承受，可以向银行申请项目开发贷款。商业银行对拥有成熟技术及良好市场前景的高新技术产品或专利项目的中小企业以及利用高新技术成果进行技术改造的中小企业，将会给予积极的信贷支持，以促进企业加快科技成果转化的速度。对与高等院校或科研机构建立稳定项目开发关系或拥有自己研究部门的高科技中小企业，银行除了给予项目开发贷款外，还会根据企业情况提供流动资金贷款。

（三）银行抵押贷款

根据中小企业技术创新的特点，银行推出了动产抵押贷款和无形资产抵押贷款。动产抵押贷款是指企业可以以股票、国债、企业债券等获得银行承认的有价证券，以及以金银珠宝首饰等动产作抵押品，向银行获取贷款。无形资产抵押贷款是指依据《中华人民共和国担保法》的有关规定，以依法可以转让的商标使用权、专利权、著作权等无形资产作为抵押物，向银行获取贷款。无形资产抵押贷款适用于拥有专利技术、专利产品的中小企业。

专栏7–1

创新型企业创新融资新方法：专利质押贷款

小企业贷款又见新的突破。继工商银行今年9月在沪宣布将首笔200万元专利质押贷款发放给有“中国药谷”之称的上海张江高科技园区中的企业之后，交通银行的首笔专利质押贷款于本周在京问世。北京柯瑞生物医药技术有限公司获得了公司成立10多年来的第一笔银行贷款，其以蛋白多糖生物活性物质发明专利权从交通银行北京分行申请到150万元贷款。

① 有关详细介绍请参见《科学投资》，《创新基金，创业企业“奖学金”》，2003年第5期。

从全国范围看，截至2006年9月4日，已在国家知识产权局进行专利权质押登记的合同共计295个，涉及专利682项，质押总额近50亿元人民币。

此次按交行的规定，专利质押贷款采用综合授信方式，发明专利权的授信额不超过评估值的25%，实用新型专利权的授信额不超过评估值的15%，商标专用权的授信额不超过评估值的30%，最高贷款金额为1000万元，最长期限可达3年。柯瑞生物公司质押的发明专利权的评估价值为600万元，此次也就获得了150万元的贷款。

由于小企业在创业初期缺乏银行贷款需要的房产等固定资产抵押物，专利质押贷款的破冰，对中小企业融资有特殊的意义。

资料来源：张炜：《专利质押贷款待政府扶一把》，《中国经济时报》，2006年11月3日。

（四）信用担保贷款

信用担保贷款是指当企业提供不出银行所能接受的担保条件时，中小企业担保机构给予担保使企业可以获得银行贷款的方式。目前在全国31个省、市中，已有100多个城市建立了中小企业信用担保机构。这些机构大多实行会员制管理的形式，属于公共服务性、行业自律性、自身非营利性组织。担保基金的来源一般由当地政府财政拨款、会员自愿缴纳的会员基金、社会募集的资金、商业银行的资金等几部分组成。会员企业向银行借款时，可以由中小企业担保机构予以担保。另外，中小企业还可以向专门开展中介服务的担保公司寻求担保服务。当企业提供不出银行所能接受的担保措施时，如抵押、质押或第三方信用保证人等，担保公司却可以解决这些难题。因为与银行相比而言，担保公司对抵押品的要求更为灵活。当然，担保公司为了保障自己的利益，通常也会要求企业提供反担保措施，有时担保公司还会派人员到企业监控资金流动情况。[①]

在企业技术创新的过程中，常常会出现管理者未能预料到的突发事件（或不确定性的短期资金需求），引起财务困境，形成恶性循环。往往有很多企业并非资不抵债，而是由于短期的财务危机引发的破产。因此，短期融资也非常关键，它可以解决企业技术创新过程中遇到意外事件时的财务危机。目前，典当融资和应收账款融资非常适合技术创新企业的短期资金需求。

（五）典当融资

典当是指将动产或不动产作为当物抵押给典当行，交付一定比例的费用，取得当金，并在约定期限内支付当金利息、偿还当金、赎回当物的行为。典当融资是一种非主流融资渠道，它适用于那些在生产经营中对应急性的短期资金有强烈需求的中小企业。银行短期信贷所需要的手续审查的时间较长，难以满足中小企业应急的资金需求。所以，典当融资在解决中小企业技术创新短期资金周转不畅时具有其他融资方式不能比拟

① 刘百宁、王海旗、王兆琪：《中小企业融资实务与技巧》，中国经济出版社，2004年，第32页。

的优势。一方面，典当融资的业务手续简单、便捷，其当物、当期具有较强的灵活性，能够迅速、及时地解决当户的资金需求；另一方面，融资限制条件较少，对企业的信用要求、贷款用途限制较少，且操作方式灵活，只要担保物品即当物来源合法，通常都能从典当行手中获取相应数额的当金。但典当融资也有其缺点：除贷款月利率外，典当贷款还需要缴纳较高的综合费用，包括保管费、保险费、典当交易的成本支出等，因此，它的融资成本要高于银行贷款，这一点需要企业引起注意，根据事情的紧急程度和融资成本比较各种融资手段。

专栏 7-2

紧急融资好帮手——房产典当

银行信贷门槛提高，融资难度越来越大，为解决资金周转的燃眉之急，一些中小企业和个人客户开辟出一条新的融资之路——典当手中的房产。"近期，房产典当业务量逐步上升，占整个典当业务量的30%以上。据了解，有些典当行的房产业务已经占到50%以上，还有一些新成立的典当行干脆将房产典当当成了主营业务"。

据了解，到典当行抵押或者质押房产，只要证明房产是全款房，并且准备好房产证、购房合同、购房发票、夫妇双方的身份证、户口本、结婚证等相应的材料和证明，然后签订借款合同协议、公证并做抵押登记，在两三天内就可以拿到借款。但是申请银行贷款就要复杂得多，不但要提供更多的个人资料，例如收入证明、学历证明等，而且审查的时间比较长。另外，银行放贷还要了解资金用途，买房或买车要出具发票，典当行则不问贷款用途，比较灵活。

根据商务部报批的数据显示，2005 年首批批准新增典当行 451 户，全行业注册资本达到 95 亿元。根据《典当管理办法》规定，对于注册资本不足 1000 万元的典当行，房地产抵押典当单笔当金数额不得超过 100 万元。注册资本在 1000 万元以上的，房地产抵押典当单笔当金数额不得超过注册资本的 10%。房产典当的当期在 1~6 个月，超过6 个月可以办理续当，续当的时间最多不超过 6 个月。按目前的行情，典当者每月需向典当行支付有关当金 2.7%的综合费率，加上 0.5%的当金利息，月成本为当金的 3.2%。并且所获得的当金不超过典当行对当品评估价的 60%。所以它的融资成本会高于银行贷款，因此典当融资只救急不救穷。

资料来源：王晓霞：《房产典当：宏观调控下融资救急》，《中国经济时报》，2006 年 10 月 18 日。

（六）应收账款融资

应收账款贷款由商业融资公司和代理融通公司提供，只有很少一部分银行处理代理融通业务（应收账款销售）。它是一种短期融资方式，主要有两种具体形式：应收账款抵押和应收账款出售。①应收账款抵押是以应收账款作为贷款担保品，贷款人不仅拥有应收账款的受偿权，而且还可以对借款人行使追索权——当购买货物的公司或个人并未如期偿还应收账款时，以应收账款作为担保品从银行贷款的公司必须负担因此发生的损失。②应收账款出售是指借款人将其所拥有的应收账款卖给贷款人，并且当借款人的客户未能支付应收账款时，贷款人不能对借款人行使追索权，而要自行负担损失。[①]应收账款使公司在原本无法获得贷款的情况下能够取得贷款。当应收账款增长时，贷款也随之增长，但应收账款贷款比较昂贵。另外，应收账款融资有时也会被贸易债权人看成是公司财务发生困难的表现。

上面所列出的短期融资工具只能解决技术创新过程中不确定的短期资金紧缺，对于技术创新早期所需要的大量资金基本上还是由创业（风险）资本提供（第二节）。但在创业资本投入企业时，创业资本投资者往往要求企业进行一定量的银行债务资本融资，当然这也是最佳资本结构的要求。因此，企业在重视吸收创业资本的同时，不能忽视银行债务资本，然而，技术创新高风险、高收益的特性决定了获得银行债务资本的难度，所以企业也要掌握与银行打交道的技巧。

专栏 7-3

创新企业要与银行建立伙伴关系

无论是企业技术创新所需的大量资金还是在创新遇到突发事件引起的紧急资金短缺都需要借助于银行贷款的帮忙。

为了获得银行贷款，企业首先要了解贷款人关心什么，在申请贷款前要有针对性地做好一些准备。贷款人对下述财务比率尤为重视，如流动比率、速动比率、资产负债率、产权比率、利息保障倍数、流动资产周转率、销售净利率等。另外，贷款人还会要求审阅一下由 CPA 准备或审计的前几年的财务报表，还有重要客户和债权人名单等。最后，贷款人还会审核固定资产的具体细节以及所有应收账款、库存和固定资产的留置权。要满足借款人所要答案的最好方式就是向借款人提交一份详尽的商业计划。该商业计划中包括基于各阶段的各种费用和现金流预测的资产负债表、现金流量表、损益表(利润表)，同时说明其所需要的贷款额和所需要的时间以及偿还贷款的方式和时间，再运用各种财务比率指标论证其有足够的能力偿还贷款。

企业的管理者根据企业的发展状况要及时制定严密的筹资计划，千万不能等到资金短缺时才急着去筹资。因为当企业面临资金紧缺或财务危机时，企业的财务报表情况是最差的，贷款人完全有理由怀疑管理层的财务和规划技能，这些都会减少企业获得贷款的机会。另外，贷款人需要一定的时间调查贷款申请的一些条件。一般的，从提交贷款申请到最后审批下来都会有一段时间。在贷款人决定放款、双方决定签订协议时，企业管理者还要明确哪些类型的限制条款或保护条款是可以接受的，并且要积极谈判，以达成那些能够让企业不仅在短期内可以生存，而且在长期上也能生存下去的条件。

---

① 王丽娅：《企业融资理论与实务》，中国经济出版社，2004 年，第 211~212 页。

企业的技术创新需要资金的不断支持，所以企业要和贷款人（银行或金融机构）建立长期的伙伴关系。在取得贷款人的贷款后，企业也要经常和贷款人联系，除了提供各种财务报表外，还应该展示企业新产品的研发或销售情况，描绘企业的美好前景。另外，在任何可控情况下，企业都要避免延迟付息或偿还本金以及延迟提交财务报表，因为那样会影响企业的信誉。一旦企业有不好的贷款偿还记录，即使最终偿还了贷款，企业再想获得贷款也是很难的事了。

资料来源：杰弗里·蒂蒙斯，周伟民、吕长春：《创业企业融资》，华夏出版社，2002 年，第 129~136 页。

第二节　吸收创业投资战略

企业的发展需要技术创新，而技术创新的过程不可避免地存在着各种风险。比如技术本身尚未成熟，技术的研究方法和途径还不确定，难以确定市场对新产品的接受能力和接受时间的市场风险等。各种风险在企业发展的早期阶段显得尤为突出，这使企业难以从银行等金融机构获得债务资本。因为债权人以固定的利息为仅有的收入，当企业因其风险而破产时，债权人面临着无法收回资本金的风险，而在企业迅速发展获得高额利润时，债权人又无权分享企业的剩余利润，所以此时企业很难通过债务融资获得发展所需要的资金。这时创业资本给企业发展带来了希望。

一、创业投资的含义及特点

创业资本有时也称为风险资本，根据美国创业投资协会的定义，创业资本是“由专业机构提供的、投资于极具增长潜力的创业企业并参与其管理的权益资本”。它具有如下特征：以具有高成长性创业企业为投资对象；通过股权投资方式进行投资；为新产品或服务的开发提供支持；通过积极的参与为所投资的企业提供增值服务；为了获得高收益，通常需要面对高风险；倾向于进行长期投资。1996 年 OECD 的一份报告指出，创业投资“是一种投资于未上市的新兴创业企业并参与管理的投资行为。其价值是由创业企业家和创业投资家通过资金和专业技能所共同创造的”。①

创业投资是一种高风险、高收益的投资。其投资对象往往是那些具有高技术的尚未起步或刚刚起步的创新型中小企业，它看重的是投资对象潜在的技术能力和市场潜力。但这个阶段的创新型中小企业在技术、市场、资金、管理和环境等方面都具有很大的不确定性，所以创业投资具有很高的风险性，它的成功率很低。但高风险往往伴随着高报酬，技术创新一旦成功，便可以获得超额垄断利润。创业投资是一种中长期的权益性投

① 房汉廷、王伟光：《创业投资产业发展的国际比较及其启示》，经济管理出版社，2004 年，第 14 页。

资，通常需要经历早期的技术或产品研发阶段、试制阶段、规模生产阶段，直到企业发展壮大到中大规模，创业投资才通过各种方式（上市、收购、清算等）转让股权来获得高额回报。这一般需要 3~5 年，多则 5~10 年。因此，创业投资的回收期很长，属于中长期投资。而为了有权分享企业成功后所获得的高额利润，创业投资一般以参股的形式进行股权投资。其目的不是为了获得股息收入，而是为了帮助经营管理企业，待企业发展壮大后资产增值，通过转让股权获取高额收益。一旦企业发展成熟、前景明确、回报较低时，创业投资就会退出企业，重新寻找目标企业进行下一轮投资。创业投资与其他投资相比，其显著特点是：它并不是单纯地提供资金，而是一种无担保高风险的、高度专业化和程序化、投资人积极参与的、追求超额回报的中长期权益性投资。具体内容如表 7–2 所示。

表 7–2 创业投资与一般金融投资的比较

	创业投资	一般金融投资
投资对象	新兴（科技型）中小企业	传统大中型企业
投资条件	融资条件不严格，不需要资产担保，投资审查的重点是技术创新和市场前景	融资条件严格，需要资产担保，投资审查的重点是偿还能力
投资形式	股权 / 权益投资	贷款投资
投资管理	参与企业经营决策	不参与企业经营决策
投资人才	复合型人才（技术、管理、金融等）	专业型人才（财务）
投资收益	波动性大（不稳定）	波动性小（稳定）
投资风险	大	小

资料来源：杨华初：《创业投资理论与应用》，科学出版社，2003 年，第 16 页；高正平：《政府在风险投资中作用的研究》，中国金融出版社，2003 年，第 15 页，本文改动较大。

二、创业投资的特殊功能

作为一种新型创新创业融资机制，创业投资并不是简单地承载提供资金的职能，它还在创新项目孵化、创新成果转化、促进技术创新、市场开拓和企业管理等方面发挥着重要作用。从宏观角度看，创业投资在技术创新、高新技术产业发展、传统产业升级改造以及经济增长等方面具有积极作用。[①]

（一）一种新型创新创业融资工具

创新及其商业化是经济发展的不竭动力。与老企业相比，具有新思想、柔性结构的新企业更容易适应顾客的需求，但是，许多创新型新企业都需要大量的资金。资金短缺一直是困扰小企业发展的“瓶颈”问题。随着高风险科技型中小企业的进一步发展，这一问题尤为突出。初创企业所有者资金不足，供给能力有限，需要寻求外部融资。

技术创新的技术风险、市场风险，使投资者很难判断这种投资的效果如何。此外，

① 房汉廷、王伟光：《创业投资产业发展的国际比较及其启示》，经济管理出版社，2004 年，第 15~19 页。

创新型初创企业通常规模比较小，资本有限，缺乏声誉和抵押资产，再加上道德风险、逆向选择等问题，使这类企业难以从银行获得贷款。这就需要构建一种不同于传统方式的新型融资机制，用以消除创业者与投资家之间的信息不对称和规避道德风险。这种机制就是创业投资。

（二）激励技术创新

作为一种管理专业化的专用资本工具，创业资本重视对高增长的私人企业进行股权或与股权相关的投资。尽管技术机制的可获性等因素对技术创新有着重要影响，但是，在 R&D 支出不变的条件下，创业资本对专利数量以及其他类型的创新测度指标具有重要影响。Hellmann 和 Puri（2000）发现，追求"创新者战略"的企业更易于获得创业资本支持，他们可以在企业初创期就获得这种融资，这意味着创业资本家的存在。对于创新者而言，减少了某种产品进入市场的时间。Kortum 和 Lerner（2000）发现，创业投资对技术创新具有显著的正向影响。平均而言，与传统企业 1 美元的 R&D 相比，在激励专利申请的潜力方面，1 美元创业资本的作用要高于前者 3~4 倍。

（三）促进高新技术产业发展，带动产业结构优化升级

尽管增长的原因多种多样，但是创业投资对高新技术产业发展的强力支持是一个不容忽视的原因。有些学者甚至认为创业投资是"经济增长的发动机"。通过资本、技术与市场的有机融合，创业资本促进了高新技术成果的商业化进程和产业化规模，培育和扶持了半导体、计算机、信息技术以及生物工程等尖端技术产业的迅猛发展。20 世纪 60 年代的新兴半导体行业、70 年代的生物技术和个人计算机产业、80 年代的工作站和网络产业、90 年代互联网的商业化及由此引发的电信产业变革，都得到了创业资本的支持。创业投资对经济增长的另一个显著贡献是增加就业和创造更多的财富，也就是创业投资支持的企业提供了大量的新的工作岗位，特别是高收入、高技能的工作岗位，并且为国民财富增长作出了贡献。

（四）培育创新文化和企业家精神

在创业投资的推动下，一批小企业不断发展壮大为超级大公司，一批企业家得以成长。在这种发展过程中，更创造了一种崇尚创新创业的企业家精神。具有创新精神的企业家是推动技术创新的重要力量，能够将科学和发明由潜在的生产力转变成现实的生产力，使企业进入良性发展周期。与创业投资相伴而生的硅谷"已经创造出了一种商业文化，其中，快速的技术变化使企业家承受更大的风险，竞争对手、投资商、供应商、外包商和顾客之间有着非同寻常的联系与合作，个人价值比团队价值更受到重视"。在这种创新性商业文化中，孕育了各具特色的企业家（如表 7-3 所示）。

三、寻找非正式创业资本投资者

每一个中小企业，尤其是高科技企业，它们自身高风险、高报酬的特点决定了其技

表 7-3 硅谷的企业家精神

企业家类型	特点（主要的企业价值理念）	典型代表
眼光长远型企业家	●成功主要体现为公众对公司及其愿景的认同，而不是个人财富或权力 ●坚持公司的长远利益 ●公司是为员工提供归属感和自我实现机会的群体	雅虎的杨致远和大卫·费洛
收购型企业家	●有表达高瞻远瞩远景的能力 ●能将不同类型的公司集成为一个成功企业的能力 ●维持一个有效管理团队的能力	思科公司的约翰·钱伯斯
转型式企业家	●组织转型后状态的预见能力 ●在现有公司基础上建立新团队的能力 ●新商业模式的学习能力	太阳微系统公司的斯科特·麦克尼利
持续创新型企业家	●战略愿景描绘、资源吸引以及付诸实施的能力（"让事情发生"） ●了解自己的极限	《网景时报》的吉姆·克拉克

资料来源：李钟文：《硅谷创业精神的四种类型》，李钟文等主编：《硅谷优势——创新与创业精神的栖息地》，人民出版社，2002 年，第 123~134 页，有改动。

术创新过程中必然需要像"投资天使"等这样的非正式投资者的支持，尤其在早期的发展阶段更是这样。所谓投资天使，是指那些构成大部分"非正式"创业资本的单个私人投资人，他们专门投资于那些高风险、高报酬的中小企业。在美国有 25 万或 25 万美元以上专门从事创业投资的富有个人，就叫投资天使。但你很难找到这些投资人，因为他们既没有网络联系，也不属于商业协会。投资天使一般产生于朋友、亲人、客户、第三方专业人员、供应商、经纪人和同行竞争者。目前有少数的寻找私人投资人的服务机构存在，但他们通常要求收取较大的预付费（1000 美元或更多），所以应该自己努力去找投资人。

创业资本投资者关心的是企业的长期获利能力，他们所寻找的企业是有非常高的成长潜力、能使他们的投资资金很快翻倍的企业。他们非常重视企业管理层的素质、企业核心技术、快速成长的能力。创业资本投资者在决定是否投资一个企业之前，必然会花一段时间认真仔细地对这家企业进行考察。创业资本投资者通常会对企业的关键人物、产品的技术性能、专利权、市场评估等做详尽的调查。他们要求和企业的董事、经理、合作伙伴、债权人、客户等关键人物会谈。所以，企业应该在提供一份周密的商业计划的同时，附加一份企业关键人物的名单（上面要有他们的联系方式）和多份可以证实所提供资料属实的财务报表、报告、市场调研、合同、购买订单、技术专利或技术认定等文件。

当然，企业在众多的潜在创业资本投资者之中，也要选择合适的投资者以利于企业的发展。企业管理者可以咨询会计师、律师以及了解专业投资者的商业人士来获取潜在的创业资本投资者的名单。当然，如果能联系到最近尝试过筹集资金的其他企业领导人，从他们那里获知潜在的创业资本投资者是更好的方式。在获得了潜在投资者名单后，要对其各方面加以调查。企业要选择那些具有以下条件的潜在创业资本投资者：①正在考虑新的投资并且能够提供所需资金的潜在投资者。②理解并喜欢在该企业所处行业投资的潜在投资者。③能够提供好的商业建议、道德支持并能接触到商业圈和融资圈的潜在投资者。④有多年提供咨询和创建或投资小型公司的成功业绩记录的潜在投资者。[①]

如果找到了合适的创业资本投资者，他会给企业带来比资金多得多的价值。作为顾问或董事，创业资本投资者会将其在以前投资中的经验、学到的专业知识和人际关系带给企业，在企业未来发展过程中所要经历的债务融资、私募或公开发行股票以及和某些关键人物建立联系中发挥重要作用。总之，创业资本投资者能给企业带来更多的附加价值。

四、寻找创业投资机构

（一）行业选择

创业投资机构与非正式投资者相比，前者所能提供的资金量更大，但对企业的发展前景、获利能力要求更严一些。创业投资机构是创业资本比较正规的提供者。寻找创业投资机构与寻找非正式投资者一样都要先对潜在的寻找对象加以调查和了解。企业应该选择那些有投资过本企业所处行业的成功经验的创业投资机构。2005 年，我国创业投资的行业分布情况如表 7–4 所示。

表 7–4　2005 年我国创业投资的行业分布：投资金额、投资项目及不同行业的投资平均强度

行业名称	投资金额所占比例（%）	投资项目所占比例（%）	平均强度（万元/项目）
半导体行业	16.54	4.83	3100.56
传统制造业	8.90	6.65	1250.94
新能源、高效节能技术	8.80	4.53	1649.40
生物科技	7.44	8.16	950.91
IT 服务业	7.13	6.65	1002.15
新材料工业	5.68	7.55	638.45
光电子与光机电一体化	5.47	9.97	466.09
资源开发业	4.52	3.63	1058.33
医药保健	4.30	6.04	635.71
其他行业	4.00	3.63	1124.00
软件产业	3.47	9.97	314.97
通信行业	3.46	6.04	486.80
金融服务	3.35	2.42	1178.13
媒体和娱乐业	3.23	2.72	1009.39
环保工程	3.12	2.72	1095.75
网络产业	2.68	2.42	1077.36
其他 IT 产业	2.42	2.11	972.86

① 杰弗里·蒂蒙斯，周伟民、吕长春：《创业企业融资》，华夏出版社，2002 年，第 39~53 页。

续表

行业名称	投资金额所占比例（%）	投资项目所占比例（%）	平均强度（万元/项目）
科技服务	2.08	3.32	531.82
消费产品和服务	1.71	3.32	533.89
计算机硬件产业	0.91	1.21	642.50
农业	0.54	1.81	380.00
核应用技术	0.25	0.30	700.00
零售和批发	0.00	0.00	0.00

资料来源：王元等：《中国创业投资报告》，经济管理出版社，2006 年。

在选定潜在的目标创业投资机构之后，企业要为能够获得该创业投资机构的信赖而做好一切充分准备，如周密的商业计划、长期筹资计划、预测的三张主表（资产负债表、现金流量表、利润表）、获利能力的论证等。这就要求企业了解创业投资机构是如何选择投资项目的。表 7–5 列出了影响我国创业投资机构决策的几个主要因素。从表中可以看出，企业的技术创新项目一定要有较好的市场前景，要注重管理团队的建设，也要分析技术创新项目的技术能力及企业的盈利模式。

表 7–5　影响我国创业投资机构决策的主要因素

影响因素	市场前景	管理团队	技术因素	盈利模式
比例	31.3%	28.7%	12.2%	11%

资料来源：王松奇：《中国创业投资发展报告》，经济管理出版社，2004 年，第 72 页。

（二）阶段选择

一般而言，创业投资机构根据高科技企业所处的不同阶段，会给予不同的资金投入。创业投资机构与非正式投资机构相比，更关注于企业的成长阶段，投资于成长阶段的比例最大，其次是成熟阶段，2003~2005 年我国创业投资投入的阶段情况如图 7–1 所示。①

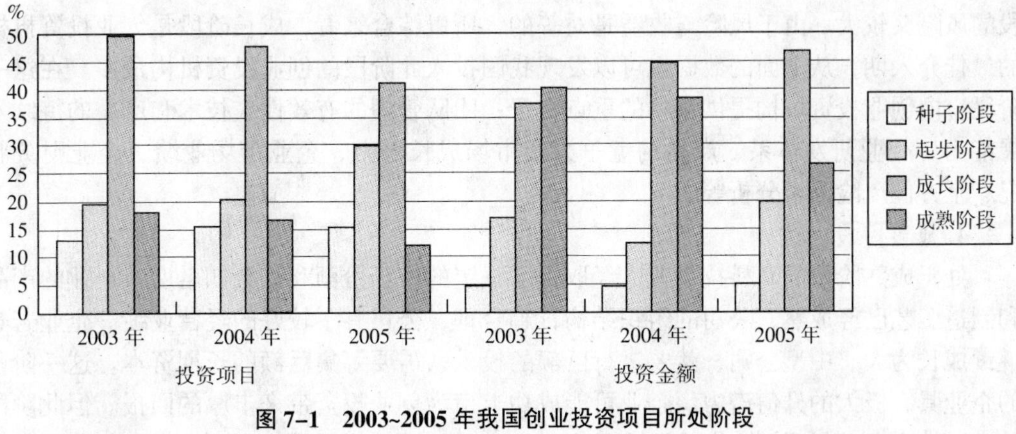

图 7–1　2003~2005 年我国创业投资项目所处阶段

① 王元等：《中国创业投资报告》，经济管理出版社，2006 年。

处于不同阶段的高科技企业或中小企业要采取不同的策略来获得创业投资机构的投资。企业各阶段的侧重点应该不同。

1. 种子阶段

处于种子阶段的高科技企业技术创新项目技术风险远比其他阶段要高。在这一阶段，风险企业的失败率超过了 70%，因此，创业资本的投入一般都很慎重，不会轻易介入。这时高科技企业要吸引创业投资机构的投资，就要提供产品相应的原型或者项目的构想，提供商业运作可行性的说明书，并为技术创新项目的前景勾画出一个美好的蓝图，这样创业投资机构才能决定是否为企业提供种子基金。这一阶段的主要工作是运用发明或研究的成果进行新的开发，其成果是样品或样机，并形成比较完整的工业生产方案。在具体评价的过程中，此阶段应向创业投资机构提供资料的重点在于：技术和产品的先进性、职业经理人的综合素质、技术的商业化程度、知识产权或专利拥有情况、技术链的延伸性、技术风险、财务风险等。

2. 起步阶段

处在起步阶段的高科技企业经过种子阶段已经掌握了新产品的样品、较为完善的生产工艺和方案，但其仍然存在较大的财务风险和市场风险，使得创业资本投资的失败率一般在 30%左右。但是由于企业相对前一个阶段的风险较小，创业投资机构一般选择在这个阶段开始介入，并取得企业的部分股权。在这一阶段应向创业投资机构提供资料的重点在于：企业解决问题的满意度、团队知识和经验完备率、企业管理水平、技术成熟性、技术和产品的模仿难度、目标市场增长潜力、创业资本的退出途径、市场风险、财务风险等。

3. 成长阶段

处于成长阶段的高科技企业在生产、销售、服务等方面基本上有了质的飞跃，产品的设计和制造工艺已定型，市场已经接受了企业产品，但还需要进一步进行产品的完善与开发，进一步提高制造工艺，进一步扩大规模生产。扩大规模生产需要大量的资金，又面临着规模生产的技术能力、企业的领导经营水平、潜在市场接受程度等不确定因素。此阶段相对于前两个阶段的技术风险和市场风险等各种风险较小，但相对于成熟阶段的风险又较大。由于风险与收益是对等的，所以综合来看，成长阶段是创业投资机构的最佳介入期，从上面的数据也可以发现我国投入此阶段的创业投资机构最多。在这一阶段应向创业投资机构提供资料的重点在于：团队管理的有效性、技术和产品的持续发展能力、企业研发体系、产品的竞争力、市场成长潜力、企业市场业绩、企业财务状况、全方位风险因素分析等。

4. 成熟阶段

处于成熟阶段的高科技企业已经取得了一定的市场份额和社会知名度，企业的产品和制造工艺已经成熟，公司的组织结构日趋合理，公司有了较好的经营业绩。企业若想继续成长为大、中型公司，就要进行巨额的投入，需要筹集巨额的长期资本。这一阶段的企业具有极大的升值潜力、企业可能成功上市为创业投资带来丰厚的回报。但此阶段的高科技企业前景明朗，它的风险减小，相应的投资回报也减小，所以有些创业投资机构不愿意投资于此阶段的企业。因此，处于此阶段的企业重点是证明其产品拥有巨大的市场空间，企业有很大的投资回报率。此时应向创业投资机构提供企业财务报表、高素质管理团队业绩、市场竞争力等。①

另外，企业也可以寻找境外的创业投资机构，吸引他们的投资。境外创业投资机构更加重视企业项目的开发潜力和市场前景。相对于国内创业投资机构，境外创业投资机构对风险的承受力更大一些，对企业的相关要求也相对宽松一些。

第三节 上市融资战略

当企业发展到一定规模，需要加大技术创新力度时，单个银行或金融机构无法提供大量资金，这时企业就需要借助上市来筹集所需要的大量资金。但上市条件要求都很高，很多公司在上市前都需要采取资产重组、企业并购等方式来达到上市标准。另外，在企业上市后由于某些原因，经营业绩出现滑坡、丧失增发股票或配股等再融资资格时，企业若想进行技术创新，就仍需要通过资产重组、企业并购等方式来达到再融资条件。企业也可以采取更快的上市方式——买“壳”上市，以及在上市标准相对较低的创业板市场上市。

一、快速满足上市标准

（一）资产重组策略

资产重组以盘活存量资本、优化资本结构、提高现有资产的使用效率为主要目标，对企业的资产、组织、管理、人员、经营战略等进行重新组合。它不仅包括对企业内部资源进行重组，还包括对通过兼并、收购后的企业进行资产重组以达到资源优化配置、形成核心技术能力、提高企业竞争力的目的。根据重组内容和目标侧重点的不同，资产重组可以分为财务报表的重组和经营性资产的重组。前者注重企业资本结构的改善，注重改善财务质量、规避财务风险，它也被称为财务型重组，它是为了摆脱危机而被迫实施的被动重组行为，重组过程和目标均具有短期性质。而后者则更倾向于企业产业结构的重塑，以培育新的核心能力，挖掘新的价值来源，它也被称为价值型重组，它是包含明确战略目标的主动重组行为，重组过程具有长期性质。②

一个完整的企业资产重组通常是财务型重组和价值型重组的结合。通常重组过程分两个阶段进行，首先进行资产结构的调整，然后再实施实质性的价值型重组。价值型重组是最终目标，而财务型重组在时间上更具迫切性，它为价值型重组创造了更为宽松的

① 林冬辉、冯霆：《我国高新技术企业吸引风险投资的对策研究》，《科技与管理》，2005 年第 5 期。

② 刘梁：《企业如何实施分阶段资产重组》，《市场周刊·理论研究》，2006 年 6 月。

财务环境。价值型重组根据企业具体情况，对企业的战略目标、经营项目、组织结构、人员配置等进行调整重新组合。

在财务型重组中，可以采取资产证券化方式，将企业不良资产剥离出去。所谓资产证券化，是指把缺乏流动性但具有预期未来稳定现金流的资产汇集起来，形成一个资产池，通过结构性重组，将其转变为可以在金融市场上出售和流通的证券，并据以融资的过程。证券化的实质是融资者将被证券化的资产的未来现金流收益权转让给投资者，而金融资产的所有权可以转让也可以不转让。[①] 通过资产证券化的实施，可以将一些缺乏流动性的资产转化为可以交易流通的证券，将证券化的债权债务相互转让、抵减；可以盘活不良资产，提高资本充足率，还可以实现企业当前的现金收入，通过表外融资改善资产负债结构。

资产重组后，企业优化了资本结构，转换了经营机制，资源得到了有效配置，形成了核心技术能力，提高了资产使用效率，降低了各种成本，增加了利润，从而它也属于内源融资的一种形式。它为企业满足上市条件进而上市融资做好了准备，为企业进行技术创新创造了良好的环境。

（二）企业并购策略

企业并购是企业兼并和收购的总称，是指在市场经济条件下企业通过资产或股权交易而导致企业合并和企业兼并的商业行为。企业并购是市场经济条件下的一种普遍和正常的现象，它是企业为了生存和发展而进行的战略选择，也是企业做强、做大的重要方式。企业并购不仅可以实现企业改造、产权重组、产业结构调整、获得其他企业的高新技术，还可以实现企业资源在社会范围内重新有效配置。当前，企业并购对于企业自身发展、获得高新技术、促进技术创新、提高企业竞争能力、提高我国的行业集中度、提高我国产业竞争能力，有着不可估量的作用。

企业并购有多种类型。[②] 按照并购企业双方的产业特征划分，可将其分为横向并购、纵向并购和混合并购三种类型。①横向并购是指生产和销售同类产品或生产工艺相近的具有竞争关系的企业之间的并购行为。在横向并购中，并购企业与目标企业同属于一个产业或行业部门，换言之，横向并购是一种竞争者之间的并购。横向并购有助于企业取得规模经济和市场份额优势，而且企业可以快速地获得目标企业的高新技术，提高企业竞争力。②纵向并购也称垂直并购，是指生产过程或经营环节相互联系的企业之间或者具有纵向协作关系的专业化企业之间发生的并购行为。企业纵向并购可以降低交易成本（费用），延长生产链条，获得整个生产链条的特殊技术。③混合并购是指在彼此没有相关市场或生产过程的公司之间进行的并购行为。混合并购能形成多元化经营的企业集团，使集团内部享受到生产、销售及财务等方面的组合优势。另外，混合并购可以使企业获得核心技术池，有助于分散单一产业的经营风险，在经济转型时期为企业提供一个良好的生存和发展的环境。

---

① 彭莉戈：《我国资产证券化的现实障碍及对策》，《科技情报开发与经济》，2006 年第 12 期。

② 王一：《企业并购》，上海财经大学出版社，2000 年，第 63~69 页。

企业并购还有很多其他分类方式。按照并购的支付方式分为：现金支付、换股并购、零成本收购（承担债权债务）、无偿划拨和债权支付等形式。按照并购的程序可以分为：协议转让模式和标购模式。按照并购后的法律状态分为：新设法人型、吸收合并型和控股型。

无论企业采取什么方式并购，企业需要支付的资金或资产都是巨大的，由此很多企业并购都得采取多种支付方式相结合，或者采取杠杆收购。所谓杠杆收购（Leveraged Buy-Outs，LBO），是指收购方以目标公司的资产作为抵押，向银行或投资者融资借款来对目标公司进行收购，待收购成功后再以目标公司的收益或出售其资产来偿本付息。杠杆收购的具体运作是，先由收购方设立一家控股公司（或空壳公司），再由此公司去合并目标公司，具体办法是控股公司先从投资银行及其他来源借入“过渡性贷款”购买目标公司的股权，取得控制权后，安排目标公司发行公司债券，由于公司负债比率很高，信用评级低，因而债券利率高，即通常所说的“垃圾债券”。[①] 在杠杆收购中，投资银行起了很大的作用，它们不仅担任着财务顾问的角色，还常常作为担保者，为优势企业安排必要的债务融资。

并购后，企业通常需要再进行资产重组，使企业目标明确，组织结构合理化，确定核心技术与产品。这样就能使企业在获得关键技术的同时扩大规模生产，增加资产存量，提高企业竞争力，为达到上市标准做好准备。

二、买“壳”上市

买“壳”上市是指非上市公司通过对上市公司的控股达到间接上市的目的，然后通过资产重组注入自己的有关业务和资产，从而实现间接上市。其实买“壳”上市也属于企业并购，它是企业并购的一种方式。收购“壳”公司后，买“壳”企业将自己的业务或项目等优质资源通过注入“壳”公司使其经营状况好转，获得再融资资格，进而通过增发股票或配股等形式进行再融资。买“壳”上市对“壳”资源也是一件好事，通过卖“壳”使其摆脱困境，获得了继续发展的机会。买“壳”上市也有其社会效益，它使社会资源得到有效利用，有利于提高我国企业的竞争力，促进技术创新。

（一）买“壳”上市的方式

根据“壳”资源的不同情况可以采取二级市场收购、非流通股协议转让和间接控股的方式。

1. 二级市场收购

二级市场收购是通过收购二级市场上的流通股票而达到拥有对上市“壳”公司的控制权的行为。在中国已发生的壳资源重组中，这类案例并不多见。其原因是中国大部分上市公司的流通股所占的总股权比例远远不到50%，所以单纯通过二级市场收购是不现实的，而且只能选择“三无”概念股，即那些没有法人股和国家股的上市公司。另

① 贾立：《杠杆收购：并购融资创新路径探讨》，《理论探讨》，2006年第3期。

外，它的收购成本比收购国家股股权的成本要高得多，且收购程序通常比较复杂。但随着国有企业改革和资本市场开放的步伐加快，二级市场收购的地位将日益凸显。

2. 非流通股协议转让

非流通股协议转让是中国资产重组中的一种特殊的交易方式，是指买“壳”方和上市公司控股股东（通常是非流通的国有股和法人股）通过签订转让协议，买“壳”公司获得上市公司控制权的一种方式。它又分为非流通股股权的有偿转让和国有股股权的无偿转让。非流通股股权的有偿转让是指收购公司根据协议价格受让“壳”公司全部或部分国有股和法人股股权，从而取得对“壳”公司控股权的买壳行为。国有股股权的无偿转让是当上市公司业绩不佳时，地方政府为了维护上市公司的形象，更好地发展大企业、大集团，更好地利用“壳”资源而无偿出让其国有股股权。注意无偿划拨的股权只能是国有股股权。非流通股协议收购方式也存在诸多不利之处，如：国有股、法人股暂时不能上市流通，收购方所持股份被锁定，没有资本（股份）的退出机制，成本和风险自然大大增加。

3. 间接控股

间接控股是指买“壳”公司不通过直接收购（或受让）上市公司的股权获得控股权，而是通过对上市公司控股股东的控股权收购或与控股股东进行重组而间接获得对上市公司的控制权。如买“壳”方和出让方以相互出让子公司股权的方式实行收购；收购方和出让方通过共同设立新公司的方式迂回受让上市公司股权；收购方通过收购上市公司母公司股权来间接持有上市公司股权等。这种模式的优点在于避免了为取得上市公司控制权而与目标公司第一大股东进行的艰苦谈判过程，控股成本低，且能同时兼顾买壳公司与原控股公司的利益，因而在操作上更具有技巧性。

（二）买“壳”价款的支付方式

在我国目前的企业买“壳”上市的实际操作中，价款支付方式主要有现金支付、资产置换支付、债权支付、混合支付、承担债务的零成本收购（无须支付）等几种方式。[①]

（1）现金支付方式。现金支付方式是交易中最简单的价款支付方式。现金支付方式的优点在于交易简单，容易被接受，同时直接、迅速。但其弊端有两点：收购方短期内要有大笔现金支出，公司压力会很大；出售方收到现金后，账面上出现了一大笔投资收益，应缴的所得税也将增加不少。

（2）资产置换支付。资产置换支付是指交易的买方以自己拥有的实物或股权资产作为价款交给卖方，以此取得对买方部分资产的所有权。买方用于置换的资产有实物资产和股权资产，在这一阶段中置换股权资产比置换实物资产更加方便。资产置换支付最大的优点在于支付过程中首先是没有现金交易，减少了购买方的资金压力；其次是购买方在置换资产时可以获得一笔可观的投资收益或营业外收入。

（3）债权支付方式。债权支付方式是指购买方以自己拥有的对买方的债权作为交易价款，其实质是卖方以资产抵充债务。债务支付的独特之处在于把收购和清理债务有机

① 段云、周晓静：《买壳上市及其财务问题》，《学术交流》，2005 年第 6 期。

地结合起来，找到了一条很好地解决关联方债权、债务关系的途径，但这种方式很少见到，其原因在于债务方资产的获利能力可能超过债务利息，即其资产的最低报酬率高于债务的资本成本。

(4) 混合支付方式。混合支付方式是综合现金、实物资产、股权资产和债权资产进行支付。随着交易规模的扩大，混合支付方式将会越来越常见。

(5) 零成本收购。零成本收购是指购买方以承担企业全部债权、债务的方式进行收购而不必支付收购价款。其对象一般是净资产较低、经营状况欠好的企业，买壳一般承诺承担企业的所有债务和安置企业全部职工。零成本收购对双方都有好处：卖“壳”方可以剥离一块不良资产，还可以安置部分员工；买方通过注入资金、技术和新管理方式，能够盘活一个效益差的企业，同时存在税收方面的好处。

（三）选择“壳”公司

企业要买“壳”上市，首先要根据自己的目的挑选合适的“壳”公司。企业要调查“壳”公司近几年的财务状况、经营项目、发展战略、公司的股本结构、大股东情况特别是公司债务情况，以及是否有反收购措施等。选择那些保住上市资格不太难，最好能够尽快获得再融资资格，资产质量不太差、债务不太多、历史包袱不太重的“壳”公司。但买“壳”者通常不太可能很了解“壳”公司，而投资银行等中介机构手中一般都有一些“壳”公司的名录和资料，所以买“壳”者最好找一家投资银行作为财务顾问。

买“壳”后，企业必然要进行资产重组，买“壳”者向“壳”公司注入优质资产，剥离“壳”公司的不良资产（通过资产证券化等方式），综合两个公司的资产，处理机构重叠、设备重置等问题，对经营战略、组织结构、人员配置、技术结构、产品种类等进行重组，增强企业文化，转变经营理念，明确经营目标，使整个生产经营环境良好、经营业绩好转，获得再融资资格时进行增发股票、配股，由此获取支持技术创新的资本金。

三、创业板市场

由于主板上市标准较高，对于中小高科技企业来说很难达到其标准，所以很多企业选择了上市标准较低一些的创业板上市。创业板市场，又称为二板市场、高新技术板市场或另类股票市场，是与传统的证券交易所或主板市场相对的概念，是指主板市场之外专为中小和新兴的高成长性企业提供筹资途径的新兴证券市场，当然它也为风险投资提供了退出渠道。创业板市场是否健全直接决定了创业投资的活跃程度。创业板市场的上市条件比主板市场的上市条件宽松得多。

（一）创业板市场的设立与运作模式

国际上创业板市场的设立与运作模式主要有三种类型：独立运作市场模式、附属市场模式和新市场模式。

1. 独立运作市场模式

所谓独立运作市场模式，指该证券市场拥有独立的市场运作体系、管理体系、上市标准和交易规则，在人、才、物方面与任何证券市场没有直接的关联，由市场独立承担证券发行上市等相关操作业务，完全是另外一个市场。像美国的NASDAQ、日本的JAS-DAQ、我国台湾的场外证券市场（ROSE）等就属于这种模式。

2. 附属市场模式

所谓附属市场模式，指该创业板市场是在某一证券交易所内部设立，依附于交易所的交易系统、管理体系和监察队伍，与交易所主板市场的主要区别在于其上市对象与上市标准的不同，即创业板市场主要强调的是上市规模相对主板市场要小、发展潜力很大，但目前不一定盈利的中小企业、高科技企业。如英国的AIM、香港的创业板及新加坡的SESDAQ等就是采用这种模式。

3. 新市场模式

这种模式主要指由法国新兴证券市场、布鲁塞尔、阿姆斯特丹等小盘股市场相互连接而成的欧洲新市场。在这个市场上，原有各证券市场相互承认彼此的会员资格，相互开通各个市场的实时行情，可以在不同市场的券商处交易所有市场上的股票。

专栏 7-4

创新融资新渠道：我国已开通三板市场试点

全国53家国家级高新技术园区中，中关村科技园区的五家高新技术企业无疑幸运而抢眼，他们将作为第一批试点公司进入代办股份转让系统（俗称“三板市场”）报价过户。其中北京世纪瑞尔技术股份有限公司、时代集团公司、北京中科软件有限公司三家将率先挂牌。

中关村管委会金融处的人士介绍，代办转让系统对中关村科技园区的发展大有裨益：代办转让系统是创业投资的资本退出通道；代办转让系统若能良好发展，将成为上市公司的孵化器；在中关村园区成功实行的试点经验，可以向全国53家高新技术园区推广，为建立科技型企业的融资体系添砖加瓦。因此，中关村管委会对申请进入三板的企业只进行备案制的政策审核，让券商对其进行相应的评估，接受证监会的监管。“审核的办法十分简单，依照北京市的资格确认办法，即中关村园区内依法设立股份有限公司满三年的，有条件申请进入代办系统”。

深交所总经理张育军在今年年初部署工作时明确提出：“要完善代办股份转让系统建设，构筑深交所多层次市场体系，理顺股份转让系统的组织架构和职责分工，集中监管，丰富功能，最终发展成为全国性的场外市场。要全力推动中国创业板市场建设，择机启动创业板。”他同时指出，深交所与中关村科技园区将紧密合作，让具有自主创新能力的优质科技型中小企业进入股份代办转让系统，为科技型企业提供快速、便捷的股权转让渠道。

资料来源：唐玮：《科技型企业进入三板市场助力构筑多层次市场体系》，《中国经济时报》，2006年1月10日。

（二）创业板市场的交易方式

就国际创业板市场而言，其交易方式主要有三种：做市商报价驱动、委托指令驱动和混合式驱动。

1. 做市商报价驱动

它是指在证券市场上，由具备一定实力和信誉的证券经营法人作为特许交易商，不断地向公众投资者报出某些特定证券的买卖价格，双向报价并在该价位上接受公众投资者的买卖要求，以其自有资金和证券与投资者进行证券交易。做市商报价驱动通过这种不断买卖能够保证市场的流动性，满足公众投资者的投资需求。

2. 委托指令驱动

又称竞价制度，其特征是：开市价格由集合竞价形成，随后交易系统对不断进入的投资者交易指令按价格与时间优先原则排序，将买卖指令配对竞价成交。指令驱动的交易方式有利于降低交易成本，适合于交易活跃的股票。

3. 混合式驱动

它是做市商报价驱动与委托指令驱动相结合。混合式驱动一方面对交易活跃的股票采用委托驱动交易方式以降低交易成本；另一方面对部分流动性较差的股票采用做市商报价驱动交易方式以保证流动性。由于混合式驱动的这些优点，海外大多数创业板市场都已经逐渐从单一的交易方式转变为混合式交易方式。

（三）创业板市场与主板市场上市标准的主要区别

创业板市场与主板市场的上市条件对股本规模、经营记录和盈利记录等方面都有不同的要求。①股本规模不同：创业板市场上市公司一般处于初创阶段，资本金规模较小，所以对其股本规模要求比主板市场小。②经营记录不同：创业板上市的公司通常创立时间短、营运记录有限，所以经营记录比主板市场要求少。③盈利要求不同：创业板市场选择上市时更侧重于公司的发展潜力，而不同于主板市场所要求的经营现状，多数创业板市场对盈利状况不作要求。④股权结构不同：由于创业板市场上市公司规模相对较小，所以对公众持股量及持股比例不像主板市场那样严格。⑤业务要求不同：与主板市场相比较，创业板市场上市公司要求有高度集中的业务范围、严密的业务发展计划、完整清晰的业务发展战略和较大的业务增长潜力。⑥公司组织结构不同：与主板上市公司组织结构相比较，多数创业板市场上市公司的董事会必须有独立董事。另外，创业板市场与主板市场的上市条件还有很多其他方面的不同，但整体上创业板市场上市的要求要比主板要求宽松一些。

专栏 7-5

中国企业将掀起海外上市高潮

2006 年第二季度中国企业海外上市增长强劲，总计有 19 只中国概念股在中国香港主板及创业板、新加坡主板及创业板上市，筹资量达 124.50 亿美元，比第一季度增长了818.30%，合计2006年上半年共有40家中国企业在海外上市，募集资金额高达138.06亿美元。

在7月12日召开的"中国创业投资中期论坛"上，清科集团发布了《2006中国企业上市报告半年报》（下文简称《报告》）。该《报告》指出，中国企业海外上市持续增长。第二季度中国企业海外上市的数量与筹资金额都比去年同期有很大的突破，在中国香港主板及创业板共有19家中国企业上市，比去年同期增加1家。从融资额度上看，19家企业的上市融资额高达124.50亿美元，较去年同期实现了75.20%的增长。这主要是因为2006年6月1日在香港主板上市的中国银行成功融资111.20亿美元，是迄今为止中国最大的IPO。中国银行成功登陆中国香港主板市场，是内地银行股海外上市的另一次高潮。

《报告》还指出，相对于其他市场，2006年第一季度中国香港主板市场和新加坡主板市场是中国企业上市的主要市场。中国香港主板市场接受了6家中国企业，筹资额达到8.80亿美元，占中国企业在6大市场该季度总筹资额的65%。新加坡主板市场吸引了7家中国企业前往上市，筹集的资金超过2.40亿美元。这种趋势在第二季度得到了继承，香港主板吸收了8家中国公司，筹资额达到了119.40亿美元，占8大市场该季度总筹资额的95.90%。新加坡主板市场同样接收了8家中国企业前往IPO，筹资额达到了4.84亿美元，占该季度总筹资额的3.90%。两大市场的筹资额占该季度中国企业海外筹资额的99.80%。从数据上看，中国香港主板市场在与其他资本市场竞争中遥遥领先。

资料来源：王宇新：《中国企业将掀起海外上市高潮》，《中国经济时报》，2006年7月13日。

（四）深圳中小企业板市场

我国深圳证券交易所的中小企业板的法律、法规、上市标准与主板市场相同，但其运行独立、监察独立、代码独立和指数独立。根据《深圳证券交易所股票上市规则》2006年5月修订版可知：发行人申请股票在本所上市，应当符合下列条件：①股票已公开发行。②公司股本总额不少于人民币五千万元。③公开发行的股份达到公司股份总数的百分之二十五以上；公司股本总额超过人民币四亿元的，公开发行股份的比例为百分之十以上。④公司最近三年无重大违法行为，财务会计报告无虚假记载。

相对于中国大陆地区而言，其他地方的首次公开发行的标准比较低，促使一些优秀公司选择到海外上市。

四、全球主要创业板市场简介

目前全球的主要创业板市场有：美国纳斯达克（NASDAQ）、日本加斯达克（JASDAQ）、韩国克斯达克（KOSDAQ）、新加坡西斯达克（SESDAQ）、欧洲易斯达克（EASDAQ）、中国香港（GEM）、英国伦敦另类投资市场（AIM）、温哥华证券交易所的第二板市场（VSE）、罗马尼亚自动报价系统（RASDAQ）、马来西亚自动报价系统（MESDAQ）、泰国证交所另类投资市场（SETAIM）、吉隆坡证券交易所的第二板市场（KLSE）。其中著名的几个创业板市场的上市标准如表 7-6 所示，企业可以根据自身情况选择一个适合自己的创业板市场上市。

表 7-6 全球主要创业板上市要求

市场名称	日本 JASDAQ	韩国 KOSDAQ	中国香港 GEM	新加坡 SESDAQ	欧洲 EASDAQ
市场定位	为达到主板上市条件的公司	中小型、高科技企业	成长型公司	中小型企业	成长型高科技中小企业
设立模式	独立运作市场	独立运作市场	附属市场	附属市场	独立运作市场
交易方式	混合式	委托指令驱动	委托指令驱动	混合式	做市商报价驱动
资本额	（净资产）正常市场：2 亿日元以上；特别市场：不要求	标准 1：（实收资本）5 亿韩圆（建筑业 10 亿韩圆）	不要求	不要求	（净资产）200 万欧元
总资产	不要求	标准 2：500 亿韩圆，其他不要求	不要求	不要求	350 万欧元
最低股东人数	上市时股票数为 1 万股以下：300 人；1 万~2 万股：400 人；2 万股以上：500 人	500 人	300 名公众股东	500 名公众股东	100 人
最低公众持股量及比例	不要求	持股 30%或持股只占 10%时要求持股数量大于 500 万股	市值少于 40 亿港元时公众最低持股市值 3000 万港元或占 25%；40 亿港元及以上公众持股市值最低 10 亿港元或占 20%。（以较高者为准）	50 万股或 15%（以较高者为准）	10 万股，占 20%
锁定人员	不要求	除创业投资和机构投资者之外的持有 5%以上股份的股东	管理层股东 A；高持股量股东 B	主要股东及关联人士及上市时持有 5%或以上的执行董事	公司董事
锁定数量及期限	不要求	100%股份，1 年	A：100%，2 年 B：100%，半年	第一年 100% 第二年 50%	100%，半年
保荐人	必须指定	不要求	必须指定	不要求	必须指定
做市商	至少 1 名	不要求	不要求	至少 1 名	2 名
独立董事	不要求	不要求	至少 2 名	2 名①	不要求

资料来源：刘健钧：《全球创业板市场新发展与我国政策建议》，《宏观经济管理》，2004 年第 2 期；戴永胜：《各国创业板市场发行上市条件的对比分析及对我国设立创业板市场的启示》，《内蒙古科技与经济》，2005 年第 9 期；舒俊：《全球主要创业板市场交易制度及对比研究》，《科技管理研究》，2004 年第 6 期；日本证券法律制度 http://www.tz-law.com/material/rbzq.htm；中国创业投资网 http：//www.wineast.com/news/list1.asp？page=2&type=全球创业板介绍；中国创业网（创业板研究）http：//www.buildingchina.com/filet.asp？id=1&t=t2。

各国创业板市场的上市条件除了以上要求外，还有其他一些要求如下：

日本 JASDAQ 要求：在有利润的情况下，上市日的时价总额为 10 亿日元以上；在

① 业务在新加坡的公司须有两名独立董事；业务不在新加坡的控股公司，有两名常住新加坡之独立董事，一位全职在新加坡之执行董事。

没有利润的情况下，上市日的时价总额为50亿日元以上。

中国香港GEM要求：不设盈利要求；具有至少两年的活跃业务记录（如上市申请人为新成立的项目公司或开采天然资源的公司，又或在联交所接受的特殊情况下，这项两年活跃业务记录的规定可在联交所的批准下放宽），只有总资产或市值达到5亿港元的才可以以一年营运记录申请上市，但同时需满足总值1.5亿港元股份公众流通量的规定；且活跃期期间的管理层及拥有权大致相同；上市时的管理层股东及主要股东合共须占新申请人不少于35%的已发行股本。

新加坡SESDAQ要求：有三年或以上连续、活跃的经营记录，并不要求一定有盈利；管理层股东和高持股股东于上市时必须合共持有35%或以上的股份；以电脑交易为基础，并受做市商制度制约；做市商须按其报价至少交易2000股。

美国NASDAQ市场根据不同企业的不同特点将自身分为全国市场和小型资本市场，其中全国市场又有三种可供选择的上市标准，这样企业可以根据自身状况选择适合自己的市场上市。上市标准分为发起上市标准和持续上市标准，表7-7是美国NASDAQ市场发起上市的标准。

表7-7 美国NASDAQ上市要求

<table>
<tr><th rowspan="2">美国NASDAQ</th><th colspan="3">全国市场 发起上市</th><th rowspan="2">小型资本市场发起上市</th></tr>
<tr><th>选择一（发展型公司）</th><th>选择二（营运型公司）</th><th>选择三</th></tr>
<tr><td>市场定位</td><td>全球的大型企业</td><td>全球的大型企业</td><td>全球的大型企业</td><td>高成长性中小企业</td></tr>
<tr><td>设立模式</td><td>独立运作市场</td><td>独立运作市场</td><td>独立运作市场</td><td>独立运作市场</td></tr>
<tr><td>交易方式</td><td>混合式</td><td>混合式</td><td>混合式</td><td>混合式</td></tr>
<tr><td>经营年限</td><td>不要求</td><td>2年</td><td>不要求</td><td>1年</td></tr>
<tr><td>权益资本</td><td>1500万美元</td><td>3000万美元</td><td>不要求</td><td rowspan="3">权益资本达500万美元或总市值达5000万美元或税前收入达75万美元</td></tr>
<tr><td>总市值</td><td>不要求</td><td>不要求</td><td>7500万美元或总资产7500万美元且总收入达7500万美元</td></tr>
<tr><td>税前收入（最新财政年度或前三个财政年度的两个财政年）</td><td>100万美元</td><td>不要求</td><td>不要求</td></tr>
<tr><td>股东人数（持股达100万股及以上）</td><td>400名</td><td>400名</td><td>400名</td><td>300名</td></tr>
<tr><td>最低公众持股量①</td><td>110万股</td><td>110万股</td><td>110万股</td><td>100万股</td></tr>
<tr><td>最低流通市值</td><td>800万美元</td><td>1800万美元</td><td>2000万美元</td><td>500万美元</td></tr>
<tr><td>每股最低递盘价</td><td>5美元</td><td>5美元</td><td>5美元</td><td>4美元</td></tr>
<tr><td>锁定人员</td><td>不要求</td><td>不要求</td><td>不要求</td><td>不要求</td></tr>
<tr><td>保荐人</td><td>不要求</td><td>不要求</td><td>不要求</td><td>不要求</td></tr>
<tr><td>做市商②</td><td>3名</td><td>3名</td><td>4名</td><td>3名</td></tr>
<tr><td>独立董事</td><td>至少2名</td><td>至少2名</td><td>至少2名</td><td>至少2名</td></tr>
</table>

资料来源：http://www.homeoc.org.cn/capital/Second/several/NASDAQ.htm 和美国纳斯达克上市融资服务公司北京代表处 http://www.nasdaqbj.com/index.asp。

① 公众持股量排除“有发行公司的经理或董事和拥有10%以上的收益权所有人直接或间接持有的股票”。

② 每位登记在案的做市商须在正常的买价与卖价之下有能力买或卖100股以上的股票，并且必须在每笔成交后的90秒内将所有的成交价与交易量报给美国证券商同业协会。

目前中国企业在美国NASDAQ的情况是：10家IPO；7家成功升至主板；近20家在柜台交易市场（OTCBB）融到了可观资金；中国企业通过OTCBB市场买壳上市融资的途径已经被美国主流资本市场认同和接受。

企业若要在美国NASDAQ上市需要准备的基本数据为：公司介绍；主要业务及产品介绍；管理团队及股本结构；公司管理人对公司近期运作的说明；财务报告（资产负债表、损益表、现金流量表）；财务审计鉴定书；财务报告注解说明。

● 本章案例

魔龙的手机游戏的创新融资策略

WAP（无线应用协议，手机直接上网）、JAVA（是一种语言，百宝箱服务）、IVR（互动式语音应答）业务和手机游戏业务，已经成为无限增值业务的主要盈利手段。魔龙就是运用了这些盈利手段。[①]全球手机游戏市场收入规模在2005年达到102亿美元，到2008年将达到520亿美元；中国手机游戏市场收入规模将达到30.9亿元。魔龙2005年收入共计3亿元，其中短信收入1.5亿元，手机游戏收入约为7500万元，其余为WAP、IVR等项业务的收入。魔龙的业务创新之所以成功并成为公司的主要赢利手段，在很大程度上是由于该公司选择了一条与公司业务特点相适应的创新融资模式，即创业投资。

2003年，无线增值业务成为中国互联网市场的又一新生力量，卢建离开硅谷动力后创办了魔龙。据卢建介绍，时任硅谷动力助理总裁的韩毅也随他一起进入魔龙并任总裁，“我主外，他主内，他以前主管业务运营，熟悉业务”。2004年，魔龙获得了IDG的500万美元风险投资。目前，IDG又携手索尼基金再次注资2000万美元，堪称中国手机游戏行业金额最大的私募。2006年4月，魔龙又悄然进行了第二轮融资，获得IDG和索尼基金的2000万美元投资。其中，IDG通过金融界投资1500万美元，索尼基金投资500万美元。两轮投资后，IDG、索尼基金共占魔龙的股份约为40%，管理层及员工约为60%。

一、获得风险投资的青睐

（一）敏锐的市场洞察力

卢建能做到居安思危，关注预测未来市场走势，把握市场动态，而不是在SP业务风光之时，大力发展SP作为主营业务。魔龙看好了手机游戏的巨大市场空间，这同时符合了国外风险投资商对产品及市场的预期，使投资商很感兴趣。相反，我国的风险投资商对产品及市场的预测能力较差，对风险的关注太多，使其错过了很多有发展前景的项目，而外国风险投资商善于抓住机会从而获利。

（二）建立新的游戏规则

如果企业只是对已有的模式去做一些改进，而不是着眼于革命性的东西，希望通过

---

① 侯继勇：《2500万美元风险投资助推SP魔龙转战手机游戏》，《21世纪经济报道》，2006年8月15日，http：//www.zero2ipo.com.cn/2006/8/15/200681518102.html。

对已有的强势产品或者品牌进行“改良”而获得一个全新企业的生存，这个路子的操作性并不强。原因很简单，一旦你露头了，市场的领先者可以很快地学习。而由于有用户、有资金、有资源，它不仅学得快，可能做得比你还好。风险投资商对跟风的东西是没有太大兴趣的。所以，要想获得风险投资商的青睐，企业最好建立新的游戏规则。魔龙就是建立了无限增值业务的新的游戏规则——手机游戏。

(三) 产品的发展潜力与巨大的市场空间

风险投资商关注的是企业的产品对用户是否有独到的价值，其产品是否有巨大的发展潜力和市场空间。风险投资商看中的，是未来的用户能呈指数级增长的项目。对于发展潜力不大（市场容量有限）的项目，风险投资商不会有太大兴趣，因为，他的运作空间太窄，简单说就是“饼做不大”，也没法分。所以，市场的规模是企业要证明的很关键的一点。案例中的手机游戏就有很大的发展潜力和市场空间。

(四) 优秀的管理团队

风险投资商也非常关注企业的管理团队，主要是主要领导人的成功经验及素质、创业积极性及稳定性和团队技能等。案例中的卢建曾经在硅谷动力工作，后来离开硅谷动力创办了魔龙，而时任硅谷动力助理总裁的韩毅也随他一起进入魔龙并任总裁，用卢建的话说就是：“我主外，他主内，他以前主管业务运营，熟悉业务”，这都说明了卢建和韩毅都是有经验、有能力、有创业精神的高层领导者，他们更有捕抓机会的能力，“当时，魔龙的WAP、JAVA、IVR业务和手机游戏业务都已经开始布局了”，说明他们的团队的技能素质也很高，所有这些因素使魔龙获得了风险投资商的青睐。

二、调整股权结构与战略并购

无论是主板证券市场还是创业板市场，它们的上市要求中都很注重公司的股权结构，所以企业若要准备上市，事先就要调整好股权结构。而案例中，卢建说融资是为上市做准备，改变股份结构，符合资本市场的预期。这说明魔龙的每一步发展都很有计划，它正为以后的上市做着准备。另外，企业要注意股份控制权要掌握在管理层手中，不能为了吸引风险投资而失去控股权，管理层要控制企业的发展方向。而魔龙就很重视这一点，在获得风险投资的同时，也没有失去管理层的控股权，既调整了股权结构、满足上市要求，也保证了管理层掌握控股权。

案例中的魔龙两期共2500万美元的融资将主要用于战略并购，重点在手机游戏方面。这说明了在很多情况下，企业为了快速获得关键技术或关键技术人才团队都会考虑进行战略并购。企业并购是满足企业多方面需求的很好的方式。魔龙通过战略并购，使其在主攻的手机游戏方面快速增加技术人才，提高技术能力，使整个团队的实力增强，为魔龙实现未来目标做好了充分准备。

● 思考题及答案要点

1. 简述高科技型中小企业的融资方式。

政府和银行的专项资金（是否属于“863”计划、科技攻关计划、火炬计划、星火计划等）、中小企业创新基金、创业投资、各国创业板市场。

2. 什么是投资天使？

投资天使是指那些构成大部分“非正式”创业资本的单个私人投资人，他们专门投资于那些高风险、高报酬的中小企业。在美国，有25万美元或25万美元以上专门从事创业投资的富有个人，就叫投资天使。

3. 什么是创业板市场？

创业板市场，又称为二板市场、高新技术板市场或另类股票市场，是与传统的证券交易所或主板市场相对的概念，是指主板市场之外专为中小和新兴的高成长性企业提供筹资途径的新兴证券市场，同时它也为风险投资提供了退出渠道。

● 参考文献

1. 杰弗里·蒂蒙斯，周伟民、吕长春：《创业企业融资》，华夏出版社，2002年。

2. 房汉廷、王伟光：《创业投资产业发展的国际比较及其启示》，经济管理出版社，2004年。

3. 王松奇：《中国创业投资发展报告》，经济管理出版社，2004年。

4. 谢代银：《现代企业融资策略研究》，西南财经大学出版社，2004年。

5. 刘百宁、王海旗、王兆琪：《中小企业融资实务与技巧》，中国经济出版社，2004年。

6. 王丽娅：《企业融资理论与实务》，中国经济出版社，2004年。

7. 王一：《企业并购》，上海财经大学出版社，2000年。

8. 林冬辉、冯霆：《我国高新技术企业吸引风险投资的对策研究》，《科技与管理》，2005年第5期。

9. 王军：《试论我国技术创新融资体系的构建》，《理论导刊》，2004年第10期。

10. 金京淑、臧良运、尹来武：《我国风险投资的现状与发展前景》，《商业经济》，2006年第3期。

11. 刘梁：《企业如何实施分阶段资产重组》，《市场周刊·理论研究》，2006年6月。

12. 彭莉戈：《我国资产证券化的现实障碍及对策》，《科技情报开发与经济》，2006年第12期。

13. 贾立：《杠杆收购：并购融资创新路径探讨》，《理论探讨》，2006年第3期。

14. 段云、周晓静：《买壳上市及其财务问题》，《学术交流》，2005年第6期。

15. 宋亚非：《买“壳”上市前后的实施策略》，《中央财经大学学报》，2005年第1期。

16. 刘健钧：《全球创业板市场新发展与我国政策建议》，《宏观经济管理》，2004年第2期。

17. 戴永胜：《各国创业板市场发行上市条件的对比分析及对我国设立创业板市场的启示》，《内蒙古科技与经济》，2005年第9期。

18. 舒俊：《全球主要创业板市场交易制度及对比研究》，《科技管理研究》，2004年第6期。

19. 日本证券法律制度 http: //www.tz-law.com/material/rbzq.htm。

20. 中国创业投资网 http: //www.wineast.com/news/list1.asp? page=2&type=全球创业

板介绍。

21. 中国创业网（创业板研究）http：//www.buildingchina.com/filet.asp？id=1&t=t2。

22. 美国纳斯达克上市融资服务公司北京代表处 http：//www.nasdaqbj.com/index.asp。

23. http：//www.homeoc.org.cn/capital/Second/several/NASDAQ.htm。

24.《中国经济时报》，2006.1.10；2006.7.13；2006.10.18；2006.11.3 。

25. 清科网 http：//www.zero2ipo.com.cn/2006/8/15/200681518102.html。

第八章　社会网络、产业集群与创新集聚

● 本章提要

重点掌握产业集群的类型，了解区位、社会网络、价值链等与产业集群的关系，掌握社会网络、产业集群与创新集聚的一般规律。

知识经济的发展不仅使得产业发展的动力出现了新变化，也使得经济成长与产业发展的组织方式出现了新特点。作为一种产业成长过程中的新型组织方式，产业集群的兴起、发展、成熟与衰退，与区域经济发展的稳定、持续与波动周期存在很强的相关性，它正在成为经济成长与社会进步的一个重要组成部分。集群的形成是多种因素共同作用的结果，影响企业进入市场的政策因素、有效的技能、完善的基础设施、适宜的区域社会关系网络、良好的制度安排等因素，在产业集群形成与发展过程中发挥着不同的作用。基于企业集中、市场集中与要素集中的企业集群和产业集群不是一蹴而就的，而是一个复杂的系统演化过程，需要经过萌芽、发展、成熟与衰退等阶段。在不同阶段，各种因素的作用及作用强度会存在一定的差异性。在某些时空条件下，当这些要素不经意地、"偶然"地集中作用于某个区域、某个产业时，或者某个区域、某个产业有效地将那些资源聚集与整合于内部生产、交换等分工协作体系时，产业集群将会因之而生并发展。

● 章首案例

知识经济的发展，不仅使得产业发展的动力出现了新变化，也使得经济成长与产业发展的组织方式出现了新特点。作为一种产业成长过程中的新型组织方式，产业集群的兴起、发展、成熟与衰退，与区域经济发展的稳定、持续与波动周期存在很强的相关性，它正在成为经济成长与社会进步的一个重要组成部分。产业集群的形成是多种因素共同作用的结果，影响企业进入市场的政策因素、有效的技能、完善的基础设施、适宜的区域社会关系网络、良好的制度安排等因素，在产业集群形成与发展过程中发挥着不同的作用。以美国硅谷为代表的高新技术产业集群就是一个典型的例子。

20 世纪 50 年代斯坦福工程学院的特曼提出，在斯坦福没有利用的一块区域设立一个工业园区，这就是美国硅谷的雏形。70 年代，由于苹果公司的个人计算机的发展以及后来网络经济的发展，为硅谷注入了新的活力。诺贝尔经济学奖得主加里·贝克尔认为，硅谷的发展主要得益于名牌大学、灵活的劳动力市场和金融市场以及消除官僚主义

障碍四个要素的综合作用。硅谷的发展在很大程度上是该区域形成另一种独特的初创企业文化，吸引着世界各地的优秀人才。

21 世纪初，由于网络神话的破灭，硅谷许多外国员工开始回到了祖国。随着人才的国际流动，许多国家或地区也开始复制硅谷文化，产生了一系列新的“硅谷”。这种基于人才转移的创新、创业文化扩散，使得信息技术外包业务异常活跃发展，同时许多地方性的政策优惠，也使得多样化的高新技术产业基地或产业集群不断出现和发展壮大，客观上促进了高新技术知识的流动和高新技术产业分工的深化，形成了多个新的区域财富创造中心。

第一节　产业集群及其分类

随着经济全球化和国际产业资本转移的发展，区域产业竞争力的强弱越来越取决于该地区产业集群发展的程度。产业集群、产业竞争力和区域经济发展日益密切。一个地区或一个国家的经济能否持续发展，除了自然资源、劳动力、技术等要素之外，产业组织方式也是一个重要条件。作为一种产业成长过程中的新型组织方式，产业集群的兴起、发展、成熟与衰退，正在与区域经济发展的稳定、持续与波动高度相关。美国硅谷的 IT 产业、意大利北部的皮革加工业、德国南部的汽车制造业等地的产业集群成为许多国家和地区竞相模仿的典型。改革开放以来，特别是 20 世纪 90 年代以来，以“一镇一品”、“一县一业”、“块状经济”为特征的高度专业化的产业集群，成为我国“珠三角”、“长三角”等沿海经济发达区域经济增长的主要动力，并显著提高了区域的综合竞争力。

一、产业集群的内涵

一般而言，产业集群主要是指某一区域的产业集中现象。它是经济地理学、管理学、社会学等理论的重要研究内容。现在，创新经济学、制度经济学、竞争经济学等一些“新”理论也开始关注这一问题。到底何谓产业集群，不同学者有着不同的看法（表 8-1）。在克林斯简明辞典中，集群是“一定数量的紧密生长在一起的同类事物——人或者事物——的聚集”（Collins Concise Dictionary，1990，211）。[①] 派克（F. G. Pyke）等人虽然也将产业集群视为企业的区域集中现象，但是他们更加强调某一产业内企业的生产集中，并强调了这种集中的地方性。J. A. Rolelandt 和 Pim den hertog（1998）从产业集群的功能角度对产业集群作出如下定义：为了获得新的互补技术，从互补资产和知识联

① 转引自聂鸣、李俊、骆静：《OECD 国家产业集群政策分析和对我国的启示》，《中国地质大学学报：社科版》，2002 年第 1 期，第 40~43 页。

盟中获得收益，加快学习过程，降低交易成本，克服或构筑市场壁垒，取得协作经济效益，分散创新风险和相互依赖很强的企业、知识生产机构、中介机构和客户通过增值链相互联系形成的网络。此外，由于产业集群具有不同的层次，每个层次的集群概念和分析重点各不相同（表 8-2）。

表 8-1 各国学者对集群本质的理解

国 家	对企业集群的理解	国家	对企业集群的理解
美国	供应链网络和生产网络	德国	相似公司的聚集和创新模式
加拿大	创新系统	意大利	产业知识流
澳大利亚	创新的网络和生产网络	墨西哥	创新系统
法国	由知识链连接起来的独特组合	荷兰	价值链和生产网络
爱尔兰	价值链	英国	区域创新系统

资料来源：许庆瑞、毛凯军：《试论企业集群形成的条件》，《科研管理》，2003 年第 1 期。

表 8-2 产业集群的层次

分析水平	集群概念	分析重点
宏观层次（国家）	经济结构中产业关联度	国家/地区的专业化模式；大量的产品和工艺升级和创新
中观层次（产业）	在相似最终产品的产品链上不同阶段的产业内和产业间关联度	产业的 SWOT 分析和基准分析
微观层（企业）	企业间关联:专业供应商集中在一个或几个核心企业周围	探索创新的需求；战略性业务发展；供应链的分析与管理；合作创新项目开发

资料来源：Roelandt et al.（1997），转引自陈剑锋、唐振鹏：《国外产业集群研究综述》，《外国经济与管理》，2002年，第 22~27 页。

普遍认为，波特对产业集群的定义比较有代表性。根据波特的定义，集群是指在某一特定领域内相互联系的、在地理位置上集中的公司和机构的集合。它包括一批对竞争起重要作用的、相互联系的产业和其他实体，例如，零部件、机器和服务等专业化投入的供应商和专业化基础设施的提供者，向下游延伸至销售渠道和客户，从侧面还可扩展到辅助性或互补产品的制造商，以及以技能技术要素投入的相关产业公司。此外，还包括专业培训、教育、信息研究和技术支持的政府和其他机构，如大学、标准的制定机构、智囊团、职业培训中心、各类中介性组织和贸易联盟等。①

产业集群、产业集聚和产业集中是分析产业成长过程中区域分布的几个重要概念，它们之间既相互联系又有一定区别。产业集中是指国民经济部门中少数几个至关重要的产业所处的经济、社会地位，这种影响可以通过最大的几个产业在国民经济中所占的产值份额、就业份额等指标来反映，这些指标的数值越大，表明这些产业的地位越重要，影响也越大。通常，不平衡发展是一个国家或地区经济社会发展的常态，是实现均衡发展目标的重要途径。所以，在一定时期，许多国家或地区的经济社会发展总是得益于几个产业的快速发展，也就是通过一定的产业集中实现的。当然，这种集中要通过一定的

① 迈克·E. 波特，郑海燕译：《簇群与新竞争经济学》，《经济社会体制比较》，2002 年第 2 期。

区域集中，也即少数几个产业集中在少数几个地区体现出来。因此，产业集中有两个基本含义：一个是国民经济中的产业集中，另一个是这些产业的区域集中。对于后一个层面的集中，可以视为产业集聚——地理邻近的产业生产单位、服务单元，借助于劳动力市场、产品市场和专业化分工，实现规模经济和范围经济的一种经济现象。随着上述关系与集聚的交互影响，某一区域、某一产业的横向、纵向分工将进一步深化，或者以该地、该产业为主导力量，在全国、全球范围整合该产业价值链，或者为全国或全球产业中的主导企业提供高度“专业化”的配套产品或服务，并形成一种能够自我循环发展、自我强化发展的区域产业发展模式，这时的产业集聚就是产业集群。产业集中、产业集聚和产业集群之间大体存在着顺次发展的过程，但三者之间的时间继承性可能不十分明显，也可能在同一时间发生。三者的共同点在于产生于同一空间区域。[①]

二、与创新相关的产业集群分类方法

由于创新与经济增长、企业竞争力、产业竞争力的关系更为紧密，所以越来越多的研究者开始关注产业集聚中的创新问题。出于不同的研究目的，国内外学者对产业集群进行了各具特色的划分，这些分类方法对我们认识产业集群的影响因素与成长动力机制，具有很强的参考意义。

1. Lynn Mytelka 和 Fulvia Farinelli 的产业集群分类

根据集群内企业技术水平、集群变化的广泛性以及企业间协作与网络化程度，联合国贸发组织（UNCTAD，1998）将产业集群分为非正式产业集群、有组织的产业集群、创新型产业集群、科技园区和孵化器、出口加工区五种类型。Lynn Mytelka 和 Fulvia Farinelli（2000）在 UNCTAD 基础上，重点研究了自发的产业集群，并把它们分为非正式集群（如加纳库马西 Suname Magazine 汽车零部件集群）、有组织的集群（如巴基斯坦锡亚尔科特外科手术器械集群）和创新型集群（如丹麦日德兰半岛家具业集群）三种类型，不同类型集群的参与者特点、创新、信任、技能、技术、关联、合作、竞争、产品创新、出口等方面的表现各不相同（表 8-3）。[②] 这种分类的一个重要特点就是，将影响产业集群的若干因素明确表示出来，便于将这些因素继续细化或者综合，有助于我们剖析产业集群成长的动力机制。通过这种分类我们可以发现，比较成熟的产业集群大多具有如下特点：中小企业高度参与，技能、技术和信任关系至关重要、高度竞争。

2. Peter Knorringa 和 Jorg Meyer Stamer 的产业集群分类

Peter Knorringa 和 Jorg Meyer Stamer（1998）借鉴产业区分类法，把产业集群分为“第三意大利式”产业集群、卫星式产业集群、轮轴式产业集群三种类型（表 8-4），并详细分析了不同类型的特征、利弊、发展路线与政府干预等内容。

---

① 多数学者认为，产业集群与聚集经济在概念上并无多大的区别。参见徐康宁：《当代西方产业集群理论的兴起、发展和启示》，《经济学动态》，2003 年第 3 期，第 70~74 页。在本书中，如果不特别说明，产业集聚、产业集群的意义大体相同，而产业集中则是产业集群和产业集聚的一种突出表现。

② 参见隋映辉：《产业集群：成长、竞争与战略》，青岛出版社，2005 年，第 7~8 页。

表 8-3 Lynn Mytelka 和 Fulvia Farinelli 的产业集群分类

要 素	类 型		
	非正式集群	有组织的集群	创新型集群
关键参与者参与度	低	低到高	高
企业规模	个体、小	中小企业	中小企业和大企业
创新	几乎没有	有些	持续
信任	几乎没有	高	高
技能	低	中	中
技术	低	中	中
关联	有些	有些	广泛
合作	几乎没有	有些不持续	高
竞争	高	高	中到高
产品创新	几乎没有	有些	持续
出口	几乎没有	中到高	高

资料来源：Lynn Mytelka 和 Fulvia Farinelli（2000），转引自陈剑锋、唐振鹏：《国外产业集群研究综述》，《外国经济与管理》，2002 年第 8 期，第 23 页。有改动。

表 8-4 Peter Knorringa 和 Jorg Meyer Stamer 的产业集群分类

要 素	“第三意大利式产业集群”	卫星式产业集群	轮轴式产业集群
主要特征	以中小企业居多；专业性强；地方竞争激烈，存在合作网络；存在信任关系	以中小企业居多；依赖外部企业；基于低廉的劳动成本	大规模地方企业和中小企业；明显的等级制度
主要优点	柔性专业化；产品质量高；创新潜力大	成本优势；技能/隐性关系	成本优势；柔性；大企业作用重要
主要弱点	路径依赖；适应性差	对外依赖程度大；诀窍有限；	整体绩效取决于大企业
典型发展轨迹	停滞/衰退—内部劳动分工的变迁—部分活动外包—轮轴式结构出现	升级—前向和后向工序整合—提供全套产品或服务	停滞/衰退（随大企业变化）—升级—内部分工变化
政策干预	集体行动形成区域优势；公私部门合作	通过培训和技术扩散等方式，促进中小企业升级	大企业/协会和中小企业支持机构的合作，增强中小企业实力

资料来源：Peter Knorringa 和 Jorg Meyer Stamer（1998），转引自陈剑锋、唐振鹏：《国外产业集群研究综述》，《外国经济与管理》，2002 年第 8 期，第 23 页。有改动。

3. Michael Albu 的产业集群分类

英国苏萨克斯大学的 Michael Albu（1997）在分析产业集群中的技术学习与创新过程中，根据市场驱动力量、企业生产协作方法等提出了一个以市场导向和协作方式为基础的产业集群分类方法（图 8-1）。

4. Shahid Yusuf 的产业集群分类

作为技术进步和创新良性循环的重要载体，高新技术产业集群是创新与产业高度集中的区域。Shahid Yusuf（2004）认为，产业集群是由具有创新精神的企业不断进入和成长而形成的，高新技术产业集群主要分布在经济聚集效应显著的大城市中。虽然产业集群具有明显的本地化特点，但是，在一个开放的经济中，产业集群的长期成长动力在于“成为全球相关产业集聚网络的一部分，并参与到其人力资本的循环中……产业集聚

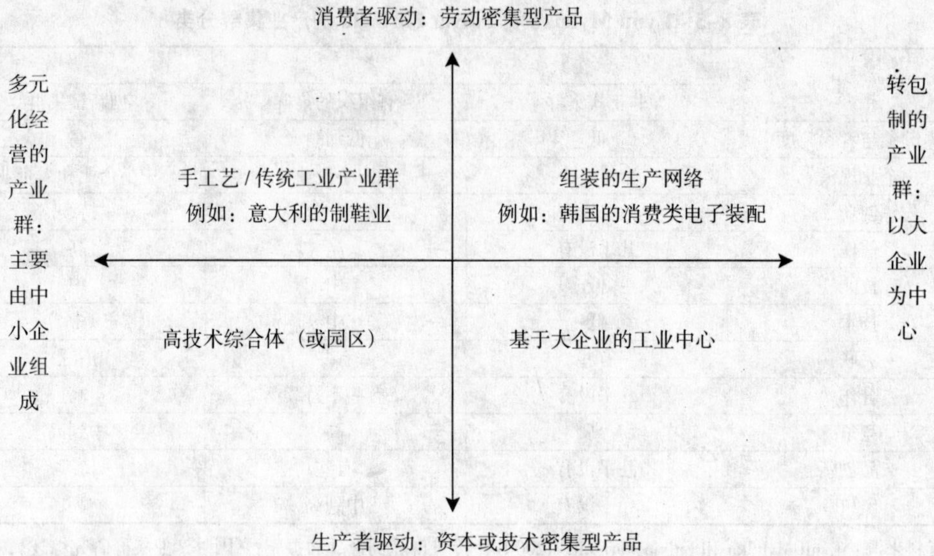

图 8-1　以市场导向和协作方式为基础的产业群分类

资料来源：Michael Albu（1997），转引自盛世豪：《基于产业群的区域发展机制》，载《产业集群与中国区域创新发展》研讨会·会议资料，中国软科学研究会，2002 年 11 月，第 75 页。

的成功与否，最终取决于本地企业与外国企业之间能否通过技术工人的流动、观念的交换、技术的转让，进入外国市场，来进行技术方面的互动"。为了进一步揭示何种因素导致了产业集群的成长和发展，Shahid Yusuf（2004）将产业集群分为生产型集聚和服务型集聚两种基本类型（表 8-5）。其中，生产型集聚可以分为低技术集聚和高技术集聚，前者数量比较多，后者的成长与壮大依赖于持续的创新。而服务型集群的产生和发展与信息通信技术的扩散、全球化金融业发展和电子商务的兴起发展密切相关。

表 8-5　Shahid Yusuf 的产业集群分类

类型	生产型		服务型
	低技术密集	高技术密集	
特点	灵活的劳动力供给；专业化的生产商；可提供支持的服务商；广泛的技术引出效应；大量的商业联盟和组织；更深的市场渗透；规模经济	适宜的文化和社会环境；金融、咨询管理服务发达；研究型大学、高新技术企业密集；大城市的经济辐射与关联效应；基础研究实力强且科技成果转化能力强	发达的专业化；快速发展的公司外包业务；发达的贸易服务（如市场营销、物流、金融保险等）；大量的高素质人力资源；优良的生活环境；发达的城市经济
案例	印度尼西亚爪哇中心 Jepara 区的家具集聚地；中国珠江三角洲等	日本的京都、东京；中国的上海；新加坡的 Jurong 等	中国的香港；新加坡

资料来源：Shahid Yusuf：《东亚创新未来增长》，中国财政经济出版社，2004 年，第 182~194 页。作者整理。

5. 基于创新的分类

依托关键技术、共享知识、技能或产—供关系，企业将形成各种密切关系。研究发现，无论一个国家或地区的总体创新绩效如何，它们都难以在所有的产业范围获得卓越表现，更多的是依靠纵横交错的产业关联的产业集群来获得宏观层次的竞争力。在不同集群之间，以及不同国家的不同集群之间，生产—知识流动模式存在很大不同。例如，芬兰的林业集群就是涉及木材、木制品和纸制品、家具、出版和印刷及有关的机械，围绕特定的知识流，形成了一个林业知识创造、利用与分配的网络。挪威的水产养殖产业集群则是水产养殖或渔业养殖部门充分利用光学、声学、电学和信息技术部门的技术溢出而形成和发展起来的区域生产网络。根据创新公司分类法（taxonomy of innovating firms），产业集群可以划分为以科学为基础的集群、规模集约型集群、供应者支配型集群和专业供应者集群（表 8-6）。这些产业集群的创新活动、创新与生产关系等各不相同。

表 8-6 基于创新的产业集群分类

集群类型	代表行业	主要特点	创新绩效的决定因素
以科学为基础的集群	制药业 航空业	地理上接近基础研究和公共研究机构、大学 R&D 和专利密集度高	与公共部门密切合作
规模集约型集群	食品加工 运输工具	与技术研究机构和大学联系密切，较少直接参与研究活动	技术引进以及加工过程的改进
供应者支配型集群	林业 服务业	以资本品和中间产品的形式引进技术	与供应者以及推广服务之间的相关关系
专业供应者集群	计算机硬件 软件	R&D 密集 产品创新至关重要	顾客和用户的合作关系

资料来源：李正风、曾国屏主编：《走向跨国创新系统——创新系统理论与欧盟的实践》，山东教育出版社，2001 年，第 13 页。作者改编。

6. 高新技术产业集群与传统产业集群

周良洛（2005）从企业聚集形态、产业集聚取向、集聚依赖性等角度对高新技术产业集群与传统产业集群进行了区划（表 8-7）。高新技术的产业性质决定了该类产业“更加需要聚集，更加易于聚集”。与传统产业集群相比，高新技术产业集群的生产组织基础是一种柔性的网络式生产体系，以区域创新体系为成长动力，该类集群对集聚的依赖程度比较大，通常集中在少数几个区域，具有比较强的专有性，可复制性比较差。

表 8-7 高新技术产业集群与传统产业集群

	高新技术产业集群	传统产业集群
企业聚集形态（生产组织基础）	网络状生产体系——柔性	大规模生产方式——刚性
产业集聚取向（动力机制）	创新资源——区域创新体系	生产销售协作——区域市场体系
集聚依赖性（可复制性）	强——少数区域	弱——范围广

资料来源：根据周良洛：《打造特色产业链，发展集群经济，提升中关村高新技术产业能力》，载顾强：《中国产业集群》（第 2 辑），机械工业出版社，2005 年，第 36~45 页。改编整理。

第二节 区位因素、知识溢出与产业集群

一、区位因素

区域集中是产业集群的现象和主要特点。根据波特（1998）的定义，企业群是在一个特定区域内一群相互联系的公司和各种组织在地理上的集中。一个标准的企业群具有如下几个特点：空间上的接近——企业之间相距 1 公里（市中心）到 500 公里不等，平均每平方公里有 50 家企业左右；[①] 从事同一个产业的生产和经营活动，或者提供辅助性的生产和经营活动；横、纵向分工发达，是一个密集的社会协作网络等。传统观点认为，包括运输费用、关税及非关税壁垒、生产标准、文化差异等在内的运输成本与经济活动的集聚程度之间存在着关系：运输成本低于某些临界值，集聚现象便会发生。[②] 但是，技术创新、市场规模、生产要素流动性等也将对产业集聚产生影响。上述因素在不同类型产业集群的不同发展阶段所发挥的作用可能存在显著差异。

弗里德曼的《区域发展政策》提出了"中心—边缘理论"，用以分析不同经济发展阶段的区域空间结构演变规律。一般的，在若干区域之间，会因多种原因个别区域首先发展起来而成为"中心"，其他区域则因发展缓慢而成为"边缘"。中心与外围之间存在不平衡的发展关系：中心居于统治地位，外围处于从属地位。依据经济权力、技术创新、生产活动等集中优势，中心不断地从外围获取剩余价值，从而使中心的地位进一步强化。其中，中心的发展与创新具有很强的关系，中心的创新需求往往较大，创新反过来又增强了中心的发展能力和活力，并在外围的扩散中强化了中心的主导地位。这一过程的产生与六个自我强化、反馈的效应密切相关，包括主导效应、信息效应、心理效应、现代化效应、连接效应和生产效应。[③] 包卿、陈雄、朱华友（2005）利用弗里德曼的"中心—边缘理论"对"高端道路"、"低端道路"两类产业集群及其演变做了分析（表 8–8）。

发达国家因为创新、快速市场反应等优势处于"中心"地位的"高端道路"，而发展中国家则处于"外围"的"低端道路"。如果地方性的"外围"产业集群能够依托自身优势，创造性地学习，并从纵向产业分工逐步转向横向分工，或者在某一环节深化分工，均有可能成为有竞争力的具有高附加值的新"中心"。[④] 在"中心—边缘"的动态演

---

① 范柏乃：《城市技术创新透视——区域技术创新研究的一个新视角》，机械工业出版社，2004 年，第 42 页。

② 藤田昌久、雅克·弗朗克斯·蒂斯：《集聚经济学》，西南财经大学出版社，2004 年，第 7 页。

③ 李小建：《经济地理学》，高等教育出版社，1999 年，第 223 页。

④ 参见包卿、陈雄、朱华友：《核心—边缘理论在地方产业集群升级分析中的应用初探》，载顾强：《中国产业集群》（第 2 辑），机械工业出版社，2005 年，第 104~110 页。

表 8-8　动态演化的产业集群

阶段	中　心	关　系	边　缘	产业分工
1	高端道路型产业集群	“中心”依托跨国公司将低端生产环节向“边缘”转移：价值链的下延	低端道路型产业集群	纵向
2	高端道路型产业集群	地方产业群生成：价值链的攀升	低端道路型产业集群	纵向
3	高端道路型产业集群	互动发展：价值链互补+竞争	高端和低端道路混合型产业集群	纵向和横向
4	原“中心”	新“中心”产业群形成：互补+竞争+替代	新“中心”	横向

资料来源：包卿、陈雄、朱华友：《核心—边缘理论在地方产业集群升级分析中的应用初探》，载顾强：《中国产业集群》（第 2 辑），机械工业出版社，2005 年，第 104~110 页。有较大改动。

进过程中，前两个阶段的“中心”未发生根本性改变，仍然在整个产业价值链中居于主导地位，两者基本以纵向分工为主，边缘处于从属、模仿地位。第 3 个阶段是过渡阶段，“中心—边缘”既合作又竞争，是新一轮“中心—边缘”力量的平衡过程甚至替代过程，这一过程的长短和能否顺利过渡为第 4 阶段，取决于“中心”资源要素聚集与专有知识的优势持续时间，以及“边缘”专有知识形成与扩散的时间之间的比较。两种力量究竟是“此消彼长”，还是“和平共处”，除了一些基本要素的影响外，地方化知识基础以及地方政府也起着延缓或加速的作用。

二、知识溢出

当知识外部性对生产区位空间集中的程度具有重要影响时，就需要引入更多的因素。Krugman（1991）指出，生产区位地理集中的程度是由运输成本决定的。运输成本与运输的平均距离成反比变化，运输成本越高，生产的地理集中程度越低。最近的一些研究认为，产业群聚取决于两种主要因素：一是生产区位的地理集中程度，有些产业之所以较其他产业更倾向于地理集中，是因为其生产区位的集中（Jaffe et al.，1993）；二是知识溢出在产业发展中所起的作用，只有在那些直接生产知识投入最多的产业，或者那些知识溢出效应较大的产业中，创新活动才会存在地理上的集中。

任何一个经济的竞争力都是根植于不同地方企业竞争力的综合与集成，设计、生产、营销等方面的本地化特点和能力，有赖于一些地方化的因素，如地区的基础设施和建设环境、本地可获得的自然资源、地区的专有制度禀赋，以及本地可以利用的知识和技术等。新经济地理学认为，相关厂商的聚集有利于知识创造，因为聚集（空间）能够减少交易成本，增加收益，获得聚集经济。当然，这种聚集经济的作用还有赖于本地环境的影响。本地环境是以共同的行为经历和技术文化等为基础的。[①] 例如，Maillat

① 根据 Coffey 和 Billy（1996）的观点，技术文化是指开发、储存、传播知识、技术诀窍、标准和价值的一种方式，它与某种经济活动联系紧密。参见，Peter Maskell and Anders Malmberg，Localised learning and industrial competitiveness，*Cambridge Journal of Economics*，1999，23，174.

(1996) 特别强调，某地区经济、社会文化、政治、机构参与者之间的相互作用构成了一个本地化的网络，这种复杂的关系网把厂商、用户、研究机构、学校体制、本地官方相互紧密地联系在一起，为参与者提供了一种良好的集体学习环境。[①] 从知识流动看，这是一种知识转换与交易网络；从产业关系看，这种创新网络则是产业集群成长与发展不可或缺的要素，并随着集群的发展不断刷新与升级。创新网络是一个由区域内各参与要素之间的相互作用和相互联系所形成的具有创新和各种特征的制度安排。创新知识的生产、传播、渗透及不同要素之间的交互作用是网络得以存在与发展的重要标志，[②] 一些不可变码的隐含知识在很大程度上依赖于创新网络（Lundvall 和 Sydow，1992）。

知识溢出存在着空间集中的特点，当获得知识溢出的能力与知识源泉的远近存在密切相关关系时，就存在地理集中的趋势，尤其在那些知识溢出重要的产业中更是如此。一个运行良好的产业集群，其内部企业之间以及科研机构和大学之间通过人员交往、项目合作等方式，可以共享知识溢出效应。产业集群中的创新集聚，在很大程度上受制于路径依赖的影响。路径依赖意味着过去的决策和经验会对未来产生影响。根据 Rycroft 和 Kash（1999）的思想，路径依赖至少包括五种来源：文化、组织学习、技术兼容性 (technological compatibility)、标准制定过程（standards-setting processes）以及产业战略和公共政策。以网络学习与路径依赖的关系为例，两者存在着相互强化的关系，与现有技术和市场保持密切联系的网络将有助于增强企业的学习能力，同时强化现有技术路径 (图 8-2)。

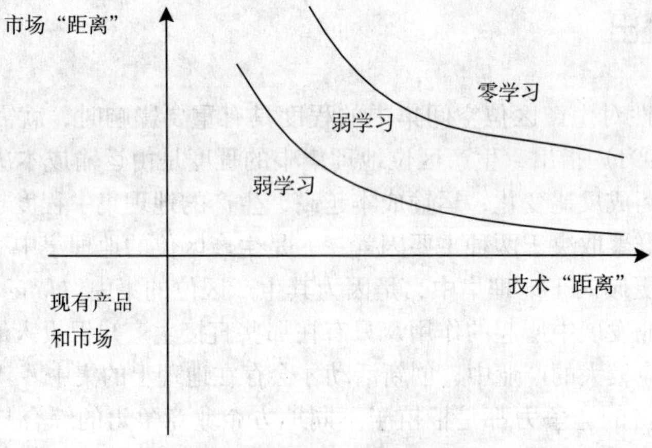

图 8-2 网络学习和路径依赖

资料来源：David J. Teece，Richard Rumelt，Giovanni Dosi，and Winter，1994：18.

通过上述分析我们可以发现，产业集群一般要顺次经过初始阶段、成长阶段、成熟阶段和衰退阶段，不同国家的产业集群在不同发展阶段将表现出不同的特点，这些特点

① Peter Maskell 和 Anders Malmberg，Localised learning and industrial competitiveness，*Cambridge Journal of Economics*，1999，23，167-185.

② 范柏乃：《城市技术创新透视——区域技术创新研究的一个新视角》，机械工业出版社，2004 年，第 45 页。

与产业集群的不同构成要件之间形成了复杂的互动关系。表 8-9 中所列的各种关系与归类只是代表了产业集群的一般特征，由于产业集群的类型或者分类不尽相同，其内部关系以及各种要素的作用程度将存在一定的差异。在产业集群发展的不同阶段，其作用的关键要素也在交替变化，从简单生产要素转向复杂生产要素，从自然资源、劳动力、投资驱动转向创新驱动是这些要素变化的重要特点（表 8-9）。

表 8-9 产业集群动态演进的支撑要素

支撑要素		初始阶段	成长阶段	成熟阶段	衰退阶段
资源要素	自然资源	重要	重要	很重要	重要
	土地成本	低	上升	高	高
	运输距离	很重要	很重要	重要	一般
	劳动力流动性	大	很大	很大	大
	技能（劳动者素质）	一般	高	高	一般
	资金来源	个人、亲属	个人、企业、政府	企业	企业、政府
企业性质	企业规模	小	小、中	中、小、大	小
	企业组织	作坊、家庭工厂	公司	公司、集团	公司
	生产方式	小批量	大批量	大批量	大批量
	企业战略	无	有	重要	重要
	管理模式	个人、家族	个人、职业管理者	职业管理者	职业管理者
	核心能力（资产）	很少	增加	很多	减少
产业组织（企业关系）	专业化分工	无或很少	加强	精细	精细
	合作关系	无	较少	很多（密切）	一般
	市场竞争	无或很少	激烈	激烈或降低	一般
	供应网络	本地	本地、全国	本地、全国、全球	本地、全国、全球
	市场范围	本地	本地、全国	本地、全国、全球	本地、全国、全球
	企业进入退出比率	波动大	波动大	稳定	波动大
	信任基础	无	有	很强	有
	外部替代性	有	有	较小	有
知识基础	R&D 活动	无	有	有	无或有
	R&D 规模	小	大	大	小或无
	创新机会	大	大	小	小
	知识累积	无或少	增加	新的基础	减少
	创新主体	个人	高校、科研机构、企业	企业	不确定
	创新文化	很强	很强	强	弱
	知识溢出	很大	很大	很大	小
	企业学习能力	强	很强	很强	弱
公共服务	政府重点	规范、引导	规范、推动	推动	引导
	政策重点	基础设施建设、创业投资支持	科技基础、教育与培训、中介服务	机制创新、技术创新、国际贸易	产业调整与新兴产业培育

资料来源：作者整理。

第三节　社会网络与集群内合作竞争机制

一、信任、社会关系网络与产业集群

作为一种产业空间组织形式，产业集群的成功在很大程度上可以归因为“产业区在企业之间和企业内部有效解决矛盾和合作问题的特殊能力”。[①] 包括企业网络在内的社会关系网络及其所具有的资产专用性，是构成这种特殊能力的基础性力量。产业集群的本地化基础在于内嵌其中的关系结构。这种关系结构能够提供更好、更有效的信息，创造信任环境，减少交易成本。其原因是网络中的信息廉价、可靠准确、易于重复交易，而且“除去纯粹的经济动机外，持续的经济关系常常被附上有着对信任和摒弃机会主义的强烈期望的社会内容（Granovetter，1985）”。[②]

社会关系网络是“由社会关系或某一特殊类型的链联系起来的一些节点和行为者(个人或组织)”。[③] 任何一个社会都是经济、政治、社会文化等要素相互依赖、相互影响的有机系统，各要素之间存在着复杂的共生关系、协同关系。这些关系渗透于经济社会发展的各个环节与层面。有的关系是以某个单位为主体而成的，有的关系存在于某一特性区域，还有一些关系扎根于人们的一些日常行为规则中，这种关系就是一种根植于民间的网络资源。人们借助于他们共同的价值理念（主要是指那些不公开的某种共同思想、喜好、习惯，尽管在多数场合，无法使用明确的术语加以表达，也就是不可言传的一些东西）来进行自我调节、自我规范、自我激励。信任是市场机制发挥作用的基础要素之一，而基于信任的社会关系网络为产业集群或特定区域内的市场关系提供了一种行动准则。例如，这种社会组织影响着市场的进入、交易和过程。采取信任行为有如下几种动机：以回报为基础的信任——我采取信任行为是因为我相信你可能也这么做；诱导性的信任行为——通过自己采取信任行为，个体能够诱导他人也这么做；补偿性信任——个体愿意采取补偿性行动，来抵消在他们看来会威胁其稳定性或存在的他人行为；道德化的信任——不论群体中其他人做什么或不做什么，我都会以令人信任和值得信任的方式行动。[④]

作为社会行为，信任决策与群体成员对维护其群体规范和价值的义务和认知存在一

---

① 塞巴斯蒂安诺·布鲁斯科：《产业区的博弈规则》，载安娜·格兰多里：《企业网络：组织和产业竞争力》，中国人民大学出版社，2005 年，第 21 页。

② 奥利弗·E.威廉森：《治理机制》，中国社会科学出版社，2001 年，第 282 页。

③ 埃米利奥·卡斯蒂拉：《硅谷社会关系网络》，载李钟文、威廉·米勒、玛格丽特·韩柯克、亨利·罗文：《硅谷优势——创新与创业精神的栖息地》，人民出版社，2002 年，第 249 页。

④ 罗德里克·M.克雷默、汤姆·R.泰勒：《组织中的信任》，中国城市出版社，2003 年，第 501~505 页。

定的关系，个体关心的“不仅是信任决策的物质利益，而且是它的自我表现意义”。[①] 社会共同体中的信任不仅促进了合作，而且合作本身也培育了信任。这种社会资本的稳定积累，提供了一种重要的认知黏合剂，促使相互依赖的社会行动者联结在一起。这种合作机制使一些潜在的生产、交换等环节的矛盾内部化于某种基于信任的共同体之中。社会关系网络之所以能够扮演如此功能，主要源自基于产业集群的内在制度的存在。根据新制度经济学的相关理论，制度可以区分为内在制度和外在制度两种基本形式。外在制度是由统治共同体的政治权力机构自上而下地设计出来，强加于社会并付诸实施的，它有一个预定的权威机构以有组织的方式来执行惩罚。具体包括专门指令、程序性规则两种方式。内在制度是指群体内随经验而演化的规则，包括各种习惯、内化规则、习俗和礼貌以及正式化内在规则。外在制度的出现在很大程度上弥补了内在制度的语意不清、裁决任意、惩罚效果不理想等问题。在内在制度中，各种习惯、内化规则、习俗和礼貌属于非正式制度，其存在与发挥作用有赖于组织成员的自律和自我执行（self-enforcing）。内在制度包含着“大量经过精练和检验的先人智慧”。自发地服从内化制度能够极大地促进社会成员有效地相互交往。“当内在制度的自我执行机制失灵时，可诉诸的惩罚多种多样，从友善的责备到指责或训斥——这些都不如放逐或正式的第三方执行那类惩罚那么严厉”。在这个意义上，内在制度可以被视为“文化黏合剂”的组成部分，它保持着群体的整合（Elster，1989）。[②]

二、基于社会关系网络的进入壁垒

社会关系网络的资产专用性是指产业集群具有一定的本地属性或者地方化特点，这种属性或特点一般难以模仿。威廉姆森（Williamson，1983）认为资产专用性有四种基本形式：物质资本专用性、场地或区位专用性（site or location specificity）、人力资产专用性和特定资产专用性。其中，场地或区位专用性是指当买者或者卖者将其设置建立在毗邻对方的区域，用以节约运输成本时所产生的一种资产专用性。[③] 产业组织、生产方式、产品类型等产业集群表层内容很容易复制、被模仿，然而，简单的复制、模仿常常难以达到“原型”的发展水平，其原因不在于资本、土地、劳动力等基本要素的影响，而在于缺乏支撑“原型”发展的社会文化环境——社会关系网络。换言之，社会关系网络难以复制，一个成功的产业集群无一例外地依赖着其深厚的本地关系的积累。所以，“仅通过照搬公司特点来复制硅谷的无数尝试鲜有成功的可能”。[④]

由于地方性关系网络的专有资产性质，客观上形成了集群进入壁垒（包括集群所处

---

① 资料来源，Kramer 等人（1993），转引自罗德里克·M.克雷默、汤姆·R.泰勒：《组织中的信任》，中国城市出版社，2003 年，第 500 页。

② 柯武刚、史漫飞：《制度经济学：社会秩序与公共政策》，商务印书馆，2000 年，第 129 页。

③ Williamson，Oliver E.，1983.“Credible commitments：Using Hostages to Support Exchange”，American Economic Review，Vol.73，519-540.

④ 埃米利奥·卡斯蒂拉：《硅谷社会关系网络》，载李钟文、威廉·米勒、玛格丽特·韩柯克、亨利·罗文：《硅谷优势——创新与创业精神的栖息地》，人民出版社，2002 年，第 249 页。

行业的进入壁垒）。进入壁垒是企业家在市场中建立一个新企业的任何事物，包括进入的成本（绝对成本优势、产品差异化、政策法规、阻止进入行为），也包括进入所需的时间。如果一个新进入者必须发生那些现有厂商不必去承担的成本，[①]这就是长期壁垒。斯蒂格勒认为，进入壁垒就是“新厂商比老厂商多承担的那部分成本”。[②]除了包括标准产业组织的进入壁垒之外，产业集群的进入壁垒还有显著的双重特性：内部属性的进入壁垒低于外部属性的进入壁垒高，这种属性与本地化的专有知识积累或社会关系网络高度相关。在一般条件下，对于新进入者而言，同一行业的进入壁垒大体相同，例如，半导体产业的初始投资成本通常在100亿美元左右，资本是重要的进入壁垒；而软件产业更多地取决于高素质工程师的数量。但是，如果这些产业内置于某一个特定区域，除了这些共同的进入壁垒之外，还要叠加上某些社会制度因素，这些因素与产业集群交互、螺旋发展。由于基本要素与追加要素之间的结合程度不同，导致了某类集群特性的产业具有一定的非经济类进入壁垒。由此可见，产业集群的进入壁垒基本上包括了两部分：基本要素（经济层面）壁垒和非经济类壁垒。相比而言，前类壁垒消除的难度较小，后者则较高。因此，高级化的产业集群是不可模仿的，具有很强的独占优势。

在这种壁垒的影响下，集群内外企业面对着不同类型的竞争与合作关系，即集群内企业之间是充分竞争基础上的合作关系，对集群外企业而言，则是一种合作基础上的充分竞争关系。换言之，在同类产品或服务行业中，集群外企业面对的是一个具有很多共同特点，特别是相同成本优势的一群企业，而不是单个企业。在规模经济和范围经济作用下，集群外分散的企业一般难以获得相对竞争优势。在多数情况下，集群外的厂商是无法享受到集群内的低进入成本优势和充分信息交换优势的，如果集群外的厂商力图获得这些益处，它必须遵守集群内企业日积月累所形成的外部看来是不合理的一些规则，例如私人知识的社会化，以及模仿、学习的限度，也就是必须成为集群内企业关系网络的一部分。产业集群内充分竞争基础上的合作与协同，以及对外的集团性竞争优势，反过来吸引了越来越多的集群外企业进入，从而强化了集群的优势。随着时间的推移、技术更新速度的加快和市场条件的变化，如果集群外的企业进入越来越多、越来越容易，就会变革原有集群的网络关系规则，振动原有集群的关系基础。在这种过渡与振荡时期，产业集群向何处发展决定于新旧力量的对比，也决定于原有关系规则和网络的基础。但是，如果存在另外一个同类的产业集群，那么两个集群就将面临复杂的替代或补充关系。在此意义上，在相同环境下，新的同类产业集群的建立、发展与超越，必须形成一种较之于旧的产业集群更低的经济类壁垒和更高的非经济类壁垒，只有如此，才可以完成产业集群的替代。

---

① 参见丹尼斯·卡尔顿、杰弗里·佩罗夫：《现代产业组织》，上海三联书店、上海人民出版社，1998年，第153页。

② 参见G.J.斯蒂格勒：《产业组织和政府管制》，上海三联书店、上海人民出版社，1998年。

三、企业网络与技术创新

企业网络是一组拥有不同偏好和资源，通过一系列机制协调的不同于企业和市场的一种企业组织形式。这种协调机制包括规则和惯例、经纪和中介组织、企业间权威、联合决策及其激励和谈判计划（从价格到担保和抵押）、退出机制等。[①] 彼得·史密斯·林认为，企业网络是建立在“关系契约”基础之上的，是拥有互补型能力和资源的参与者之间所形成的完全相互关联的长期存在的关系网。这些关系网不仅包括生产供应商网络、生产者服务供应商网络、生产者网络，还包括消费者网络、与研究机构或高校的合作网络。这些网络也构成了一个地区经济的竞争优势。[②] 从学习角度看，依靠科层制、计划、标准、规则和惯例协调的网络，有利于企业和市场的运行。网络不仅可以实现参与者之间的知识共享，更重要的是可以实现某种知识交易。网络中的企业之所以进行知识交换、协商与学习，是“为了尝试与其他企业进行创新型的竞争，协商的时间和资源的消耗属于投资而不仅仅是需要最小化的成本；协商和学习是发现更好的机会和减少机会成本的过程”。[③]

新知识、新技术、新工艺在企业产品、生产过程和服务过程中的创造程度和应用范围，日益成为决定企业竞争力的关键要素。由于不同类型企业的新知识、新技术、新工艺来源渠道不同，形成了各具特色的创新模式。但是，无论何种模式，基于合作的企业关系网络都是企业交换、共享与创造知识的重要渠道。经验研究表明，“网络按照自身的理由变成一个有效的创新技术……合作的企业比不合作的企业更能够创新”。[④] 在一个范围有限的众多企业区域，特别是生产同质产品的厂商，他们之间的生产信息、市场信息，甚至他们内部的资源要素及其组合状况、战略意图与计划、工装水平等信息几乎都是透明的，因为没有任何一个厂商愿意花费更大的成本去保护或隐藏这些信息，而且每个厂商都可以从这个公开的市场中获得任何信息，但是这种信息究竟有何用处，关键取决于该厂商能否将这些信息内部化，并与自身的知识技术基础融合，壮大原有利润源泉或者创造新的利润源泉，也就是社会知识转为私人知识的能力和速度。

尽管在某些条件下，产业集群的变化或创新具有一定的随机性，但是，基于网络学习过程中的信息和知识积累，特别是创新合作、人员交流等是集群持续发展的不竭动力。网络不是一般的内部组织结构，而是一种特定的组织结构形式。研究发现，企业与研究开发机构的合作要比企业与技术顾问的合作更重要，其中一个重要原因是，研究开发机构在地理位置上比较集中，而且企业与研发机构之间的知识交流与交换更为便捷。“企业倾向于建立一种在中长期内相对稳定的可选择的合作关系。构建网络是一个缓慢的过程，它依靠相互亲和和建立忠诚”。[⑤] 在这种合作网络中，经验、声誉和信任十分重

---

①③ 安娜·格兰多里：《企业网络：组织机制和经济绩效》，安娜·格兰多里：《企业网络：组织和产业竞争力》，中国人民大学出版社，2005 年，第 1~17 页。

② ［奥］曼弗雷德·费希尔、［德］贾维尔·迪亚兹、［瑞典］福克·斯奈卡斯：《大都市创新体系》，上海人民出版社，2005 年，第 36 页。

④⑤ 经济合作组织：《管理国家创新系统》，学苑出版社，2000 年，第 40 页。

要。企业关系网络在产业集群强化方面的另一个重要功能是促进知识流动，或者是促进知识溢出。一个高级化的产业集群，是一个知识流动、信息传递顺畅的组织形式，而开放、灵活的劳动力市场是影响知识、信息传递的决定性因素，因为许多专有知识、技术诀窍等隐含知识只有随着人员交流而流动，才能有效地扩散。人力资源的高度流动性不仅表现为劳动者工作的频繁调动与转移，还表现为拓展和模糊了公司与机构的边界，同时重组和强化了技术人才和职业经理的人际关系网络。①

值得注意的是，网络仅仅是促进产业集群技术创新、技术扩散的一个必要条件，集群内企业能否从有利于创新的网络中获得益处，既取决于企业自身的资源条件，以及技术学习与技术积累能力，也取决于网络的一些属性。也就是，"只要网络不获取过多的市场势力，这些网络很可能增进生产过程的有效性和生产力，产生正面的外部性，同时创造更好的机会应付非对称信息和道德风险"。但是，"网络成员很可能在网络中占据非对称位置，网络收益的扩散可能也不平均"。②

专栏 8-1

IT 巨头共建"绿色硅谷"

长期以来，硅谷一直被视为 IT 新技术的中心和摇篮。现在，正在成为环保的先锋和发源地。包括惠普、思科和太阳微电子公司在内的大企业，都加入了硅谷的可持续发展计划。该计划旨在令硅谷在减少温室气体排放量方面走在前面。硅谷可持续发展计划的负责人玛格丽特·布鲁斯说："许多高科技企业都认识到，它们应该支持、倡导、研发并向市场提供技术，帮助市场解决对能源和通信的需求，从而为推动下一轮创新浪潮出力。"在 2000~2005 年，硅谷可持续发展计划的成员已经将二氧化碳的排放量降低了12%。该组织的新目标是，在今后 4 年内，使二氧化碳的排放量比 1990 年的水平低20%。该目标甚至比加利福尼亚州政府的目标还要雄心勃勃，而加利福尼亚州清洁空气方面的法律在美国同类法律中最为严格。

在这一计划指导下，许多企业开始寻求利用太阳能。2006 年 4 月，微软公司在其位于硅谷的公司安装了 2288 块太阳能电池板。IT 行业的另一个巨头谷哥也紧随其后，宣布计划在其芒廷维尤的中部安装太阳能电池板。谷哥公司希望这些太阳能电池板能够帮助解决公司约 1/3 的电力需求。该公司的一位副总裁戴维·拉德克利夫说："如果我们顺便能够推翻环保与利润不可兼得的观点，便又是一大收获。""此外，不出 5~10 年，这笔投资就可以收回成本，这意味着之后清洁电能的成本完全为零。"

资料来源：《参考消息》，2006 年 11 月 16 日，第 7 版。

---

① 埃米利奥·卡斯蒂拉：《硅谷社会关系网络》，载李钟文、威廉·米勒、玛格丽特·韩柯克、亨利·罗文：《硅谷优势——创新与创业精神的栖息地》，人民出版社，2002 年，第 250 页。

② 经济合作与发展组织：《创新集群：国家创新体系的推动力》，科学技术文献出版社，2004 年，第 231 页。

第四节　价值链、模块化与创新集聚

一、价值链、产业关联与产业集群

按照波特的观点，任何企业都是用来进行设计、生产、营销、交货以及对产品起辅助作用的各种活动的集合，与这些环节相关的各种活动构成了企业的价值增值链条。[①] 任何产品或服务都是上述复杂活动的阶段性结果，也是“无数的经济交易、供应商和顾客之间、雇员和管理者之间、技术专家和组织专家组成的团队之间的制度安排”。[②] 对于一个产业而言也是如此。产业价值链不仅包括产业内部的分工、上下游供需关系，如纵向关联和横向协作，还包括该产业与其他辅助支撑要素的诸多关系，如商业文化、基本政策环境、人才培养机制等。这些要素的共同作用以及不同产业对这些要素与关系的利用程度，导致了不同类型的产业链。产业内不同企业处于社会化协作的不同环节与层面，每个企业依据其内部价值链构成及效果来分享产业价值链，这种差异化的生产要素组合模式与效率决定了不同企业、不同产业的竞争优势。有的产业链的价值增值环节比较多，产品特性复杂；有的比较少，产品特性简单；另外一些则介于两者之间。基于如上产业链分类的产业集群相应地会表现为不同的绩效。但是，究竟何种集群更好、更优尚无统一判定标准。唯一可以确定的是，只要某个产业集群能够最大限度地发挥某个区域的专有优势，或者形成某些独特资产，成为某个区域的财富创造中心，这个集群就是有生命力的。

在本质上，价值链是企业内部以及企业间生产过程中所存在的正常的相互依赖关系，而这种关系导致了创新和交互式学习。OECD 的研究发现，创新网络建立了各种价值链集群联系的捷径，连接了可以共享同样的技术但在几个不同价值链上生产不同产品的企业。网络产生的创新可能累积在价值链集群中，为最终实现创新的商业化潜力创造了条件。[③] 价值链中推动创新的最重要的因素是同一价值链进行贸易的供货公司和客户关系。通常，已具备一定生产流程技术的公司日益依赖价值链关系以期获得进一步的技术创新，尤其是精益生产，需要控制生产过程的科技产业更是如此。高新技术企业或者其他企业购买供货方先进的技术设备，与供应链上的合作伙伴共同设计创新产品和必需的生产系统，技术供应链使供货经理和企业工程师在技术上密切联系起来，企业之间的

① 迈克尔·波特：《竞争优势》，华夏出版社，1997 年，第 33~39 页。

② 理查德·诺曼、拉费尔·纳米列兹：《从价值链到价值星座——设计交互式战略》，载迈克尔·波特等著：《45 位战略家谈如何建立核心竞争力》，中国发展出版社，2002 年，第 249~267 页。

③ OECD：《创新集群：国家创新体系的推动力》，科学技术文献出版社，2004 年，第 2~3 页。

技术合作逐渐成为该产业价值链的组成要素。[1] OECD 的研究认为，同一价值链机构的供应商或客户的相关性对各种产业集群的影响程度不尽相同，这种影响取决于价值链长度和集群之间关系的密切程度。价值链的长短与产业的技术属性存在负相关关系，即越是基于新技术的产业，其价值链越短，例如生物技术链主要决定于实验技术和创新，而那些成熟的产业集群，如建筑或资源性产业，其价值链就比较长。技术属性与价值链的关系，决定着不同产业集群内的合作层次、方式与程度各不相同。

二、模块化、产业分工深化与产业集群

现代信息通信技术的发展，导致产业结构发生了根本性变化。这种变化的一个重要表现就是生产体系的“模块化”趋势。所谓模块，是指“半自律的子系统，通过和其他同样的子系统按照一定的规则相互联系而构成的更加复杂的系统或过程”。模块化可以区分为两个层面的内容：“模块分解化”和“模块集中化”。前者是指“将一个复杂的系统或过程按照一定的联系规则分解为可进行独立设计的半自律的子系统的行为”，后者是指“按照某种规则将可进行独立设计的子系统（模块）统一起来，构成更加复杂的系统或过程的行为”。[2] 现代产业结构的这种模块化趋势，使得整个社会再生产的各环节的集中与分散态势较之于以往更加明显和突出。无论是集中还是分散，其结果之一就是造就了一批基于生产集中或分散的多样化的产业集群。这种产业分工协作体系的细化与深化是产业集群产生的必要条件之一，当然，也会产生一些更为复杂的市场和等级制关系。[3]

一个有持久竞争力的产业集群，离不开一种产业分工精细与协作紧密的合作关系网络（图 8-3）。这种网络的横向维度是一系列企业的内部价值链组合，其纵向纬度是不同企业在产业价值链上的多重组合关系。这些横、纵向关系的交互作用，使得企业内、同类产业企业间以及不同产业企业间，形成了基于企业内部价值链的产业分工与协作网络关系。这种关系的存在为产业集群的发生、发展与更新创造了基本条件。

三、IPN 与产业集群

20 世纪中期以来，全球化趋势明显增强，与之相伴随的国际生产网络越来越发达。国际生产网络（International Production Network，IPN）是指企业内部和企业之间的一种关系。通过这种关系，企业组织开展其整个系列的商业活动：从研发活动、产品定位和设计，到投入要素的供给，制造或服务的提供，分销和支持及售后服务。当这些关系超

---

① Rutten，Roel（2000），“Innovation in regional supplier networks：the case of KIC”，in F. Boekema，K. Morgan，S.Bakkers and R. Rutten（eds.），Knowledge，Innovation and Economic Growth：The Theory and Practice of Learning Regions，Edward Elgar，Cheltenham. 转引自 OECD：《创新集群：国家创新体系的推动力》，科学技术文献出版社，2004 年，第 3 页。

② 青木昌彦、安藤晴彦等：《模块时代：新产业结构的本质》，上海远东出版社，2003 年，第 5~6 页。

③［英］斯克特·拉什、约翰·厄里：《符号经济与空间经济》，商务印书馆，2006 年，第 32 页。

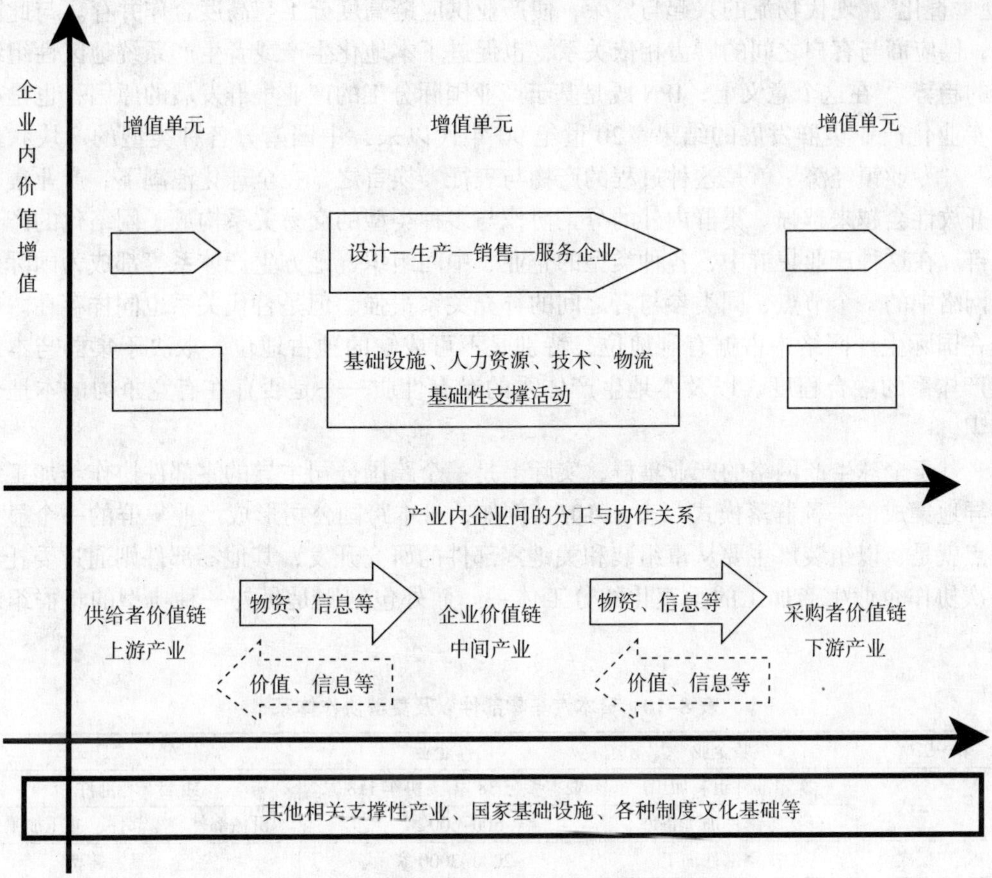

图 8–3 基于价值链的产业分工与协作关系网络

越了国界，并由某个旗舰企业、领先企业或者多个企业自发地将不同活动环节按照产业分工协调组织起来，一个国际生产网络就出现了。这个网络不仅包括了一个旗舰企业或领先企业的下属机构和子公司，还包括了与这个企业相关的分包商、供应商、服务提供商或者其他参与到合作关系中的企业，例如提供制造标准者和研发分析者。[①] IPN 之所以能够迅速发展，与新生产组织结构的变化及其对产业价值链的深刻影响密不可分。其中，一个重要体现就是产业全球价值链的形成与发展。[②] 由于价值链的“逆垂直化”，全能型企业的生产规模经济无法达到最大化，ICT 的发展、应用与扩散，客观上又强化了

① 参见 Borrus，Michael，Dieter Ernst，and Stephan Haggard，eds.2000，International production networks in Asia. London and Newyork：Routledge，2.

② 全球价值链（Global Value Chain），或遍及全球的片断化价值链（fragmented value chain）、全球商品链（Global Commodity Chain）是指为实现商品价值而连接生产和销售等过程的全球性跨国企业网络组织，涉及从原料采集和运输、半成品和成品的生产和分销，直至最终消费者的整个过程，包括所有生产者和生产活动的组织及其利润分配。当前，散布于全球的、处于全球价值链上的企业进行着从设计、产品开发、生产制造、营销、出售、消费、售后服务、最后循环利用等各种增值活动。这种产业价值链实际上就是 IPN 的另外一种模式或者表现。资料来源：United Nations Industrial Organization，2002：Industrial Development Report 2002/2003. Overview.“Competing through innovation and learning”。转引自，王缉慈：《关于地方产业集群研究的几点建议》，互联网资料。

"逆垂直化"。现代物流的兴起与繁荣，使产业供应链高度分工与高度合作并存。与此同时，供应商与客户之间的唇齿相依关系，也促进了本地化生产或者生产系统地区性组织化的趋势。[①] 在这个意义上，IPN 既是基于产业国际分工的产业集群发展的原因，也是高度专业化产业集群发展的结果。20 世纪 90 年代以来，中国南方各种类型的"块状经济"、"专业镇经济"就是这种过程的产物与表征。换言之，在全球化浪潮下，产业集群的开放性会越来越强。集群内外的分工协作与多种类型的交易关系构成了网络化的产业集群。在这种产业集群中，各种类型的企业、中间组织、地方生产体系等都成为国际生产网络中的一个节点，同类参与者之间的补充关系很强，但是替代关系也同样存在。能否在国际生产网络中占据有利地位，特别是不可或缺的独占地位，取决于集群与本地生产体系的融合程度，以及本地生产体系的专有性质——是否存在有竞争力的本地化知识。

基于全球生产网络的产业集群，实际上是一个跨国公司主导的零部件协作与加工组装异地集成的一种群落模式（表 8-10）。例如，日本跨国公司形成产业集群的一个显著特点就是，以组装厂主要从事组装和关键零部件的研究开发，其他零部件则通过委托各层次协作企业生产加工的垂直化的分工体系。而外包制则是另外一种典型的集群组织模式。

表 8-10　日本汽车零部件以及集群协作体系

第一层次	组装企业	协作企业	分　工
第二层次	一次零部件组装加工厂	资本参与 38 家　协作 118 家	组装、零部件
	一次零部件加工备件	500~600 家	机械部件、零部件、冲压加工
第三层次	二次零部件加工	2000~3000 家	冶金工具、铸型
第四层次	二次零部件加工	7000~10000 家	冲压、电镀、螺母、铸造零部件
其他	原材料厂家	200~300 家	

资料来源：隋映辉：《产业集群：成长、竞争与战略》，青岛出版社，2005 年，第 319 页。有改动。

四、创新集聚的空间边界

创新活动及其组织之所以与产业集聚有着紧密关系，是因为 R&D 活动具有外部性。某产业 R&D 密度越高，它的知识溢出效应也就愈为明显。因此，在知识溢出效应普遍存在或 R&D 密集的产业，其生产区位在地理上将更为集中（Krugman，1991）。在检验某产业中知识溢出与创新空间集聚之间的关系时，Audretsch 和 Feldman（1996）假设，知识外部性主要存在于新经济知识扮演重要角色的产业。新的经济知识可以通过产业 R&D、大学 R&D 和熟练工人数量等指标来反映。他们的结论是新的经济知识决定着生产和创新的空间分布。

① Abernathy，Frederick H.，John T. Dunlop，Janice H. Hammond，and David Weil.，1999. A stitch in time：lean retailing and the transformation of manufacturing—lessons from the apparel and textile Industries. New York：Oxford University Press.转引自 Shahid Yusuf 等：《东亚创新未来增长》，中国财政经济出版社，2004 年，第 214 页。

Stafano Breschi 和 Franco Malerba（1997）的研究发现：①如果创新所需的知识具有相对简单、共性等特性，以及创新机会内嵌于一般的资本品、原材料或中间产品中，那么企业创新过程所需的知识边界不能从地理上进行界定，传统部门属于此例。②如果创新知识具有复杂、易变、专有和隐含的特性，企业创新过程的知识空间边界就与本地区、国家或全球之边界显著不同。创新企业可以在其边界内完成创新，也可以通过与其他企业的联系来完成，这种合作关系将为创新企业提供必要的知识。创新者可能位于国内，也可能位于国外。在这种情形下，边界接近的作用不大，因为知识可以通过迅速流动、许可和技术联盟等方式进行转移，例如电信和制药行业。③若创新包含很强的隐含、专有、系统性知识，空间接近将是保证与创新所需知识的协调、迅速转让和融合的重要条件。因为边界接近不仅有利于隐含性技术诀窍之转让，也能促进系统内不同部分、元素之间快速、有效地进行重组，例如汽车行业。④如果支持创新活动的知识是隐含的、复杂的，且存在知识外部性，创新活动会在具有技术专家的特定集体内产生，此时地缘接近可能很重要。因为处于集体中的技术专家可以共同对付各种技术问题，创造通用的本地化的技术储备基础，例如机械工程行业主要聚集在意大利、德国和法国等工业区，而软件和微电子行业则群聚于硅谷。①

技术体制（Technological Regime，TR）不仅决定着不同产业部门的技术创新系统，也决定着不同产业的创新空间，即创新集聚。有关技术体制的概念可以追溯到 Nelson 和 Winter（1982）的开创性研究。他们认为，由机会和独占条件构成的技术环境对某产业的创新强度、进入比率有着巨大影响。Breschi 和 Malerba（1997）对此加以发展，他们根据 Malerba 和 Orsenigo（1990，1993，1994）的思想，用四个基本要素来解释 TR（表 8-11）：机会条件、独占条件、技术知识的积累性和相关知识基础的性质。

表 8-11 技术体制的决定因素

机 会	独占性	累积性	知识基础
水平（程度） 普遍性 多样性 来源	水平（程度） 方式	技术 企业 部门 区域	共性/专有 隐含/形式化 简单/复杂 独立/系统

资料来源：Stafano Breschi 和 Franco Malerba，1997.

机会条件表示一定 R&D 投资条件下的创新可能性，由水平、普遍性、源泉和多样性构成；独占条件是指创新免予模仿的可能性和获得独占利润的概率；累积性是指创新或创新活动间的联系程度，表明在时间 T 或 T 以前的创新条件下，在时间 T+1 创新的可能性。在更为广泛的意义上，累积性意指一种经济环境，其特点是创新活动的相关连续性，它可以分为技术、企业、部门和本地四个层次；知识基础是指企业创新活动的知识资产，包括知识属性以及知识传递和交流的形式。

① Stafano Breschi and Franco Malerba（1997），"Sectoral Innovation Systems：Technological Regimes，Schumpeterian Dynamics，and Spatial Boundaries"，in Charles Edgquist（ed.），System of Innovation：Technologies，Institutions and Organizations，Chapter six，Lindon and Washington：Printer，130-156.

TR 中的各种要素相互作用，以多种方式影响着部门创新系统（Sectoral Innovation Systems，SIS）的性质。SIS 是指共同开发、生产同一部门的产品，创造和利用同一部门技术的企业系统或集团。系统中的企业通过两种途径相互作用：在市场和创新活动中的相互作用和合作过程，以及竞争过程（Breschi 和 Malerba，1997：152）。Breschi 和 Malerba（1997）根据前人的研究成果，把 SIS 分为五种类型：传统部门、机械工业和工业区、汽车行业、计算机主机行业以及软件、现代微电子行业和硅谷。同时，他们还分析了不同 SIS 的 TR，以及熊彼特创新模式的动力、创新者的地理分布和创新过程的知识边界（表 8-12）。Breschi 和 Malerba（1997）利用美国、日本、西德、法国、意大利和英国的专利数据对创新者的熊彼特动力和创新者的地理分布进行研究。结果发现，国家专有和技术专有属性影响着产业及产业内创新活动的空间组织。他们认为，TR 并不是 SIS 长期演化的唯一决定因素，历史和制度变量、企业特质能力的存在、行为者之间的多种联系方式、生产属性（如规模经济）、路径依赖以及技术、企业、组织、制度的共同演化过程，都是长期决定某国 SIS 性质的因素。

表 8-12　TR 与 SIS

		传统部门	机械行业和工业区	汽车行业	计算机主机行业	软件、现代微电子行业和硅谷
SIS		农业、纺织、鞋类和服装以及木材纸张	机械工程和设备	大规模装配产业，如汽车及其配件	高技术产业，如大型计算机主机	高技术产业，如软件、微电子、生物技术
TR	机会	较低	中度	中高	高（中）潜在多样性有限	高
	独占	较低	低	高	—	低
	累积性	较低	高	高	—	—
	知识基础	相对简单具有高度共性	高度隐含性和专有性，有些知识是简单的和可编码的	既有隐含知识，也有编码知识	高度系统属性和复杂性	包含隐含和编码知识
	创新优势来源	传统手段（商标和设计）	不断改进和精练产品设计	用一致方式结合和协调内外部知识的能力	科学技术知识的发展和企业的其他补偿资产（分销网络、售后维修服务）	新科学和新技术范式
熊彼特创新模式的动力		创新动力有限 创新者数目少 规模小 部门集中度低	创新者多 市场结构不稳定	几个创新者 集中度高 存在进入壁垒 市场结构相对稳定	少数创新者 寡占的市场结构 进入壁垒高	创新者多 进入壁垒低 存在大量的老企业和新企业
创新者的地理分布		分散	分散	集中	集中	集中
创新过程的知识边界		不明显	本地化	本地化	内部或全球性（核心区域的全球系统）	本地、全球化

资料来源：Stafano Breschi 和 Franco Malerba，1997.

● 本章案例

国外产业集群及其支撑因素

一、英国的产业集群及其支撑因素

早在前工业化时期，英国就已经出现了大量的中小企业集聚现象，而在工业化时期，这种趋势就更加明显。英国早期的企业集群，也就是马歇尔所描述的制造业企业集群，如英国斯塔福德郡的陶器生产、贝德弗德郡的草帽生产、白金汉郡的椅子生产和设菲尔德的刃具生产等，主要分布在英格兰北部和苏格兰南部等地区，表现为大量的中小企业专业化分工和空间集聚。由于劳动力成本上升、企业研究开发力度不够、人才结构不合理、劳资纠纷严重、严格管制的产业政策等，食品加工和皮鞋制造业等产业集群逐渐走向衰退。但是，奢侈品、休闲、娱乐等相关领域的产业集群仍然保持着较强生命力。20 世纪末，英国企业集群又呈现新的发展态势，金融、生物技术、IT 企业集群蓬勃发展，形成了 150 多个产业集群。[①]

产业集群的多样性以及它们之间的相互补充和依存，使得集群在区域经济发展中具有重要作用。伦敦附近的金融、高新技术等 12 个产业集群的就业人数占整个伦敦就业人数的 43%。21 世纪初，英国生物技术发展及其企业集群正在成为其经济发展的主要力量。英国生物技术处于欧洲领先地位，在全世界仅次于美国。英国目前已拥有各种生物技术公司 460 家，占欧洲生物技术中小企业总量的 68.1%，占世界生物技术产品的 12.5%。英国的生物技术企业大多以集群的形式分布，主要集中在东安格利尔地区的剑桥、英格兰东南部的牛津郡和萨里，以及苏格兰中部地区。[②] 英国生物技术企业集群之所以能够迅速地发展并取得骄人成绩，是因为本地形成了一种比较好的集群支撑体系，包括发达的基础研究、良好的创新文化、合理的企业组织结构、完善的中介服务体系等（表 8-13）。

表 8-13　英国牛津、剑桥两地生物技术企业集群的支撑要素

	参与者	作用
基础研究	分子医药协会、剑桥地区有分子生物实验室、欧洲生物信息协会	为本地中小企业提供技术支撑及保障
创新文化	生物技术企业、著名大学、大医药公司	多种合作关系；大量的初创企业
企业结构	初创企业、成长企业、成熟企业	经验与信息共享，密切的技术—经济联系
服务体系	Babraham 生物孵化器、曼彻斯特生物技术孵化器、法律服务机构	成果转化、初创企业培育、法律咨询
融资体系	创业投资机构	中小企业的融资服务

资料来源：池仁勇、王会龙、葛传斌：《英国企业集群的演进及分布特征》，《外国经济与管理》，2004 年第 2 期，第 38~42 页。作者改编整理。

二、意大利的产业集群及其支撑因素

意大利是一个资源匮乏、企业规模小的国家，经济总量却排名世界第七，这主要应

①② 池仁勇、王会龙、葛传斌：《英国企业集群的演进及分布特征》，《外国经济与管理》，2004 年第 2 期，第 38~42 页。

归功于其特有的产业集群优势。意大利中小企业的特色是地域同业中小企业集群，被称之为“第三意大利”现象。根据意大利统计局的评判标准，全意大利专业集群地有199个，分布在15个州，集群地的产品主要是日用品。其中，纺织品集群地有69个，占34.7%；皮鞋和鞋有27个，占27.3%；家具有39个，占19.6%；机械有32个，占16.5%；食品有17个，占8.6%。此外，还有金属制品集群地1个、化学制品集群地4个、造纸与印刷集群地6个、首饰集群地4个。意大利的经济实力和国家竞争力是由这些企业集群支撑的。例如，意大利的纺织品出口主要来自产业集群地区；意大利瓷砖产品的80%（世界产量的18%）产于萨索洛和斐瑞拿两个地区，产量占全球总数的30%，出口量占全球的60%。①

表 8-14 意大利中小企业集群的支撑要素

社会文化基础	以地域为中心的乡土文化传统	企业之间浓厚的信息交流气氛
产业关联	深化程度高、产业间配合完整且各自具有竞争优势	大多数产业集群涵盖了最终产品（如服饰）、配料（如合成纤维）、专业机械（如皮革加工机械、纺织机）以及支持性服务（如著名的商品设计）等，具有极强的产业关联性
技术能力	持续的技术创新	掌握技术信息，利用国外技术，进行产品创新和工艺流程创新
生产组织	网络化的柔性生产体系	先进的批量式样设计、扩散化的劳动密集型生产方式、高技术的控制过程、纵横交错的网络关系

资料来源：李平：《意大利的产业集群状况及启示》，http://www.cass.net.cn. 作者整理改编。

三、印度的产业集群及其支撑因素

中小企业产业集群在印度已经发展了几十年，大约有350个城市和2000个村落产业集群，生产领域涉及最终消费品、资本品和中间产品等8000个门类。目前比较典型的中小企业产业集群主要有汽车及配件集群，纺织集群，泵业、发动机和铸造业集群等。拉贾斯坦邦的手工印花纺织、印度南部泰米尔纳德邦的针织、朋扎的毛织业和食品加工等产业集群的成长主要得益于印度政府的大力支持。Dhawal，Mehta，V.P. Kharbanda 和 Dietrich Brandt（1999）在对印度与德国、意大利等国家产业集群进行比较研究的过程中，认为印度产业集群的发展与政府的支持分不开，政府的系统支持首先对这些集群都经过了仔细的筛选并针对不同的产业集群有具体愿景规划要求（表8-15）。②

表 8-15 印度产业集群中的政府支持系统

公共基础设施建设	产业集群基础设施（IIUS）计划	该计划选出20~25个产业集群提供项目支持，首期有19个产业集群得到了支持
中小企业融资服务	建立印度小企业开发银行，促进与印度国家银行和国家小企业公司等合作，注重产业部门和国家及邦际的集群的横向协调发展	有42个产业集群被选为优先发展项目

① 参见李平：《意大利的产业集群状况及启示》，http://www.cass.net.cn.

② 参见佘明龙、任选锋：《中印中小企业产业集群发展的比较制度分析》，《南亚研究季刊》，2004年第3期，第13~17页。

续表

发展第三方服务机构	设立与发展面向中小企业的人力资源培训中心和商务中心、专业体等	吸引专家帮助中小企业引进新技术，促进中小企业获得、扩散知识、再创造知识等
小企业创新平台	建立研发中心等创新机构	培育面向国际竞争的本土技术能力
促进出口	简化出口程序，提供出口信用担保	提升产业集群的国际竞争力和出口潜力

资料来源：佘明龙、任选锋：《中印中小企业产业集群发展的比较制度分析》，《南亚研究季刊》，2004 年第 3 期，第 13~17 页。作者改编整理。

● 思考题及答案要点

1. 如何理解产业集群？

产业集群是指在某一特定领域内相互联系的、在地理位置上集中的公司和机构的集合。它包括一批对竞争起重要作用的、相互联系的产业和其他实体，例如，零部件、机器和服务等专业化投入的供应商和专业化基础设施的提供者，向下游延伸至销售渠道和客户，从侧面还可扩展到辅助性或互补产品的制造商，以及以技能技术要素投入的相关产业公司。此外，还包括专业培训、教育、信息研究和技术支持的政府和其他机构，如大学、标准的制定机构、智囊团、职业培训中心、各类中介性组织和贸易联盟等。

2. 简述产业集群的分类。

联合国贸发组织将产业集群分为非正式产业集群、有组织的产业集群、创新型产业集群、科技园区和孵化器、出口加工区五种类型。Peter Knorringa 和 Jorg Meyer Stamer 借鉴产业区分类法，把产业集群分为“第三意大利式”产业集群、卫星式产业集群、轮轴式产业集群三种类型。Shahid Yusuf 将产业集群分为生产型集聚和服务型集聚两种基本类型。根据创新公司分类法（taxonomy of innovating firms），产业集群可以划分为以科学为基础的集群、规模集约型集群、供应者支配型集群和专业供应者集群。

3. 简述企业网络与技术创新的关系。

企业网络是一组拥有不同偏好和资源、通过一系列机制协调的不同于企业和市场的一种企业组织形式。从学习角度看，依靠科层制、计划、标准、规则和惯例协调的网络，有利于企业和市场运行。网络不仅可以实现参与者之间的知识共享，更重要的是可以实现某种知识交易。由于不同类型企业的新知识、新技术、新工艺来源渠道不同，形成了各具特色的创新模式。无论何种模式，基于网络学习过程的信息和知识积累，特别是创新合作、人员交流等是集群持续发展的不竭动力。企业关系网络在产业集群强化方面的另一个重要功能是促进知识流动，或者是促进知识溢出。值得注意的是，网络仅仅是促进产业集群技术创新、技术扩散的一个必要条件，集群内的企业能否从有利于创新的网络中获得益处，既取决于企业自身的资源条件，以及技术学习与技术积累能力，也取决于网络的一些属性。

● 参考文献

1. 藤田昌久、雅克·弗朗克斯·蒂斯：《集聚经济学》，西南财经大学出版社，2004年。

2. 范柏乃：《城市技术创新透视——区域技术创新研究的一个新视角》，机械工业出版社，2004 年。

3. 托马斯·弗里德曼：《世界是平的》，东方出版社，2006年。

4. 陈宪主编：《经济学方法通览》，中国经济出版社，1995年。

5. 保罗·克鲁格曼：《发展、地理学与经济理论》，北京大学出版社、中国人民大学出版社，2000年。

6. 曼弗雷德·费希尔、贾维尔·迪亚兹、福克·斯奈卡斯：《大都市创新体系》，上海人民出版社，2005年。

7. Shahid Yusuf：《东亚创新未来增长》，中国财政经济出版社，2004年。

8. 阿尔弗雷德·韦伯：《工业区位论》，商务印书馆，1997年。

9. 奥利弗·E.威廉森：《治理机制》，中国社会科学出版社，2001年。

10. 李钟文、威廉·米勒、玛格丽特·韩柯克、亨利·罗文：《硅谷优势——创新与创业精神的栖息地》，人民出版社，2002年。

11. 汤姆·R.伯恩斯等：《结构主义的视野：经济与社会的变迁》，社会科学文献出版社，2004年。

12. 科斯等：《制度、契约与组织——从新制度经济学角度的透视》，经济科学出版社，2003年。

13. 彼得·布劳：《社会生活中的交换与权力》，华夏出版社，1988年。

14. 罗德里克·M.克雷默、汤姆·R.泰勒：《组织中的信任》，中国城市出版社，2003年。

15. 柯武刚、史漫飞：《制度经济学：社会秩序与公共政策》，商务印书馆，2000年。

16. 斯克特·拉什、约翰·厄里：《符号经济与空间经济》，商务印书馆，2006年。

17. C.E.林德布罗姆：《市场体制的秘密》，江苏人民出版社，2002年。

18. 肯·宾默尔：《博弈论与社会契约》，上海财经大学出版社，2003年。

19. G.J.斯蒂格勒：《产业组织和政府管制》，上海三联书店、上海人民出版社，1998年。

20. 安娜·格兰多里：《企业网络：组织和产业竞争力》，中国人民大学出版社，2005年。

21. 经济合作组织：《管理国家创新系统》，学苑出版社，2000年。

22. 科技部国际合作司、中国科学技术信息研究所：《推动国家创新体系的演化》（内部），2002年9月。

23. 经济合作与发展组织：《创新集群：国家创新体系的推动力》，科学技术文献出版社，2004年。

24. 迈克尔·波特：《竞争优势》，华夏出版社，1997年。

25. 青木昌彦、安藤晴彦等：《模块时代：新产业结构的本质》，上海远东出版社，2003年。

26. 隋映辉：《产业集群：成长、竞争与战略》，青岛出版社，2005年。

27. 于立、王询：《当代西方产业组织学》，东北财经大学出版社，1996年。

28. 王伟光：《产业集聚中的技术创新模式》，《铁路技术创新》，2003年第2期。

29. 王伟光、吉国秀：《政府支持企业研发活动中的技术共享问题研究》，《中国科技论坛》，2005年第6期。

30. David B. Audretsch and Maryann P. Feldman, "R&D Spillovers and the Geography of Innovation and Production", *The American Economic Review*, June 1996, Vol.86 No.3, 630–640.

31. Rutten, Roel (2000), "Innovation in Regional Supplier Networks: the Case of KIC", in F. Boekema, K. Morgan, S. Bakkers and R.Rutten (eds.), Knowledge, Innovation and Economic Growth: The Theory and Practice of Learning Regions, Edward Elgar, Cheltenham.

32. Borrus, Michael, Dieter Ernst, and Stephan Haggard, eds.2000, International Production Networks in Asia. London and Newyork: Routledge.

33. United Nations Industrial Organization, 2002: Industrial Development Report 2002/2003.

34. Frederick H., John T. Dunlop, Janice H. Hammond, and David Weil., 1999. A Stitch in Time: Lean Retailing and the Transformation of Manufacturing–Lessons from the Apparel and Textile Industries. New York: Oxford University Press.

35. Luis M. B. (1996), Introduction to Industrial Organization, The MIT Press.

36. Peter Maskell and Anders Malmberg, Localised Learning and Industrial Competitiveness, *Cambridge Journal of Economics*, 1999, 23, p.174.

37. Robert W. Rycroft and Don E. Kash, The Complexity Challenge: Technological Innovation for the 21st Century, Pinter, London and New York, 1999.

38. Tafano Breschi and Franco Malerba (1997), "Sectoral Innovation Systems: Technological Regimes, Schumpeterian Dynamics, and Spatial Boundaries", in Charles Edgquist (ed.), System of Innovation: Technologies, Institutions and Organizations, Chapter six, Lindon and Washington: Printer, 130–156.

39. Williamson, Oliver E.1983. "Credible Commitments: Using Hostages to Support Exchange", American Economic Review, Vol.73, 519–540.

第九章 技术创新政策

● 本章提要

了解技术创新政策的理论基础，重点掌握技术创新的类型，重点了解国外技术创新政策的特点，了解孵化器的一般知识。

● 章首案例

通过适当的政策设计或战略安排，政府可以调动更多和更广泛的创新资源，实现公共、私人创新投资的协同与结构优化，使得技术创新不断向社会最优水平接近。创新政策或战略已经成为许多国家提高企业创新能力，增强产业竞争力，促进经济增长的重要手段。其中，美国和日本是两个最为突出的发达国家。

一、美国：立法提升科技竞争力

美国许多支持企业技术进步的政策都是以各种专项法案的方式提出的。例如，史蒂文森—怀德勒技术创新法案（1980）规定，联邦试验室加快把联邦拥有的和产生的技术向州、地方政府以及私人企业转移。贝赫—多尔大学和小企业专利法案规定，允许政府资助的受益人和合同者获得由联邦资助而产生的发明的权利，鼓励大学向工业发放发明的许可证（1982）。而1993年颁布的国家合作研究和生产法案，放松了对合作生产活动的限制，使得合作研究的参与者能一起推广应用共同获得的技术。

二、日本：产官学合作体制

20世纪70年代，为了赶超世界水平，日本曾经组织了产官学研发体制，使得日本的半导体制造技术和制造设备称霸世界。后来，美国、英国等国家也开始采用该种方式，并逐渐超过了日本。2002年，旨在加强下一代半导体技术开发的国家工程，采用了由日本政府牵头组织的产（企业）、官（政府研究机构）、学（大学研究所）创新体制，并在科学城筑波设立了研究中心。该项工程投资高达数千亿日元，并率先启动了“飞鸟”、“MIRAI”、“HALCA”三个项目。这些工程标志着日本进入到了新一轮产官学合作创新体制的新阶段。

第一节 技术创新政策及工具选择

一、知识溢出与政府干预

如果在一个完全竞争的环境中，包括科技资源在内的一切资源，都可以根据市场规则实现优化配置，即科技资源的供方可以按照市场价格“出售”，或提供任意数量的科技产品，而需方则可以以既定的市场价格“买到”任意多的科技产品。在这种理想的条件下，政府干预作为一种资源配置手段，没有任何价值。然而，市场却是不完全的，总存在“失效”问题。这就需要政府干预。因为科技活动有别于一般的经济活动，它的产出品具有“公共物品”属性，科技活动主体无法完全控制，或者独占其努力所带来的好处。在这个意义上，单独依靠市场无法实现科技资源的优化配置，就需要用一些非市场的手段，对市场失效问题进行校正，而各种类型的创新政策就是解决这些问题的重要手段。

专栏 9-1

美国产业技术办公室战略计划

最近，美国能源部产业技术办公室（OIT）出台了专项科技计划，用以支持高效利用能源的、具有竞争性以及对环境有利的产业技术的开发和利用。通过与其他产业部门合作，OIT 将鼓励和帮助产业通过发展技术来解决重大的能源和环境挑战。产业技术办公室的主要目标是：到 2010 年，能源效用提高 25%，工业排放减少 30%。到 2020 年，能源效用提高 35%，工业排放减少 50%。

OIT 的战略是针对市场、产业部门和整个国家的需求制定的，且与产业技术办公室的核心价值，运作原理保持一致。其战略要点是：重点在能源和对环境敏感的产业，与产业部门建立伙伴关系，推动国家未来发展战略的进程，运用未来产业战略整合产业和政府资源，利用综合小组完成项目目标，设计灵活和有针对性的计划，加强产业技术办公室人员的教育和培训，监督进展情况和运作情况，施行综合性计划以指导未来规划战略。

为实现其任务，OIT 通过调整改进实施产业未来的发展计划，对产业和消费者负责，成为合作关系的推动者，成为与政府、产业以及其他合作伙伴间平衡技术投资的领导者，成为在产业进程系统和技术方面知名联邦政府专家的重要权威来源。同时，OIT 也是支持产业技术办公室（OIT）任务的服务和资源网络的权威提供者，帮助美国的其他政府机构采用产业技术办公室（OIT）未来发展模式的重要贡献者。

资料来源：中国科学技术信息研究所：《国外中长期科技规划翻译资料》（内部），2003 年第 7 期。

按照 Romer 的思想，可以用竞争性、非竞争性和独占性、非独占性组成一个 2×2 矩阵（表 9-1）来表示不同商品的特性。[①] 知识，作为创新的结果，可以通过秘密或专利形式独占。但是，由于非竞争性，对于那些没有创造知识的人来说，它具有明显的外部性。[②] 这意味着创新者不仅无法获得创新努力的全部成果，而且也无法阻止他人从自己的创新活动中受益。创新的这种外部性使得市场失效成为可能，在这个意义上，市场失效与外部性和溢出的含义相同。市场失效的出现，构成了政府干预经济的理论基础。

表 9-1 知识的性质

	竞争性	非竞争性
独占性	普通商品	知识（有 R&D 或其他过程生产）
非独占性	公共财产资源	纯粹的公共物品

蒂斯德尔（1985）从政府干预科学技术发展角度，归纳了技术创新政策存在的理由：私人或私人企业从其创新成果中受益有限；它们不能正视这些成果所带来的风险和不测；在科学技术的信息传播中存在社会性障碍；资本市场不完善；[③] 避免在科学服务设施中无谓的重复；出于国家安全的考虑；引导创新和合理确定产业政策方向。例如，克服"非独占性"问题的政策主要有专利、新产品减税以及针对研究开发支出的免税。在这种环境中，政府干预的基本方向应该是塑造全面的生产结构和制度结构，促进自组织式的学习，减少微调需要，减少过细的经济干预。

"技术变革最终有助于提高人民生活水平"是许多国家鼓励创新和发明的政策基础（Rothwell 和 Zegveld，1981）。这一政策基础实际上与新古典理论和结构主义——演化理论密不可分。Lipsey 和 Carlaw（1988）对新古典政策和结构主义政策进行比较后，认为新古典模型的特点之一是能够产生唯一均衡，有时会因市场失效而偏离均衡；而结构主义演化模型有所不同，它不包含唯一均衡，所以不能用于设计一套科学的福利最大化的政策体系。如何选择两者在于对经济运行的看法。这样，就形成了两种不同类型的技术创新政策的制定方法：新古典方法与演化结构主义的方法。在新古典方法中，各种投入品（劳动、原材料、各种服务和人力资本）通过总生产函数产生经济绩效（国民收入）。其中生产函数的性质取决于经济结构和经济中的技术，但是这些因素都隐藏在黑箱之中，而黑箱只不过是投入产出的转换器而已，其内部结构不为人所知。相比而言，在结构主义方法中，技术（产品图纸和制造产品的过程）都在结构中得以体现，这种结构的

① 按照经济学解释，竞争性是指某产品一旦被某人使用，其他人就无法使用；如果某人使用并不能限制他人使用同一产品，就为非竞争性；如果某人可以控制某种产品的使用，就为独占性，否则为非独占性。

② 外部性是指任何经济活动的非价格影响，没有直接参与这种经济活动的第三方可以体会到这种影响。

③ 资本市场不完善使得小企业的投资受到限制；也使得风险大、投资回收期长的大项目受到影响。这些为政府干预创新提供了基础。

内容相当丰富。投入品经过这种结构生产出经济绩效（国民收入及其分配、就业与失业总量等）。政策通过政策结构影响着设施结构、投入和技术，从而间接地改变着经济绩效。

然而，技术创新政策的社会目标具有多元化特点，不易相互协调。一方面，政府渴望通过政策提高人民生活水平；另一方面，在对各种可供选择的技术进行甄别方面，以及减少技术变革的负面效应方面，也存在着不少的压力。因为这些技术可能会与就业、环境等问题相关。与此同时，承担不同创新政策职责的不同政府部门之间常常会存在一些矛盾，例如，一些部门主管激励和支持某些部门的发明和创新，如农业、工业和服务业；另一些部门则负责安全、就业、消费者保护、教育、环境条件、国际贸易、健康等工作。① 此外，这些设计、制定与贯彻技术创新政策的部门，也会将这些间接的创新责任与其本质使命进行权衡，从而影响技术创新政策的有效性。所以，“要想使技术创新政策满意，可能是相当不容易的”（Rothwell 和 Zegveld，1981）。也就是由于作出决定的“政治与行政机构的不完善”，政府在对技术创新进行支持和干预的时候，也存在着与“市场失效”类似的可能性。政府对某些开发项目进行资助的一个重要原因是，迫于工业和政府某些“院外活动”的压力，不得不支持某种技术开发和使用，却不计较其成本，也不考虑该项目的可能性。尽管这些问题需要纠正，但是，我们面临的选择是“不完善的市场和不完善的政治机构……对于引导科学技术成果来说，一个不完善的政治机构的干预在社会上要优于一个不完善的市场机构”（蒂斯德尔，1985）。

二、技术创新政策及其体系

技术创新政策历史悠久，早在 15 世纪就已经存在（1474 年，威尼斯共和国建立了发明专利制度）。但是，现代意义上的技术创新政策大致发端于 20 世纪 60 年代左右（柳卸林，1993）。在 70 年代才开始在政府官方文件出现，并逐渐与经济政策和科技政策等公共政策的研究相融合。到了 80 年代，这一政策得到了许多国家的重视，科技政策的重心逐渐转向创新政策。但是，学界对“技术创新政策”的含义的看法并不相同。

在 20 世纪 80 年代初，DECD 认为技术创新政策是“把科技政策与政府其他政策，特别是经济、社会和产业政策，包括能源、教育和人力资源政策形成一个整体”；Rothwell 认为创新政策是科技政策和工业政策的结合；Lipsey 和 Carlaw（1988）把技术（创新）政策分为三种类型：框架政策、焦点性政策和综合政策；Gaudin 认为创新政策的重点是支持创新者、技术文化、减少创新障碍（贾蔚文等，1994：19）；金麟洙（1998）认为技术创新政策是与技术研究开发相关的政策，包括创新的需求、供给及其联结政策。

我国创新经济学家在吸收国外研究成果的基础上，也提出了自己的看法。夏国藩（1993）认为，“技术创新政策通常是科技政策与产业政策的结合，是旨在促进技术创新

① Rothwell 和 Zegveld（1985）对美国影响工业创新的一些相互矛盾的政策进行了归纳。

而采取的各种直接或间接政策措施”；王春法（1998）把技术创新政策定义为“政府为了促进科学技术成果从研究开发机构向产业部门流动并最终实现其商业价值而采取的一系列公共政策措施的总称”；连燕华（1999）强调，技术创新政策是一个政策体系，是一个国家为促进技术创新活动、规范技术创新行为而采取的各种直接和间接的政策与措施的总和；柳卸林（2000）认为，技术创新政策是政府干预技术创新活动的手段与工具，是国际创新系统的重要组成部分，是相关政策的有机组合，是贯穿于整个创新过程的政策，它包括创新环境的创造，对 R&D、企业引入新技术、新产品的支持，涉及金融、政府采购、法律法规、标准、税收政策、财政政策等内容。

尽管上述技术创新政策的含义有宽有窄，但是它们有一个共同特点：都强调多种政策措施的组合以及政府对技术创新的正强化方面的激励，或者重视政府对创新的支持。实际上，技术创新政策的制定、贯彻与实施离不开其他经济政策、法律法规的支持与配合。其中，技术创新政策与产业政策、科学政策、技术政策，以及与知识产权保护相关的法律制度之间的联系最为密切，有时很难加以区分，而财政税收、金融、管制等制度措施则是技术创新政策的重要工具。但是，各种政策的重点有一定的差异，这在科学政策、技术政策与创新政策之间表现得尤为明显。[1] 可以将科学政策、技术政策和创新政策，以及其他各种支持性政策通称为“广义的技术创新政策”，在本书中，技术创新政策主要指这种广义含义。技术创新政策是旨在推动、规范技术创新活动而采取各种经济、法律、制度等手段的一种公共政策，它包括政策目标和政策工具两个层次。技术创新政策目标可以分为不同的内容：有些侧重具体的内容（专有技术、产业部门和某种类型的企业，如中小企业）；有些侧重一般内容（影响整个创新活动、直接鼓励产业绩效的措施，间接为产业创造良好的环境），不同的技术创新目标有着相应的政策工具与之对应（表 9-2）。成功的技术创新有赖于技术“供给”和市场“需求”之间的有机结合。

表 9-2 技术创新政策的目标和工具

<table>
<tr><th>层次</th><th>目 标</th><th colspan="2">重点内容</th><th colspan="2">工 具</th></tr>
<tr><td rowspan="4">供给</td><td rowspan="4">为 R&D 创造一个良好的经济、政治和法律环境：创新生产的技术可能性</td><td rowspan="3">直接</td><td>科学技术知识和人员</td><td>科学技术、教育和信息</td><td rowspan="4">法律管制和政治</td></tr>
<tr><td>市场信息和管理技能</td><td>教育和信息</td></tr>
<tr><td>财政/金融资源</td><td>财政和税收</td></tr>
<tr><td>间接</td><td>政府参与 R&D</td><td>公共企业</td></tr>
<tr><td rowspan="2">需求</td><td rowspan="2">提供良好的经济、政治和法律环境：创新生产的商业可能性</td><td>国内市场</td><td>产业结构</td><td colspan="2">公共服务、采购、财政、税收、法律管制和政治</td></tr>
<tr><td>国际市场</td><td>国际贸易</td><td colspan="2">海外投资和贸易</td></tr>
</table>

资料来源：Roy Rothwell 和 Walter Zegveld，1981:57-59.

[1] Dodgson 和 Bessant（1996）对三种政策的特点和研究趋势进行了对比分析，转引自王春法（1998：15）。

三、创新政策的类型与功能

（一）创新政策及其类型

企业通过利用政府的创新政策，合理选择创新重点和领域，将有助于减少技术风险，同时还可以获得一定的资金支持。创新政策是指政府为推动技术创新而采取的各种经济、法律制度等的总和，其中科技政策和产业政策及专利制度是其主要构成部分。创新政策一般包括激励型、引导型、保护型和协调型四种类型。激励型政策的指向是激发创新主体的创新欲望并为之创造良好的外部环境；引导型政策是指向产业结构的调整及国家倡导的技术发展领域和鼓励办法等；保护型政策则致力于新兴产业和高技术的扶持；协调型政策则指向技术创新与其他方面的关系协调。各种创新政策的具体内容详见表 9-3。

表 9-3 创新政策的基本内容

激励型政策	金融政策	优先贷款和优惠贷款 外贸外汇方面的支持 设立企业创新风险基金
	财政政策	对 R&D 的投入拨款 对创新的奖励
	税收政策	给予新产品减免税 给予 R&D 活动以优惠
	分配政策	从利润中提取创新基金
	价格政策	自主定价
	信息政策	建立国家信息化基础结构 提供创新企业及时准确的信息
	专利政策	保护创新成果和知识产权
	其他政策	对创新者的奖励 提供创新所需要的设施 清除既得利益集团对创新的阻力 减少创新过程中的政府官僚程序 劳动力的培训（包括再就业者的培训）
引导型政策	产业政策	科技产业优先发展政策 科技产业开发区政策 高新技术产业政策 产业结构调整政策
	科技政策	技术进步政策 技术市场政策 技术中介政策 技术人才政策 技术转让政策 技术合作和交流政策 技术引进政策 技术改造政策 技术进步和技术成果评价政策 对 R&D 结构支持政策

续表

保护型政策	关税保护政策 政府购买政策
协调型政策	协调自主创新与技术引进、技术转让关系政策 协调跨地区、跨行业、跨企业技术创新政策 促进产—官—学（研）合作政策

资料来源：王明友：《知识经济与技术创新》，经济管理出版社，1999年。

（二）创新政策的作用领域

技术创新政策一般在如下几个方面具有突出的作用：基础研究、基础设施、社会收益大的技术创新、避免创新的重复性、增强国际竞争能力、创新的扩散、合作研究。①

（1）基础研究。多数基础研究是没有直接经济效益的，但它们却是大多数创新得以产生的基础。在市场经济制度下，企业一般不会去做没有直接经济收益的基础研究。这就需要超越企业局部利益的政府承担起组织、资助基础研究的责任。例如，有些国家的政府实验室便是因此而建立的。

（2）基础设施。技术创新活动有赖于许多公共设施，如通信、交通和标准化等。由于这些设施具有公共物品的性质，因而要依赖政府的投资和建设。

（3）社会收益大的技术创新。有一些领域的技术创新，如电子技术、能源、运输等产业的创新，其社会收益大于私人收益，政府应促进这些领域的创新活动。

（4）避免创新的重复性。纯粹市场机制有时会在某些领域造成过度的重复投资，政府就有必要采取相关政策加以防范。

（5）增强国际竞争能力。相比而言，采取创新政策的国家要比没有采取创新政策的国家更能拥有竞争优势。

（6）创新的扩散。技术成果的扩散有益于全社会。只有通过技术创新扩散，社会才能最大限度地获取创新收益。但因多种原因，自然扩散的速度是相当缓慢的，所以政府有必要采取某种方式以推进创新的扩散。

（7）合作研究。高技术的投资需求大，风险大，企业既无能力又不敢承担此类创新项目。此时，政府可以与企业进行合作，采用共同投入、共担风险的方式，推动创新步伐。

专栏 9–2

日本通过中介机构促进民间研究开发和产品创新

为了促进民间研究开发和产品创新，政府设立了专为民间新产品的研究开发提供服务的中介机构，并制定了通过这些机构向民间进行投资和融资的优惠政策和制度。

① 柳卸林：《技术创新经济学》，中国经济出版社，1993年。

1. 基础技术研究促进中心。该中心成立于1985年，其任务是促进民间在矿业、工业、电气通信业、广播业等方面的基础研究，资金来源于“产业投资特别会计”的投资和日本开发银行及民间的投资等，主要开展投资、无息融资（有条件）、合作研究等业务。

2. 生物系特定产业技术研究推进机构。该机构成立于1986年10月，其目的是促进民间在生物系特定产业的技术研究，资金来源于“产业投资特别会计”的投融资及民间的投资等，开展有条件的无息融资、投资和合作研究等业务。

3. 医药品副作用被害救济研究振兴调查机构。该机构从1987年起开始从事以促进民间医药品技术的研究为目的的业务，资金来源于“产业投资特别会计”的投资及民间投资等，开展有条件的无息融资、投资和合作研究等业务。

4. 其他融资制度。为促进新技术、新产品开发研究，日本开发银行根据新技术投融资制度向日本企业稳定地提供低息贷款，以满足企业开展新技术、新产品开发研究所需资金。

资料来源：甘坐富：《国家鼓励产品创新的优惠政策研究》，中国驻日本使馆资料（内部），1999年11月17日。

第二节　发达国家技术创新政策的特点

在20世纪40年代以前，政府支持发明和创新的政策主要有三大支柱：专利体制、技术教育和促进基础科学发展（Rothwell和Zegveld，1981）。相对而言，传统的技术创新政策工具偏好“供给”方面，如支持R&D或对R&D补贴，吸收国内外新产品和技术。现在越来越多的政策工具关心创新的“需求”方面，如法律、税收、管制和政府采购等。科技政策与工业政策、市场和干预、供给和需求、长远利益与短期利益、大计划与小分散等不同层面的紧密结合是国外技术创新政策的重要特点（贾蔚文等，1994）。随着经济全球化趋势的增强，这些环境或系统也将对其他国家的企业创新活动产生越来越大的影响。在这种情况下，公共政策的制定不仅受一国经济和社会目标的影响，也深受国际环境的制约。例如，在20世纪40~50年代，军事目标在大多数国家的公共政策中占据着绝对优势，到了60~70年代，诸如生产率等经济政策才占有相应的优势地位。为了获得国际竞争优势，许多国家采取多种措施，以提高其军用和民用工业的创新能力。其中政府补贴、对工业创新进行直接投资等就是相当流行的公共政策之一。①

① 根据Freeman and Soete（1997）的观点，公共补贴的主要作用领域集中在如下几个方面：大学的基础性研究；共性技术及其扩散（如ICT）；限制企业层次研究开发有效发展的产业结构，如对农业以及中小企业的技术咨询和研究服务；STS条件下的基础设施投资，如数据银行以及其他信息服务等。

Freeman（1997）等人则把第二次世界大战以来OECD国家的科技（创新）政策分为三个不同的阶段（表9-4）。他认为第二次世界大战中后期的创新政策既受到战争本身的影响，也深受冷战初期的影响。这一阶段的创新政策主要集中在创新的供给方面，尤其是强调R&D能力的培育。在第二阶段，由于意识到创新政策过于偏重供给方面会存在一些问题，各国政府就开始把精力转移到完善创新的经济环境上。进入20世纪90年代以来，各国创新政策则开始强调目标多元化，原有公共政策的重点、内容发生了较大的变化，越来越多的国家开始重视与创新相关的知识生产与扩散。

表9-4 OECD国家科技政策的三个阶段（部分）

20世纪40~50年代	20世纪60~70年代	20世纪80~90年代
麦哈顿计划；V1、V2火箭；军用航天器	经济增长；生产率；民用飞机；核能	共性技术；材料技术；生物技术；市场竞争；ICT
科学咨询委员会	科技委员会和科技部	科学、技术、产业部
物理学家；化学家	物理学家；化学家；经济学家；工程师	“硬科学”；生物学、生态学；社会科学；经济学
武器系统；基础科学；政府实验室	经济增长；武器系统；工业R&D；大学扩张	结构变革；环境；网络；武器系统
根本性创新	增量型创新	扩散
科学技术经费的大膨胀	持续较慢的经费膨胀	经费稳定，有时稍微下降

资料来源：Chris Freeman和Luc Soete，1997.

一、支持产业技术进步是各国公共政策的重要内容

作为国民财富创造和技术创新的主体，企业始终是各国政府经济社会总体政策框架中的重要组成部分和施与对象。从总体趋势上看，20世纪80年代是一个十分重要的政策转变时期。在此之前，特别是在冷战时期，西方主要发达国家的科技发展目标重点是服务于军事对峙，保障国家安全，对企业研发活动的支持也基本服务于军事目标，与此相关，物理学、化学等则是当时重点支持的领域（表9-5）。[①] 如美国长期以来政府R&D直接资助的主要是国防领域，1993年美国对产业R&D投资的70%以上被用于与国防有关的开发工作；而在非国防方面，主要的领域则集中于能源、太空和卫生健康。[②] 但与其他发达国家相比，日本则是一个突出的例外。第二次世界大战之后，日本的军事能力受到制约，国家安全受到主要是美国的保护，国防开支占财政总支出的比重始终较低，从而使它能够将更多的财力投入到经济发展中去。日本在第二次世界大战后所采取的产业政策和政府对产业科技创新的强力支持，对日本战后实现长达20多年的持续高速增长起到了重大作用，成为继美国之后世界第二大经济体。“日本奇迹”尽管不是唯

① 当时发达国家，尤其是美国之所以格外重视物理学、化学等基础学科，是与万尼瓦·布什的科学政策观点密不可分的。

② 参见乔治·泰奇：《研究与开发政策的经济学》，清华大学出版社，2002年，第31~32页。

表 9-5 20 世纪中叶到 90 年代初发达国家政府支持研发活动的目标和领域

20 世纪 40~50 年代	20 世纪 60~70 年代	20 世纪 80~90 年代
麦哈顿计划；V1、V2 火箭；军用航天器	经济增长；生产率；民用飞机；核能	共性技术；材料技术；生物技术；市场竞争；ICT
武器系统；基础科学；政府实验室	经济增长；武器系统；工业 R&D；大学扩张	结构变革；环境；网络；武器系统

资料来源：Chris Freeman 和 Luc Soete，1997:388。转引自王伟光：《中国工业行业技术创新实证研究》，中国社会科学出版社，2003 年，第 199 页。

一，但却肯定是刺激其他发达国家进行一系列经济政策和科技政策重大调整的关键性原因。

实际上，虽然早在 20 世纪 60 年代以后，经济增长和生产效率的提高已逐渐成为各发达国家科技发展政策关注的目标，但从 80 年代开始，特别是在冷战结束后，政府对产业 R&D 投入与科技创新活动支持政策的范围、力度与主动性明显增强。这直接导致了一系列旨在提高本国产业技术进步与竞争能力的科技计划、政策和立法行动，如开始于 80 年代的欧盟第 1 框架计划以及目前正在实施的第 6 框架计划（2003~2008 年）、日本的“适应新形势，从长远观点出发振兴科学技术的政策大纲”（简称振兴科学技术计划，1984 年）、美国“先进制造计划”（1992 年）以及韩国的“G7 计划”（1991 年）等。

二、政府支持产业技术进步的重点目标与领域各有特点

20 世纪后期到 21 世纪初期，围绕技术领先和国际竞争力的提高，发达国家纷纷调整支持企业研发目标和重点。概括起来，除了增强社会科技知识供给和促进增长以外，鼓励高技术和新兴技术及其产业发展，通过促进中小企业成长以创造更多的就业机会，也成为发达国家支持企业研发活动的重要目标（表 9-6）。此外，不同发展时段总有不同的产业投资重点以及与其相关的技术关节点，也是促使企业增加 R&D 和保持 R&D 适度规模的重要原因。例如，20 世纪之初围绕钢铁、汽车、化学等工业的大规模投资，以及 20 世纪 90 年代的大规模 ICT 投资。虽然，这些投资热点的出现与当时的市场环境有很大关系，但是，政府鼓励 R&D 投资和鼓励应用新技术等方面的宏观政策，也是诱导企业加大 R&D 投入的重要原因。与发达国家不同，发展中国家支持企业研发活动的重点和领域基本上是一些本国产业技术的薄弱环节，强调技术引进及其基础上的再创新，

表 9-6 20 世纪 90 年代以来发达国家支持企业研发活动的主要目标与领域

国家	目 标	支持企业研发的主要领域
美国	增长、就业、全面领先	航天、基础产业及材料、化学制造、电子信息制造及服务、机械制造、医疗用品及器械、水陆运输设备制造以及各种服务业等领域
德国	竞争力、社会财富	微电子技术、生物技术、新材料和集成制造技术、纳米技术、激光技术、高速轮轨列车技术、磁悬浮列车技术和新型汽车制造技术等
日本	产业创新能力、基础研究	生命科学、信息通信、环境、纳米技术及材料等

资料来源：作者整理。

目的是尽快缩小与发达国家的差距，培育自主创新能力。

发展中国家的后发优势，决定了这类国家有可能快速实现赶超，甚至获得某种技术优势。20 世纪 70~80 年代，韩国政府推行引进为主、自主开发为辅的科技政策，对企业主要在钢铁、汽车、造船、电子、化工等产业技术领域研发进行支持。从 20 世纪 90 年代起，又提出把高新技术产业作为 20 世纪的重点发展目标，并对企业在半导体、宇宙航空、原子能、生物及新材料等高新技术领域的研发进行支持。这种研发导向使得韩国的技术能力得到极大提升，并在半导体、汽车、电子等行业居世界领先地位。

三、多种政策工具综合运用

技术进步不是一个单纯的技术组织过程，而是一个跨部门、跨领域的社会经济组织过程。所以，国外支持企业研发活动的政策重点和手段涉及企业研发的各个环节和方面，有的侧重于对企业 R&D 投资的免税，有的强调研发设备的更新和采购，有的重视科技成果转让，有的突出了研发人才的培养，还有的关注创业投资等。这些政策手段有如下三大类：①税收优惠政策，包括免税期、投资税收抵减、R&D 费用双倍扣除、加速折旧、投资税收减除以及减免关税与货物税等。②金融支持政策，包括低利融资、分期贷款、融资保证、股权参与、补助金等。③其他政策，包括政府采购、限制外来投资、进口管制、行政指导、技术协助等。在实践中，这些政策手段相互交织在一起，共同作用于企业研发的全过程。不同国家在使用这些政策过程中各有侧重。

以税收优惠和鼓励中小企业发展的政策措施为例（表 9-7），国外的政策手段比较多，我国则较少。相比而言，国外的税收优惠政策比较全面也比较宽松，只要有 R&D 投入就有相应的优惠措施，而我国的 R&D 优惠强调的是“连续增长”基础的减免。再如支持中小企业研发的政策，与国外相比，我国这方面的政策措施还比较少。此外，作

表 9-7 支持企业研发活动政策的国际比较：以税收优惠和支持中小企业的政策为例

国家	对研发的税收优惠	支持中小企业的政策
美国	加速折旧；R&D 减免，如对于高出企业过去 3 年的研究开发支出平均额的部分，减税 25%等	提供创新研究资助；资助小企业技术转让项目；资助研究成果的市场化；贷款担保等各种支持计划
德国	软件发展的税额减免；新技术研发的贷款或资金补助；100%的 R&D 折旧率等	组建专门研究机构，以指导中小企业的技术开发，如联邦中小企业研究所、联邦手工业研究所等；多种形式补偿企业创新成本；促进技术成果转化等
日本	R&D 经费（包括新产品发展、产品改造、新技术创新或设计）最高享有 20%的税收抵扣；100%的 R&D 折旧率等	政府资助人才培训；提供优惠条件，加强中小企业开发、利用新技术的能力；加强技术指导，促进技术转移和技术交流等
韩国	科技及人力发展最高享有 50%的税额抵扣；研究及试验设备享有 50%设备费用之额度减免等	人才引进、税收、金融及销售方面的优惠；专家的技术援助；促进科研机构向小企业转移成果等
中国	国家高新区的高科技企业，按 15%的税率征税；新办的高新技术企业自投产年度起免征所得税两年；研发费用增长幅度在 10%以上的企业，可再按实际发生额的 50%抵扣应税所得额等	科技型中小企业创新基金等

资料来源：作者整理。

为从需求角度支持技术创新的重要政策工具，政府采购对企业的研发和发展发挥着巨大作用。政府采购，尤其是国防采购，有效地减轻了一些高新技术产品投放市场的前期风险，从而促进了高新技术的应用。美国早在20世纪60年代就制定了“政府采购法”，对高科技产业及战略性产业进行扶持。硅谷的崛起，与美国政府当年对电子产品、导弹产品、计算机产品等的大量采购就有着十分密切的联系。美国著名的高技术公司，诸如IBM、惠普、得克萨斯仪器公司等都在很大程度上受惠于政府采购政策。在日本、韩国以及中国台湾地区都有类似的政府采购制度。

四、大力推进产业共性技术研究

研究开发的市场失效决定了政府必须进行适当干预。根据泰奇的观点，与企业R&D投资相关的市场失效主要源于如下三种风险：一是一般风险，包括投资厌恶、一般的R&D厌恶、小企业投资障碍；二是R&D特定风险，包括固有技术、R&D资本密集、进入市场的时间长、潜在市场的范围广泛、技术与市场的匹配等；三是与市场有关的风险，包括集体使用、市场进入、高的交易成本、规模或范围经济等。[①] 一些产业共性技术、通用技术所面临的上述风险最为突出，如果没有政府的适当干预，产业的整体技术水平就难以快速提升。另外，尤其是未来共性技术的研发投入更大，但是未来市场却充满了不确定性，再加上科学技术本身的复杂性日益增强，使得产业共性技术开发凸显“瓶颈约束”。所以，各国政府针对不同类型的R&D风险及不同类型技术特点，大力加强产业共性技术开发，以扩大产业共性技术供给，为未来产业技术领先奠定科技基础（表9–8）。

表9–8　不同类型技术的政府支持方式：国际经验

技术属性	技术类型	共性技术	共性技术、基础技术	专用性技术
	属性	高风险、市场化时间长，规模市场	专用性，工业机构，交易成本	技术或市场战略不匹配
美国		NIST：ATP，50%的费用由研究联盟共同承担，对单个企业进行直接的R&D投资：2.2亿美元	NIST：试验室研究（一部分为成本分担的联盟），2.6亿美元；一部分为ATP项目	通过政府实验室对单个企业合作的项目提供贷款
日本		MITI：工业科学和技术前沿计划2.3亿美元	MITI：实验室研究（一部分为联合研究）通过15个AIST实验室，4.4亿美元	关键技术中心（70%的费用由合资公司分担），2.25亿美元
欧盟		IV计划（50%是费用分担）30亿美元；15亿为“支撑”技术；国家计划，如德国13亿美元	单个国家实验室；德国3.2亿美元，英国7500万美元	EUREKA（35%的费用由合资企业分担），共计12亿美元；单个国家计划（佛朗霍夫研究所，总预算6.5亿美元中的2亿美元）

资料来源：乔治·泰奇：《研究与开发政策的经济学》，清华大学出版社，2002年，第117页。这里的预算年度为1996年或1997年。

① 乔治·泰奇：《研究与开发政策的经济学》，清华大学出版社，2002年，第86页。

五、以严格的法律法规保证政府支持企业研发活动的制度性

国外政府支持企业研发活动的另一个重要特点是，利用相关法律来确定、强化和规范支持企业研发活动的政策措施，从而形成一套连续的支持企业技术进步的制度框架。这些法律涉及企业研发活动的各个层面，有的是针对整个技术创新过程的前端，有的是强调研发过程的组织，还有的重视科技成果的产业化和技术推广与扩散等。其中以R&D相关税收规定、促进创业投资发展、产学研相结合以及技术转移的相关法律居多。这些法律措施的重点是从全过程角度来支持中小企业研究开发（参见表9–9）。

表9–9　部分国家支持小企业研发的法律

	法　律	目的及内容
美国	1982年颁布的《中小企业技术创新开发法》	从1983年起，凡向外提供1亿美元以上开发任务的任何政府必须将一定比例的研究开发活动交给中小企业
	1984年通过《国家合作研究法》	促进企业之间的合作
	《加强小企业研究与发展法案》（1992）、《减税法》（1992）、《新税法（1998）》（1997）	激励小企业创新
日本	《中小企业技术开发促进临时措施法》（1985年）；《有关融合不同领域中小企业者组织并促进开发新领域的临时措施法》（1988年）、《有关促进中小企业创造性事业活动的临时措施法》（1995年）、《租税特别措施法》等	这些法律涉及中小企业技术开发的经费补助、开发税金的减免、对中小企业的技术援助、人才培养等。其目的是促进中小企业的技术进步和新领域的开拓；提高中小企业的产品附加值，为中小企业的发展提供有利的社会环境
	《大学等技术转移促进法》（1998年）	促进了大学及实验研究机关与中小企业合作及科研成果的转化速度
韩国	《中小企业产品购买促进法》（1981年）	该法规定政府应优先购买中小企业所生产的制品，对半民间团体有发展前途的中小企业进行选择性扶植
	《小企业合作法》（1996年）	促进小企业在组织上和经济资源上的联合

资料来源：作者整理。

与国外相比，我国支持企业研发活动的相关法律缺乏相对独立性，有关支持企业研发活动的相关规定通常包含在《科学技术进步法》、《促进科技成果转化法》等之内。我国对中小企业技术创新的支持，也缺乏相应的法律基础。这种状况使得政府对企业研发活动的支持缺乏强制性和连续性，而缺乏支持中小企业创新的明确法律规定，也不利于发挥中小企业在创新、创业和增加社会就业机会等方面的作用。

六、国外支持企业研发活动政策的启示

市场失效、技术开发及其过程的外溢性，以及企业发展对国家竞争力提升的重要作用，是政府支持企业研发活动的主要理由。尽管不同国家对企业研发支持的重点、方式存在一定差异，但是一个普遍共识是，除了对企业进行直接投入支持以外，间接资助方式更有助于激励企业研发。具体而言，从国外支持企业研发活动的实践来看，在强调企业在技术创新中的主体地位过程中，有如下几个突出特点：①国家科技总体目标能够最

大限度地通过促进企业技术创新来实现，而企业在实现国家科技发展总体目标的过程中，不仅获得了国家给予的各种优惠条件及其优势，也为赢得未来技术竞争优势创造了基础平台。②各国都有一个相对明晰的支持企业研发活动的目标和领域，它们都是能够体现国家意志的目标和领域，而且这些目标和领域随着国内外环境的变化不断调整。③中小企业的研发活动一直是各国的重点支持对象。基于科学技术的小企业，不仅为大企业发展和向大企业发展提供了可靠的技术源泉，而且逐渐成为国家创新体系的重要组成部分。④采用多种政策工具支持企业研发活动的全过程，包括财政直接支持、税收优惠等在内的经济政策，是国外刺激企业研发活动的主要政策工具，这种政策工具的最大优点是经济利益的直接性、现实操作的简单性以及很大的灵活性。⑤完善的法律体系是国外支持企业研发活动的重要制度保证，使政府支持企业研发活动及其他科技活动有了充足的制度基础，保证了政府行为的规范化和持续性。

所以，对于我们这样一个发展中大国来说，政府在支持企业研发活动时有必要参照国外的一些成功经验，利用多种政策手段对技术开发的全过程予以支持。与此同时，由于国家财力有限，发展目标相对较多，这就需要采用多种资金组合方式，最大限度地发挥国家集中性财力的作用，并最大限度地调动社会资源投入科技活动。另外，通过税收、法律等政策手段，创造良好的环境，激励企业对研发进行持续投资，最终形成一种持续增长的国家科技投入体制，为我国产业科技实力和能力的提升奠定基础。

专栏 9-3

以色列科技产业的繁荣之道

自2000年互联网泡沫破裂以来，2005年是以色列高新技术产业发展最好的一年。世界最大的芯片生产商英特尔2005年12月宣布，将在以色列建造一家新工厂。目前，在纳斯达克上市的以色列公司有70多家，仅次于美国。以色列高新技术产业之所以大获成功，其原因有三：①军民两用技术协调发展。以色列的军队在采用新技术方面一直走在世界前列，并与民用工业有着密切的合作关系。例如，生产夜间观察设备的埃尔比特系统公司，其客户包括美国军队。②高素质人才。以色列无论男女都必须在中学毕业后服兵役。许多人由此了解了各种高技术系统，则直接影响到他们未来的职业。③与美国关系密切。这种特殊关系使得以色列新创办的公司在寻找投资者、谋求股票上市时很自然地选择美国。此外，以色列政府一直努力利用高新技术产业带动某些区域发展。

资料来源：格雷格·迈尔：《以色列高科技产业从低迷走向繁荣》，美国《纽约时报》，2005年12月26日。转引自《参考消息》，2005年12月28日，第4版。

专栏 9-4

中国产业政策应该关注小企业

中国最近的一项研究显示，最大的500家公司在国内生产总值中占到了3/4以上，但是实际情况却并非如此。公司的收入就是营业额，而国内生产总值衡量的是增值部分，也就是创造的财富。根据这个标准，中国大公司对经济的贡献要小得多。它们的生产率要远低于美国的水平。在中国有两种主流思想，一种认为大就是好，另一种就是把美国视为企业成功与否的标准和模式。有些官员认为，作为一个新兴的工业化国家，中国必须有自己的通用电气公司和微软公司，并为此制定了若干政策。然而，历史已经一再证明，政府制订计划者所热爱的制高点，也能变成经济上代价高昂的污水池。

最有希望成为中国未来发展引擎的不是国有部门，而是众多灵活的私营公司。有很多证据表明，它们比大的竞争对手更有进取心、生产率更高，也更富有创新精神，然而，中国的产业政策对此关注不够。正式和非正式的官方规定在一定程度上限制了它们获得银行贷款。国有企业的垄断将它们排除在能源供应和电信等成长性市场之外。它们从国家出资的研发计划中得到的好处也不多，有时可能也不是地方政府照顾的对象。对中国的竞争感到焦虑的外国公司经理不应对最大牌的公司担心过多。中国未来真正杰出的公司更有可能是如今几乎不为人所知的公司——只要中国政府给它们适当的政策环境。

资料来源：居伊·德荣凯尔：《中国的产业政策应该关注小企业》，英国《金融时报》，2006年9月7日。转引自《参考消息》，2006年9月11日，第4版。

● 本章案例

企业孵化器与技术创新

一、孵化器的起源与发展

企业孵化器（Business Incubator 或 Innovation center）又叫高新技术创业服务中心，是我国重要的科技创新和创业服务机构，它是全球高新技术产业发展的重要载体之一，也是推动经济发展和科技进步的有效手段。联合国开发计划署对孵化器的定义是“孵化器是一种受控制的工业环境，这种环境是专为培育新生企业而设计的。在这个环境中试图创造一些条件来训练、支持和培育一些成功的中小型企业和企业家”。企业孵化器的中心职能是新创企业的孵化和企业家的培育，也就是为创新型中小企业的发展提供服务支持，以创造巨大的价值。

最早的企业孵化器在1956年成立于美国，即约瑟夫·罗库索创建的“备特维亚工业中心”，由于它成功地孵化了一批企业，使其发展壮大，从而引起了世人的关注。20世纪80年代末90年代初，欧美等发达国家和地区的孵化器开始走向繁荣，世界各地纷纷建立自己的企业孵化器，并开始向专业化方向发展。尽管孵化的标准不尽相同，但都是以中小科技企业为接纳对象，以扶持和培育科技企业和企业家为主要工作内容，以培植税源、壮大经济规模为目的。目前全球企业孵化器已发展到3000多家，其中最著名的有美国的旧金山新生企业家中心、休斯顿创新中心、大学城科学中心，长岛高技术孵化器、GENSIS技术孵化器和企业家培训中心，以色列的拉德—拉莫特经济实体，澳大利亚的澳大利亚科技园区和孵化器，加拿大的魁北克生物技术创新中心和TFI-多伦多服饰孵化器，芬兰的芬兰乡镇企业孵化器等。[①]

我国于1987年6月建立了第一个科技企业孵化器——武汉东湖创业服务中心，并实现了快速发展。1991年国家科委和国家体改委联合下文，要求各地市都要建立科技企业孵化器——“高新技术创业服务中心”。截止到2005年3月，我国孵化器共490家，居世界第二。[②]我国的孵化器飞速发展，根据2006年年初对上报的534家孵化器的统计，各类孵化器孵化场地总面积达1973万平方米，正在孵化着40639家企业，占全国科技型中小企业数量的1/3左右；孵化企业共获得国家级科技计划项目800项，获得资助金额达9亿元；在孵企业申请专利17225项，其中发明专利6028项，获批准专利10926项，其中发明专利3949项；在孵企业年技工贸总收入实现2133.2亿元，创造直接就业机会72万多个，吸引了1.2万余名留学归国人员和近46万科技人才在各类孵化器中创业；已累计毕业企业15931家，其中2005年新毕业企业有3319家，已培养出境内外上市公司50余家。[③]由此可见，企业孵化器已经成为我国技术创新、成果转化和产业化的重要催化剂，促进了科技中小企业的快速成长。

二、孵化器与企业技术创新

（一）创造和培育创新主体

创新活动的主体是中小企业，从全球范围来看，最为活跃的创新活动都集中在中小企业。然而，中小企业在科研人员规模、资金、设备等方面都面临很多限制。孵化器通过为企业提供共享的基础设施和创新资源，降低企业的创新成本和创新风险，解决了企业和科研人员的后顾之忧，从而激发了中小企业技术创新的积极性。由于能够在孵化企业与政府、金融机构、风险投资机构之间搭建桥梁，孵化器解决了许多中小企业的融资问题。另外，孵化器通过营造一个良好的知识环境与激励机制，成为吸引科技人才的基地，从而提高了中小企业的科研创新能力。

（二）降低技术创新风险

技术创新投入大、风险高，其中包括研发、生产、管理、市场化等风险，这些风险交织在一起，影响到企业的创新过程。孵化器通过对中小企业的新思想、新发现或者科研成果在技术上的可行性和新产品的市场前景进行分析、评价和预测，同时结合对项目或企业负责人的评价进行筛选，作为选择培育的科技企业，因此降低了创新的风险。在企业发展中，孵化器通过提供准确、可靠的信息来引导企业。而且，孵化器还帮助中小企业开拓市场、筹集资金并提供其他后勤服务，避免创新中某一环节出现问题，提高了

① 郭杰：《浅谈科技企业孵化器发展》，《华东科技》，2002年第11期。
② 黄涛、李光：《我国科技企业孵化器研究现状综述》，《中国科技论坛》，2005年第3期。
③ http://www.whkjcy.com/PageNews/ViewNews.aspx？id=1877.

企业创新的成功率。

（三）形成更有效的创新网络[1]

孵化器作为新的企业组织形式，其存在于多个企业生命体，具有很强的网络状态，并扩大了创新区域范围。C.M.哈兰德博士在其《网络与全球化》一书中分析指出："在紧急全球化的时代背景下，网络正在成为新的创新组织形式。技术创新的非线性表明，创新产生的过程包含大量的随机因素，往往发生在各种思想的碰撞，传统等级森严的企业组织形式不利于创新的发生。"孵化器是一个综合性的创新体系，是企业与科技要素在产权基础上的结合，不仅涉及企业，还包括政府、高校、金融机构、中介服务机构等，这种结合比传统的创新模式更具有目的性，各个环节间更协调，创新环节更融洽。

（四）完善创新动力机制[2]

科技孵化器能从企业内部和外部两个方面促进技术创新主体的互动，变革中小企业创新的动力机制。从企业内部来说，由于科技孵化器打破了传统的竞争机制和分配机制(如年薪制、期权制、现金和股权激励等)，它允许企业灵活用人、自主分配，并能得到国家和当地政府的支持，鼓励并促进技术人员进行技术创新活动。产学研相结合的机制是孵化器中常见的形式，孵化器在市场、科技成果、资金、人才之间建立了紧密的联系。它一方面向企业推荐高校、科研院所的科技成果，促进科技成果的转化；另一方面向高校、科研院所反馈企业的需求，促进高校、科研院所面向市场的研发，密切了各方之间的创新关系。

三、孵化器与科技型中小企业发展

孵化器作为将科技成果转化为商品、催化中小企业成长的工具，通过为创业企业提供研发、生产、经营的场地、通信、网络与办公等方面的共享设施，以及系统的培训和咨询，政策、融资、法律与市场推广等方面的支持，降低了创业企业的创业风险和创业成本，提高企业的成活率和成功率。据美国小企业管理数据统计，在小企业刚创办的6年里，平均11家中就有9家失败，而经过孵化器培育的小企业成功率则高达80%。孵化期在推动科技型小企业发展方面具有明显的作用。

（一）提供综合性基础设施

由于中小型高科技企业在创业时缺乏大量的资金支持，单个企业往往无法完成对基础设施的购置与建设，因而企业孵化器必须利用自身的资金优势和规模优势，购置与建设综合性的基础设施以及价格较低的设备、办公空间等，使创业企业的启动成本大大降低。

（二）提供资金支持

企业孵化器还必须为创业企业提供融资服务，资金是企业生存的血液，如果没有良好的融资服务，创业企业的生存将是相当困难的。科技型小企业在发展初期，尽管具有相当灵活的特点，但是为了研发需要大量的资金，如果没有一定的资金支持，企业也会错过发展的机遇。孵化器除了政府直接和间接投资外，各种非营利机构与组织、各类地

---

① 黄英俊、王维才：《中国创建企业孵化器与企业技术创新》，《北京科技大学学报》，2001年第12期。

② 葛传斌：《科技孵化器对中小企业技术创新的作用机理》，《今日科技》，2004年第5期。

区性开发计划、发展基金、私营企业以及社会团体和高校对孵化企业的投入也占有很大的比例。

（三）提供良好的创业环境

孵化器能够为高新技术成果转化和科技企业创业提供不断优化的企业孵化环境和条件，创造更多的企业交流机会，简化高新技术企业的创办程序，提供政策优惠以及完善的公共服务设施等。

（四）帮助招纳人才

许多企业孵化器本身就有单独的类似于“猎头公司”的业务。一般的“猎头公司”收取的费用很高，常占“猎取”的人才薪金的50%左右。而企业孵化器的费用相对就低得多，并且由于对于企业的情况十分了解，往往能猎取到最合适的人才。

（五）提供各种相关信息

孵化器通过各种网络系统及信息咨询机构，向企业提供包括人才供给、科技产品市场需求、销售网络等信息，这些信息的获得为实现技术成果的商业化创造了条件，为科技企业发展铺平了道路。

四、我国孵化器的分类

孵化器有多种形式，我国的孵化器大体上可分为七种形式：①

（1）综合性科技企业孵化器和专业性科技企业孵化器。按所孵化的项目是否局限于某一专业技术领域来分，孵化器可以分为综合性科技企业孵化器和专业性科技企业孵化器两种。综合性科技企业孵化器对所孵化项目没有特定的专业限制范围，而专业性科技企业孵化器通常只在一定的专业范围内选择项目进行孵化，如基因技术孵化器、生物科技孵化器、信息技术孵化器等。

（2）大学创业园，由大学设立的创业园区。依托大学科技资源，面向大学科技成果的转化和校办高新科技创业企业的培育。大学科技园的建立可以使科技人员不脱离学校母体，依托学校科研条件，教研兼顾，为他们创造了良好的个人发展的环境和条件，能有效地解决科技成果转化的问题，辐射和带动地区高技术创业的发展。

（3）海外学人创业园，即为持有科技成果、科技项目，有志回国进行科技创业的留学人员设立的创业园区。这类孵化器一般建立在留学人员较多、科技资源密集的大中城市，根据留学人员的特定需求提供灵活的软硬件服务。留学人员接近高技术前沿，了解国外市场及其行为规范，熟悉现代企业管理，如果对他们提供全方位的支持和服务，孵化毕业企业的发展势头是强劲的。

（4）国际企业孵化器。其宗旨是为中国的高新企业开拓国际市场，寻求国外合作伙伴，逐步实现跨国的经营与发展提供服务，同时也为国外的中小型科技企业进入市场，发现适宜的合作伙伴，引进世界上尚未产业化的高新技术提供服务。简单地说，国际企业孵化器扮演了沟通中外高新技术创业企业交流与合作的中介人的角色。

（5）企业孵化器网络：是由众多的企业孵化器联合组成的网络化组织，定期举办研讨与交流活动。企业孵化器网络根据其规模大小不同，又可以分为城市企业孵化器网

---

① 叶文、卢强：《中国企业孵化器建设与发展浅析》，《改革与战略》，2000年第5期。

络、区域企业孵化器网络和全国性企业孵化器网络三种类型。

(6) 专业技术孵化器、流动孵化站和行业技术孵化器。专业技术孵化器是面向专利发明人，提供“软、硬”孵化条件，迅速将具有市场前景的专利技术商品化或产业化。流动孵化站是由企业孵化器发展而来的、小型的、可以移动的、标准化的企业孵化的形式，主要为那些研究开发机构中的科技成果持有人因一时难以脱离母体而提供的临时性的创业帮助和扶持。行业技术孵化器是针对各个行业的不同技术特点设立的，其宗旨主要是针对行业发展需求进行技术更新，以提高行业的技术水平，促进行业发展。

(7) 虚拟企业孵化器。这种类型的企业孵化器没有有形的孵化场地和服务设施，它一般以互联网为手段向被孵化企业提供企业管理、市场信息、法律援助等咨询服务，提供推广先进制造技术、为被孵企业寻找生产加工基地等技术性服务。这类孵化器的代表有西安创新互联网企业孵化器等。

作为连接知识创新源头和高新技术产业的桥梁，培育自主创新企业和企业家的平台，科技企业孵化器已成为创新成果产业化的重要载体。近10年来，我国孵化器事业高速发展，使一大批科技型中小企业从无到有、从小到大，实现了超常规发展，已经成为区域科技创新的重要力量、科技成果产业化的重要基地、吸引和集聚科技人才的重要载体和培育中小科技企业的重要力量。

● 思考题及答案要点

1. 简述技术创新政策的类型及作用领域。

技术创新政策是指政府为推动技术创新而采取的各种经济、法律制度等的总和，其中科技政策和产业政策及专利制度是其主要构成部分。创新政策一般包括激励型、引导型、保护型和协调型四种类型。技术创新政策一般在如下几个方面具有突出的作用：基础研究、基础设施、社会收益大的技术创新、避免创新的重复性、增强国际竞争能力、创新的扩散、合作研究。

2. 简述国外技术创新政策的特点及启示。

从国外支持企业研发活动的实践来看，在强调企业在技术创新中的主体地位过程中，有如下几个突出特点：①国家科技总体目标能够最大限度地通过促进企业技术创新来实现，而企业在实现国家科技发展总体目标的过程中，不仅获得了国家给予的各种优惠条件及其优势，也为赢得未来技术竞争优势创造了基础平台。②各国都有一个相对明晰的支持企业研发活动的目标和领域，它们都是能够体现国家意志的目标和领域，而且这些目标和领域随着国内外环境的变化不断调整。③中小企业的研发活动一直是各国的重点支持对象。④采用多种政策工具支持企业研发活动的全过程，包括财政直接支持、税收优惠等经济政策，是国外刺激企业研发活动的主要政策工具。⑤完善的法律体系是国外支持企业研发活动的重要制度保证，使政府支持企业研发活动及其他科技活动有了充足的制度基础，保证了政府行为的规范化和持续性。

3. 简述孵化器对技术创新的影响。

企业孵化器（Business Incubator 或 Innovation center）又叫高新技术创业服务中心，是我国重要的科技创新和创业服务机构，它是全球高新技术产业发展的重要载体之一，也是推动经济发展和科技进步的有效手段。孵化器的主要作用是：创造和培育了创新主体，降低了技术创新风险，有利于形成更有效的创新网络，完善了创新活动的动力机制等。

● 参考文献

1. 柳卸林:《技术创新经济学》，中国经济出版社，1993 年。

2. 谢光亚、张蔚:《论国家创新系统及其政策工具的选择》，《湖南大学学报》，2002 年第 5 期。

3. 刘洪涛:《国家创新系统（NIS）理论与中国实践》，西安交通大学出版社，1999 年。

4. 乔治·泰奇:《研究与开发政策的经济学》，清华大学出版社，2002 年。

5. 郭杰:《浅谈科技企业孵化器发展》，《华东科技》，2002 年第 11 期。

6. 黄涛、李光:《我国科技企业孵化器研究现状综述》，《中国科技论坛》，2005 年第 3 期。

7. 黄英俊、王维才:《中国创建企业孵化器与企业技术创新》，《北京科技大学学报》，2001 年第 12 期。

8. 葛传斌:《科技孵化器对中小企业技术创新的作用机理》，《今日科技》，2004 年第 5 期。

9. 钱平凡、李志能:《孵化器运作的国际经验与我国孵化器产业的发展对策》，《管理世界》，2000 年第 6 期。

10. 吴寿仁:《企业孵化器市场化运行探讨》，《中国科技论坛》，2002 年第 2 期。

11. 叶文、卢强:《中国企业孵化器建设与发展浅析》，《改革与战略》，2000 年第 5期。

12. 王明友:《知识经济与技术创新》，经济管理出版社，1999 年。

13. 冯之浚:《国家创新系统的理论与政策》，1999 年。

14. 柳卸林:《21 世纪的中国技术创新系统》，北京大学出版社，2000 年。

15. 科技部办公厅调研室、中国科学技术促进发展研究中心:《国家促进自主创新的政策分析与研究》(内部)，2006 年。

16. 王春法:《技术创新政策：理论基础与工具选择》，经济科学出版社，1999 年。

17. 樊春梁:《全球化时代的科技政策》，北京理工大学出版社，2005 年。

18. Chris Freeman and Luc Soete，The Economics of Industrial Innovation，3rd ed，The MIT Press，Cambridge，Massachusetts，1997.

19. Roy Rothwell and Walter Zegveld，Industrial Innovation and Public Policy：Preparing for the 1980s and 1990s，Greenwood Press Westport，Connecticut，1981.

20. Romer，P. Endogenous Technological Change. Journal of Political Economy 98，1990.

21. C.A.蒂斯德尔，黄嘉平、王宝琛:《科技政策研究》，中国展望出版社，1985 年。

22. 王伟光：国外政府支持企业研发剖析，《企业技术进步》，2005 年第 1 期。

23. 王伟光:《中国工业行业技术创新实证研究》，中国社会科学出版社，2003 年。

24. 王伟光:《自主创新、产业发展与公共政策》，经济管理出版社，2006 年。

第十章　技术创新的扩散

● 本章提要

了解技术创新扩散的内涵和扩散的基本过程，重点掌握技术创新扩散的模式和影响因素。

技术创新扩散是技术创新的“累积”效应，是产业总体技术水平提升与国民经济增长的重要源泉。技术创新是企业核心竞争力的主要来源之一，而它对一个地区和国家经济的影响取决于其广泛而有效的扩散。一项技术创新只能提高单个企业的生产率，如果它不能得到推广和广泛应用，它便不能快速地大范围地影响经济的发展，只有将技术创新成果进行有效扩散，才能提高行业乃至国家的生产率、技术水平与竞争力。

● 章首案例

2004 年 10 月，上海国际技术转移协作网络（简称“协作网络”）成立，上海国际技术转移信息服务平台也同时开通，这标志着上海技术转移中介机构一改原本各自为政的局面，实现了资源共享和互联互通。这一制度模式促进了各成员单位的紧密合作，有利于整合上海从事国际技术转移相关单位的资源，加强产、学、研结合，提升科技资源的有效流动，促进国际间、地区间的技术交易和高新技术产品贸易，在加速国内外科技成果产业化和产业化技术跨国转移提供支持服务方面效果日益明显。

这种技术转移的网络化模式主要有如下三个方面的特点：①建立公共信息平台，广泛传播供求信息。目前，该平台不仅实现了协作网络成员单位内部的信息共享、互联互通，还充分发挥了上海作为国际化大都市国际技术转移信息集中的优势，实现区域内信息共享。此外，与国外技术转移相关机构和协会建立广泛合作关系，结合特定需要，实现与国外合作伙伴技术转移需求的信息共享。②专业化协作为企业提供全程服务。协作网络 5 家发起成员单位都有自己的专业化方向，在具体项目的实施中可以发挥各自优势，充分协作，共同为企业提供所需要的服务。③拓展国外合作网络深化国际合作内容。目前，协作网络已经与芬兰科学技术局、美国加州大学圣地亚哥分校、英国东北地区等多家国外技术转移机构签订了技术转移长期合作协议。实践证明，网络化模式不仅能促进技术信息流动，增强网络成员服务能力，而且能提高技术转移成功率。

第一节 技术创新扩散的内涵及其分类

一、技术创新扩散的内涵

（一）技术创新扩散的概念

有关技术创新扩散的概念，到目前为止国内外学者尚无统一的定义。

国外学者对技术创新扩散的定义主要有以下几种：①经济学家罗杰斯认为，扩散是创新通过一段时间、经由特定的渠道、在某一社会团体的成员中传播的过程。他认为，创新扩散中有四个主要因素：创新、传播渠道、时间、社会系统。[①] ②创新理论的鼻祖，美籍奥地利经济学家熊彼特把技术创新的大面积或大规模的“模仿”视为技术创新扩散。③著名经济学家斯通曼将“一项新技术的广泛应用和推广”称为“技术扩散”。他认为，一项新发明的技术，“除非得到广泛应用和推广，否则它不以任何物质形式影响经济”。④经济学家曼斯菲尔德认为，扩散过程是一个学习过程。在扩散的早期阶段，新工艺或新产品的改善几乎与新思想本身一样，常常有严重的技术问题需要花时间去克服，有时需要大量的研究与开发。⑤美国经济学家舒尔茨将创新扩散定义为“创新通过市场和非市场的渠道的传播”，并指出“没有扩散，创新便不可能有经济影响”。⑥美国经济学家梅特卡夫将扩散和它对经济增长的影响联系在一起，他明确阐述：“我将扩散与经济结构变化一视同仁。在创新扩散的任何研究中，我们关心的是新技术形式与经济相结合而使经济结构发生变化的过程”。所以，他认为技术创新扩散是技术创新对经济结构变化的影响过程。

国内学者对技术创新扩散的定义主要有如下几种：①中科院科技政策与管理研究所的顾淑林将技术创新扩散定义为：“新的技术起源被展示了技术上的可行性以后，被潜在的使用者广泛使用并结合到生产中的过程”。②清华大学傅家骥教授将技术创新扩散的概念描述为：“技术创新扩散是技术创新通过一定的渠道在潜在使用者之间传播、采用的过程”。③浙江大学许庆瑞教授等人认为，“所谓技术创新扩散，是指创新技术通过一种或几种渠道在社会系统的各成员或组织之间随时间传播并推广应用的过程”。④清华大学雷家骕、程源等人认为，创新扩散指的是创新信息的扩散，[②] 而非创新技术的扩散，但并不排除创新信息扩散中连带的技术扩散，即技术与信息的同时扩散；而技术扩

---

① Everett M. Rogers：《创新的扩散》，中央编译出版社，2002 年，第 31 页。

② 创新信息扩散是率先创新者的行为信息和盈利信息被其他企业掌握所历经的转移、传播和吸收的过程，是率先创新通向模仿创新的桥梁。

散是指新技术知识由其持有者（可能是发明者，也可能是其他身份的技术持有者）向其他人（也可能是国家和机构）的传播。[①]

另外，还有很多学者采用与技术创新扩散相近似的技术转移这个词汇。联合国曾将技术转移定义为系统知识的转移，是从生产知识的地方转移到使用知识的地方。而美国制造技术中心的一份报告则把技术转移定义为产品、服务从概念到商品化应用的全过程，包括市场测试、专利和许可证以及建立新企业。

（二）与技术创新扩散相关的几个概念

我们发现技术创新扩散、技术扩散、技术转移及技术推广的含义都很相近，为了更好地对技术创新扩散加以研究，有必要将它们区分开来。

1. 技术创新扩散与技术扩散

傅家骥认为技术创新扩散由创新观点扩散、研究与开发技术扩散和技术创新实施技术扩散部分组成，而技术扩散是指研究与开发技术和技术创新实施技术的扩散，不包括创新观点的扩散，因而技术创新扩散包括技术扩散，其核心是技术扩散。另外，技术扩散可以是创新技术的扩散或者非创新的技术的扩散，而技术创新扩散仅指创新技术的扩散。

2. 技术创新扩散与技术转移

技术转移主要指一种有目的的主观经济行为，是技术持有者主观愿意的，参与技术转移的双方都抱有明确的目的。而技术创新扩散和技术扩散不一定是技术持有者的主观意愿，它既包括有意识的技术转移，又包括无意识的技术传播。

3. 技术创新扩散与技术推广

一般而言，“推广”主要是国家与政府主持的有偿或无偿的单方面提供技术的行为（多为无偿的），而技术创新扩散过程不仅包括国家和政府的单方面行为，也包括其他企业或机构主动地寻求技术的行为。

虽然技术创新扩散与技术扩散、技术转移、技术推广都有一点差异，但其实质性的研究内容基本上一致。所以这里对技术创新扩散、技术扩散、技术转移和技术推广不加以严格区分，而将技术扩散、技术转移、技术推广归结为技术创新扩散，主要采用技术创新扩散这个概念。这里将技术创新扩散界定为已经研发成功的技术创新成果的首次商业化应用以及之后的继续推广应用。技术创新扩散在内容上包括创新信息的扩散和技术创新本身的扩散，其核心是技术创新本身的扩散。技术创新本身的扩散又包括产品创新的扩散和工艺（过程）创新的扩散，这里重点介绍工艺（过程）创新的扩散即创新技术的扩散。

---

① 雷家骕、程源、杨湘玉：《技术经济学的基础理论与方法》，高等教育出版社，2005 年，第 64 页、第 95 页。

二、技术创新扩散的分类

（一）大学或科研机构向企业扩散、企业内扩散、部门内扩散与部门间扩散

按照技术创新扩散的范围可以分为大学或科研机构向企业扩散、企业内扩散、部门内扩散和部门间扩散。大学或科研机构向企业扩散主要是指：大学或科研机构通过企业的资源和设备将已研发成功的技术创新成果首次商业化并把创新技术转移给企业，这种扩散通常采取产、学、研合作方式。企业内扩散指在企业内部扩大创新技术的应用范围，它或者通过扩大自身的生产规模或者通过在分/子公司与母公司间的技术共享来完成。部门内扩散指技术创新成果通过一定的渠道和特定的方式在属于同一个部门的企业间的扩散过程，这些企业间可能存在较大的竞争关系，因而在技术创新的早期，技术持有方可能不愿意转让技术，所以技术创新的扩散速度较慢。部门间扩散指技术创新成果在属于不同部门的企业间进行的扩散，这些企业间通常很少存在竞争关系，所以技术创新扩散的速度通常比部门内扩散的速度快。

（二）独立性转移与依附性转移

按照技术转移的具体形式分为独立性转移和依附性转移。[①] 独立性转移是指技术的发明者或其他持有者将自己持有的技术直接转移给技术需求者。依附性转移是指技术转移需要依附于其他生产要素进行转移，一般是依附于有形生产要素而进行交易。典型的是，企业购买先进设备的同时，会获得依附于该设备的新技术，或者与该设备有关的新技术。例如，ERP 系统内处理采购、财务、销售等的技术需要依托于名为“ERP 系统”的软件，或者某些技术需要依托于附有该技术的产品。

（三）单元技术创新扩散与多元技术创新扩散

根据扩散过程中相关技术创新的联系程度，将技术创新扩散分为单元技术创新扩散和多元技术创新扩散两类。[②] 所谓单元技术创新扩散是指整个扩散系统内只存在一项技术创新，该项技术创新的扩散过程只与该创新技术本身的性能、潜在采用企业的特征及环境状况有关，而与其他技术创新的扩散无关。多元技术创新扩散是指特定技术经济系统内有多项技术创新的扩散，它们互为条件、相互影响或者相互竞争。根据同时扩散的几项技术创新间的关系，多元技术创新扩散又可以分为互补型扩散和竞争型扩散。互补型扩散是指各项技术创新的扩散可以互相促进，它们之间是互补技术或配套技术。竞争型扩散指一种技术创新采用市场的扩大，必然以牺牲其他技术创新的采用市场为代价，它们之间存在一定的替代性。

---

① 雷家骕、程源、杨湘玉：《技术经济学的基础理论与方法》，高等教育出版社，2005 年，第 99 页。
② 康凯：《技术创新扩散理论与模型》，天津大学出版社，2004 年，第 63 页。

（四）简单技术的扩散与复杂技术的扩散

按照扩散技术的不同含量划分，技术创新扩散可以分为简单技术的扩散和复杂技术的扩散。它是以采用者采用新技术的临界值呈不同分布说明扩散的技术含量。如果刺激采用者采用新技术的临界值呈现对数正态分布，则说明新技术属于那些需要投资不多而相对简单的技术；如果刺激企业采用新技术的临界值呈现正态分布，则说明新技术属于那些相对昂贵并且比较复杂的技术。①

简单技术往往在开始几年内会给企业带来很大利润，而随着时间的推移，利润会迅速减少。这时技术扩散的形式将按照累积对数时间曲线变化，即在早期扩散速度很快，但在很短的时间内就开始下降。大多数消费行业的技术创新扩散属于该类。

复杂技术通常在引进若干年以后还会对企业的经营状况有较大的改善。这时技术扩散的形状将按照累积正态时间曲线而变化。扩散的速度在早期较慢，由于改进的范围较大，因而在较后的阶段，扩散的速度和扩散的上限将超过简单技术的扩散。化工厂或钢铁厂等重工行业的重大创新扩散则属于该类。

（五）随机扩散、随流扩散、随体扩散与强制扩散

雷家骕认为，技术创新扩散主要采取随机、随流、随体、强制扩散四种主要方式。②①随机扩散是指通过新闻与知识媒介（文献数据库）、商业活动（各种技术会议、技术展览会）、随机的人际交往或者非正常渠道（如剽窃）来实现创新信息的扩散。②随流扩散指随着生产要素流动带动创新信息的扩散，如专业人员调换工作，其所掌握的创新信息就会被其带到新的工作单位；引进外资，往往伴随着引进新的生产设备或制造技术。③随体扩散指由于企业间的接触而形成的创新信息扩散，如企业间的合作、相互持股，一方企业的创新信息会被另一方企业获得。④强制扩散指当某项技术创新会提高产业竞争力、促进产业机构调整、促进经济快速发展时，国家就会以行政手段或法律手段来强制率先创新者提供相应的创新信息（当然国家会给予一定的补偿），然后向整个社会扩散其创新。

第二节 技术创新扩散的基本过程及其模式

一、技术创新扩散的过程

扩散的一般过程是技术创新的供给方与需求方通过各种传播渠道（公众媒体、人际交

① 白光：《诚信工程与技术创新战略》，中国经济出版社，2004 年，第 165 页。

② 雷家骕、程源、杨湘玉：《技术经济学的基础理论与方法》，高等教育出版社，2005 年，第 64 页。

流、商业活动、专业中介机构等）相互联系，最终完成技术创新的扩散过程（如图 10-1 所示）。技术创新的潜在采用者采用技术创新后，它又成为新的扩散源，向外扩散该技术创新，从而形成了相互交叉的扩散网络。这就是技术创新扩散宏观层面的一般扩散过程。

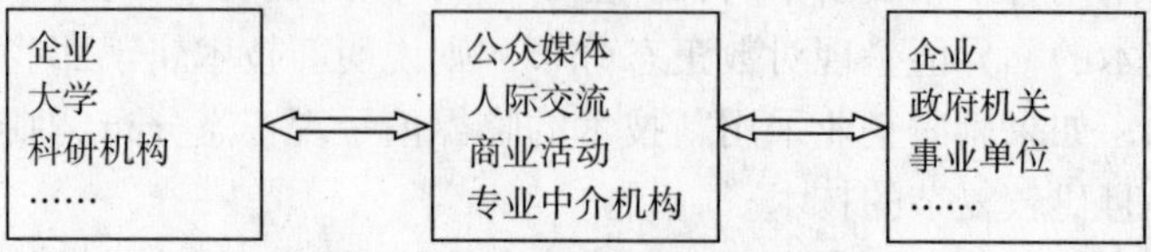

图 10-1　技术创新扩散的一般过程

技术创新扩散微观层面的基本过程是由创新信息扩散过程（技术创新信息通过传播渠道在技术持有者与潜在需求者之间的传播过程）——企业的博弈选择过程——企业学习过程——技术替代过程四个阶段构成。

（一）第一阶段（创新信息扩散过程）

当技术供需是技术需求方占优势时，技术创新信息的传播就是需方寻求型；而当技术持有方占优势时，技术创新信息的传播就是供方推销型。

（1）需方寻求型创新信息扩散过程。当企业遇到技术性“瓶颈”或者由于外部竞争压力过大时，技术需求企业会倍加关注市场的技术变化和供给情况。技术需求企业通过商业活动（技术研讨会议、技术展览会）、人际交流活动和各种专业中介机构等传播渠道来了解其他企业是否有其需要的技术和其他企业的创新技术信息。

（2）供方推销型创新信息扩散过程。当技术持有企业决定转让技术时，就会通过大众传媒、技术展览会、展销会、到中介机构注册等渠道传播创新技术的性能与潜在效益，使其创新技术能够被潜在需求者所感知。

（二）第二阶段（企业的博弈选择过程）

技术需求方对现存的创新技术的各项性能进行分析，如创新技术的可模仿性如何，分析本企业是否有能力模仿，当时的知识产权保护力度如何，模仿是否会遭遇知识产权的纠纷，如果模仿怎样获取更详细的技术知识（通过文献专利数据库、人际交流、挖取关键人才），如果引进技术企业是否有技术基础来应用创新技术，现有的多项可替代的创新技术的比较，何时引进是最佳时机（权衡先引进的高成本与可以获得的较高超额利润、晚引进的较低成本与获得的较低超额利润），是否应该等其他一些企业成功应用后观察其效果再引进技术，若引进该技术是否有政府的某些优惠等。最后就是成本—收益分析，如果成本大于收益，企业不会引进技术，而采取模仿的策略；如是成本小于收益，企业会选择一个可以给企业带来最大效益的创新技术。当然，技术需求者通过人际交流等非正式渠道获得某企业的创新技术信息时，技术持有者可能并不想转让其技术（因为创新技术转让后会提高需求方的技术能力，从而可能会树立竞争对手，同时也削弱了自己的垄断利润），技术需求者向技术持有者商讨技术转让问题时，技术持有者就会权衡利弊（转让收益与损失的比较、不转让被他人模仿的潜在风险、自己的保护成本等），决定是否转让其技术以及转让价格等。所以，第二阶段是潜在技术需求者自身多种选择的博弈过程、多个潜在技术需求者之间的博弈过程及技术需求者与技术持有者之间的博弈过程。

（三）第三阶段（企业学习过程）

当企业在第二阶段选择了模仿策略时，企业会通过商业手段获取更多的创新技术的知识或技术诀窍（如挖取关键技术人才、通过非正当手段窃取技术诀窍），这是个技术学习过程。如果企业在第二阶段选择了引进技术，那么在引进技术后企业就要通过员工培训等方式来消化吸收技术并使其适应于本企业的环境（技术供给方可能会提供一定的培训）。另外，一项技术创新的采用往往带来新的工作和生产方法，因而采用企业需要对组织结构作出相应的调整和变革，重新调整和配备相应的工程技术人员和管理人员。如果技术创新是依附性转移，这时还需要进行设备安装与调试。这些都属于学习过程。

（四）第四阶段（技术替代过程）

无论是企业模仿技术还是引进技术成功后，经过与老技术磨合并行操作等方式逐渐用新技术代替老技术。而且引进技术的企业应该对新技术加以适当的改造或改进以适应企业的实际情况，甚至将其二次创新，真正形成自己的创新技术。二次创新后的技术可能还会代替原创新技术，这也是技术替代过程。

二、技术创新扩散的模式

（一）模仿扩散模式和引进扩散模式

按照潜在采用者使用技术的策略，技术创新扩散可以分为模仿扩散模式和引进扩散模式。

1. 模仿扩散模式

由于率先技术创新获益信息示范效应的扩散、模仿创新预期利益的诱惑、企业发展的内在需求、市场竞争的外在压力等，特别是当企业之间拥有相同或相近的创新技术体系时，在特定技术的市场生命周期内，某些企业的率先技术创新必然会引发另一些企业的模仿行为。当然，模仿可能面临着知识产权纠纷，但模仿与知识产权并不是完全对立和不可解决的。在知识产权所覆盖的地区和市场中，模仿者只要依照相应的产权法律，按适当的形式给知识产权所有者以符合法律、双方认可的物质与精神补偿，就不会构成侵权行为，而这种补偿一般并不会显著地增加模仿者的成本。所以当企业有足够的研发能力去模仿技术创新者的成果，为了降低引进技术创新的成本时，企业就会积极主动地采取行动，这种模仿也是技术创新扩散的一种模式。技术模仿是在获取某企业的技术创新信息后，通过文献数据库、已发表专利、招聘关键人才或者委托“猎头公司”获取关键人才和其他非正式渠道仔细研究来模仿技术创新成果。其优点是成本低，缺点是很难获取完整的技术知识，对企业的技术模仿能力要求较高，风险大、周期长。

2. 引进扩散模式

由于外界的竞争压力，企业必须改善目前的状况，提高企业的技术能力。可供选择的方案有两种：一是模仿技术创新，二是引进技术创新。如果企业没有足够的研发能力，它的模仿技术创新是不可能成功的。另外，有些企业为了避免可能出现的知识产权纠纷和快速提高企业的技术能力，就会选择引进技术创新。这种模式使技术创新直接快速得以扩散。由于技术引进方的技术水平不同和改革意识不同，企业常常采用渐进创新模式与简单复制模式，从而出现缩差引进和等差引进。渐进创新模式指在引进新技术后，根据本企业的生产条件和技术状况，根据当时、当地及所面临市场的用户需求，对引进的技术加以改进，并随着市场上用户的需求变化，在原技术上进行二次创新。渐进创新模式将会导致缩差引进。缩差引进表现为技术引进方不断地引进先进技术，经过一段时间的跟踪后，加速技术进步，形成一个加速度，经过加速发展以后达到与原先进技术相当的水平，然后再加速发展甚至可以超过原先进技术水平，形成追赶超越态势。简单复制模式指企业引进技术后不做任何改进地简单模仿应用，它必然导致等差引进，甚至增差引进。等差引进表现为技术引进方不断地引进先进技术，以跟踪先进技术水平，形成紧跟态势，但技术水平始终与先进技术水平存在差距，其差距并未因引进了技术而缩小，两个技术水平形成等差并进的局面。当技术引进方不进行任何技术改进活动时，甚至会出现增差引进状况，即技术引进方的技术水平与先进技术水平的差距越来越大。

所以，无论是模仿扩散模式还是引进扩散模式，都应该将创新技术加以改进使其适应本企业的具体条件，并在此基础上进行二次创新，这样才能更有效地提高企业的技术能力与竞争实力。

专栏 10-1

美、日、韩、俄四国的技术引进模式

美国模式：实施人才引进起步 + 带动资本和技术引进 + 转为技术输出模式

日本模式：软件引进 + 吸收 + 创新 + 资本输出 + 技术输出

韩国模式：硬件引进 + 本地化 + 产品输出 + 资本输出 + 技术输出

俄罗斯（前苏联）模式：硬件引进 + 创新 + 产品输出

美、日、韩、俄四国的技术扩散在技术引进方式、消化吸收状况、技术引进模式和技术引进效率等方面存在着一些区别，具体如下表所示。

美、日、韩、俄四国技术引进模式特征比较表

	美国	日本	韩国	俄罗斯
引进方式	人才/软件	以软件为主	先硬件后软件	以硬件为主
消化吸收	消化吸收强	消化吸收较强	先弱后强	较弱
与国际先进水平比较	差距逐渐缩小并赶超	差距逐渐缩小并赶超	差距逐渐缩小并逼近	差距基本未变
引进模式	缩差引进	缩差引进	先等差后缩差	等差引进
引进效率	高效	高效	较高效	低效

资料来源：张玉杰：《技术转移》，企业管理出版社，2003 年，第 167~168 页。

（二）政府推动模式、市场推动模式和混合模式

按照政府在技术创新扩散中的作用程度，技术创新扩散可以分为政府推动模式、市场推动模式和混合模式。[①]

1. 政府推动模式

政府推动模式是指政府通过有计划的指令或指导，运用强有力的政策或其他经济手段和行政手段，来强制率先创新者提供相应的技术创新信息（当然国家会给予一定的补偿），对某项技术创新的扩散给予推动，从而达到该项技术创新在全国范围内扩散的目的。政府推动模式在计划经济条件和市场经济条件下均存在。政府推动模式的扩散对象往往是那些能够提高产业竞争力、促进产业结构调整、促进经济快速发展、直接对社会环境产生影响，或对全社会范围内的经济效益或文化等产生重大影响，而对企业在近期无显著效益的技术创新。

2. 市场推动模式

市场推动模式是指没有政府的计划强制，也没有政府的资助，以市场导向为主，政府相应的政策只起辅助作用的一种技术创新扩散模式。由于市场中存在着激烈的竞争压力，企业要生存和发展，必须在市场竞争中取得有利的地位，并能够获利。一项技术创新的出现和不断被有识的企业家所采用，会给企业带来超额利润。所以，企业有动力进行技术创新和采用技术创新。技术创新持有者通过扩大生产规模，潜在采用者通过采用技术创新，从而使技术创新在企业内和企业间进行扩散。

3. 混合模式

混合模式是政府鼓励与企业自发要求两者的行为结合起来，使技术创新的扩散得以实现，也就是政府扶持与市场作用相结合的技术创新扩散模式。政府扶持是指政府通过各种优惠政策为技术创新的采用者创造条件，从而鼓励企业采用技术创新。市场作用是指企业由于追求利润最大化或出于市场竞争的压力，产生采用技术创新的要求和愿望。某些技术创新成果由于其诱人的利润或对企业生产条件环境的巨大改善，使企业十分愿意采用技术，但是由于这些技术创新本身的特性，要实施这些技术需要投入大量的设备、资金，所以企业可能无能力采用该技术创新。而对于政府来讲，某些技术创新的采用将对社会产生重大影响，改变原有的产品结构和产业结构，能对国民经济发展产生重大影响，使一个国家的技术水平发生巨大变化，这时，政府将积极地对其技术创新扩散给予鼓励，从而加速技术创新的扩散速度。

（三）内部扩散模式、合资或合作扩散模式和转让扩散模式

按照企业技术创新扩散过程中知识产权转让的程度，技术创新扩散的模式可以分为内部扩散模式、合资或合作扩散模式和转让扩散模式三种主要类型。

1. 内部扩散模式

内部扩散模式不发生知识产权的转让。它包括企业内扩散、并购企业间扩散和虚拟

① 武春友、戴大双、苏敬勤：《技术创新扩散》，化学工业出版社，1997年，第104~106页。

企业内扩散。

（1）企业内扩散。企业内扩散是指技术创新者或技术创新的先期采用者通过扩大企业自身的规模，或者使技术创新的应用范围扩大，从而在相当大的范围内满足社会需求的一种扩散模式。它一方面表现为：在企业内部通过扩大生产规模，不止一次地将技术创新的成果反复应用。迅速扩大生产规模可以尽快占领一定范围内的大部分市场，从而满足用户的需要。另一方面表现为：在现有生产规模下，扩大技术创新的应用范围。例如：一些大型的企业集团或跨国公司，它们有许多家分公司和子公司。当母公司或一家分公司研发出技术创新成果时，可以将成果无偿地扩散给其他分/子公司或母公司。当然，技术创新成果也可以是在公司内部的各部门间扩散（通常这个技术是共性技术）。企业内部扩散没有发生知识产权的转让，只是扩大了知识产权的使用范围而已。

（2）并购企业间扩散。并购企业间扩散是指并购方与被并购方企业由于并购后两方企业的技术创新共享，其中一方企业就可以无偿使用另一方的技术创新，从而达到技术创新的扩散。并购企业间扩散也没有发生知识产权的转让。

（3）虚拟企业内扩散。虚拟企业内扩散指技术创新成果在虚拟企业成员间的扩散。所谓虚拟企业是指多个企业快速形成的暂时公司联盟，以把握快速变化的机遇。也有学者将其称为动态创新联盟。[①] 虚拟企业内部的技术创新成果是共享的，其中一个成员研发出技术创新成果就可以允许其他成员免费使用，但其技术的所有权并不转让。所以虚拟企业内扩散也不发生知识产权的转让，只是使用权共享。

虚拟企业可以形成一定的专利池和技术池，快速增强成员企业的竞争力。一旦虚拟企业成功建立，它相对于外部企业具有超强的技术创新优势和维持高竞争力的能力。一方面，技术创新能力、创新投入能力、研发能力都将大大增强，一旦把握住市场机会，就可以率先创新，赢得超额利润，同时作为技术创新扩散源，可以有选择地将技术创新成果向外扩散，并且根据反馈的信息进一步改造技术和开发新技术，使其他企业很难追赶上它们的技术进步。另一方面，当其他企业率先研发出创新技术时，虚拟企业某一个成员引进技术（当然有时也可以利用成员企业的核心能力和资源，快速地对创新技术进行模仿改造），就可以使创新技术在其他成员企业中快速扩散（由于虚拟企业成员技术水平相近，任何一方对另一方的创新技术更容易接受和吸收，又几乎不用中间的传播渠道，所以虚拟企业内的扩散速度比一般的技术创新扩散速度要快得多），同时利用所有成员企业的研发能力将引进的创新技术再次改进创新，形成属于自己的更高一层创新技术。这样也可以形成相互关联的众多的专利，从而形成一个较大的专利池，使其他企业很难突破众多专利而模仿其创新技术，所以虚拟企业具有其他企业无法比拟的竞争力，这样也使虚拟企业不怕被赶超而将其创新技术转让给其他企业。因此，虚拟企业在创新技术的扩散中发挥了重要作用。

2. 合资或合作扩散模式

合资或合作扩散是指通过建立合资或合作企业来扩散创新技术。采用这种方式一般

---

① 陈玥希、蔡建峰：《基于动态创新联盟的中小企业技术创新扩散模式研究》，《科技进步与对策》，2005年5月。

是为了分散独家经营风险，或因受资源和条件限制而无法建立独资企业，很多国际间的技术转移就是采取这种方式。技术创新成果通过合资或合作扩散，往往是把技术创新成果折合成股份与其他公司分享，在这个过程中知识产权发生了部分转移。这种模式分散了投资风险，但需与合资或合作方分享收益。在国内采取这种模式的多数是科技成果的首次商业化应用，如高校和科研机构研发出的创新技术。这种模式可以通过产学研合作、创办新企业以及大学科技园和企业中介孵化器等方式进行。

（1）产学研合作。现存的企业若想引进先进创新技术来获得第一批的垄断利润，它通常需要采用产学研合作方式来引进即将首次商业化的科技成果。产学研合作可以使高校或科研机构与企业密切合作，将其科技成果有效地商业化并转让给企业，由于高校或科研机构可以将科技成果很详细地传授给企业，所以采用这种方式扩散技术的成功率较高。但它也有一定的缺点，由于高校或科研机构与企业的技术水平不同，在技术转移过程中可能会存在一定障碍，因此，它要求企业有较高的技术基础。

（2）创办新企业。对于掌握了创新技术的科技人员，若想单独享受创新技术可能带来的高额利润，他就可能离开原单位从而创办新企业。创办新企业是技术转移最直接的方式。由于创新技术固有的投入资金大、风险大的特点，创办新企业通常采取合作形式或合资形式，采取合资形式时多数是技术持有者以技术入股形式加入企业。当然，现存企业也可以吸收这样的人才，掌握创新技术的人才进入企业，有效技术扩散的成功率往往很高。另外，在国际上，某些企业为了开发国外新市场，到国外进行直接投资，往往也采取合资或合作的方式在国外创办新企业，然后将自己的技术创新注入到新企业中，使其在国外的市场上具有一定的竞争优势，获得超额利润。创办新企业的优点是扩散速度较快、易于成功，有利于推动高新技术产业的发展。

（3）大学科技园和企业中介孵化器。有些新创企业由于资源有限，技术基础薄弱，当它们想快速提高企业竞争力时，通常需要引进先进创新技术。这时往往需要求助于大学科技园和企业中介孵化器。大学科技园和企业中介孵化器掌握着很多科技成果，还可以提供很多服务，如企业中介孵化器为进驻的企业提供贷款、厂房设备租赁、职员招募等服务、技术培训、新产品鉴定、质量认证服务、为生产经营和管理提供咨询、为原材料和产品提供供销信息及宣传展览等服务。这些都会使初创企业在获得技术的同时，使其快速成长壮大。

3. 转让扩散模式

转让扩散模式是指创新企业通过向外转让的方式来扩散创新技术。它可能会为自己树立竞争对手。根据技术是依附性的还是独立性的可以将转让扩散分为：设备或软件转让和技术许可证转让。

（1）设备或软件转让。如果创新技术是依附性的，出售技术所依附的设备、软件等就可以将技术创新扩散了。设备或软件转让是技术持有方将其技术物化成生产设备或软件并转让出去。对技术持有方来说，转让设备或软件并没有转让技术本身（或者保密了核心技术），仅仅是出让了技术商品。因为设备或软件是可以再造的，而且可以造出很多，转让设备或软件并没有对技术持有方造成技术损失（或者损失很小），反而为其带来了经济回报。所以，设备或软件转让成为技术持有方首选的技术转让方式。而对于技术需求者来说，通过设备或软件的购置，可以获取所需要的技术。其优点是能最快地获取先进技术（卖方可能会提供培训），缺点是新设备或软件可能不适用企业现有条件，而且成本也较高。

（2）技术许可证转让。独立性的技术创新通常采取技术许可证转让方式。技术许可证转让是以许可证转让的方式（包括专利和非专利科技成果）所进行的技术转移，其技术以商品的形式在技术市场中进行交易。它是目前技术转移中最受关注的方式。其优点是企业不必花大量的研发资金和冒较大的失败风险而快速获取先进技术，避免知识产权纠纷。缺点是：许多技术是以技术诀窍的形式而不是以专利的形式存在，因而有时很难以许可证的方式进行转让。

在专利技术和专有技术许可证贸易中，卖方成为许可方，买方称做被许可方。技术许可证贸易的形式有普通许可、独家许可、独占许可、分许可和交叉许可五种形式。[①]①普通许可，又称为非独占许可。普通许可的许可方在规定的地域内允许被许可方使用其技术，同时许可方可保留自己使用该技术的权利，并具有向第三方出售许可证的权利。由于它的贸易条件较宽松，所以交易价格也相对较低。②独家许可。它是指许可方在一定地区内只允许被许可方使用其技术，不向第三方在该地区内出售许可证，但仍保留许可方在该地区内使用该技术、制造或销售专利产品的权利。独家许可的被许可方在规定地区内获得相对垄断权，因此，其交易价格高于普通许可方式。③独占许可。它是指被许可方在规定的地域和时间内有对许可方技术的独占使用权，即不仅不允许第三方而且不允许许可方在该地区和规定时期内使用该技术。在独占许可证贸易中，技术所有权仍属于许可方，许可方在其他地域或在规定时期过后，还可使用该技术。独占许可的贸易条件最为苛刻，可保证被许可方在一定地区和一定时期的垄断权，成交价格也就最高。④分许可。它是指被许可方经许可方同意向第三方出售许可证的方式。原许可方称为主许可方，在主许可证协议中，应明文规定被许可方是否有权向其他企业再度许可，并明确主许可方是否有权在被许可方收取分许可证使用费时从中提成。在分许可方式中，被许可方对技术有一定的支配权，因此交易价格较高。⑤交叉许可。它是指技术贸易的双方各向对方出售许可证又同时向对方购买许可证的方式。交叉许可的双方互为许可方和被许可方。交叉许可常见于专利技术的转让中，通常基本专利和外围专利形成交叉许可证贸易。当某项专利的实施中同时涉及基本专利和围绕该技术的一系列的外围专利时，基本专利的拥有者和外围专利的拥有者就可以通过交叉许可来获得对方技术的使用权。在交叉许可中是否向对方付费及付费的多少取决于各方拥有技术的先进性、实用性、投入资源量及产生经济效益的差异。

---

① 吴贵生：《技术创新管理》，清华大学出版社，2000 年，第 171~172 页。

第三节 技术创新扩散的影响因素分析

影响技术创新扩散的因素很多，它们会对技术创新扩散的各个阶段产生不同影响。这些因素涉及技术持有方、技术需求方、传播渠道和社会环境。

一、技术持有方

技术创新持有方在技术的转移过程中是否给予采用方技术培训与服务直接影响了技术扩散的速度。如果技术创新持有方能够提供技术培训等服务，就会消除采用方引进技术的后顾之忧，有利于采用方引进技术创新，从而加速技术创新扩散。

（一）转让动力

转让动力指技术持有者是否愿意转让其创新技术和愿意转让的程度，它会直接影响技术创新扩散的效果。有时技术持有者愿意转让其创新技术，而有时它又不愿意转让其创新技术。

1. 技术持有者愿意转让的原因

（1）某项创新技术是企业研发的附产物，企业并没预料到它的产生。这时的创新技术可能并不适用于该企业，或者企业不具有实施该创新技术的资源。此时企业就会考虑是自己利用好还是转让出去获取额外收益好，经过比较，若转让出去效益好，企业就会愿意转让其创新技术。

（2）技术本身创新周期较短，更新速度快，技术和相关知识容易被学习、被仿制，技术相对难于垄断，技术持有者面临着创新技术被其他企业突破后的技术贬值时，技术持有者希望在技术被突破前尽快收回研发成本，所以他倾向于在较短时期内，尽快转让技术。

（3）当某项创新技术的长时间使用时，一方面，由于利益驱使，有一些企业开始模仿，造成技术创新持有者的保护成本增加；另一方面，有些企业会逐渐地掌握该技术，从而使企业获得的垄断利润不断下降，同时该创新技术的转让价格也在逐渐下降，权衡利弊后，企业就会考虑将其技术有偿转让。

（4）当其他企业研发出功能相近的技术时，即出现了可替代技术，技术创新需求方就可以向多个供方寻求技术，此时不转让该创新技术，可能会使技术持有者失去获得转让收入的机会。

（5）还有一些创新技术属于基础技术标准性的技术，技术持有者将其转让，可以使该产业以该创新技术为标准迅速标准化，从而使技术持有者达到战略性目的，最终给其带来高收益。

(6) 与对等交换技术相类似，如果技术持有方所在国家和地区与潜在技术需求方所在国家和地区的市场和经济的同质性越高，即技术知识的相关水平相当，技术持有者为了获取对方的创新技术，就有可能转让技术。

(7) 当技术创新持有者属于专门的技术生产者（如科研机构）时，转让技术是其获得收益的主要途径之一；当持有者有很强的研发能力且转让后不会树立威胁自己的竞争对手时，技术创新持有者就会转让技术获得收益。

(8) 有些技术创新的扩散属于政府的强制扩散，技术持有者必须将创新技术提供给政府（一般政府会给予一定的补偿），然后政府出于保护生态环境、维护国民经济的可持续发展、提高产业竞争力甚至提高国际竞争力的考虑，再将创新技术无偿转让给采用者。

2. 技术持有方不愿意转让的原因①

(1) 当技术持有方可以垄断特定技术的时候，它绝不会转让自己的技术。

(2) 绝不对潜在的竞争对手转让技术。即使某些情况下技术持有方可以转让技术，他也绝不会对其潜在和现实的竞争对手转让技术。

(3) 特定的技术需求方可能会导致技术秘密的泄露，当这种风险较大时，技术持有方不会转让技术。

(4) 对特定的技术需求方而言，对其生产过程和产品质量难以控制，以致会影响技术持有方的声誉时，技术持有方也不会转让技术。

(5) 对特定的技术需求方而言，当技术持有方的转让成本太高，即需要投入的转让过程太过复杂，有时有可能加大其财力负担，有时则可能威胁到他的核心技术秘密，这时技术持有方不会转让技术。

（二）技术创新本身的性能

一项技术或创新成果能否顺利转让，在很大程度上受制于该技术或成果的特性，例如，技术创新的相对优势、适用范围、时效期、相容度、复杂性、可试性和可观察性。

(1) 相对优势是指一项技术创新相对于它所取代的技术和市场上的其他替代技术所具有的优势。比如，它的可靠性、先进性、成熟程度，可能给采用者带来可变成本的降低程度，期望投资回收期的长短，对企业知名度和形象的积极影响，最终给企业带来的竞争优势等。一项技术创新的相对优势越大，它被采纳的速度就越快。

(2) 适用范围指技术创新的应用范围。如果技术创新是一种共性技术，那么它的适用范围就很广泛，需求量也会很大，技术创新扩散也就会加快。

(3) 时效期指技术创新能够维持它的先进性和技术优势的时间长度。时效期长的技术创新，其扩散多以创新者扩大自身规模来实现，为了保持创新者的技术优势，技术创新持有者往往不愿意将其成果向外转让，并且千方百计寻求保护，这无疑会阻碍技术创新的传播和扩散。所以时效期长的技术创新扩散比较慢。而时效期短的技术创新，由于失掉技术优势的危机感及追求利润最大化的驱使，技术创新在不同持有者之间传播、转

① 陈向东：《大转移》，经济日报出版社，2000 年，第 321 页。

移的可能性大，因此，它的扩散速度比较快。

(4) 相容度指一项技术创新与用户的现有价值观、过去的经历和需求的一致性程度。一项技术创新要想在潜在的需求者之间扩散，它必须要与需求者的价值观和需求相一致，并与现存的很多技术相容，符合现有的一些技术标准，有较多的配套体系，这样一项技术创新的相容度越大，其扩散速度越快。

(5) 复杂性是一项技术创新被理解或被使用的难易程度。一项技术创新越简单，它被模仿的可能性越大，它固有的扩散速度也就越大。如果一项技术创新很复杂很难被掌握，它就要求使用者有很高的技术基础，用较长时间和较大强度的学习，这样会给使用者带来较大的学习成本，从而不利于技术创新的扩散。但从另外一个角度看，技术创新越复杂，它使其他人突破其技术的可能性减小，形成了很高的技术壁垒，这样会使掌握它的使用者在较长时间内获得超额利润，又会激励潜在的采用者引进技术，有利于技术创新的扩散。所以潜在采用者就要通过比较引进技术创新的学习成本与超额利润的大小来决定是否引进。克服复杂性给技术创新扩散带来的负面影响，可以通过给予采用者很全面的技术培训来消除。

(6) 可试性是指一种技术创新可以在有限程度上被试用的可能性与能力。技术创新的试用可以增强采用者对其性能的了解，从而使采用者更加了解其技术创新的先进性和给企业可能带来的优势与收益。所以对于不了解其技术创新的早期潜在使用者来说，技术创新的可试性非常重要。某些条件下一项技术创新的可试性越强，技术创新的扩散速度就越快。

(7) 可观察性是指采用者在多大程度上可以看到技术创新的效果。技术创新给企业带来的好处是间接的还是直接的，可见效果的时间长短会影响技术创新的扩散。采用者越容易观察到一项技术创新所带来的效益，他们越容易采用它，技术创新的扩散速度越快。

二、技术需求方

技术需求方引进创新技术的动力。企业出于为了减少自主开发的风险（或者企业没有能力自主开发）、节省开发费用和时间、缩短技术差距提高竞争力、追求超额利润方面的考虑，通过比较模仿与引进的利弊决定是模仿还是引进技术，无论选择哪种方式都属于技术创新的扩散。或者企业出于竞争压力面临着技术落后被淘汰的危机，使其必须引进技术。但是，技术需求方能否获得核心技术，并从引进中获得最大效益，也必须与企业现有资源条件相匹配。

（一）企业资源条件

1. 企业领导者

企业领导者是否具有洞察和把握外部技术机会和市场机会的强烈意识和丰富经验、是否具有在技术进步上大胆投资的远见卓识，以及企业领导者的创新意识与风险意识，都决定了他是否会引进技术。按照采用创新时间的先后顺序可将潜在采用者分为：创新者、早期采纳者、早期大多数、晚期大多数和落后者，[①] 企业领导者属于哪种类型直接决定了引进技术的速度。另外，企业领导者的管理水平也会影响技术创新的扩散。因为企业引进技术后，往往还需要对其生产管理过程进行调整甚至重组，以便引进的技术能尽快适应企业的现有环境，尽快得以实施，产生效益。这样，如果企业领导者的管理水平越高，其技术创新扩散速度就越快。所以，国家应该组织对各企业现任的高层管理人员进行教育、培训，提高其管理水平和竞争意识，使之成为敢冒风险、勇于创新、大胆采用新技术的现代化企业高级管理人才。

2. 财务状况和融资能力

企业是否有能力筹集到引进技术所需要的足够资金，直接制约了企业引进技术创新的速度。所以政府应该改进折旧制度（如加快固定资产折旧），合理使用折旧基金，减免税收，提高企业的实际留存水平或对引进技术资金给予一定的补贴，同时建立和扩大稳定可靠并且比较优惠的信贷资金来源。这样使企业有足够的资金引进创新技术，从而加快技术创新扩散。

3. 技术基础和配套设施

企业是否有足够的技术基础和配套设施决定了企业能否成功引进技术。如果企业技术基础薄弱或是没有配套设施，即使引进了技术也很难成功运用。企业的技术基础和配套设施越充足，技术创新扩散越快。另外，企业是否有对现存技术创新的评价吸收能力也决定了企业感知创新技术从而引进技术的能力。

（二）技术学习能力

技术需求方的技术和学习能力大致可以用逐次包容的四个层次来表现：①操作能力层次（表现生产技术基础）：管理/操作由外方设计和建立的生产设施的能力。②仿造能力层次（表现小规模的创新水平）：无外来帮助下扩大产品输出规模的能力。③改造能力层次（表现技术的自我支持）：因地制宜独立改造产品设计，改进生产过程的能力。④创新能力层次（表现领先的设计）：独立开发下一代产品体系的能力。[②]

1. 操作能力层次

所谓操作层次是技术转移活动的基本层次，它代表着引进方对所引进技术的正常驾驭能力，要求有常规生产经验和知识，并有一定技能及其学习能力的技术人员和操作者，以及相应的设备环境的支持，能够按照设计的质量和产量要求，管理、运行技术输出方设计和建立的生产加工设施。如果引进方连操作层次的能力都很有限，则引进技术的过程便会困难重重，很可能以失败告终。

2. 仿造能力层次

仿造层次要求企业的技术人员和管理人员有一定的革新意识和相应的革新活动的实践经验，对所引进的技术能够进行不超过技术主题的小规模改造。显然，这与企业的实际操作人员的技术能力有很大关系，而且也与企业的一种革新文化有关。

---

① Everett M.Rogers：《创新的扩散》，中央编译出版社，2002 年，第 246~248 页。

② 陈向东：《大转移》，经济日报出版社，2000 年，第 319 页。

3. 改造能力层次

改造层次不但表现了企业操作性技术人员的技术能力，而且还表现了引进企业的研究性创新活动的水平，同时伴随着该企业设备和资金的支持。

4. 创新能力层次

创新层次更是强调企业研究性活动的水平和相应工程技术人才的水平，以及一种企业家精神的氛围。它代表着一种持续性的技术投入和积累。

对于只具有操作层"和仿造层"的引进方，在技术的发展上常表现为所谓外延式的资金投入，来平行地扩大生产规模。当以前引进的技术和设备在当地市场相对老化时，只能靠新一轮资金投入于更新设备的形式来更新技术，结果形成等差引进甚至缩差引进。如果引进方企业具有改造层"和创新层"的能力，企业便能够在引进创新技术的基础上，通过企业自身的创新活动，走出一条自我更新、自我发展的产品设计和制造的道路，也就有可能取得相对垄断的地位。

所以，企业应当以举办讲座、培训等手段，帮助员工学习掌握新技术的有关知识、经验，提高吸收和改进新技术的能力并培养员工的创新意识，从而更快更好地采用新技术，加速技术创新的扩散。同时，企业还应该通过制定一系列的优惠政策来吸引和留住人才（注意要不断更新员工的知识结构和技能结构，把人员的潜力进一步开发出来），比如高薪、高福利政策等，增加关键技术人才以技术入股的方式分享技术创新成果带来的利益，提供必要的国外培训机会等。改革不同岗位人员的考核和选拔任用机制，为有才能的人创造一些施展才能和取得成就的机会。

三、传播渠道

技术创新扩散首先是从创新信息的扩散开始的，并且在技术创新扩散的全过程中，总是伴随着创新信息的扩散，并且技术的持有者和需求者需要通过传播渠道才能进行联系和交易。所以，技术创新扩散的传播渠道就显得非常重要。传播渠道越顺畅、效率越高，技术创新扩散速度越快。传播渠道可以分为大众传播媒介、人际交流网络、文献专利数据库、商业活动、专业中介机构等。

（1）大众传播媒介指广播、电视、报纸、杂志等出版物。通过大众传播媒介可以迅速地把技术创新信息传递给大量的潜在采用者。各种大众传媒覆盖范围广，但有关的技术信息和创新技术信息报道相对较少，且呈随机状态，难以系统地提供技术信息和创新技术信息，加上业务范围所限，所提供的技术创新信息通常不够深入，只能做一般轮廓性的报道。

（2）人际交流网络是非正式的传播渠道，一般指非正式的商业活动。通过私人关系进行交际从而达到获取信息的目的，但人际交流的活动空间有限。

（3）文献专利数据库可以提供给采用者一些前沿性的技术信息，但采用者无法获得完整的技术信息，同时有一些创新技术还没有申请专利和发表文章，或者它以技术秘密、技术诀窍的方式存在，所以文献专利数据库有一定的局限性。但潜在采用者可以通过它了解技术创新的技术基础知识。

（4）商业活动指各种技术研讨会、行业协会、技术展览会等。与大众传播媒介相比，商业活动传播的信息更全面、更专业化，更容易令人相信。参与交流的是专业技术人员，容易引起共鸣，促进技术创新扩散。所以，各个行业协会应该经常开展多方面、多形式的技术交流研讨会等。

（5）中介机构以提供技术创新信息为己任，所提供信息虽难以达到传媒的覆盖面，但所提供信息的深度和广度是传媒所不可比拟的。专业中介机构的作用非常关键。因为只有当企业感到采纳技术创新的期望收益大于创新的机会成本时，企业才有可能采用创新技术，当然这需要很长的交流和评估过程，不利于技术创新及时扩散，而专业化中介机构可以帮助解决这一问题。专业中介机构一般包括：各类新技术推广站、技术市场、技术咨询公司、各层次的技术转移中心、企业孵化器等。

中介机构更加了解行业技术创新的供需信息与相关的政府补贴政策等，能专业化、规范化地沟通技术创新的需求方与供给方，它的作用远远优于其他传播渠道。这类机构可以辅助企业快速、准确地搜索合适的技术，提供技术与经济的评估和多个替代技术的对比分析。它克服了其他传播渠道的不利之处，是技术创新扩散的重要环节，对技术创新扩散的速度、广度和深度有重要影响。一个国家专业中介机构的规模、数量以及效率，体现了该国分配和使用技术成果资源的能力。所以，政府应该制定切实可行的法规和管理条例，以规范中介服务行业的行为，同时保护中介组织的合法权益，引导中介服务机构按照市场化行为提供良好服务。而中介机构应该建立职业规范，提高中介机构的信誉，增加服务内容，如标准化检测程序、评价系统、性能标准等，以更好的服务促进技术创新扩散。同时政府也应该选择一些对产业结构调整有战略意义的重大项目，制定技术创新扩散计划，组织力量加以实施。

四、社会环境

在技术创新扩散的过程中，政策环境、法律法规环境、投资环境、人文环境和行业竞争情况也发挥着积极或消极作用。良好的社会环境是技术创新有效扩散的必要条件。

1. 政策环境

技术创新的引进与应用是一项投入资金大、风险高的项目，所以只有在良好的政策环境下才能促进其扩散。政策环境主要指政府为了促进技术创新扩散而采取的财政政策、税收政策、金融政策、政府购买政策等。财政政策通过对 R&D 的直接投资、对技术创新及技术创新扩散进行奖励来激励潜在采用者采用创新技术；税收政策主要通过给予技术创新产品减免税及给予 R&D 活动以税收优惠的方式鼓励技术创新扩散；金融政策主要通过优先贷款和优惠贷款、设立企业风险投资基金等方式鼓励技术创新及其扩散；政府采购则是指各级政府为了拉动科技发展，扩大技术需求，刺激或保护科技供给的一种特殊的财政政策。一般而言，政府采购对技术创新扩散的影响可归纳为四类：①政府采购创造了技术创新扩散的市场。②政府采购创新技术对潜在采用者起到了示范牵引的作用。③政府采购消除了技术创新供给者担心技术创新扩散后可能为自己树立威胁的竞争对手的后顾之忧。④政府采购市场可以充当技术创新产品的实验场所，因而在技术创新扩散初期起到极大的激励作用。[①] 另外，为了促进科技成果转化和技术创新扩散，政府可以对高校、科研机构及企业承担的课题和项目的验收，加入一个成果是否转化这个指标，这个指标也是高校、科研机构及企业再次申请课题和项目的审批指标之一。这样就会加快课题和项目成果的技术创新扩散。

2. 法律法规环境

良好的法律法规可以规范技术创新扩散的每一个环节，保护每一个相关主体的利益，促进技术创新的顺利扩散。法律法规包括《商标法》、《专利法》、《技术合同法》、《成果转让法》、《科学技术进步法》、《技术改进法》等法规，通过它们来规范、约束扩散主体的行为，保护技术创新者的知识产权和采用者的合法权益。另外，知识产权制度的普及有利于开展模仿技术创新和引进技术创新，其原因有三点：①知识产权不仅保护技术创新者，而且保护模仿创新者的成果不被其他模仿者非法模仿。②知识产权信息服务系统的完善为模仿创新者更快、更好地检索最好的创新成果和技术发展动向、确定模仿创新方向提供了良好条件。③知识产权中的专利信息使模仿创新者能更快地接近甚至初步了解技术创新者的核心技术，为模仿创新奠定良好的基础。这些都有利于技术创新的扩散。所以政府应该加强知识产权管理，为技术创新扩散创造良好环境。

3. 投资环境

技术创新具有投资大、风险高的特点，故对企业的生产设备和条件乃至周围的环境都有较高的要求，需要大量的资本投入，而技术创新本身的引进或模仿需要更大量的资本投入，所以对资本筹集速度和规模要求都较高。完善的投资环境和高效的资本市场（风险投资）对技术创新扩散有着积极的影响。如果投资环境欠佳，企业的资金投入不够，就会制约技术创新扩散的顺利展开。所以政府应该努力完善资本市场，健全风险投资机制。营造良好的投资环境，促进技术创新扩散。

4. 人文环境

人文环境是企业引进技术创新、促进技术创新扩散所必需的社会文化环境。它是地方行为主体（大学、科研院所、企业、地方政府等机构和个人）之间在长期正式或非正式的合作与交流的基础上所形成的相对稳定的系统。对于技术创新的扩散，区域社会环境的作用不容忽视。一个不断创新的社会文化环境可以成为企业采用技术创新的重要动力。例如，“硅谷文化”就是不断创新的文化。相反，一个保守、僵化的社会环境则会成为技术创新扩散的阻力。政府应该有目的地引导加强创新意识、风险意识，更新经营思想和经营观念，把技术创新放到战略高度来认识。只有把观念和意识转变过来，才有可能积极推动技术创新。比如实行有效的奖惩措施，鼓励创新，鼓励竞争，提倡“不创新就意味着死亡”的企业文化等，促使更多的企业管理人才大胆采用技术创新，从而促进技术创新迅速、有效地扩散。

5. 行业竞争情况

行业竞争情况主要指行业内的竞争强度。竞争强度高的企业创造新产品、新工艺、新技术的能力就强，在市场上推出的高新产品的时间就越早，在下一轮市场竞争中必然

① 赵维双：《基于政府管理的技术创新扩散激励机制研究》，《经济问题》，2005 年第 2 期。

处于领先地位，这种产业内的竞争迫使企业始终处于高竞争强度的氛围中。产业内的竞争企业数量的增加、较低的市场进入壁垒、竞争企业之间的市场占有率的增加、强烈的行为反射能力等因素，都会提高产业内的竞争强度。[①] 竞争强度的提高不仅加快了企业决策的进程，加快了企业内新技术、新工艺的引进和创新的速度，同时对技术创新扩散有更高的要求。所以行业竞争越激烈，技术创新扩散速度就越快。因此，政府应该建立起健全、规范、开放有序和能够促进公平竞争的市场环境，这样才能增强企业采用技术创新的压力和动力，从而促进技术创新扩散。

● 本章案例

激光照排技术创新及扩散

到20世纪60年代中期，西文的印刷行业已经从铅字排版、凸版印刷转为照相排版和胶版印刷。而直到70年代初期，我国的印刷行业还停留在铅字排版、凸版印刷的时代。于是在1974年8月，国家批准将汉字信息处理作为国家级重大工程项目立项，与此同时，国家计委颁文成立了748工程办公室。1976年我国开始进行激光照排技术的研发，1979年研制出华光Ⅰ中文激光照排系统。1980年8月国内购买了英国蒙纳公司生产的Lasercomp激光照排系统，对其进行改造创新。1983年华光Ⅱ问世，1985年11月又推出了华光Ⅲ型。[②] 1991~1994年，王选带领北大科研集体不断抓住机遇，用创新技术引导市场，又引发了报业和印刷业新一轮的技术革新。例如，告别报纸传真机，直接推广以页面描述语言为基础的远程传版新技术，使我国报纸的质量和发行量大大提高。1995年7月，北大计算机研究所与北大方正共同成立方正技术研究院，由王选任院长，建立起从中远期研究、开发、生产、系统测试、销售、培训和售后服务的一条龙体制，树立了“顶天立地”的高新技术企业发展战略。

一、激光照排技术扩散模式分析

(一) 部门内扩散与部门间扩散

部门内扩散：激光照排创新者——激光照排系统的生产企业，本文称其为扩散波Ⅰ。

部门间扩散：激光照排系统的生产企业——印刷企业，本文称其为扩散波Ⅱ。

激光照排技术创新扩散的总体效应是两个技术创新扩散波在时间和空间维度上的叠加。激光照排技术创新扩散的效果不但用激光照排技术改造了我国的印刷工业，大大提高了我国印刷工业的技术水平，同时还造就了一个新的激光照排（或称为电子出版）产业。

通常情况下，创新者为了自己的竞争地位和超额利润，是不会轻易转让创新技术的，企业转让创新技术行为往往是不确定的。由于激光照排技术难以模仿，所以其创新者并没有向其他企业转让这项技术，中文激光照排技术仍掌握在北大方正和华光集团两个创新者手中，实际上激光照排技术创新的部门内扩散是通过企业内部扩散的方式实现

① 朴文哲：《产业内竞争强度对技术创新扩散的影响》，《经济纵横》，2005年第2期。

② 武春友、戴大双、苏敬勤：《技术创新扩散》，化学工业出版社，1997年。

的。华光集团和北大方正都在全国各主要城市建立了几十家分公司、子公司或办事处。部门间扩散即激光照排技术从创新者向印刷企业扩散。相对而言，部门间扩散的速度随技术的改进和同行成功应用的示范效应越来越快。部门间的扩散是通过设备转让来实现的。

（二）渐进创新模式

激光照排技术创新扩散属于引进扩散模式中的渐进创新模式。在引进英国蒙纳公司生产的Lasercomp激光照排系统后，我国进行了符合汉字应用方面的改造，使其适用于我国情况。在扩散过程中，不断提高激光照排技术的精度、速度、可靠性，改善了可操作性，实现了对原有技术的全面超越。

（三）政府推动与市场推动的混合模式

激光照排技术创新扩散属于政府推动与市场推动相结合的混合模式。由于印刷工业直接关系到国家政治、经济、文化、教育等事业的发展，国家一直高度重视印刷工业的发展，为了实现印刷现代化，国家组织了748工程，完成了激光照排技术创新，随后国家经委成立了印刷装备协调小组，在广泛进行国内外考察的基础上提出了"激光照排，电子分色，多色胶印，装订联动"的十六字方针。"六五"后3年，"七五"和"八五"期间，印刷技术改造作为专项列入国家计划，国家在政策上和资金上给予了大力支持。在激光照排技术创新扩散的前期，其优势尚未充分显示出来，对潜在采用者而言，前景是不明朗的。此时国家提出了十六字方针，实施大规模的技改项目，在政策上和资金上给予了大力支持，为前期采用者采用激光照排技术创新创造了条件，有力地扶持了激光照排技术创新扩散。随着激光照排技术的不断改进和前期采用者高收益的示范效应，激光照排技术的优势越来越明显，受到高额收益的诱导，很多企业开始引进激光照排技术，加速了该技术创新的扩散。

二、激光照排技术扩散影响因素分析

（一）激光照排技术本身的性能

（1）相对优势：激光照排技术克服了铅排等原有技术工艺复杂、流程长、工作繁重、能源消耗大、污染重、效率低等不足和缺陷，各个方面的性能都优于原有技术。华光系列产品从Ⅰ型到Ⅵ型，每一个型都比前一型的性能优越，所以后一代产品扩散总是淘汰前一代产品。

（2）适用范围：激光照排技术的实用范围覆盖了铅排和手动照排的适用范围，并且增加了很多铅排和手动照排所不具备的功能。如通讯功能，而今只要打开与新华通讯社发稿的计算机接口，便可接收新华通讯社的发稿，照排不误，而且可以自行排版、省人省事，杜绝差错。此外，激光照排系统还可增加办公自动化的功能、电脑一体化方案等。所以，此技术的需求量较大。

（3）相容度：开始时激光照排技术由于与之前的技术原理不同，所运用的技术不同，其相容度较低，但随着它的不断改进，其相容度逐渐增大，所以扩散速度也加快了。

（4）复杂性：开始比较复杂，影响了技术的扩散，但随着不断的改造，其复杂性不断低，扩散速度加快。

(5) 可观察性：激光照排技术的可观察性很强，它的效率明显优于原有技术，所以吸引了很多潜在需求者。

(二) 技术持有方

技术持有方由于自己可以垄断激光照排技术，所以华光和北大方正没有转让技术，而是通过创办新的分公司、子公司的形式在企业内部扩散技术，获取超额垄断利润。不过技术持有方很愿意通过设备转让给印刷业而完成部门间的扩散，这样可以在不建立竞争对手的基础上获得收益。

(三) 技术需求方

企业运作遇到了"瓶颈"，愿意引进技术。在激光照排技术扩散的初期，由于当时的激光照排系统价格昂贵、性能不稳定、使用维护等较为复杂，只有一些资金、技术力量雄厚的企业才可能采用。1984~1987 年，只有 37 家单位引进了 42 套华光Ⅰ型、Ⅱ型和Ⅲ型大报系统。由此可见，在激光照排技术创新扩散的初期，企业的资金、技术力量是企业能否采用激光照排技术的制约因素，激光照排技术对企业采用能力的过高要求，在很大程度上限制了激光照排技术创新的广泛扩散。随着激光照排系统本身不断改进、完善，大大降低了产品的成本和价格，改善了适应性和可操作性，同时提高了速度、可靠性和精度，大大降低了对企业采用能力的要求，使得普通用户也有能力采用激光照排技术，大大增加了潜在采用者的数量，提高了创新的采用率。

(四) 政策环境

同前面分析激光照排技术扩散属于政府扶持与市场综合作用模式一样，政府在其扩散过程中的作用非常重要。政府把激光照排技术、印刷技术改造等作为专项列入国家计划，并在政策上和资金上给予了大力支持，"六五"后 3 年共安排技改项目 72 项，其中国家拨款 1.28 亿元，还有政府的一些优惠贷款等政策，都有力地扶持和推动了激光照排技术创新的扩散。

● 思考题及答案要点

1. 技术创新扩散在内容上包含哪些?

技术创新扩散在内容上包括创新信息的扩散和技术创新本身的扩散，其核心是技术创新本身的扩散，技术创新本身的扩散又包括产品创新的扩散和工艺创新的扩散。

2. 技术创新扩散有哪些传播渠道?

技术创新扩散的主要传播渠道有：大众传媒（电视、报纸、杂志）、文献数据库（发表文章、专利信息）、商业活动（技术研讨会议、技术展览会）、人际交流活动（私人关系）、各种中介机构（各个层次的技术转移中心、技术市场）。

3. 影响技术创新扩散的因素有哪些?

技术持有方：是否有转让技术的动力、是否提供技术培训、技术创新本身的性能（相对优势、相容度、复杂性、可试性、可观察性）。

技术需求方：企业领导者（创新与风险意识、管理水平）、技术基础和配套设施、财务状况与融资能力。

传播渠道：各种传播渠道是否畅通、有效，主要是专业中介机构的服务效率和质量。

社会环境：政策环境（财政政策、税收政策、金融政策、政府采购政策）、法律法规环境（知识产权保护、各种转让合同法）、投资环境（风险投资）、人文环境（创新精神、风险意识）、行业内竞争强度。

● 参考文献

1. Everett M. Rogers：《创新的扩散》，中央编译出版社，2002 年。

2. 武春友、戴大双、苏敬勤：《技术创新扩散》，化学工业出版社，1997 年。

3. 康凯：《技术创新扩散理论与模型》，天津大学出版社，2004 年。

4. 陈向东：《大转移》，经济日报出版社，2000 年。

5. 雷家骕、程源、杨湘玉：《技术经济学的基础理论与方法》，高等教育出版社，2005 年。

6. 吴贵生：《技术创新管理》，清华大学出版社，2000 年。

7. 包昌火、谢新洲：《技术创新与企业竞争》，华夏出版社，2003 年。

8. 白光：《诚信工程与技术创新战略》，中国经济出版社，2004 年。

9. 张玉杰：《技术转移》，企业管理出版社，2003 年。

10. 陈吉磊、徐向阳：《我国企业模仿创新战略分析》，《经营管理》，2006 年 8 月。

11. 洪旭、莫小波、鲁若愚：《中介机构在急速创新扩散中的作用》，《软科学》，2003 年第 1 期。

12. 陈玥希、蔡建峰：《基于动态创新联盟的中小企业技术创新扩散模式研究》，《科技进步与对策》，2005 年 5 月。

13. 赵维双：《基于政府管理的技术创新扩散激励机制研究》，《经济问题》，2005 年第 2 期。

14. 李文博、郑文哲：《企业技术创新扩散及其博弈分析》，《统计与决策》，2005 年 2 月。

15. 朴文哲：《产业内竞争强度对技术创新扩散的影响》，《经济纵横》，2005 年第 2 期。

第十一章 知识产权与技术标准

● 本章提要

了解知识产权和技术标准的概念，掌握知识产权对技术创新的正负效应，掌握知识经济下的技术标准竞争，重点学习知识经济下的企业技术标准战略。

标准是一个国家的主权在经济领域中的延伸，标准又是一个国家实施非关税贸易壁垒的重要手段，对保护民族工业的发展至关重要。技术标准并不仅仅是定位为检验相关产品合格的一个评判尺度，技术标准的实质和核心就是技术体系中对于技术所拥有的知识产权，技术标准的技术垄断都是通过知识产权的权利来实现的。[①] 由于知识产权有其地域性和排他性，一旦这种标准得到一定的普及，会形成一定形式的垄断，尤其在市场准入方面，它会排斥不符合此标准的产品，从而达到排斥竞争对手的目的。这也就是技术标准同知识产权关系的关键所在。技术标准中的技术必然有很多是专利技术，因为只有有专利权的技术才能实现垄断和排他，技术标准战略的实质就是通过专利战略、技术许可等综合的知识产权战略的运用，技术标准的实质就是要通过这些知识产权战略实现技术垄断。本章在分析了知识产权与技术标准的同时，还以中国移动通信产业的 3G 标准竞争为案例，对技术标准的问题进行了分析。

● 章首案例

“闪联”标准（IGRS，Intelligent Grouping & Resource Sharing）是指在家庭、办公和公共环境中，通过定义一系列的协议标准，支持各种信息设备、家用电器、通信设备之间自动发现、动态组网、资源共享和协同服务。闪联标准于 2005 年 6 月 29 日正式获批成为国家推荐性行业标准，成为中国第一个“3C 协同产业技术标准”，率先占据了中国未来信息产业竞争的制高点。2005 年 12 月，“闪联信息技术工程中心有限公司”在国家发改委、信息产业部、科技部、国家标准委以及北京市政府的联合支持下，由联想集团、TCL 集团、长城集团、长虹集团、创维集团、海信集团、康佳集团、中和威八家国内主要的信息技术领先企业联合出资设立，全面致力于标准的产业化和市场化工作，

① 马骁，转引自：http：//www.chinaeclaw.com/readArticle.asp？id=2620。

致力于自主技术创新和闪联品牌的建设工作，用实际行动推动了国内自主创新工作的发展。

到2005年12月，“闪联”标准工作组有成员51家，包括学术机构、网络运营商、软件中间件、芯片、终端制造商等，基本涵盖了产业链的各个环节。同时，闪联新成员已经扩展到我国台湾地区和日本、韩国、美国及以色列的一些国际知名公司。如意法半导体（ST Micro elctronics）、全球最大的音频芯片厂商台湾地区的骅讯电子、韩国LG电子以及相关美国半导体厂商等，这些大公司的加入，将加速推进闪联在亚洲甚至全球的影响力。在以知识经济和信息网络发展为主题的今天，谁掌握了标准的制定权，谁的技术成为主导标准，谁就掌握了市场的主动权，技术标准已成为经济全球化竞争的重要手段。制定标准，仅靠一个企业的努力是不够的，它需要跨企业、跨行业的联盟。只有这样，才能形成统一的标准，才能突破资源的壁垒，有效聚合各方力量，开创一个更为广阔的应用与市场空间。

第一节　知识产权与技术创新

一、知识产权的界定

（一）知识产权的含义

知识产权（Intellectual Property）是指法律所赋予的知识产品所有人对其创造性的智力成果所享有的专有权利。[①] 知识产权是一种财产权，而财产权包括有形财产权和无形财产权。知识产权是一种特殊的无形财产权，其特殊性在于权利是人们在科学、技术、文化等知识形态领域所创造的精神产品，知识产权通常分为两部分，即工业产权和版权。工业产权（Industrial Property）[②] 是对专利权和商标权的统称，是指产业活动中的所有人对其创造性的智力成果所享有的一种专有权。依照《保护工业产权巴黎公约》的规定，工业产权的保护对象有“专利、实用新型、工业品外观设计、商标、服务标记、厂商名称、货源标记或原产地名称以及制止不正当竞争”。严格地说，“工业产权”应称为“产业产权”，因为工业产权不仅包括与工业有关的精神产权，而且还包括有关商业、

① 曲三强：《知识产权法管理》，中国检察出版社，2000年，第3页。

② “工业产权”一词源于法语中的“Propriete Industrille”。1789年，法国资产阶级革命在通过的《人权宣言》中，将思想作为精神财产，视为“自然和不可废除的人权”。根据《人权宣言》的精神，法国国民议会于1791年通过该国第一部《专利法》。在此之前，英国称专利为“特权”或“垄断权”。法国《专利法》的起草人德布孚拉认为，“特权”或“垄断权”的提法可能或遭致国民议会的反对，因而在《专利法》中采用“工业产权”的概念。“工业产权”一词后来为世界各国所普遍接受。

农业、林业和其他产业具有经济利益的精神产权。版权（Copyright），亦称著作权，指著作人依法对科学研究、文学艺术诸方面的著述和创作所享有的权利。知识产权所包括的权利内容，根据1967年7月14日在斯德哥尔摩签订的《世界知识产权组织公约》的规定，主要有下列各项：①文学、艺术和科学作品。②艺术家的表演以及唱片和广播节目。③人类一切活动领域的发明。④科学发现。⑤工业品外观设计。⑥商标、服务标记以及商业名称和标志。⑦制止不正当竞争，以及在工业、科学、文学或艺术领域内由于智力活动而产生的一切其他权利。[①]

（二）知识产权的主要特征

1. 客体的无形性

客体的无形性是知识产权的最本质特征，是知识产权与有形财产权的根本区别所在。知识产权的客体是知识产品，它通常是创造性智力劳动的产物，其本质是一种信息。这种信息处于"专有领域"，它能够使专有权人获得某种合法的市场垄断权，并凭借这种权利获取经济利益和阻止他人与自己展开竞争。

2. 知识产权具有时间性

知识产权的时间性是指知识产权仅在法律规定的期限内受到保护，一旦超出了法律规定的有效期限，这一权利即自行消失，知识产品进入公共领域，成为整个社会的公共财富。知识产权的时间性是知识产权与其他物质权的主要区别之一，反映了建立知识产权制度的社会需要。知识产权制度的实质在于，作为对创造发明者公开其智力创造成果的代价和补偿，知识产权的时间性协调了知识产权的专有性与知识产品的社会性之间的矛盾，又给其享有权利以一定的时间上的限制，使发明创造成果能够从个人的专有财产适时地变为人类共有的精神财富。

3. 知识产权具有专有性[②]

知识产权的专有性是指权利人对其智力成果享有垄断性的专有权，非经权利人同意或法律规定外，其他任何人均不得享有或使用该项权利。独占性是知识产权最基本的特征，也是知识产权制度得以建立并不断完善和发展的动力之一。

4. 知识产权具有地域性

知识产权具有地域性是指，按照一国法律获得确认和保护的知识产权只在该国境内有效，受该国法律保护，在其他国境内一般不具有效力。除签有国际公约或双边互惠协定的情况外，其他国家对这种权利没有保护的义务。[③]

二、知识产权对技术创新的效应

知识产权保护制度作为当今国际通行的维护人类创造特权、促进技术创新最有效的

① 吴汉东：《知识产权法学》，北京大学出版社，2006年，第19~20页。

② 郑成思：《知识产权论》，法律出版社，2005年。

③ 李冬梅：《知识产权法学》，吉林人民出版社，2000年，第4页。

一种法律制度，它的核心是国家根据法律保护知识产权所有人一定时期的独占性来鼓励智力创造活动。知识产权制度扎根于市场经济，以知识成果的产权明确界定和有效保护为主要特征，为技术创新提供了一种内在的动力机制和一个外部的公平竞争法律环境，对促进技术创新具有重要作用。

（一）激励效应

技术创新是新技术、新产品、新工艺从设想、发明、生产到推广应用的过程，是一种高级的脑力劳动，它具有创造性、高效性和不确定性等特点。技术创新的过程是从无到有的过程，也是信息加工的过程，它从输入各种信息开始，经过探索性的复杂过程，最终生产出智力成果。技术创新要获得成功，不能靠强迫命令，只能靠激励、靠引导、靠良好的法律环境来调动广大从事技术创新人员的积极性，知识产权的确立是一种直接的创新激励手段。[①] 200 多年的科技、经济发展史表明，知识产权制度是具有有效的产权激励的机制，它利用法律和经济的手段，通过国家法律的形式，使发明创造者在一定期限内对其技术创新成果享有专用权。他人未经专利人许可，不得使用该发明，从而使发明创造者能够通过自己使用或允许他人使用来回收自己的投入，并进一步获得超额价值。这种制度安排为权利人提供了最经济、有效和持久的创新激励，保护了技术创新活动在新的高度不断向前发展。

技术创新在知识经济的冲击下，创新成本越来越大，风险不断增加，企业被授予相应的知识产权后，可凭借技术上的垄断地位，在市场竞争中获取合法的高额垄断利润，收回投资成本，既能确保企业技术创新的顺利进行，又可促进企业投入更多的资金进行技术创新，从而形成一种良性循环。并且在知识产权的有效保护期内，企业可通过技术转让和使用许可，获取可观的利润，从经济上、技术上激励企业技术创新。

（二）公平竞争效应

当今世界各国的竞争，与其说是经济的竞争，不如说是科技和人才的竞争，而科技和人才的竞争最终是知识产权的竞争，谁在某技术领域拥有自主的知识产权，谁就能在这一领域取得控制权。知识产权正成为当今世界最重要的一种资源。为了促进企业技术创新的发展，必须制定一个公平的竞争规则，并营造一个公平竞争的环境。知识产权制度的本质是鼓励建立在技术创新基础上的公平竞争，它通过专利法、商标法、著作权法、反不正当竞争法等建立了公平竞争的规则。如各国的《专利法》都对专利的申请，授予专利的条件，专利的审查和批准，专利的权限、终止和无效，专利的实施与许可等作了具体而详细的规定。这些规定犹如体育比赛的规则，对所有参加竞赛的人都是公平的，也是必须遵守的，这就为技术创新营造了一个公平竞争的法律环境。与此同时，知识产权制度通过法律的形式，依法对专利权、商标权、著作权实施保护。对于违反知识产权法的行为，各国政府都通过行政或司法的方式予以惩处，知识产权制度为企业技术创新提供法律保护。

---

① 傅家翼：《技术创新学》，清华大学出版社，1998 年，第 346 页。

（三）加速效应

知识产权制度不仅为技术创新提供了强大的动力和有效的法律保证，同时为合理配置技术创新资源、正确选择技术创新的方向和途径提供了科学的依据。众所周知，技术创新是在前人成果的基础上进行的一种创造性的智力劳动。各国专利法都规定，申请专利的发明创造者必须将其发明内容用充分完整的说明书公开，并在法定期刊予以公布。这些最新的技术情报不仅在国内，而且在世界范围内得到广泛传播。据权威部门统计，世界上每年发明的成果 90%~95%都能在专利文献中查到，专利文献是人类技术创新的历史记载，也是人类智力成果的宝库。从古至今，从中到外，发明创造（专利、商标）估计已超过四五千万件之多。这样，企业通过对专利文献检索，能够了解和把握国内外最新技术创新的水平和动向，从而选择正确的技术创新的方向和途径，有效地配置技术创新资源，能够抬高技术创新的起点和水平，避免人力、财力、物力的浪费，从而站在“巨人”肩膀上发展最新的技术和水平。

知识产权制度还能使企业进一步降低创新成本，缩短技术创新时间，提高企业技术创新质量。据有关资料统计，运用现代的信息技术可以达到减少创新时间 90%，降低成本 75%，减少风险 60%的效果。同时，知识产权法规（主要是专利法）规定：同一项发明只能授予一项专利，实行先申请原则即专利授予最早提出申请的人。[①] 这种规定一方面鼓励企业重视知识产权保护，另一方面又加剧了企业技术创新的竞争，促使企业提高创新效率，激励企业率先创新而获取知识产权保护，从而加速整个社会（包括企业）的技术创新行为。

（四）信息外溢效应

知识产权制度赋予权利人一定的垄断权利，是以技术的公开为条件的，在充分维护知识产权人的合法权益时，又要促进技术的公开和交流，推动社会进步。比如，我国《专利法》规定，申请发明专利，其技术从申请提交之日起 18 个月内予以公布，实行早期公开、延迟审查制，对于符合条件的授予专利权，技术发明创造者要获得知识产权的保护，必须在一定范围内及时公开其发明创造。[②] 随着高科技的发展以及现代化的广泛应用，企业技术创新更加激烈，技术创新产品大幅度增加，而产品的生命周期越来越短暂，任何一家企业都不可能长期地拥有某项技术的垄断权，当知识产权保护期结束，或先进技术取代落后技术时，其权利正常终止或提前终止，随时都有丧失技术垄断的危险。最好的办法就是及时与国内外相关企业进行技术交流，或者在公知领域技术成果的基础上推陈出新，以技术的公开和交流为依托，实现技术垄断。

---

① 王文：《专利法新释与例解》，同心出版社，2001 年，第 75 页。

② 郑成思：《知识产权法》，法律出版社，1997 年，第 50 页。

第二节　技术标准竞争与技术创新

一、关于标准及标准竞争的内涵[①]

（一）标准的定义及特征

1. 标准的定义

按照牛津英语字典的解释，标准是"某种用来测量重量、长度、质量的尺度或对某种事物的要求程度"。例如，我们用公制或英式标准测量距离、重量和体积等，用12小时盘面的时钟标准来测量时间等。

按照标准化组织和学者的解释，标准是由一个公认的机构制定和批准的文件，它对活动或活动的结果规定了规则、导则或特性值，供共同和反复使用，以实现在预定结果领域内最佳秩序的效益。而我国标准化委员会则认为，标准是为在一定的范围内获得最佳秩序，对活动或其结果规定共同的和重复使用的规则、导则或特性的文件，该文件经协商一致制定并经一个公认机构的批准。[②]

按照经济学者的解释，标准是不同企业之间实现产品兼容的一种技术，"兼容可以通过联合采纳一种产品标准来实现，在这种情况下，给定的企业必须共同行动以使它们的产品相互兼容"。[③] 它体现为"企业所遵循的一系列技术指标，无论这种技术指标是默认的还是通过一个正式的协议而产生的"。[④]

按照性质的不同，标准可以分为两种类型：一个是兼容标准，一个是质量标准。[⑤] 兼容标准是对产品技术属性的一种规定，质量标准是对产品质量属性的一种规定。牛津英语字典、标准化组织和学者给出的定义既包括兼容标准，又包括质量标准，是一种广义的标准；经济学者给出的定义只包括兼容标准，是一种狭义的标准。本文中的标准指的就是这种狭义的标准，如图11–1所示。

波兰的约·沃杰次基认为标准概念包含三个基本要素：标准的作用对象、标准的内容和标准的级别。以这三个要素为坐标轴形成的空间又称为标准的三维空间，[⑥] 如图11–2所示。

---

① 李波：《基于网络效应的标准竞争模式研究》，浙江大学博士论文，2004年。

② 参见：标准及其分类，http：//www.chinajlonline.org/Obzyd/bzhg1032.asp；What are standards?

③ Katz，Mchael L.，Sharpio，Carl. Network Externalities，Competition，and Compatibility. The American Economic Review，7un. 1985，75（3）：424–440.

④⑤ David，P A.，Greenstein，S.. The Economics of Compatibility Standards：An Introduction to Recent Research. Economics of Innovation and New 1990，1：3–1.

⑥ http：//www.chinagb.org/chinagb/html/3lsyybzl2.htm.

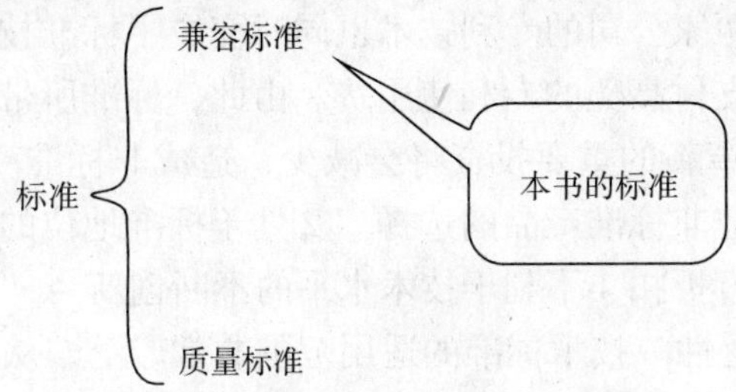

图 11-1　标准的两种类型

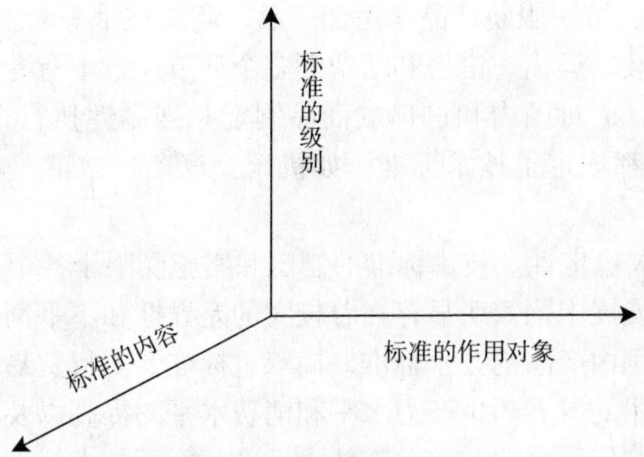

图 11-2　标准的三要素

其中，按照标准的级别，标准又可以分为国际标准、地区标准、国家标准等；[①] 而按照标准的作用对象，标准又可以分为产品标准、技术标准和工艺标准等。

2. 技术标准的特征

技术标准具有双重性、广泛性、不平衡性和欠稳定性以及隐蔽性等特征。

(1) 技术标准的双重性。普遍的观点认为，标准是一把“双刃剑”。[②] 一方面，标准的出现对产业的发展有一定的益处。由于标准不统一所带来的不便，可能许多人都深有体会。比如在日本购买的手机虽然便宜，却无法在中国使用。许多从国外购买的车质量虽不错，由于驾驶座在右边，而不得不进行复杂的改装；甚至还有进行出口贸易的厂商为了适应当地的标准，不得不斥巨资更新整条生产线。标准化协调了各个国家由于标准不统一所产生的种种矛盾和纠纷，保护了各方相关的利益，促进了国际贸易的发展。但另一方面，标准的发展不可避免地容易形成垄断，最终限制了竞争的发展。2001 年年初，世界最大的计算机硬件公司 IBM 同意采用世界最大的软件企业微软公司设计的电子商务标准，从而解决了长期以来两家企业间的电子商务标准争端。IBM 和微软此番握手言和，其实是“双赢”的策略，就是希望由双方主导的电子商务标准迅速垄断市场，避

① 在对标准的理解上，中国与国际有一些差异。中国把企业在标准化管理委员会的技术规范的备案也称为标准——企业标准，而国际上不把其称为标准。因为这种技术规范只应用于单一企业而不是整个行业，国际上认为只有被整个行业采纳的技术规范才是标准。本章中的标准与国际上的标准含义相同。

② 傅钢：《标准——一把锋利的双刃剑》，载 www. law-lib. com。

免其他竞争对手染指。两家公司的专利技术也同时变成了标准技术，其他企业在接受该标准的同时，必须向其支付高额的专利使用费。由此，标准所带来的弊端主要有以下两点：①对非标准的技术革新的重要投资将会减少，造成非标准产品市场竞争力的降低，消费者也就失去了对其他非标准产品的选择。②处于标准地位的技术由于没有其他技术相竞争，革新的动力大打折扣，不利于技术水平的不断创新。

(2) 技术标准的广泛性。技术标准的适用范围非常广泛，从初级产品到中间产品和工业制成品，从劳动密集型产品到高资本、技术密集型产品，内容涉及金融、信息、投资、知识产权、环境保护等各个领域，都制定了不同的标准。从横向上看，涉及农产品、食品、机电产品、纺织服装产品、医药产品、高新技术等众多类别；从纵向上看，涉及生产、加工、包装、运输、销售和消费等多个环节。日本有专门的主管机构——工业标准调查会（JLSC），对国内和进口的商品制定和强制性执行严格的技术标准。美国对几乎全部的产品都规定了技术标准，如机床、汽车、冰箱、电视、婴儿车座、牙膏等。

(3) 不平衡性和欠稳定性。技术标准的制定和实施受限于各个国家的经济实力和科技水平，发达国家和发展中国家明显存在着较大的差异性和不平衡性，有些发达国家对进口商品实施远高于国内产品的技术标准，搞双重标准，实行贸易保护，阻碍了自由贸易，同时随着科学技术的发展、生产力水平和消费水平的提高以及其他各经济政治等因素的变化，各国不断制定、修改和完善其技术标准，因而技术标准也就不是固定的，会经常处在变化和升级之中。

(4) 保护方式的隐蔽性。随着国际贸易的加强，技术标准正成为继关税壁垒之后的又一个新兴贸易壁垒。发达国家依仗其先进的技术水平，设置高于世界平均水平的技术标准，并以高科技手段进行检验，使科技发展水平相对落后的发展中国家难以适应。这种方式表面上是对所有国家一视同仁，不直接体现歧视性，但发展中国家厂商为了获得市场准入资格，不得不改进生产技术，调整原材料，增加了生产成本，降低了产品的竞争力。反过来，发达国家则借技术标准形式上的合法性趁机保护其国内市场。

（二）标准竞争

在网络市场中，企业控制网络最有力的工具就是标准。如果一个企业控制了标准，那么，它就有权决定谁可以与自己兼容，谁不可以与自己兼容。谁控制了标准，谁就控制了整个网络。如果厂商控制的是一个大网络，那么厂商也就控制了市场。当竞争性的厂商基于不同的网络进行竞争时，厂商之间进行的竞争实际上是一种标准竞争。因为一旦某一个网络在竞争中胜出，那么控制该网络的厂商就控制了市场。标准竞争又称为网间竞争、系统竞争。[①] 与之相对应，如果竞争性的厂商在同一个网络内进行竞争，那么这种竞争就是常规的产品竞争，又称为网内竞争、组件竞争，如图 11-3 所示。

对于标准竞争，还有着不同的表述。例如，Schilling（1999）把标准竞争定义为在

① Katz，Mchael L.，Sharpio，Carl. System Competition and Network Effects. Journal of Economic Perspectives，1994，8（2）：93-115.

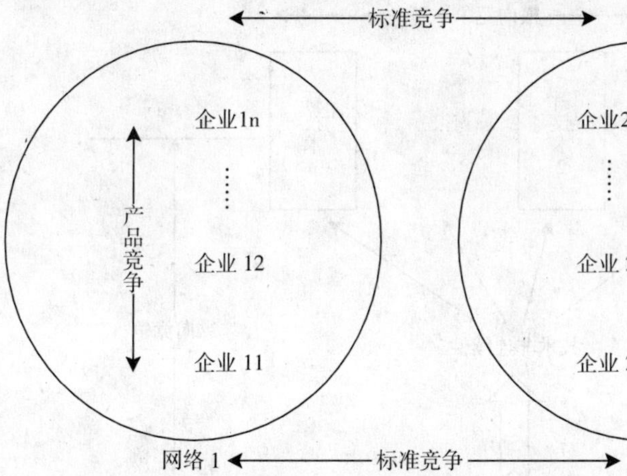

图 11-3 标准竞争与产品竞争

选择占优设计的过程中不同技术之间的竞争。Carl Shapiro 和 Hal Varian 把标准竞争定义为不兼容的技术之间争夺市场支配权的战斗。[1] Schilling 的定义只包含着一种形式的标准竞争——横向的标准竞争，而不包括另一种形式的竞争——纵向的标准竞争（接下来我们会分析横向与纵向的标准竞争），因此存在着一定的不足。在实际市场上，既存在着横向的标准竞争，又存在着纵向的标准竞争。因此，本书的标准竞争取 Carl Shapiro 和 Hal Varian 的定义，指不兼容的技术之间争夺市场支配权的战斗。

标准之争往往体现为以下两种情形：一种是新老技术之间的竞争。当一种新技术兴起之后，守成技术往往不会心甘情愿地退出历史的舞台，它会努力提高自己的性能以尽量满足市场的需求，尽量延长自己的生命周期，而新技术则会努力开拓自己的市场，这时候在新老技术之间存在着标准之争。另一种是不同新技术或者不同版本的新技术之间的竞争。当一种创新发生之后，由于模仿等因素的存在，技术会发生分化，在市场中可能会形成不同的技术或者不同版本的技术，这些技术之间会努力开拓市场，因此，不同新技术或者不同版本的新技术之间存在着竞争。前一种竞争为纵向竞争，后一种竞争为横向竞争，如图 11-4 所示。

二、技术标准的网络效应

（一）网络效应的概念

网络效应的研究主要始于 20 世纪 80 年代，以信息产业的迅速发展为背景，信息产业的网络效应吸引了大量的学者从事网络效应的有关问题的研究。起初，关于网络效应的研究主要限于从需求的角度考察信息产品的需求特点。消费者对很多信息产品的需求存在相互依赖的特征，他们消费这些产品所获得的效用随着购买相同产品或兼容产品的

① 卡尔·夏皮、罗哈尔·瓦里安：《信息规则——网络经济的策略指导》，中国人民大学出版社，2000 年。

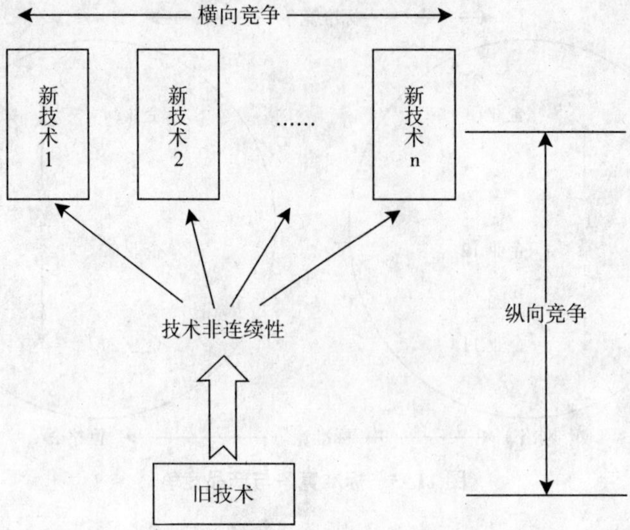

图 11-4 标准竞争的两种情形

其他消费者数量的增加而增加。① 也就是说，一种产品的新的消费者可以给其他消费者带来正的外部收益，这实际上是需求方面的规模经济，经济学家把这种现象称为“网络效应”或“网络外部性”（network effect or network externality）。实际上，这种网络效应不但存在于消费者的需求方面，而且还存在于辅助产品之间的需求上，克兹与夏皮罗（Katz & Shapiro，1985 & 1986）把网络效应分为两种形式，即直接网络效应与间接网络效应。直接网络效应就是如上面所说的消费者需求之间的相互依赖性，使用一种产品的用户可以直接增加其他用户的效用。这种直接网络效应以通信业最为典型，如有线、无线通信、互联网、传真等。

间接的网络外部效应主要产生于基础产品（又称硬件）与辅助产品（又称软件）之间技术上的辅助性，这种辅助性导致了产品需求上的相互依赖性。这种依赖性使基础产品与辅助产品都无法单独存在，并为消费者或用户带来效用。如 DVD 播放机与 DVD 碟片，如果只有前者而没有后者，用户购买 DVD 播放机对他来说也就无任何价值。在存在间接的网络外部效应的情况下，用户使用一种基础产品的价值取决于该产品的辅助产品的数量和质量，而辅助产品的数量和质量又取决于这种基础产品的销售量；基础产品的销售量越大，则与之配套的辅助产品的需求就越大，这可以诱致很多厂商为其供应辅助产品，从而使与这种基础产品配套供给的辅助产品的种类和数量就越多，用户使用该基础产品所获得的价值就越大。克兹和夏皮罗把这种基础产品与辅助产品之间的关系称为硬件/软件范式。基础产品被称为硬件，而辅助产品则被称为软件。消费者在购买一种硬件产品时，会关心有多少其他消费者购买相同的硬件和与之配套的软件（辅助产品）等问题。因为将来能获得的与该种硬件产品相配套规模软件产品会随前者的当前销

① 王成昌：《企业技术标准竞争与标准战略研究》，武汉理工大学，博士论文，2004 年。

售量的增加而增加，一种用户基数（Installed Base）规模[①]大的硬件产品会引致提供种类更多、质量更高的软件，现在的硬件购买者因而可获得很大的效用水平。

（二）技术标准的网络效应

标准之所以能增加附加值，在于它能降低配件成本，降低消费者转换成本，并使不同产品的兼容简便易行。这些网络外部性不同于通常的生产经济性，通常的生产经济性只存在于供给方，而网络外部性主要作用于需求方。之所以叫“外部性”，因为标准的采纳有利于所有而不是单个使用者。标准的外部经济性如表 11-1 所示，其中包含如下三个主要因素：辅助产品市场优势、转换优势和连接优势。[②]

表 11-1 技术标准的网络效应

优 势	表现形式
辅助产品市场优势	降低辅助产品生产成本；增加辅助产品选择余地；通过竞争降低辅助产品价格
转换优势	降低转换与再培训成本；保护辅助产品投资
连接优势	直接网络化；更多零部件配套；降低零部件成本

（1）辅助产品市场优势。技术标准有助于扩大辅助产品或服务的市场，从而促进其生产规模的扩大，生产成本降低，并增加辅助产品或服务的选择余地。随着市场的扩大和更多制造商的加入，竞争加剧；竞争加剧，导致价格降低；而价格降低对辅助产品使用者来说则意味着收入的增加；收入的增加来源于教育培训成本的降低和使用标准以及产品维修的熟练人员的增加。

（2）转换优势。技术标准化使辅助产品从一种核心产品转向另一种核心产品更简便，从而增加了辅助产品的用户使用价值。由于减少了用户的转换或再培训成本，也保护了用户在辅助产品上的投资。如果该标准被多家辅助产品供应商采纳，则用户可以寻找合适的供应商，又减少了被锁定于一家的风险。

（3）连接优势。技术标准的第三个外部性是使核心产品直接网络化，即与同类产品、辅助产品等构成网络，拥有更多的用户和零部件配套，直接获取经济效益。另外，由于零部件供应的增加，用户还可以游移于不同的供应商之间，增加谈判能力，获得低价配套。

网络效应使核心产品更廉价，使用更方便，从而增加了产品价值，扩大了市场需求。由于标准的开放性，权利的天平向使用者倾斜，使他们得以避免过分依赖于唯一的供应商，从而进一步降低了核心产品和辅助产品的价格。

对于供应方来说，其经济性源于投入和开发成本的共享以及生产中的学习效应，核心产品生产成本的降低。反过来，供应方经济性又会刺激需求。但供应方经济性不是标准产生的决定性因素，因为生产的经济性随着最小有效规模的达到就会终结，而网络经济性可能随市场扩大不断增长。另外，由于搜索成本和风险的降低，标准还有助于购买

① 用户基数规模与这种硬件产品过去和现在的销售量有关。

② 万君康、王成昌：《技术标准的网络效应分析》，《经济师》，2004 年第 4 期，第 23~24 页。

经济性的形成。

不过，标准的开发、协调和传播成本也可能抵消其网络经济性。一经开发，要想使其他厂商接受自己的标准，标准开发商必须花费很高的谈判成本。如果接受他人的标准，还存在标准的消化成本，或者就像铁路网一样，如果太多人使用同一资源，还可能存在"瓶颈"现象，浪费资源。另外，陈旧标准的束缚或标准导致的产品多样性的降低也可能造成间接成本的增加。如果这些成本的增加速度超过网络经济性，就会抑制网络的增长。

三、知识产权与技术标准的结合

目前，技术标准在全球经济中发挥着越来越大的作用，技术标准的知识产权政策的应用也贯穿技术标准制定的始终，发达国家已将专利制度利用得淋漓尽致，并由此获得了丰厚的回报，在国际贸易中抢占了有利地位。技术标准与知识产权的关系进入了一个新的里程碑。

传统的认识是技术标准与知识产权没有什么关联。一般认为标准技术是公知技术、成熟技术、通用技术、无偿使用技术，它追求公开性、普遍适用性，更强调行业的推广应用。而知识产权是专用的，是有偿使用的，知识产权成果获得推广与使用的前提是获得许可，不允许未经授权的推广使用。但是现在的认识有所改变，在新技术的发展过程中，在新的国际贸易竞争中，是先有产品后有标准，而在高技术产业领域，往往是标准先行。[①] 例如，在互联网应用前就先有了 IP 协议，在高清晰彩色电视和第三代移动通信尚未商业化前，有关标准之战就已如火如荼。谁掌握了标准的制定权，谁的技术成为标准，谁就掌握了市场的主动权。国际上的 6C 联盟[②] 是由 6 家 DVD 核心生产技术企业组成的 DVD 生产技术联盟，是一个典型的企业间通过专利技术控制产品生产的事实标准企业联合组织，也是典型的知识产权权利人利用合法的权利创设游戏规则的策略。在 6C 对中国企业发难的时候，中国企业别无选择，只能在有限的范围之内进行一定的协商努力，面对知识产权保护强大的威力，着实给国人上了生动的一课。而在这一事件中，6C 联盟的核心专利技术还没有以国际标准许可的形式出现，仅是事实标准运用的初级阶段，如果 6C 联盟将 DVD 的核心生产专利技术完善成一套现代技术标准的话，那么中国企业将面临更加严重的打击。

通过技术标准使自己的知识产权政策圆满实施，将会使技术标准创设者的意愿得到最好和最合理的体现，这就是技术标准的一个重要作用。现代技术标准就是成功地利用专利技术和标准化工作的特点，巧妙地将全球技术许可战略构建在技术标准之中，形成一条"技术专利化—专利标准化—标准许可化"的链条，从而实现在技术和产品上的竞

---

① 范丽艳：《知识产权与技术标准问题之探析》，西南政法大学硕士论文，2005 年 4 月，第 25 页。

② 6C 联盟最初由日立、IBM、松下、三菱电机、东芝、JVC、华纳 7 家企业组成，2005 年 4 月 15 日，三洋电机和夏普正式被 6C 联盟列为新的成员单位。自 1999 年以来，6C 联盟开始在中国对 DVD 生产企业收取专利费，目前中国被签约授权的企业有 100 多家。

争优势。由于知识产权具有地域性和排他性，一旦以专利技术为核心建立的标准得到普及，就会形成一定程度的技术和市场垄断，并可以保护本国技术，发挥技术壁垒的积极作用。例如，在将国际标准转化为国家标准时加入我国的专利技术，可以抑制国外技术长驱直入，并在实施该标准时通过交叉许可。以合理的、非歧视性条件从对手那里获得专利许可，为减少所付专利使用费创造条件。技术标准与知识产权结合起来，其影响力和威力就非同凡响，其效果绝不是 1 + 1 = 2，而是 1 + 1 > 2，技术标准的全球技术许可战略就是这样典型的 1 + 1 > 2 战略。[①]

从传统意义上对技术标准与知识产权做比较，二者是相互排斥的。技术标准追求公开性和普遍适用性，强调行业的推广应用，其目的是为了方便大众。知识产权作为合法的垄断权，是鼓励创新、促进知识生产的重要法律机制。知识产权的核心内容是专利权，专利技术实施的前提则是获得许可，不允许未经授权的推广使用。专利技术的产业化速度加快，产品在国际中的竞争加剧。这时拥有自主知识产权的企业推广使用包含了专有技术和专利技术等内容的技术标准，通过技术标准来实现技术与产品垄断的目的。也就是说技术标准有了专利技术的加入，就可以实现标准垄断的目的。

正是由于技术标准与知识产权结合产生了巨大的威力，各国纷纷制定了自己的技术标准战略，希望通过标准来实现占领全球市场的目标。大量的国际标准、国外先进标准和国家、行业、地方标准，是国内外专家经过长期试验、研究、讨论的结晶，是宝贵的技术成果，也是国际、国内公认的对产品质量的基本要求。企业充分了解和采用这些标准，可使产品的质量在国内外市场上具有竞争力，进而促进产品的研发创新。对于有竞争力的企业来说，市场竞争的优势在很大程度上是从知识产权保护中来的。只有让企业的技术战略和知识产权战略有效融合，才能形成企业的竞争优势。例如，制造微处理器的英特尔公司通过从 IBM 公司获取许可证后，制造了能被几乎所有 IBM 兼容机采用的微处理器，进而综合知识产权战略，确立了业界"标准"，迫使除苹果以外的每家公司都采用英特尔芯片，所有新机型的技术规范设计都围绕英特尔的标准进行，最终掌握了该领域技术标准竞争的主动权。

专栏 11-1

中国企业：亟待确立知识产权策略

2004 年 4 月，我国企业遭受美国企业 GFCI（漏电保护器）的专利诉讼是我国企业越来越受到"专利垃圾"困扰的典型的案例。所谓"专利垃圾"，是指当事人将公知、公用等技术恶意申请专利，在获得专利授权后用于不正当竞争或者直接攫取非法利益的技术和行为。因此，中国企业在对待这类诉讼问题上要积极应诉，确立自己的知识产权策略。

① 张平、马骁：《标准化与知识产权战略》，知识产权出版社，2002 年，第 31 页。

维权终获马克曼命令[①]　浙江通领科技（原浙江东正电器有限公司）与美国莱伏顿的专利案是近来国外企业运用专利壁垒打击中国对手的一起典型案例。美国莱伏顿公司是GFCI领域的电气巨头，它为了维护自己在美国市场的垄断地位，用其GFCI专利针对通领科技在美国的客户提起诉讼，它们的真正意图是把中国企业通领科技赶出美国市场。中国企业通过积极的诉讼维权，获得了美法院的马克曼命令，这是国内企业首次获得该命令。2006年5月23日，美国新墨西哥州联邦地方分区法院下达了对案件结果具有决定性作用的马克曼命令。长达33页的马克曼命令认为：通领科技的产品不在莱伏顿专利的权利保护范围内，明确显示了通领科技的产品没有侵权。

亟待确立知识产权策略　当前，美国公司通常会采取三种方式阻止中国企业进入美国市场。一是提起不正当竞争反倾销的诉讼，遏制中国企业，这是目前比较普遍的一种现象。二是用国家贸易委员会的《知识产权337条款》打压中国企业。三是用知识产权专利侵权诉讼与中国企业纠缠。同知识产权相结合的技术壁垒正越来越多地被国外企业运用。近年来我国出口贸易遭遇的技术性壁垒，许多以知识产权为支撑，或直接以知识产权构筑技术壁垒。国外企业在获得某个技术专利后，以其为基本专利，将其改进技术及外围相关技术均申请专利，形成一个由基本技术同外围相关技术一起构成的专利网，从而形成本企业强项技术的专利壁垒，使竞争对手无法突破。据统计，我国有60%的出口企业遭遇过国外的专利技术壁垒，使我国出口额每年损失500亿美元左右。从2003年1月爆出华为与思科的专利案之后，又出现MP3、DVD以及GFCI产品的专利纷争。

国家知识产权局发展研究中心主任助理魏衍亮认为，面对这些诉讼，我国企业要积极应对，同时也要确立起知识产权策略，一是在竞争对手的产品和服务中部署专利筹码，然后通过交叉许可，压低自己使用对方技术的知识产权费用；二是积极参加工业标准的创建工作，在工业标准的形成阶段、专利联盟组建和扩张阶段部署必要专利。

资料来源：夏金彪：《中国企业：亟待确立知识产权策略》，《中国经济时报》，2006年6月12日，第5版。

第三节　知识经济下企业技术标准战略

技术标准战略是指组织从自身的发展出发，利用技术标准在技术竞争与市场竞争中

① 马克曼命令是审理专利侵权案件的美国法官解释专利权利要求，确定其保护范围的司法裁决。它是独立的马克曼程序所产生的司法命令，对侵权判决的结果有决定性作用，是法官审理专利侵权案件的核心工作内容之一。在马克曼程序中败诉的当事人不能独立于侵权裁决而对这个司法命令提起上诉，而胜诉的一方往往会向法官提起不审即判的动议，使案件在不需开庭审理侵权问题的情况下就得出司法结论。

谋求利益最大化的策略。根据技术标准在不同层面上的运用，可划分为国家标准战略、行业标准战略和企业标准战略。不同层面的技术标准战略的侧重点各不相同。近年来，现代企业之间的标准之争空前激烈，在这场“赢者通吃”的标准战中，企业要想确立自己的竞争优势，必须制定自己的标准战略。近几年来，我国许多企业在遭遇“软绳套猛虎”事件后，[①] 技术标准战略意识才开始增强。纵观国际众多知名企业，无不是运用专利战略和标准战略的高手。

一、技术标准战略的特点

（一）战略性

从规则角度讲，技术标准有别于专利，如果说一件专利对应的是一种产品，那么技术标准对应的就是一个技术群落。它往往决定了某一行业的技术路线，并最终决定企业的产品发展方向。技术标准这一规则性的特性，决定了其影响市场、控制市场的能力非同寻常。所以说，标准战略的运用得当与否，往往能决定企业的生死。所谓“赢者通吃”，正是对标准战略的底家——标准制定者而言的。

（二）国际性

技术标准战略是为市场竞争服务的，其目标就是要通过技术标准来拓展或控制市场。随着经济全球化的发展，在这场争夺战中，必然要涉及国际上各方面的力量。技术标准战略的制定、实施，必须考虑到国际化这一因素。

（三）政治性

技术标准之争涉及面广，影响深远。由于事关国家经济利益，其背后往往有政府的强力支持。各发达国家千方百计地控制国际标准化工作，并通过标准建立贸易技术壁垒，足见其政治色彩。据统计，发展中国家受贸易技术壁垒限制的案例大约是发达国家的 3.5 倍。

（四）依托性

随着经济、技术竞争的不断升级，技术标准与专利之间的联系越来越密切，发达国家和跨国公司都力求将专利变为标准，以获取最大的经济利益，标准化已成为专利技术追求的最高体现形式。在这种思路的影响下，企业实施技术标准战略通常要经过这么几步：第一步，投入资金研发相关技术；第二步，运用专利战略，圈占知识产权领地；第三步，根据自己的技术数据把自身的技术规范上升为行业标准；第四步，标准形成后，要求其他要进入这个产业的厂家同自己合作，自己或是收取专利费，或是让其他厂家成

① “软绳套猛虎”，意即本来发展很好的企业，由于产品的核心技术受到其他主体的专利的限制，而导致的在发展上受制于人。

为代工。因此，技术标准之争实质上就是争夺知识产权垄断的斗争。比如，高通公司在通信产业中实施的技术标准战略，就是以其拥有的 CDMA 国际移动通信标准背后的 1400 多项专利为依托的。[①]

二、技术标准战略的实施步骤

（一）标准形成初期的技术标准战略

1. 整合战略

在科技、经济飞速发展的今天，技术整合变得越来越重要，同时更具挑战性。当今，产品生命周期已大大缩短，这迫使企业比以往更加快速地开发新技术和实现新技术的商品化。而产品或制造流程中的技术宽度以及技术的潜在来源都已大大增加。因此，优势往往属于那些最善于在大量的可选择技术中进行挑选的企业，而并非开发这些技术的企业。微软、思科等发展较快的大公司就是采用最有效的投资方式及时获得需要的核心技术，来构成自己的标准。“我们要的是能吸收和利用他人的技术和知识，并且能形成为自己谋得超额利润的标准”，思科的某位主管如是说。当然，在一个国家中有效的方法对另一个国家可能不是最好的。要做到有效整合的方法必须适合本土文化和环境。

2. 参与战略

在研发过程中积极参与标准制定的准备工作，并尽量使自己的技术在标准形成中发挥作用，可有效地避免按别人的规则办事。标准代表了一条产业链，而链条中的所有企业都必须密切关注标准化发展方向及标准竞争情况，从而决定选用何种标准。比如在移动通信标准中，在当时盛行的是 GSM 手机，而非 CDMA 手机。摩托罗拉公司就是因为选择了 CDMA，造成决策失误，而走了下坡路，而 NOKIA 的成功得益于其标准战略的成功。

3. 输出战略

当今世界新技术层出不穷，产品更新很快。一个企业要想永远保持技术领先很难。与其等着其技术让别人赶超，等待别人研发替代技术，不如主动出击，走技术输出路线。首先，技术输出可以收取技术转让费用，加快技术研发成本的回收，更重要的是，技术输出有助于拓宽技术使用的范围，扩大产品销售量，提高市场占有率和产品影响力，以便今后在制定行业标准时更有发言权。

4. 联盟战略

标准的形成，一是取决于技术。新标准的推出取决于新技术的形成与产业化。二是取决于市场。技术没人跟随，至多只能成为企业的内部标准，标准的拥有者根本无法获得市场游戏规则制定者的地位。一些重要行业的技术标准往往涉及很多的知识产权，其中最主要的就是专利权，并且由于技术的庞大和复杂，任何一个企业都难以同时控制某一生产的全部核心技术，因此技术标准的制定者就必须得到一定数量的企业或科研机构

---

① 陈亮：《知识经济时代下的标准竞争研究》，硕士论文，首都经济贸易大学，2004 年 3 月，第 44~45 页。

的支持，使技术标准体系不断得到丰富，并最终得以完全建立。企业间建立战略联盟，既可以彼此取长补短，获得事业互补效益，以达到优化资源配置的目的。同时，又可以降低新技术开发风险，尤其可以避免企业间的技术标准之争，达到“双赢”的目的。技术有多方跟随，就容易制定并形成行业标准。英特尔公司、戴尔公司及其他 8 家公司将组建策略联盟，共同开发一套移动互联网技术标准，而三菱、索尼和东芝三家公司达成协议，共同合作为新一代数码图像电视接收器的加密技术、付费系统和其他技术制定统一的技术标准，最终它们都在各自的行业内形成了行业技术标准。

（二）标准形成后的技术标准战略

1. 扩张战略

技术群落的形成并不意味着标准化工作的结束。实施技术标准战略的最终目标就是要获得市场。因此，获得市场支持就成为企业标准战略的重要组成部分。对于市场的控制，微软、英特尔靠的是其强大的市场运作能力。由于其产品在全球市场的占有率极高，它们推出的技术标准即使还不能成为正式标准，也能很快取得事实标准的地位。而高通公司在其 CDMA 成为正式标准后还要取得各设备制造商、运营商的支持，其标准才能发挥作用。

2. 追随战略

对于实力相对较弱的企业，由于技术研发力量薄弱，市场主导能力欠缺，在缺乏有效的自主知识产权的支撑下，追随别人的标准是比较可行的策略。以计算机芯片为例，英特尔是计算机芯片标准的制定者，它每推出一个新的芯片，几个月内就能覆盖全球计算机市场。谁不能跟随新芯片推出新的配套零部件，就会被淘汰出局。但追随别人的标准往往蕴涵着危险，命运往往掌握在别人手里。大家知道，美国 Adobe 公司是光栅图像处理器[①]（RIP）PS 国际标准的拥有者，在使用 PS 第二代标准时，由于战略决策失误，它先公布了标准，意图与大家一起实施这个标准，但哈林顿公司却抓住机会，抢先推出了符合 PS2 标准的 RIP 产品。由于被哈林顿公司抢了先机，到了 PS 第三代，Adobe 公司先不公布自己的标准，而是在自己的产品实现标准换代以后，才公开标准。结果不仅使自己的产品垄断了市场，也让哈林顿公司陷入困境。

3. 标准引进战略

随着经济全球化的发展，技术性贸易壁垒问题日渐突出。技术标准、技术法规构筑技术壁垒具有合理性、合法性与隐蔽性，因此已成为各国构筑技术壁垒的主要手段。直接引进、使用别国或国际先进的技术标准，不仅有利于提高产品质量和市场竞争力，同时还有助于打破贸易技术壁垒，扩大产品市场。

4. 研发替代标准战略

使用国外技术标准，往往要受诸多专利的限制，而且是在别人的规则下行事，往往

① 光栅图像处理器，英文为 raster image processor，缩写为 RIP，它的主要作用是将计算机制作版面中的各种图像、图形和文字解释成打印机或照排机能够记录的点阵信息，然后控制打印机或照排机将图像点阵信息记录在纸上或胶片上。

比较被动。据台湾报载，大陆一家公司一方面与掌握全球DVD相关产品专利技术的DVD论坛及10家主导企业就DVD专利授权一事进行谈判；另一方面着手开发其性能胜于DVD的自主光存储技术标准CVD。与此同时，台湾省也成立"前瞻光储存联盟"，与大陆合作开发CVD标准。台湾省的媒体称，中国大陆在1998年曾有过SVCD的开发经验，最后飞利浦及松下等厂商都不得不参与SVCD标准的产品开发，以获取大陆的市场商机。我国有足够的市场支持，完全可以研发自己的替代标准，而不必受制于国外的技术标准。[①]

●**本章案例**

中国移动通信产业的3G标准竞争

移动通信是信息与通信技术领域发展最为迅速的产业，它经历了第一代模拟式的移动电话和第二代数字式，目前正处于第二代发展的高潮及向第三代技术演进的过程中。由于移动通信是网络效应非常明显的产业，因此，技术标准之间的兼容性以及标准之间的竞争和协调往往成为该行业发展中的一个重要问题。[②] 第一代移动通信有AMPS、TACS和NMT三种主要标准，这几种标准在市场上基本上平分秋色。第二代系统基本上以时分多址（TDMA）为主，主要有PDC、DAMPS和GSM三种标准，其后又有美国的高通公司推出的基于窄带码分多址（CDMA）为基础的IS95CDMA系统。由于欧洲统一在GSM标准之下，在其巨大的网络规模所产生的网络效应作用下，这种制式也迅速向世界其他地方扩张。中国电信业选择GSM，是全球第二代移动通信标准竞争的决定性筹码，它塑造了GSM制胜全球数字移动通信市场的格局。移动通信在向第三代发展的过程中，国际电联曾试图选择一种全球性的标准，但是由于不同利益集团的经济与政治利益难以协调，最终在无线传输标准（RTT）上主要确定了三种标准即WCDMA、CD-MA2000及中国提出的TD-SCDMA，三种标准的存在也给市场留下了悬念，市场到底会选择哪种标准呢？这也是摆在中国政府、移动通信运营商、设备制造商以及应用服务商面前的一道难题。哪种标准能成为中国第三代移动通信（3G）[③] 的主要标准，谁就能主导中国未来移动通信市场的分割，巨额的利润就会流向这种标准的倡导者。

一、中国标准的亮相

1998年6月底，中国电信科学技术研究院向国际电联提交了3G标准提案。1999年

---

① 陈亮：《知识经济时代下的标准竞争研究》，硕士论文，首都经济贸易大学，2004年3月，第45~47页。

② 李太勇：《中国第三代移动通信标准竞争》，《中国工业经济》，2001年第4期。

③ 3G是英文3rd Generation的缩写，指第三代移动通信技术。相对于以语音服务为主的第二代移动通信技术，3G能提供更高的数据传输速度，用来处理图像、音乐、视频流等多种媒体形式，提供包括网页浏览、影视收看下载、定位、电话会议、电子商务、环境监测、远程医疗、金融服务等多种信息服务。第三代移动通信主要由核心网、无线接入网和用户终端所构成。在核心网络方面主要是基于第二代移动通信中的两种网络基础：基于MAP的GSM网络和基于IS-41的CDMA网络，形成了两套网络标准。在无线接入网方面，国际电联基本上确认了5种技术标准：即两种TDMA标准：SC-TDMA（美国的UMC136）和MC-TDMA（欧洲的EP-DECT）；3种CDMA标准：MC-CDMA（即CDMA2000），DS-CDMA（即WCDMA）和CDMATDD（包括TD-SCDMA和UTRATDD）。显然作为主导地位的是CDMA标准。其中，MC-CDMA是FDD双工方式，将基于IS-41的核心网。DS-CDMA是FDD双工方式，CDMATDD是TDD双工方式，它们都基于MAP核心网。

11月初，在芬兰赫尔辛基举行的国际电联有关会议上，中国提交的TD-SCDMA技术标准方案从由中国、美国、欧洲、日本、韩国等国家企业提交的14个提案中脱颖而出，并最终被国际电联批准为国际标准。

“中国标准”采用的相关技术，具有频谱利用率高、发射功率低、可以提供较高的系统容量等优点，特别适合人口高度密集的国家、特大型城市及地区对移动通信的要求，也适合已大量应用2G（GSM）的国家和地区的平稳过渡，这两点都对市场前景至关重要。而“中国标准”又是唯一采用TDD技术的标准，按照国际电联为这一技术规定的专用频段，“中国标准”也最有可能覆盖到全球任何运营区域。

经过不断的开发与试验，“中国标准”的技术优势正逐步显现，其关键技术已被国际电联推荐为“后3G”发展技术，并改变着世界3G的研究方向。

二、三足鼎立之势[①]

在TD-SCDMA之前，欧洲电信公司控制的WCDMA和高通公司掌管的CDMA2000在欧美、日本和韩国就已经大行其道。前者的研发企业在欧洲就多达27家，且皆为爱立信、诺基亚、阿尔卡特等“彪悍”企业。后者成为了“高通父子”的“王牌”，受到许多国家的重视。就连中国移动与中国联通因“求财心切”而等不及TD-SCDMA发展成熟，也分别将橄榄枝伸向WCDMA和CDMA2000。而我国的TD-SCDMA作为被国际电信联盟（ITU）认可的3G标准，目前正在青岛、厦门等地进行测试，电话与网络设备的商业化更有待时日，充其量也是个第三者。如果将TD-SCDMA、WCDMA和CDMA2000比做3G的三国，TD-SCDMA应该算做其中的“蜀国”——建立最晚、资金最少、地盘最少。

作为“第三者”插足，外界对TD-SCDMA颇有微词。一些国内厂商更加看好WCDMA和CDMA2000；许多专家认为，中国移动所采用的GSM技术在整个欧洲和世界其他国家也普遍采用，而欧洲3G标准WCDMA正是GSM的更新技术，因此，中国移动采用WCDMA就顺理成章。甚至还有人推测中国并不希望开发这一技术，而只是以此作为与外商谈判的一个条件，希望外商减少其专利使用费。

尽管TD-SCDMA双拳难敌WCDMA和CDMA2000四掌，但TD-SCDMA还是得到了政府与商家的重视。2002年10月23日，中国信息产业部发布《关于第三代公众移动通信系统频率规划问题的通知》，除了给TD-SCDMA分配了55M的频率外，还提供了100M的扩展，而WCDMA和CDMA2000只获得了60×2M的资源。2002年10月30日，包含大唐电信、南方高科、华立、华为、联想、中兴、中国电子、中国普天8家国内大型企业成立了TD-SCDMA产业联盟。2003年1月，由大唐移动、飞利浦电子和三星电子联合组建了天碁科技（T3G）。虽然到目前为止，这些公司中还没有一家能够在芯片研发上有大的突破，但在气势上已经起到一定作用。此外，西门子声称全面拥抱TD-SCDMA。早在2002年中期，西门子公司就宣称将会在2003年上半年推出基于TD-SCDMA的手机产品。可带来的结果不是业界的兴奋，而是高通的“技术专利威胁”。

① 王金元，源自TOM科技，http：//tech.tom.com/Archive/1121/1367/2003/7/28-30507.html。经作者整理。

不过，西门子认定了自己也有大量的技术专利，可以和高通互换。

三、后发而先至

就国内而言，作为TD-SCDMA产业联盟企业的中国电子也在芯片与手机研发上投入了大量资金，一旦获得成功后，根据产业联盟的协议，其他国内厂商将共享这一技术专利，如此一来，国内厂商在专利成本上的投入相应会小很多，中国手机厂商倒戈到TD-SCDMA一边，也会成为“高通中国行”的一个威胁。与此同时，没有拿到移动牌照的中国电信和中国网通，虽然通过“小灵通”来积累自己在移动运营上的经验，但对于未来采用何种3G技术却仍是犹豫不定，而这就是TD-SCDMA最大也是最后的机会。因此，许多分析家预计即便在将来出现中国电信和中国网通“疏远TD-SCDMA”的情形，中国政府也会通过绑定方式，促成TD-SCDMA在中国的应用。此外，一旦TD-SCDMA产品成为现实，这一技术标准在人口密集地区通信质量高的优势也会促使运营商们考虑部分采用该技术。中国政府希望TD-SCDMA能够成为一张王牌，使中国企业在面对国际寡头企业设下的专利门槛时，能够具有一定的跨越能力，以便降低整个国家的3G应用投资总额。

在3G标准的采用方面，可能会使每一个国家都会通过自己的技术来保护自己的工业而出现市场条块分割。但如果中国放弃TD-SCDMA，对于中国而言，带来的最大结果不是总成本的降低，而是如同2G时代一样将支付超过千亿元人民币的3G专利费用以及设备购买费用。中国香港J.P.摩根—亚洲电信研究员雷·爱迪生（Edison Lee）说，中国3G潜力巨大，在前3年当中，中国3G网络框架和新手机的生产就可以带来640多亿元收入。到2005年，中国已占到全球CDMA市场20%的份额。如此对照，欧洲方面的声音完全是“站着说话不腰疼”，只需看一下德国电信运营商支付给政府的1000亿德国马克的费用，就可以明白3G对于中国来说是一面不能倒的红旗。

四、确立国家标准

2006年1月5日，国资委专家表示，中国优先支持具有自主知识产权的TD-SCDMA，有利于在3G技术和产品融合的新一轮技术革命中赢得主动，有利于真正占领世界科技竞争的制高点。2006年1月20日，信息产业部颁布，3G三大国际标准之一的“中国标准”TD-SCDMA为我国通信行业标准，这意味着这一标准技术方案已经成熟，能够指导企业进行制造生产。

表11-2 TD-SCDMA大事记

日 期	事 件
1998年	原邮电部组织电信科学技术研究院在SCDMA技术基础上起草了符合IMT-2000要求的TD-SCDMA建议草案。同年6月30日，该草案被提交给ITU（国际电信联盟），成为IMT-2000的15个候选方案之一
1999年9月	CWTS（中国无线通信标准研究组）代表中国向3GPP提出将TD-SCDMA纳入3GPP标准的建议
1999年12月	在法国尼斯召开的3GPP会议上，TD-SCDMA成为国际标准认可的3G标准
2001年3月16日	TD-SCDMA标准被3GPP（第三代移动通信伙伴项目）接纳
2002年3月	大唐移动通信设备有限公司挂牌成立，拉开了中国TD-SCDMA技术全面产业化的序幕

续表

日 期	事 件
2002年10月30日	电信科学技术研究院（大唐电信科技产业集团）、广州南方高科有限公司、华立集团有限公司、华为技术有限公司、联想（北京）有限公司、深圳市中兴通讯股份有限公司、中国电子信息产业集团公司、中国普天信息产业集团公司八家企业自愿联合发起成立TD-SCDMA产业联盟
2003年7月	世界首次TD-SCDMA手持电话演示。RTX Telecom公司和PRISMA Engineering公司的合作取得了重要突破，他们测试了基于实际网络的TD-SCDMA 3G终端
2003年年底	凯明、展讯、天碁、重邮信科、海天、海信成为TD-SCDMA产业联盟成员，联盟成员扩大到14家
2004年6月	北电网络与中国普天集团签署了一份谅解备忘录，将成立专门从事TD-SCDMA的研发与产品开发的公司。目前基于TD-SCDMA的手机、手机芯片、商用基站都已经面市
2004年12月9日	温家宝总理在荷兰接通了来自北京的全球第一个TD-SCDMA商用手机国际长途电话
2005年4月16日	UT斯达康、上海贝尔阿尔卡特、众友科技、上海迪比特、英华达、中山通宇、中创信测七家企业正式加入TD-SCDMA产业联盟。至此，TD-SCDMA产业联盟成员企业已达21家
2005年9月14日	信产部电信研究院TD-SCDMA研究开发和产业化项目办公室主任魏贵明公开宣布:我国独立研发的TD-SCDMA标准目前已具备大规模同频组网能力。这是官方机构首次全面披露TD-SCDMA外场测试成果
2005年11月25日	广州市新邮通信设备有限公司、青岛海尔通信有限公司、上海科泰世纪科技有限公司、TCL集团股份有限公司及武汉邮电科学研究院五家企业正式加入TD-SCDMA产业联盟。至此，TD-SCDMA产业联盟成员企业已达25家
2005年12月19日	信息产业部副部长奚国华19日说，第三代移动通信（3G）牌照发放的决策时机已到，牌照发放涉及技术和业务成熟性、竞争格局优化、知识产权问题、3G中国标准TD-SCDMA的发展四个问题。TD-SCDMA在技术上取得重大突破，但关键是支持这一中国标准的产业链崛起。当前，涉及这一标准的核心技术、产业链都已形成，在中国的3G布局中，TD-SCDMA要占有一席之地，可能会由有实力的运营商来运营
2006年1月5日	国资委专家表示，中国优先支持具有自主知识产权的TD-SCDMA，有利于在3G技术和产品融合的新一轮技术革命中赢得主动，有利于真正占领世界科技竞争的制高点
2006年1月20日	信息产业部20日颁布，3G三大国际标准之一的"中国标准"TD-SCDMA为我国通信行业标准，这意味着这一标准技术方案已经成熟，能够指导企业进行制造生产

资料来源：《IT时代周刊》，转引自http：//big5.ec.com.cn。经作者整理。

联盟理事会成员

电信科学技术研究院
China Academy of Telecommunications Technology(Datang Telecom Technology and Industry Group)

华立集团有限公司
Holley Group Co., Ltd.

HUAWEI

联想（北京）有限公司
Legend (Beijing) Ltd.

深圳市中兴通讯股份有限公司
ZTE Corporation

中国电子信息产业集团公司
China Electronics Corporation

中国普天信息产业集团公司
China Pu Tian Corporation

联盟非理事会成员

北京天碁科技有限公司
T3G Technology Co.,Ltd.

重庆重邮信科股份有限公司
Chongqing Chongyou Information Technology Co.,Ltd

海信集团有限公司
Hisense Company Limited

凯明信息科技股份有限公司
COMMIT Incorporated

西安海天天线科技股份有限公司
Xi'an Haitian Antenna Technologies Co.,Ltd

展讯通信（上海）有限公司
Spreadtrum Communications (Shanghai)Co.,Ltd

北京中创信测科技股份有限公司
Beijing Zhongchuang Telecom Test Co.,Ltd

湖北众友科技实业股份有限公司
Hubei Zhongyou Technology Industry&Commerce Co.,Ltd

上海贝尔阿尔卡特股份有限公司
Alcatel Shanghai Bell

上海迪比特实业有限公司
Shanghai DBTEL Industry Co., Ltd

UT斯达康公司
UTStarcom Inc.

英华达(上海)电子有限公司
Inventec Appliances (Shanghai) Co., Ltd.

中山市通宇通讯设备有限公司
Tongyu Communication Equipment Co.,Ltd of Zhongshan City

青岛海尔通信有限公司
Qingdao Haier Telecom Co., Ltd.

上海科泰世纪科技有限公司
Koretide Corp ShangHai

武汉邮电科学研究院
Wuhan Research Institute of Post&Telecommunication

TCL集团
TCL MOBILE COMMUNICATION CO.,LTD.

广州市新邮通信设备有限公司
Guangzhou New Postcom Equipment Co., Ltd.

图 11-5 TD-SCDMA 产业联盟成员

● 思考题及答案要点

1. 简述知识产权对技术创新的影响。

知识产权在技术创新过程中，将产生如下几个方面的影响：激励效应、公平竞争效应、加速效应、信息外溢效应。

2. 简述技术标准的特征。

技术标准主要有如下特征：技术标准的双重性、技术标准的广泛性、不平衡性和欠稳定性、保护方式的隐蔽性。

3. 简述技术标准的网络效应。

技术标准的网络效应是：辅助产品市场优势、转换优势和连接优势。

● 参考文献

1. Schilling, Melissa. Winning the Standards Race; Building Installed Base and the Availability of Complementary Goods. European Management Journal, 1999, 17 (3): 265-274.

2. Katz, Mchael L., Sharpio, Carl. Network Externalities, Competition, and Compatibility. The American Economic Review, 7un. 1985, 75 (3): 424-440.

3. Katz, Mchael L., Sharpio, Carl. System Competition and Network Effects. Journal of Economic Perspectives, 1994, 8 (2): 93-115.

4. David, P A., Greenstein, S.. The Economics of Compatibility Standards: an Introduction to Recent Research. Economics of Innovation and New 1990, 1: 3-1.

5. Farrell, J., G. Saloner. Coordination Through Committees and Markets. Rand Journal of Economics, 1988, 19 (2).

6. Farrell, J., G. Saloner. Converters, Compatibility, and the Control of Interfaces. Journal of Industrial Economics, 1992, 40 (1).

7. Farrell, J., G. Saloner, Nelson, Richard R..Standard Setting in High-Definition Television: Comments and Discussion. Brookings Papers on Economic Activity, Washington, 1992.

8. Farrell, J., Katz, Mchael L.. The Effects of Antitrust and Intellectual Property Law on Compatibility and Innovation. Antitrust Bulletin, Fall 1998, New York.

9. 何敏：《企业知识产权管理战略》，法律出版社，2006 年。

10. 郑成思：《知识产权论》，法律出版社，2005 年。

11. 卡尔·夏皮、罗哈尔·瓦里安：《信息规则——网络经济的策略指导》，中国人民大学出版社，2000 年。

12. 陈淑梅：《欧洲经济一体化背景下的技术标准化》，东南大学出版社，2005年。

13. 曲三强：《知识产权法管理》，中国检察出版社，2000 年。

14. 吴汉东：《知识产权法学》，北京大学出版社，2006 年。

15. 李冬梅：《知识产权法学》，吉林人民出版社，2000 年。

16. 张平、马骁：《标准化与知识产权战略》，知识产权出版社，2002 年。

17. 傅家骥：《技术创新学》，清华大学出版社，1998 年。

18. 王文：《专利法新释与例解》，同心出版社，2001 年。

19. 郑成思：《知识产权法》，法律出版社，1997 年。

20. 李波：《基于网络效应的标准竞争模式研究》，浙江大学博士论文，2004 年 4月。

21. 王成昌：《企业技术标准竞争与标准战略研究》，武汉理工大学博士论文，2004年。

22. 陈亮：《知识经济时代下的标准竞争研究》，硕士论文，首都经济贸易大学，2004 年 3 月。

23. 范丽艳：《知识产权与技术标准问题之探析》，硕士论文，西南政法大学，2005 年 4 月。

24. 袁泳：《知识产权法与技术、文化创新》，《北京大学学报》，1997 年第 5 期。

25. 万君康、王成昌：《技术标准的网络效应分析》，《经济师》，2004 年第 4 期。

26. 潘海波、金雪军：《技术标准与技术创新协同发展关系研究》，《中国软科学》，2003 年第 10 期。

27. 吕品：《企业技术标准之争的博弈分析》，《国际经贸探索》，2003 年第 8 期。

28. 葛亚力：《技术标准战略的构建策略研究》，《中国工业经济》，2003 年第 6 期。

29. 李太勇：《中国第三代移动通信标准竞争》，《中国工业经济》，2001（4）。

30. 马骁，转引自：http：//www.chinaeclaw.com/readArticle.asp？id=2620。

31. 王金元：http：//tech.tom.com/Archive/1121/1367/2003/7/28-30507.html。

32. 傅钢：《标准——一把锋利的双刃剑》，载 http：//www. law-lib. com。

第十二章 高新技术产业园区技术创新

● 本章提要

了解高新技术产业园区的内涵、基本特征，重点掌握高新技术产业园区与技术创新、科技成果转化的关系，了解高新技术产业园区的创新平台、创新环境、创新激励等方面的作用。

● 章首案例

作为一个世界级的高新技术产业基地或产业园区，班加罗尔吸引了大量的科技创业公司,这些公司构成了该地区高新技术产业发展的不竭动力。包括信息系统技术公司和维普罗公司在内的班加罗尔外包公司以其全球客户和成千上万的员工吸引了全世界的目光。最近，诸如 Read-Ink 那样的创业公司也开始扎根于班加罗尔。班加罗尔之所以成为诸多新公司特别是科技型企业聚集的地区，主要得益于其低成本的高级技术工人、大量创业资本家。

一、低廉的技术人才

该地区拥有大量的掌握先进技术领域专业知识的工程学人才，而且该地区的劳动力成本远远低于硅谷。这些优势使得班加罗尔正在从长期以来作为低端外包服务中心的角色转化为较高端的创新中心。硅谷银行，一家总部设在加利福尼亚州、专门向技术和风险资本公司提供咨询服务的公司发现，现在寻求资本投资的印度创业公司比几个月前增加了一倍。

二、创业资本家的栖息地

班加罗尔正在成为寻求投资良机的创业资本家的角逐地。加利福尼亚州一家创业投资公司的管理伙伴普罗默德·哈克认为，越来越多的人开始认识到班加罗尔是创业公司有效利用资本的重要一步，在此节约下来的资本有助于扩大利用起步投资资金。哈克主要采取混合投资方法，即把从海外特别是硅谷回国的印度人与掌握营销和管理技巧的西方经理人组成伙伴。

第一节　高新技术产业及产业园区

一、高新技术产业界定

高新技术产业是一个相对动态的概念，发达国家与发展中国家对高新技术产业的内涵和侧重点有所不同。在发达国家，它是在标准产业分类的基础上，用研究与开发经费占总销售额的比重和科技人员数占总就业人员的比重作为综合指标来进行高新技术产业的划分。OECD 把具有较高研究与开发密度的航天航空制造业、办公及计算机设备制造业、通信设备制造业、电器设备制造业、医药品制造业、科学仪器制造业划分为高新技术产业。我国将高新技术产业延伸为“高新技术产业”，相应产品为“高新技术产品”。1991 年 3 月，原国家科委公布的《国家高新技术开发区、高新技术企业认定的条件和办法》对高新技术的范围进行了规定。1998 年又进一步提出加速高新技术产业化的“火炬计划”。“火炬计划”的高新技术产业重点为新材料技术、生物技术、微电子和信息技术、光机电一体化、新能源和高效节能及环境保护技术等高新技术产业。

尽管各国对高新技术产业定义的理解分歧颇多，但是，对它所关注的领域认识比较一致。比如公认的领域有：生物技术、新材料技术、新能源技术、航天或空间技术、海洋工程技术、信息技术和软件产业等。

二、高新技术产业开发区

高新技术产业开发区是指性质和功能相似的一类地域组织，即大学、研究机构和企业在一定地域内的相对集中，其任务是研究、开发和生产高技术产品，促进科研成果商品化、产业化，我们把这类科技—工业综合体称为高新技术产业开发区（简称“高新区”）。[①] 世界各国高新技术产业园区呈现千姿百态，名称也不尽相同，有的称为科学园、技术园、科技园、发展园；有的称为科学工业园、科技工业园、高技术开发区、高技术产业带；有的称为科学城、技术城、文化学术研究城；有的甚至根据园区的技术开发内容和地理位置特点而称为硅谷、硅山、硅廊等。尽管如此，它们一般都以发展高技术、开发高技术产业、振兴科技和经济作为基本目标和目的。[②]

国家高新技术产业开发区是指经国务院或省级人民政府批准建立，旨在促进高新技术及其产业的形成和发展的特定区域（在国际上称为科技工业园区）。它通过实施高新

---

① 在本章中所使用的高新区这一概念仅限于国家级高新技术产业园区。

② 李琳：《基于产业集群的高新区竞争力研究》，中南大学博士论文，2005 年，第 13 页。

技术产业的优惠政策和各项改革措施，推进科技产业化进程，形成我国发展高新技术产业的主要基地。

（一）我国高新技术产业园区发展现状

到 2005 年，中国已经拥有 53 个国家高新技术产业开发区。53 个高新区主要分布在我国东部和南部（见图 12-1）。按照国家统计局与科技部对高新技术产业的行业分类标准，2005 年 53 个国家高新区企业总数达到 41990 家，其中规模以上工业企业 11411家。

图 12-1 中国 53 个高新区分布图

在规模以上工业企业当中，制造业企业有 8687 家，比 2004 年增加了 416 家。其中最多的首先是电子与通信设备制造业，有 3091 家；其次是专业科学仪器设备制造业，有 2046 家；以下依次为：医药制造业 1376 家，电气机械及设备制造业 980 家，新材料制造业 615 家，计算机及办公设备制造业 519 家，航空航天制造业 60 家。

据对 41990 家高新区企业的统计，2005 年年末高新区共有从业人员 521.1 万人。实现营业收入 34415.6 亿元、工业总产值 28957.6 亿元、工业增加值 6820.6 亿元、净利润 1603.2 亿元、上缴税额 1615.8 亿元、出口创汇 1116.5 亿美元。与 2004 年相比较，营业总收入增长了 25.3%；工业总产值增长了 27.9%；工业增加值增长了 23.1%；净利润增长了 12.7%；上缴税额增长了 30.3%；出口创汇增长了 35.5%。1998~2005 年开发区发展的 14 年间，高新区以上各项经济指标年均增长率分别为 47.0%、47.4%、30.5%、38.2%、47.9%和 53.9%。高新区已成为改革发展的动力和区域经济发展的重要载体，具体数字可参见表 12-1 和表 12-2。

表 12-1　高新区企业概况（1998~2005 年）

	1998 年	1999 年	2000 年	2001 年	2002 年	2003 年	2004 年	2005 年
企业数（个）	16097	17498	20796	24293	28338	32857	38565	41990
年末从业人数（万人）	183.7	221.0	250.9	294.3	348.7	395.4	448.4	521.1
工业总产值（亿元）	4333.6	5943.6	7942.0	10116.8	12937.1	17257.4	22638.9	28957.6
工业增加值（亿元）	1060.7	1476.2	1978.8	2621.3	3286.1	4361.4	5542.1	6820.6
营业总收入（亿元）	4839.6	6774.8	9209.3	11928.4	15326.4	20938.7	27446.3	34415.6
实现利润（亿元）	256.2	398.7	597.0	644.6	801.1	1129.2	1422.8	1603.2
上缴税额（亿元）	220.8	338.6	460.2	640.4	766.4	990.0	1239.6	1615.8
出口创汇额（亿美元）	85.3	119.1	185.8	226.6	329.2	510.2	823.8	1116.5

资料来源：科技部网站。

表 12-2　2005 年 53 个国家高新技术产业开发区主要经济指标

名　称	企业数(家)	总收入(千元)	工业总产值（千元）	工业增加值（千元）	出口创汇（千美元）	净利润(千元)	上缴税额（千元）
北　京	16343	486523772	260408364	47690000	9488233	27303611	17275525
天　津	2239	75128575	62744224	11481733	2453006	4101670	4000050
石家庄	519	39068120	31034019	8463946	210219	1423664	2148142
保　定	148	17744107	16669239	2978608	312402	928099	609462
太　原	700	50493312	44851810	13148408	109527	2001818	3057558
包　头	411	32153405	32891034	10378225	363175	1071991	1083766
沈　阳	1193	69376569	46902237	9892003	559933	1863278	3768549
大　连	1684	68911695	52519566	15148706	1508893	3604760	2889503
鞍　山	371	27105491	23326420	6423190	71107	1077419	1549824
长　春	803	90856459	88960361	24587447	364673	4257305	10126388
吉　林	564	58567916	56579985	16914640	130736	2168545	3262525
哈尔滨	391	51215155	43904071	10769548	275748	2494264	2558163
大　庆	280	34221658	33516226	8734459	65506	1817880	2074752
上　海	701	266922279	225397650	48610520	15497698	13078266	9258910
南　京	217	159303174	151852469	19882380	7188027	7347752	6469120
常　州	478	39533641	40239628	9128156	939530	1593423	1539095
无　锡	575	120984347	120974373	27450256	8124571	5783835	3602743
苏　州	691	148027790	133380638	32749529	16809648	4773056	2999645
杭　州	619	82731238	58767213	9591948	2862053	1852867	3228517
合　肥	229	42557170	38770085	12961024	349572	2508587	6007606
福　州	180	24074693	24301481	5585174	957770	1199594	940275
厦　门	150	59535211	58288730	10351307	3741315	4564377	3414613
南　昌	273	28382267	25589554	8028268	280604	1497412	3193713
济　南	363	64528457	58656685	15231802	361868	1271136	5201220
青　岛	196	72130885	68583359	19535205	1852809	3495389	2890713
淄　博	190	50809157	48670784	12813600	673067	3457240	3691569
潍　坊	300	49242991	46815322	12279316	508785	2343662	2116016
威　海	182	37178333	36144801	10378826	1783338	1806652	1908053

续表

名称	企业数(家)	总收入(千元)	工业总产值(千元)	工业增加值(千元)	出口创汇(千美元)	净利润(千元)	上缴税额(千元)
郑州	458	37722885	32269763	10342994	180303	3136594	3006222
洛阳	299	25120977	20565135	4410766	228405	927885	1471865
武汉	907	72496769	62895919	22991316	344649	4516757	3604914
襄樊	104	26259294	22770971	6552187	59636	1898652	2322308
长沙	707	63212459	55277108	13322655	556893	2661597	2699015
株洲	164	25208455	23843982	7073741	245149	907551	1089014
广州	1120	97670512	72858620	13628174	3044927	4072129	2770610
深圳	287	131640760	136800785	26109225	8263646	6044486	5476112
珠海	366	63973827	63862592	12196855	5905368	2454946	1378359
惠州	155	56574767	56886341	10386511	4654892	224332	992777
中山	401	54898848	51525392	10776187	3594907	1497257	1333468
佛山	94	37654609	39149232	6917694	2446869	-395261	1137732
南宁	307	25373811	18703131	5963489	101336	1484463	928197
桂林	233	16500631	16350295	5376821	187074	845206	1291208
海南	115	12968279	13585695	3408759	92784	895564	1210213
成都	704	85026828	71630110	24091686	438490	7203264	4761339
重庆	351	38859748	33153406	9868753	452530	1708752	2110737
绵阳	96	20622864	18836954	3340952	353714	304207	683569
贵阳	130	16819446	16474065	4544549	178518	442904	1105682
昆明	120	26529969	22456322	4001737	420413	1369448	1208045
西安	3003	110365454	74747528	25457478	1106233	5145529	7656662
宝鸡	203	17225213	18153361	4962928	80358	958352	1503140
杨凌	90	3213622	2525855	1118983	66964	88679	81875
兰州	414	16858114	15379795	2888958	40612	890363	593543
乌鲁木齐	172	11454794	4315675	1139607	756860	346128	294817
合计	41990	3441560802	2895758360	682061229	111645343	160317336	161577438

资料来源：科技部网站，http://www.sts.org.cn/tjbg/gjscy/documents/2006/060823.htm。

2005 年年末，高新区全部企业资产总额达到了 36813.3 亿元，比 2004 年增长了 5768.8 亿元；年末负债总额为 19791.9 亿元，高于 2004 年 3544.6 亿元；净资产 17021.4 亿元。资产负债率为 53.8%，总体状况较好。2005 年，高新区在吸引资金方面又有了一定的发展。年末外商合同投资额累计达到 1207.9 亿美元，年末累计实际投资额为 618.8 亿美元。外商累计实际投资额排在前五位的高新区分别是：上海高新区（85.5 亿美元）、无锡高新区（61.1 亿美元）、苏州高新区（52.3 亿美元）、南京高新区（47.8 亿美元）、北京中关村（42.3 亿美元）。这五家高新区累计实际投资额共计 289 亿美元，占全部高新区总量的 46.7%。2005 年，外商在高新区内的实际投资额达到 99.4 亿美元，占高新区外商累计实际投资额的 16.1%。高新区在区域经济中的作用越来越显著。2005 年，高新区的工业增加值在其所在城市工业增加值中所占份额达到 30%以上的有 18 家。区内生产总值占所在城市生产总值 20%以上的高新区有 10 家。

（二）我国高新技术产业园区发展的特点

我国的高新技术产业园区发展历史不长，但发展速度很快，并具有自己的特点。①

1. 职能的转变

职能以促进高技术成果的商品化、产业化和国际化为主体。我国兴办高新技术产业园区的目的主要在于：依靠我国自己的科技力量，促进国内高新技术成果的商品化、产业化和国际化，加快新技术向传统技术的渗透与扩张，从而完善和优化我国的产业结构和产品结构，推动国民经济骨干产业的科技进步和技术改造，使我国能在21世纪跻身于世界经济和技术大国行列。

2. 项目水平的提高

引进项目技术水平高，企业趋向集团化。中国高新技术开发区有许多产品填补了国内空白，有的达到世界先进水平。例如在西安高新区，就有大唐电信的程控交换机项目、富士通通信的SPH项目、PDH数字微波通信设备项目、NEC无线的传输设备项目、瑞吉通讯的程控交换机用户电路板测试系统以及航天恒星的微波通讯储备等都具有世界先进水平。

3. 优惠政策

高新技术产业园区的优惠政策主要适用于区内经核定的高新技术企业。不论是“三资”企业还是“中资”企业，只要从事高新技术的开发，就可享受优惠政策，而对从事一般和传统的技术、产品开发的企业则没有优惠。高新技术企业除必须从事高新技术范围内的一种或多种高新技术以及产品的研究、开发、生产和经营外，还必须同时具备很多条件，如大专以上学历的科技人员要占职工总数的30%以上，有10万元以上的注册资金，用于高技术及产品研究、开发的经费应占本企业每年总收入的3%以上等。列为高新技术产品的期限一般为5年，技术周期较长的可延至7年。“超过期限”的需重新认定后，企业才能享受优惠。优惠政策包括税收方面、经营管理方面等。

专栏12–1

沈阳高新技术产业开发区

沈阳高新技术产业开发区（原沈阳南湖科技开发区，简称沈阳高新区）是国务院批准的首批国家高新技术产业开发区之一，也是国家科委和国家体改委确定的全国五个综合改革试验区之一。

高新区位于沈阳市中心城区南部，总面积32平方千米。高新区总体规划布局以“一城”（科技商城）、“两区”（南塔产业试验区、浑南产业区）、“三园”（大学、民营、国科园）建设为重点，重点支持电子与信息，光、机、电一体化，新材料，生物工程，节能与环保等高新技术领域的产业化发展，把高新区建设成为中国北方

① 张丽娜：《西安高新技术产业园区国际竞争力评价》，西安电子科技大学硕士论文，2005年，第25~26页。

的“硅谷”。

国家级沈阳海峡两岸科技工业园是由国务院批准的全国首批在高新技术产业开发区内建立的园中之园。科技园将大力发展两岸的经济交流与合作，促进两岸经济的共同繁荣，科技园将成为沈阳未来发展的一颗璀璨的新星。

高新区是沈阳市科技文化的摇篮。区内有东北大学、沈阳药科大学等12所大学，28个市以上独立科研院所，8个国家级工程中心和实验基地，220个大型试验室，23000多名中、高级以上职称的专业科技人员。高新区自创办以来，每年都有数百项高新技术成果以及百余家外商投资企业在这里诞生。其中，主要经济指标和综合实力在全国53个国家高新区中名列前茅。这里已成为中国辽沈地区发展高新技术产业的基地和外商投资的热点，成为与世界经济技术接轨的先行区之一。

沈阳高新技术产业开发区管理委员会是高新区的行政管理机构，代表沈阳市政府对高新区实行统一领导和管理，享有市一级权限，可以独立、有效地办理进区项目的一切手续。

资料来源：华夏经纬网：http：//www.huaxia.com/zt/2002-25/97054.html。

三、我国高新技术产业园区技术创新的现状

2005年，高新技术产业园区企业科技活动人员总量达87万人，比2004年增加了14.4万人。科技经费支出总额为1338.9亿元，比2004年增长了321.4亿元。R&D经费支出为806.2亿元，占高新技术产业园区营业收入总额的2.3%，占产品销售收入总额的2.8%；其中经认定的27293家高新技术企业R&D经费投入达716.6亿元，占高新技术产业园区全部R&D经费投入的88.9%，占营业总收入比例达2.8%。高新技术产业园区内企业对研发的投入越来越重视，更多的企业开始注重研究创新项目。R&D投入超过2004年50%的企业就有6000多家，其中排在前10位的企业有：中国玻纤股份有限公司，投入8亿元；中铁十一局第一工程有限公司，投入6亿元；吉林化学工业股份有限公司染料厂，投入5亿元；中钞国鼎（北京）投资有限公司，投入4亿元；名硕电脑（苏州）有限公司，投入3亿元；上海宏力半导体制造有限公司，投入3亿元；中国石化齐鲁股份有限公司，投入3亿元；吉林省冶金国有控股有限责任公司，投入3亿元；上海联想电子有限公司，投入3亿元；中国船舶重工集团公司第七〇九研究所，投入3亿元。

近年来，包括国家级高新技术产业园区在内的高新技术产业的技术创新活动主要集中在医药制造业、航空航天制造业、电子及通信设备制造业、电子计算机及办公设备制造业和医疗设备及仪器仪表制造业中。以2004年为例，从申请专利的角度来看，主要集中在电子及通信设备制造业和航空航天器制造业两个领域。从百名R&D人员申请的专利角度来看，医药制造业和电子及通信设备制造业两个领域占据着前两位的位置，见图12-2。

从技术领域的角度来看，2004年高新技术产业园区企业产品销售收入主要来源于电

子信息技术、新材料技术、新能源技术、生物技术和环境保护技术。高新技术产业园区技术销售收入占高新技术产业园区总收入的比重分别达到 41.6%、13.6%、10.4%、7.1%和 3.4%,[①] 见图 12-3。

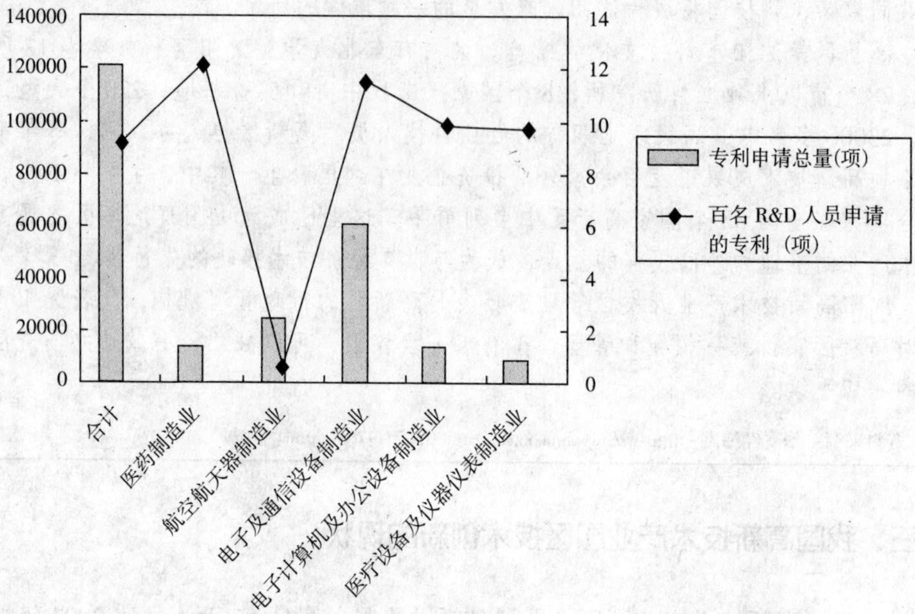

图 12-2　2004 年中国高技术产业专利申请总量与百名 R&D 人员申请数

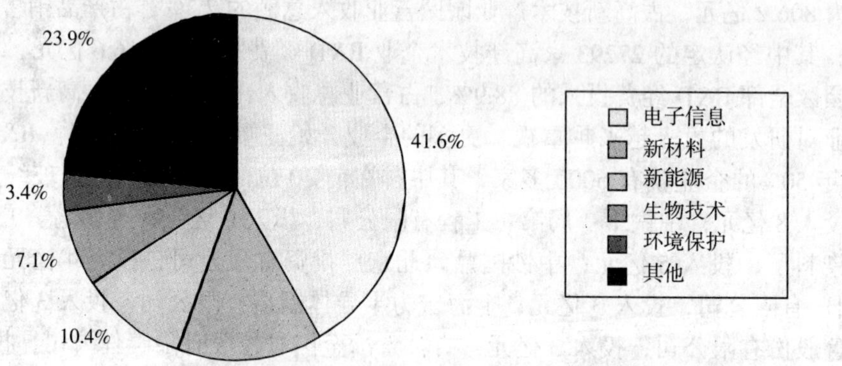

图 12-3　2004 年高新技术产业园区企业产品销售收入按技术领域分布

---

① 资料来源：科技部网站。

第二节 高新技术产业园区的集群效应形成机理

高新技术产业园区聚集了大量的具有较高技术水平的公司和较高水平的科技人才，使得高新技术产业园区内部具有了产生集聚效应的基础和动力。高新技术产业园区所具有的技术、资金、政策优势，使得园区内部的企业形成有效的学习网络，为创新提供了良好的温床。本节将主要介绍高新技术产业园区产业集群形成的机理，为研究高技术产业集群优势效应，实际上是为我国高新技术产业走集群式发展道路的必要性给出经济学解释，并在下一节着重研究在具有产业集聚效应的高新技术产业区内部创新网络是如何形成并发挥作用的。[①]

一、制度因素

不同的社会制度以及社会制度下不同的管理体制和其他方面的制度建设对产业集群形成与发展的影响颇深。合理的制度安排能够有效地降低交易成本，促进企业与企业之间的交流与合作，提高生产效率，从而促进高新技术企业在一定区域的聚集。一个地区能否形成产业集群实际上与该地区的非制度因素关系重大，当地的文化起着重要的作用。一个国家或一个地区的产业政策对产业集群的形成与发展的影响最为直接，它是有效配置资源、加速高技术企业发展、形成产业优势的基本导向政策。一个鼓励资源自由流动的产业政策必将带来企业正常的流动；相反，一个限制资源流动、依据计划配置资源的产业政策将会阻碍企业的流动，阻碍产业集群的形成。例如，美国的硅谷是世界上形成较早、发展速度较快的高技术产业园区，其内部存在着能够充分体现报酬的激励机制，“自由竞争、充分报酬”是硅谷的机制，也是其文化与制度，同时又是硅谷形成与发展的两大关键性因素。

二、专业化分工与协作

专业化是产业集群产生的初始条件，也是产业集群增强与升级的必备硬件。分工与协作作为产业集群存在原因与形成机理的理论基础，为产业集群的系统研究提供了理论依据。

产业集群形成与发展的基本动因之一是劳动分工和专业化，同时它们又是企业集群的竞争优势所在。集群内部企业之间劳动高度分工，促进了集群内产业链条的各个环节的创新。“劳动分工细化和专业化程度的提高既降低了创办企业的资本要求，也降低了

① 佟玲：《产业集群模式应用于高新技术产业的理论和实践研究》，吉林大学硕士论文，2003 年，第 7~13 页。

单个企业生产经营过程中的风险，使单个企业承担某个特定的工序成为可能”（韩建军，2003）。在高新技术产业园区内部，大量企业聚集在一起，使产业园区内企业通过分工与协作，实现规模经济。产业园区创造了一个较大的市场需求空间，对分工更细、专业化更强的产品和服务的潜在需求更大，随着后福特制生产方式的广泛采用，为专业化企业提供了大量的生存机会，也使得它们实现了规模生产，两者相互促进，不断提高产业集群整体的生产效率。

三、风险投资的金融性支持

风险投资为集聚区内的高新技术企业提供资金与管理帮助，是高新技术企业的孵化器，高新技术向生产力转化离不开风险投资。风险投资能够有效地把资金、人才、技术、信息、管理和市场等各种经济要素集聚成一个系统，形成有效的配置，促进高新技术产业集群，风险投资被喻为是高新技术产业发展的发动机。同时，由于高新技术产业集群带来了高技术人才的聚集，高新技术企业和良好的科研设备的聚集以及政府为发展高新技术产业而采取的一系列优惠政策的聚集，这也就为风险投资提供了一个良好的外部环境，高新技术产业园区因此而成为风险投资活动的中心。硅谷高新技术产业集群的形成、发展与壮大，都与风险资本有着密切的关系。20 世纪 60 年代末，美国政府削弱了对半导体工业的投资，风险投资的作用占据了主导地位，Apple、Intel 等一批世界闻名的电子企业都是得益于私人风险投资才得到如此迅速的发展。90 年代中期，硅谷吸引了 60 多亿美元的风险投资，帮助创办了 1700 多家高技术企业，其中思科、雅虎、数据设备公司等著名企业成为 90 年代美国经济增长的源泉，风险投资是硅谷经济增长的助推器。

四、人才支持

人力资源在当今高新技术产业集群中表现出越来越重要的作用，已经成为新型产业区的重要推动力量。大学和科研院所为产业集聚提供了大量丰富稳定的高级研究和管理人才以及熟练工和大量的创新成果，从而使产业区获得了强大的动力支援。高新技术产业集群多数是脑力驱动或知识密集型的，而当前许多聚集区的快速发展正是得益于大量的技术和管理人员的供给。许多成功的案例表明，一些高新技术企业区位相互靠近并形成集群，主要是为了利用地方的劳动力市场，特别是高级人力资源市场。

五、存在比较优势

大多数产业集群的形成最开始的诱导因素是生产要素的优势，因此，一定区域存在比较优势是形成产业集群的一个重要条件。产业集群是企业在一定地理位置上的集中，从理论上讲，一切生产要素的聚散、重组都是为了以最小的投入创造最大的收益，任何企业都有一种向能够获得收益最高的地理位置流动的倾向。这就要求该地域必须具有比较优势，并能产生强大的吸引力，此区域内的企业较区域外的企业能够获得更多的比较利益。

第三节 高新技术产业园区的网络化创新机制

一、网络化创新形成机制

研究表明，区域创新网络具有加速结点之间的知识与信息流动、整合互补性知识与能力、促进协同创新的有效功能。当一种新的思想、新的技术或新的信息在某一网络结点产生后，就会在网络内部迅速流动，这种创新的因子沿着网络连线在整个网络中快速传递、交互循环、频繁反馈，在反复碰撞和振荡中，孕育着一项创新的诞生。在创新网络的创新过程中，创新的参与者特别是高新技术企业会依据不同层次、不同方面的信息和技术进行分析、处理，作出创新决策，进行有效整合与配置，并通过网络扩散、外溢。在此过程中，相关主体会根据此创新决策及时反应和协调，在协同作用的基础上，一项网络式的创新就诞生了。① 这就是说，高新技术产业园区创新网络具有显著的创新优势，而这种创新优势是通过网络化创新机制来实现的。

所谓网络化创新，概括而言，就是网络中相关行为主体（企业、大学、研究机构、金融机构、中介服务机构和地方政府）之间密切联系与交流，它们为了某种共同的利益（或目标）结成新的共同体，并通过彼此之间的交互作用与协同创新，从而产生“1+1>2”的整体创新效果（见图 12-4）。根据网络中行为主体之间交互作用的方式与作用过程的不同，网络化创新机制又分解为不同的作用机制群，它们包括风险和成本降低机制、基础科学知识共享机制、知识流动机制、交互学习机制和本地根植性机制等，这些机制群的共同作用，使网络化创新过程得以顺利进行，高新技术产业园区创新网络的技术创新优势得到实现，并由此而构筑区域不可模仿的竞争力。②③

二、技术创新优势

（一）知识共享与创新优势

高新技术产业集群对基础研究有着很强的依赖性，而基础研究的开展需要高额的资金投入，如在通信领域，新的通信设备如程控交换装置的开发费用达 10 亿美元；在航

① 盖文启：《创新网络——区域经济发展新思路》，北京大学出版社，2002 年。
② 郭长明：《国家级高新技术产业园区创新体系研究》，大连理工大学硕士论文，2002 年。
③ 李琳：《基于产业集群的高新区竞争力研究》，中南大学博士论文，2005 年，第 92~95 页。

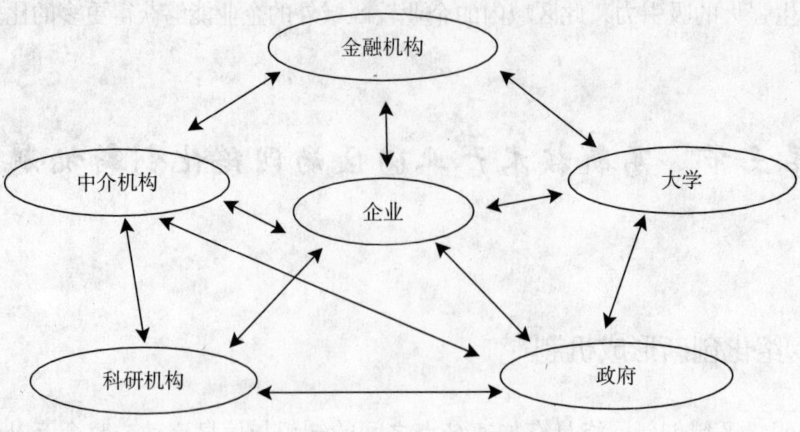

图 12-4 创新网络中的创新主体

空产业，开发一种新型发动机的成本超过万亿美元。如果由单个企业来承担如此巨大的基础研究高额成本，显然会降低单个企业的投入意愿。而在高新技术产业园区创新网络中，邻近大学与科研机构作为创新网络的重要组成成分，与网络中的高新技术企业处于同一区域内，它们（大学与科研机构）的存在为区域内企业提供了重要的基础科学知识源泉。这些基础机构的科学知识发展，丰富了本地利于创新的文化底蕴，有利于形成创新的氛围。同时，为区域内企业间共享基础研究成果提供了有效途径，并为企业创造了很多新的技术机遇。而且，由于大学研究机构与企业间的地理邻近，以及彼此间的紧密互动，使知识、信息能及时、较完全地传播，从而使基础知识和技术在创新网络中快速转移与共享，最终引发创新的产生。

（二）创新低成本优势

在高新技术产业区的创新网络中，企业通过与其他企业、相关大学研究机构的紧密互动、合作创新，使风险在创新参与者之间进行分摊，从而使每个企业承担的风险减小。更重要的是，创新网络的形成，拓展了网络中的企业、研究开发活动的领域和企业的核心能力，有利于企业解决创新资源与能力的瓶颈，提高创新成功率，减少创新的整体风险。

高新技术产业园区创新网络的形成，使得不同主体的创新资源集聚在一起，“为企业跨越边界获取互补性创新资源提供了有效途径”。[①] 高新技术产业园区内企业之间或企业与相关大学研究机构之间通过优势互补资源共享，实现研究开发活动的规模经济。更重要的是，网络中的企业可以低成本地获取其他行为主体的互补性资源，这种低成本主要表现在企业之间交易的低成本。创新网络中的行为主体之间（主要指企业之间）通过合作协议共同进行创新资源投入，形成一种相互抵押的激励机制，迫使合作企业按照事先商定的协议规范自己的行为，从而降低交易成本。[②] 此外，处于产业区内部的各个企业

① 程铭、李纪珍：《创新网络在技术创新中的作用》，《科学学与科学技术管理》，2001 年第 8 期，第 52~54 页。
② 李新春：《企业联盟与网络》，广东人民出版社，2000 年。

之间，由于地理上的邻近、地方制度背景和产业文化的同一性等，在很大程度上减少了交易过程中的机会主义行为，从而更有效地降低了交易成本。

（三）知识流动优势

知识流动是技术创新的关键环节，是实现技术创新的前提与基础。创新网络的创新过程是网络内相关行为主体之间的交互作用过程，其实质是知识在创新主体之间的流动与传递过程。只有当相关行为主体之间的互补性知识在网络中充分流动与共享，才能最大限度地实现知识的价值，并在流动中创造新知识，从而有效地促进技术创新。在由高新技术产业群集而成的高新技术产业园区创新网络中，由于相关行为主体之间（企业之间、企业与大学、研究机构之间等）非贸易相互依赖关系与互惠信任关系的存在，使各行为主体的知识在网络中高效快速地流动，并通过彼此之间的交互作用来实现新知识的创造与技术创新。[①]

在高新技术产业园区创新网络中，不同组织之间紧密地结合在同一区域内，它们的边界被界定又被改变，它们彼此之间形成的关系不是简单的投入—产出关系或关联，而是非贸易的相互依赖性。[②] 这种非贸易的相互依赖关系主要表现为互惠、信任以及企业间的关系特征；将代理机构与合作文化、过去与现在结合起来的习俗与惯例；行为与行动的理性，集体学习与适应的认知基础。[③] 当这些特征在地理上集中时，它们就能极大地促进行为主体之间的知识流动与交互学习，从而推进技术创新。

在高新技术产业园区创新网络中（或高新技术产业集群区内），由于相关行为主体之间共享相同的价值，拥有共同的社会文化背景，密集的、面对面的非正式交流以及对技术上与商业上问题的共同理解，因而形成了充足的社会资本。在社会资本充足的地方，隐性知识的传播与交换就会发生。[④] Maskell 和 Malmberg 将集群区内这种基于社会资本的隐性知识的交换描述为“纯内部信息”的交换，并且认为这种“纯内部信息”的交换能力为集群内企业及整个集群区提供了竞争优势。正因为集群区内丰足社会资本的存在，使企业间、企业与大学研究机构间知识流动的数量与知识流动的效率都要明显地高于零散状况下的企业，知识尤其是隐性知识的快速流动与传播，极大地激活了集群区内企业的创新活力，提升了整个集群区的技术创新能力。

（四）互动学习优势

相关研究表明，[⑤] 不同形式的接近性（社会的、文化的、组织的、空间的）在导致创新的相互作用中是至关重要的，其中空间接近对于保证学习过程具有特别重要的作

---

① 李琳：《基于产业集群的高新区竞争力研究》，中南大学博士论文，2005 年，第 92~95 页。

② Storper M. 1995. Regional technology coalition：an essential dimension of national technology policy. Research Policy，24：895-911.

③ Lawson Lorenz. 1999. Collective Learning，Tacit Knowledge and Regional Innovative Capacity. Regional Studies，33（4）：305-317.

④ Maskell， P. and A. Malmberg. 1999. Localized Learning and Industrial Competitiveness. Cambridge Journal of Economics，23（2）：167-185.

⑤ 朱英明：《论产业集群的创新优势》，《中国软科学》，2003 年第 7 期，第 107~112 页。

用。地理邻近性和社会文化背景的同一性对行为主体之间的交互学习具有重要的影响效应，而这种地理邻近性与社会文化背景同一性的交互学习影响效益显著地存在于高新技术产业园区创新网络中。在高新技术产业园区创新网络中，基于行为主体之间的地理临近性和社会认同性而形成的交互学习机制，极大地促进了成员之间的知识流动、技术学习和合作创新。由于创新网络中的企业、大学、研究机构在空间上的接近，使得成员企业间的非正式交流频繁发生；使得近距离观察竞争对手技术和管理经验进而模仿易于实现；使得企业间人员能便利地频繁流动；使得与同行、供应商、客户以及大学研究机构等开展技术合作过程中能便利、及时地协调与反馈。这一切都极大地促进了行为主体之间的知识转移与技术学习，实现了“干中学”、“用中学”、“交互中学习”所带来的渐进式创新效应。

（五）本地化优势

本地根植性是高新技术产业园区创新网络的主要特征之一。高新技术产业园区创新网络本地根植性机制的形成主要与以下区域特定性要素的存在有关：一是产业特定性知识，二是特殊技能劳动力群体，三是特殊的产业氛围。高新技术产业园区创新网络的本地根植性机制对创新有着重要的影响。当网络深深地根植于本地环境时，就能引发网络中隐性知识的流动、扩散与共享，激发网络中行为主体的生机与活力，激起行为主体的学习欲望，提高它们网络学习的质量和效率，促使行为主体通过“干中学”、“用中学”、“交互中学习”的方式来实现渐进式创新。作为高新技术产业园区的硅谷持续的创新优势与其深深地根植于由硅谷特有的以敢于冒险、宽容失败、提倡合作或竞争以及企业间人员快速流动为主要内涵的地方社会文化环境密不可分，正是这种独特的地方社会文化环境与创新网络之间的相互融合，造就了硅谷难以模仿的竞争优势。

第四节　高新技术产业的技术创新组织和制度保障

一、组织保障——创新平台（innovation platform）建设

高科技园区创新平台[①] 主要由产学研合作平台、技术创新平台与创新服务平台这三大平台构成，各平台都有自己特定的职能。其中，产学研合作平台是高科技园区主体层

① 高科技园区创新平台是指高科技园区内的各创新主体综合利用各种创新资源、接口和联系所构成的一组共有结构和制度性安排。高科技园区创新平台具有共有性、相对稳定性、能动性、结网性、根植性、客观性、整体性和开放性。其中，共有性、相对稳定性和能动性是高科技园区创新平台的本质特征，结网性和根植性是其根本特征，而其余则是高科技园区创新平台的外部特征。

次的创新平台；技术创新平台是整个高新技术产业园区创新平台的核心，它具体包括创新资源整合平台（主要有资金平台、人才平台、知识平台和信息平台）、技术研发平台和孵化平台；而创新服务平台是整个创新平台的保障，为创新主体进行技术创新活动提供良好的支撑条件和环境，它具体包括管理服务平台、宏观调控平台、社会服务平台这三大内容，具体见图 12–5。①

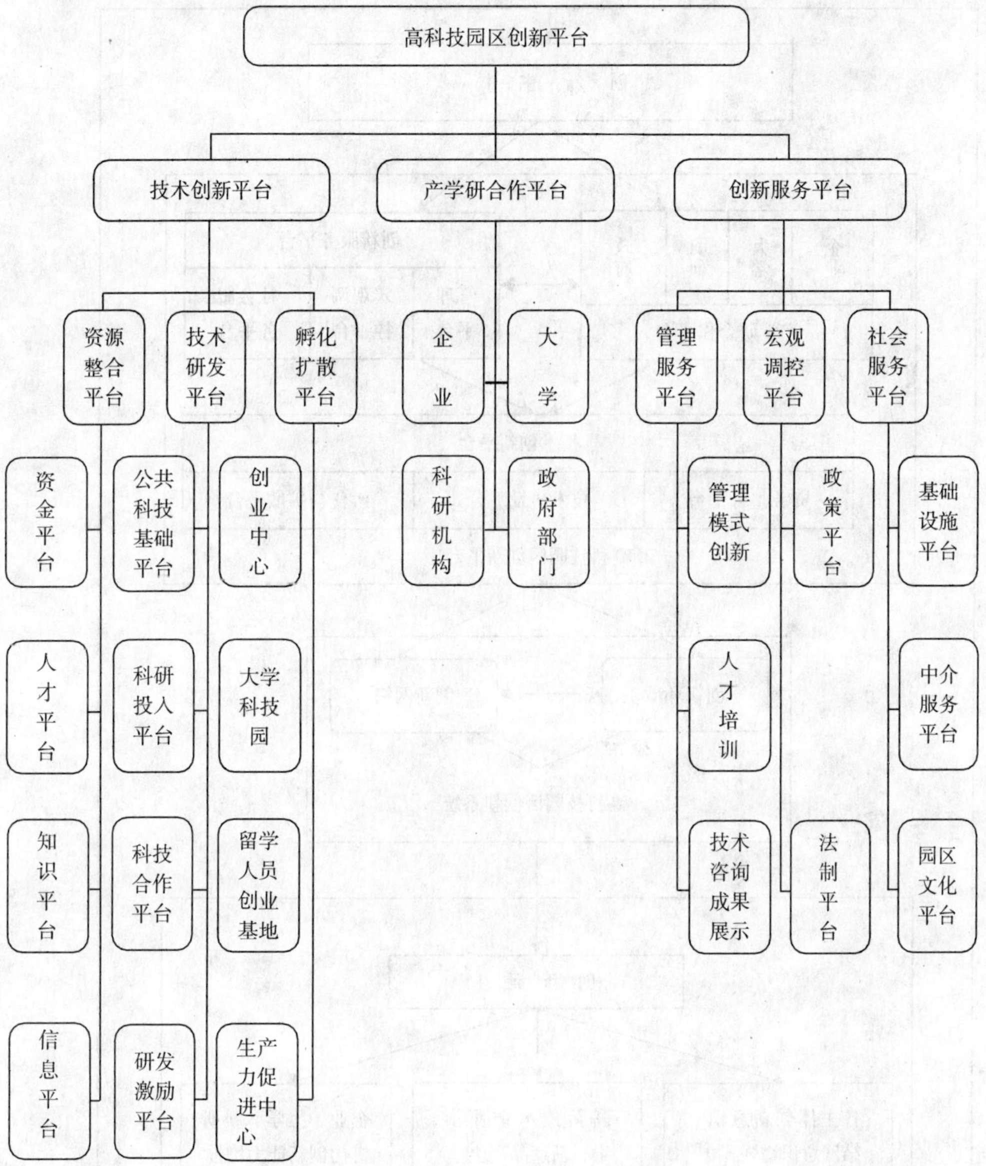

图 12–5　高科技园区创新平台的构成

① 陈兵：《高科技园区创新平台构建中的政府职能研究》，华中科技大学硕士论文，2005 年，第 12~15 页。

高科技园区创新平台在运行机制（见图 12-6）的协调下，能催化创新活动并使得创新最终诞生。对各创新主体而言，创新平台的作用在于提供了各种正式和非正式的面对面的交流渠道，从而促进了各种信息的流通，大大降低了企业间的交易费用。对整体区域而言，各子平台之间的链接为相互学习和创新提供了满意的条件。创新平台提供了比等级性组织更广阔、更可观的面对面交流的机会，还可以使经验类隐性知识

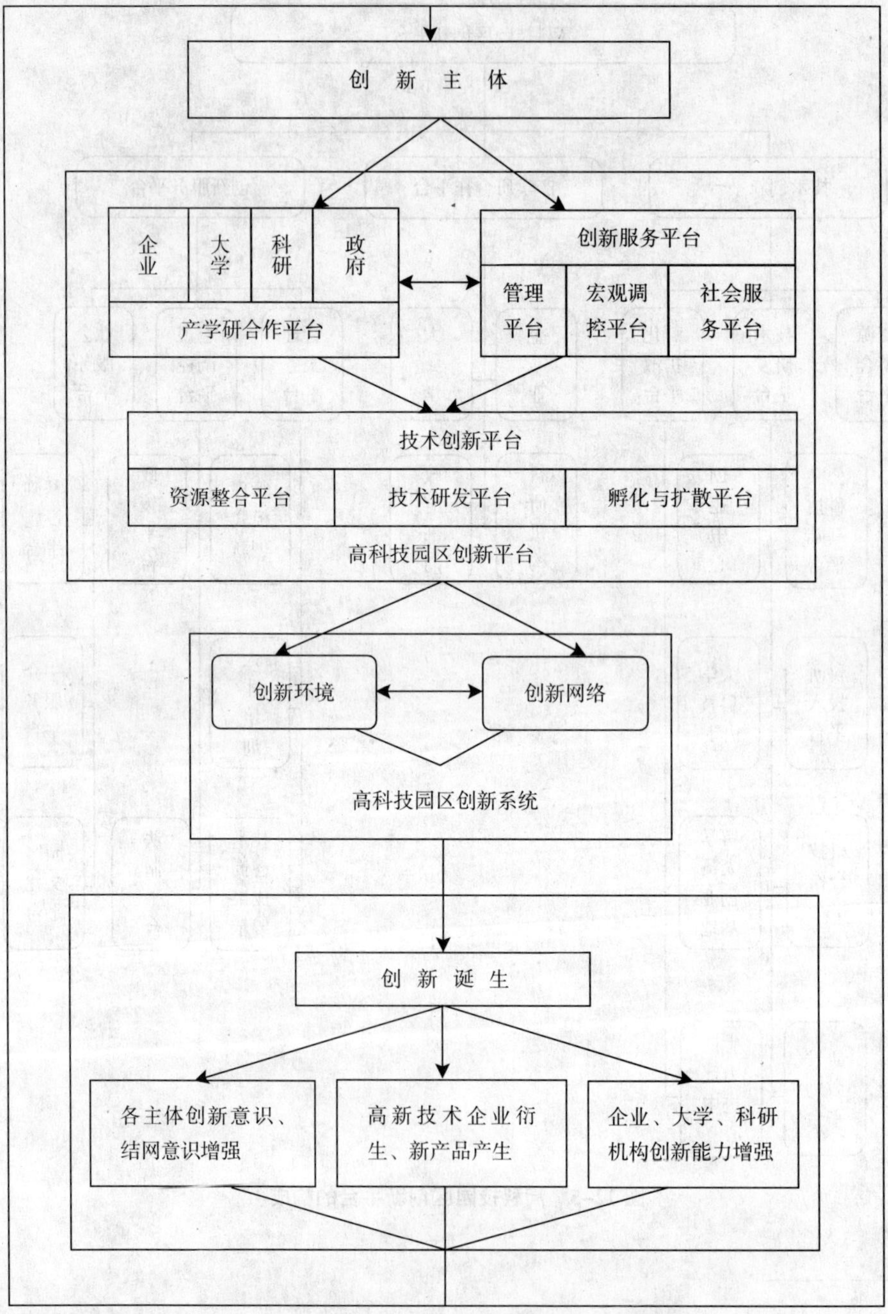

图 12-6 高科技园区创新平台的整体运行机制

能够在区域内逐步转化为编码化的知识，而这种经验类隐性知识还能让区域外竞争对手难以复制。

（一）产学研合作平台建设

产学研合作平台是高科技园区创新主体层面的创新平台。产学研合作平台的主体构成要素为四大主体，即企业、大学、科研机构和政府部门，这四者之间通过相互结网而构成一个有机体系。

作为产学研合作平台中的核心创新力量，企业能否成为技术创新的主体是产学研合作平台和技术创新平台建立成败的关键。企业是科技与经济的结合点，是经济质量和市场竞争力的体现，是高科技园区创新系统中最活跃、最积极的因素。大学在创新平台中有着独特的职能，既可承担研发任务，又可承担教学任务，进行培训和知识传播。在今后创新平台的发展中，它的职能更突出地表现为为当地的企业培训和输送有创新能力的人才，出来办企业的人越多，转化的科技成果越多，在知识传播、经济发展中的作用越大。

科研机构是创新的源泉之一。科研机构通过研究和开发新产品、新技术，推动区域的科技创新。波特将受过高等教育的人员和从事尖端科学的大学和研究机构等条件看做竞争优势获得的发达环境条件。大学和研究机构的职能的转变，已从单纯地侧重于生产和传播知识、研究开发新技术成果转向技术成果转让、中试和衍生企业、企业咨询和培训等方面，从而使知识流在区域内重新组合、技术不断扩散，为创新提供了更多的机会，进而也实现了经济发展、技术创新与研究开发一体化。①

政府作为高科技园区创新平台的重要组成要素，既是园区创新平台运行规则的制定者，也是创新活动的直接参与者。政府影响技术创新活动的主要机制就是通过它对于技术创新活动资源的配置来改变技术创新的速度、方向和规模。政府有效地干预创新体现在两方面，即技术创新障碍排除的有效性和资源分配的有效性，一方面通过改善交通、通信等基础设施来营造创新的硬环境；另一方面，政府在实施政策、规划、法律法规等宏观措施的过程中，提供良好的市场环境、政策环境、信息环境，进而影响着或引导技术创新的直接参与者（大学、企业、研究机构等）进行创新活动，是产学研合作平台有效运行的第一推动力。

专栏 12-2

复旦大学创新平台促进科技孵化器

平台的战略定位　复旦大学始终强调基础研究，“十五”期间，学校明确提出了“面向国际学术前沿，面向国民经济主战场，面向国防建设”的科研战略目标。自2000年起，复旦大学的科研经费到款首次突破1亿元，此后逐年递增，到2006年

① 刘洪涛：《高新技术产业中政府的“两难行为”分析》，《软科学》，1995年第2期，第35~38页。

已达4.5亿元，并配套实施了人才发展、基地建设和交叉学科等战略。在此期间，学校在重大应用技术研究项目上推出了一批首席科学家，他们成功地将基础研究向应用方面转化，为国家创造了极大的经济价值。

学科发展与人才培养互动　基础研究要立足学科发展前沿，与学科建设和人才培养紧密结合，突出"以人为本，以项目为纽带，以学科为依托"的思想，科技成果要不断地融入学科建设，而学科发展又在基地与人才方面进行科技创新提供了有力的支撑，实现创新知识的有机集成。同时，多学科交叉与渗透是当今知识集成的重要特征，不同学科之间的交叉与渗透不但能促进学科领域的不断延伸，还能带动新学科的产生和发展。

团队建设　基于这样的认识，并形成大团队、争取大项目、取得大成果，复旦大学自2004年开始先后建立起5个以基础学科为主的科技创新平台，包括生物医学创新平台、先进材料创新平台、微纳电子创新平台、脑科学创新平台和数理创新平台。这些平台均作为学校科研实体出现，横向平台与纵向院系自然构成了复旦科技创新中的矩阵式"特区"。科技创新平台采用"协议制"的方式，实行"双聘制度"。实验室的高级固定学术研究人员一般在复旦大学相关院系任职，通过协议的方式进入创新平台，明确聘用方式、聘用期限、主要工作内容、待遇和工作条件、科研成果的归属、招收研究生以及其他权利和义务。受聘科研人员的工作由科技创新平台和院系分别考核，学校将以双聘的方式给予合理的薪酬待遇。

硕果累累　灵活的机制使创新平台成为复旦大学集中交叉学科优秀人才的研究基地和高层次人才的孵化器。如今，先进材料平台已集聚了包括7名"两院院士"、10多名教育部"长江特聘教授"、20多名国家杰出青年科学基金获得者等研究力量进入平台；而数理研究科技创新平台共邀请了100多位具有国际水平的专家、学者来校讲学、科研合作和学术交流，其中70%来自海外。目前，创新平台已成为了复旦大学承担国家"十一五"重大项目的重镇，4个基础研究重大计划和16个重大专项将成为复旦科技创新的"助推器"。2006年11月，复旦大学"猪口蹄疫O型基因工程疫苗"正式投产，成为世界首个实现商品化生产的口蹄疫基因工程疫苗。这一成果充分显示了复旦大学作为基础研究主要力量和知识创新执行主体所发挥的核心作用。

资料来源：沈祖芸、计琳：《复旦大学：创新平台成为高层次人才的孵化器》，《中国教育报》，2006年11月20日。

（二）技术创新平台建设

技术创新平台也是高科技园区创新平台的核心。高科技园区技术创新平台是指以企业为核心，通过企业自主投入开发以及与高等院校、科研机构之间通过成果转让、购买、委托开发、技术入股、联合经营等多种形式，使企业更有效地创造、引进、吸收和推广新的知识和技术而形成的有利于技术开发与创新的制度性安排。依据高科技园区技术创新的特点和过程，高科技园区技术创新平台主要由资源整合平台、技术研发平台、孵化与技术扩散平台这三部分构成。这三大平台与技术创新的五个阶段相互对应，形成一个完整的技术创新过程。其中，资源整合平台对应于技术创新的第一阶段，即概念形成阶段；技术研发平台对应于技术创新的第二阶段，即技术获取阶段；而孵化与技术扩散平台则对应于第三至第五阶段，即技术转化、市场开拓与技术扩散阶段。

具体而言，资源整合平台的目标是要建立一个有利于创新的资源共享与获取机制，通过该平台各创新主体能更好地进行技术创新活动。资源整合平台具体包括资金、人才、知识与信息四种资源要素，这四种资源要素通过主体有效整合而构成资源整合平台的四个子平台。

科技研发平台是指以高等院校、重点科研院所为主体，通过优势学科集成和资源优化配置，进行知识和技术创新的一种制度性安排。如果说资源整合平台是高科技园区技术创新平台的基础，那么科技研发平台则是高科技园区创新平台的源头。科技研发平台与技术创新过程的第二个阶段相对应，其主要目的是为了获取创新技术。科技研发平台在科技创新平台的三个子平台中起着承上启下的作用，在该平台中，各创新主体首先要通过资源整合平台获取相关创新资源，再通过该平台将资源转化为创新技术或方法、思想等，经过该平台的第一次转化后，才会进入第三个子平台，即孵化与扩散平台，从而完成创新活动。科技研发平台主要由公共科技基础平台、科技投入平台、科研合作平台与研发激励平台四部分构成。

孵化与扩散平台是指围绕企业的创新活动进行中介服务，以直接帮助企业的技术创新取得成功为目的而形成的网络化、社会化的服务体系。孵化与扩散平台是技术创新的转化平台，在技术创新平台中处于核心地位，其主要的职能和作用是要将创新技术或成果直接转化为现实生产力，最终形成产业的空间聚集。该平台主要由一系列起到孵化与扩散作用的孵化器构成，主要包括创业中心、大学科技园、留学人员创业基地和生产力促进中心。

近年来，高新技术产业园区内的孵化器[①] 建设取得了较大的进展，为园区内部企业的技术创新搭建了较好的技术创新平台，参见表 12–3。

表 12–3 科技企业孵化器概况（1998~2005 年）

年 份	1998	1999	2000	2001	2002	2003	2004	2005
科技企业孵化器数（个）	77	110	164	324	378	431	464	534
场地面积（万平方米）	88.4	188.8	339.5	634.7	632.6	1358.9	1515.1	1969.9
在孵企业数（个）	4138	5293	8653	14270	20993	27285	33213	39491
当年新孵化企业数（个）	1244	1711	2866	5686	7635	8792	8933	9714
在孵企业人数（个）	68975	91600	143811	283551	363419	482545	552411	717281
累计毕业企业数（个）	1316	1934	2790	4281	6207	8981	11718	15815

资料来源：科技部网站。

① 中国的孵化器实践始于 1987 年，以武汉东湖创业中心为起点。目前，全国有孵化器共 490 多家，居世界第 2 位。

（三）创新服务平台建设

高科技园区创新平台是一个以产学研合作平台为主体、以技术开发平台为核心、以创新服务平台为保障的大系统，创新服务平台能为园区创新平台的有效运行提供有力的支撑和服务，其实质是一个支撑服务体系和制度性安排。由于高科技园区创新平台必须不断地从外界输入技术、资金、人才、设备、信息，才能不断地输出创新产品和高新技术企业，并通过反馈形成良性经济循环。因此，在高科技园区内建立健全一个职能合理、配套完善、有机的创新服务平台，是营造高科技园区良好的投资环境、推动高科技园区产业发展、实现高科技园区“二次创业”目标的重要保证。高科技园区创新服务平台主要由三大部分构成，即管理服务平台、宏观调控平台和社会服务平台。

管理服务平台是指政府为了保证高科技园区内的创新机构和机制的正常运行，以政府行政手段为主，辅以其他手段所进行的协调、整合、监测、评价等管理和服务工作，而管理的实质是为了服务。例如，当企业需要从外部获取创新资源时，往往需要政府部门提供某些帮助等。管理服务平台主要包括园区管理模式的创新、人才的培训以及技术咨询与成果展示这三方面的内容要求。

宏观调控平台是指政府部门以宏观导向、优化环境、提供服务等为目标，通过一系列政策和法律法规使政府调控作用渗透到创新活动的全过程，这就要求地方政府还要通过其有区域特色的制度安排来推动创新体系的整合，提高区域内部创新效率。高科技园区宏观调控平台主要包括政策平台和法制平台。

社会服务平台是指政府部门为了营造一个有利于高科技园区创新的软硬环境，对园区的基础设施建设、中介服务体系建设及文化氛围建设等方面所作出的相关制度性安排。它具体包括基础设施平台、中介服务平台和园区文化平台三方面的内容。

二、制度供给——知识产权

高新技术产业园区虽然具有网络创新效应，但会带来另外一个问题，那就是知识产权问题。园区内部企业之间的非正式的技术学习与模仿，会给进行技术创新的企业带来负的创新激励。另外，从整个产业来看，高新技术产业园区作为技术创新较为集中的区域，也会存在技术被模仿甚至是被侵犯的问题。所以，作为一种制度供给的知识产权制度的完善，将有利于高新技术产业园区的技术创新活动的进行。目前，工作的重点是把与科技有关的知识产权保护工作的重点放在营造有利于科技创新的良好知识产权宏观政策和法制环境上来。[①]

（一）利益激励机制

进一步完善通过知识产权促进科技创新的利益激励机制。科技成果及知识产权归属政策是调整技术创新中各方利益关系的重要手段。在此问题上，世界各国的做法不尽相

① 刘爱君：《中国高新技术产业发展中的公共政策研究》，中国社科院研究生院硕士论文，2001年，第38页。

同，但总的趋势是放权让利。我国现行的法规、规章一般非常原则性地规定为“国家所有”，但谁代表国家来行使以及如何管理都无具体规定，不利于科技成果的转化和利益的保障。当前应把工作重点放在加快研究制定调整科技成果及知识产权的归属政策上。

同时，我们要在总结科技体制改革和科技创新的成功经验的基础上，科学地界定职务成果与非职务成果，依法规范科技人员在从事知识、技术创新活动中应当享有的权利，激励和保障科研机构、高新技术企业组织研究开发和技术创新的积极性，合理调整单位与个人之间在技术发明和创新转化中所产生的权利与义务关系，以调动两方面的积极性和创造性。

（二）创新与知识产权管理结合机制

高新技术园区内各级科技行政管理部门要充分发挥导向作用，对于科技规划、重大专项和专题等计划课题，在立项前应当进行知识产权状况分析和评估，通过知识产权管理提升科技计划立项的质量和目标的准确性，避免低水平重复研究。知识产权管理应当尽快纳入科技成果管理体系，提升科技成果的法律内涵和市场外延。在进行科技成果鉴定或验收之前，有关成果鉴定或验收的管理部门和组织单位应当要求科技成果完成者提交知识产权报告，对于需要申请专利的，应当要求当事人及时申请专利后再行组织鉴定。

加强与科技有关的知识产权管理制度、保护能力和服务体系建设。科研机构、高等院校和高新技术企业应当在技术创新工作中增强知识产权管理和保护的自觉性、主动性和紧迫性。各级科技行政管理部门要积极引导、协调和支持科研机构、高等学校、高新技术企业建立知识产权管理制度，推动并帮助其提高意识、完善管理。各个国家级高新技术产业开发区管理机构及其创业服务机构，也应当对园区内的高新技术企业的知识产权管理和保护状况进行监控，随时掌握相关信息和动态，提供全方位的服务。

（三）自主知识产权产业

当前，围绕信息技术、生物技术等相关高新技术领域发展的政策方向和重大课题，各级科技管理部门可以有选择地进行相应的知识产权发展态势和知识产权管理保护对策研究，提出综合性、全局性的知识产权战略研究报告，并准确确定“有所为”的技术发展领域，指导高新技术产业及产品结构调整，形成具有原创性的自主知识产权群，提高国际竞争能力。

● 本章案例

北京中关村高新技术开发区[①]

一、历史沿革[②]

中关村科技园区起源于20世纪80年代初的“中关村电子一条街”，1988年经国务

① 本案例资料来源于中关村官方网站，http；//www.zgc.gov.cn/。经作者整理。
② 中关村科技园区概况，中关村官方网站：http；//www.zgc.gov.cn/。作者做了适当整理。

院批准成为我国第一家高科技园区。1999年6月，国务院正式批复北京市政府和科学技术部“关于实施科教兴国战略，加快建设中关村科技园区的请示”，原则上同意关于加快建设中关村科技园区的意见和发展规划——把中关村科技园区建设成为推动科教兴国战略、实现两个根本转变的综合改革试验区；具有国际竞争力的国家科技创新示范基地；立足首都，面向全国的科技成果孵化和辐射基地、高素质创新人才培养基地。力争用10年左右的时间，把中关村科技园区建设成为世界一流的科技园区。

中关村科技园区由此步入了发展的新阶段，从海淀区的“电子一条街”发展成为包括海淀园、丰台园、昌平园、电子城科技园、亦庄科技园、德胜园和健翔园在内的一区多园的国家级高新技术产业开发区。其中海淀园的主要功能是高新技术成果的研发、辐射、孵化和商贸中心，其他六园的主要功能是高新技术产业的发展基地。

作为我国第一个国家级高新技术产业开发区，中关村科技园区覆盖了北京市科技、智力、人才和信息资源最密集的区域，园区内有清华大学、北京大学等高科院校39所，在校大学生约40万人，以中国科学院为代表的各级各类科研机构213家，其中国家工程中心41个，重点实验室42个，国家级企业技术中心10家。园区内还有风景如画的颐和园、圆明园、香山等历史名胜和自然风景区，非常适宜人的工作、生活、居住。

二、技术创新

在过去的十几年里，中关村科技园区经济发展始终保持30%的增长速度。2005年，园区高新技术企业总数1.7万家，实现销售收入超过4800亿元，比2000年翻了一番多，五年内年均增长达到20%以上，占全国高新技术产业园区总量达1/7左右；实现增加值960亿元，相当于当年北京市地区生产总值的14.1%。中关村指数从2月份的120.22点上升到9月份的138.55点。中关村科技园区以软件、集成电路、计算机、网络、通信等为代表的重点产业集群初步形成，其中台式PC机国内市场占有率达到40%以上，笔记本电脑达到25%以上，软件和集成电路设计业占全国1/3，软件出口占全国总额的1/2，星光系列多媒体芯片打入海外市场，国际市场占有率达到60%。其中的“星光中国芯”系列数字多媒体芯片更是荣获国家科技进步一等奖。这是中关村科技园区企业自主创新技术第9次获得国家科学技术进步一等奖。高技术服务业发展迅速，占园区经济总量的45%，带动了首都的经济结构调整和产业升级。

(一) 创新人才

近几年来，中关村科技园区吸引了一大批以留学人员为主体的国际化人才和创业团队，一批高端科技项目和成果出自留学人员企业。中关村留学人员创办的高科技企业有3000余家，在高新技术企业从业的留学人员达到7000多人。留学归国人员到中关村创业形成高潮，已成为自主创新和发展高新技术产业的新生力量。

(二) 创新成果

中关村科技园区为国民经济和国家科学技术进步作出了重大贡献。园区承担的国家“863项目”占全国的25%，“973项目”占全国的36%。自1988年以来，园区高新技术企业获得国家科技进步一等奖累计已经达到9项。在国家的重大战略工程及国家安全领域，一批中关村企业发挥了重大作用。科兴公司研制的“非典”灭活疫苗和人用禽流感疫苗研制达到与发达国家同步的水平。企业研发、设计、生产出了6大类2000多个品种的“中国芯”，研制出11万亿次高性能计算机。在神舟五号和六号载人飞船项目上，中关村企业以自己的产品和技术向全球展示了提供高端产品的研发和生产配套能力。2005年，园区企业申请发明专利3324件，占北京市发明申请量的27.47%。在软件、集成电路、数字音视频、疫苗、新材料、环保和新能源等国家重点领域的技术和产品处于领先地位，“非典”灭活疫苗和人用禽流感疫苗研制达到与发达国家同步的水平。

中关村的企业开始凭借核心专利参与创制国家标准和国际标准。据不完全统计，企业拥有国际标准达9项，国家标准达98项，行业标准达114项，中关村平均每100家高科技企业中就有13家参与了各类标准的制定工作。

中关村每年输出到北京以外地区的技术合同占合同总数的一半左右。特别是园区企业研发的信息技术在全国国民经济和社会发展的信息化建设中发挥了重要作用，在电子政务领域、国家信息安全的关键领域、“金税金卡金关”等重大行业信息化工程、企业信息化等许多方面，中关村企业作出了重要贡献。2005年园区技术交易额达到175亿元，其中有100亿元输出到北京以外地区。一批企业在中关村完成新技术和新产品的研发之后，在外省市建立了生产制造基地。企业通过技术转移、技术服务、打造产业链和股权投资等方式，扩大了中关村的技术辐射力和影响力。

（三）创新机制

几年来，中关村科技园区在机制体制创新方面取得了新的突破，实施了以“法无明文禁止不为过”为基本原则的《中关村科技园区条例》，并在法制环境、投融资体制、人才开发、信用制度、知识产权、市场化服务体系、政府服务体系建设和政府职能转变等方面进行了积极探索，发挥了国家综合改革试验区的作用。非上市股份公司进入证券公司代办股份转让系统进行交易的试点工作、科技型中小企业成长路线图计划、创业投资等投融资改革一系列重要措施率先在中关村实施。国家知识产权局和市政府共建中关村国家知识产权制度示范园区。在园区开展了全国信用服务体系建设试点工作。协会商会工作成效显著。市政府设立了专项资金，支持园区自主创新、高新技术产业和创新创业环境的改善。

中关村科技园区的技术创新体系逐步完善。以清华科技园为代表的大学科技园，成为产学研有效结合的集聚区。新建了一批国家级重点实验室、国家级工程研发中心、技术孵化器、公共技术支撑平台。入驻园区的跨国公司研发中心已达65家。高新技术企业共建技术联盟和产业联盟、与跨国公司共建研发机构、与大学和科研院所联合开展研发，成为技术创新的新形式。

三、政策支持

党和国家领导人曾先后多次到中关村科技园区视察、指导工作。2005年6月17日，国务院总理温家宝、国务委员陈至立考察了中关村科技园区。在考察中，温家宝总理提出了“四位一体”的战略定位。温总理说，推进技术进步和增强自主创新能力，是继续办好国家高新技术产业开发区的一项重要工作。并指出当前国家高新技术产业园区的建设正步入一个崭新的发展阶段，必须承担起新的历史使命，要进一步发挥高新技术产业化重要基地的优势，努力成为促进技术进步和增强自主创新能力的重要载体，成为带动区域经济结构调整和经济增长方式转变的强大引擎，成为高新技术企业“走出去”参与国际竞争的服务平台，成为抢占世界高技术产业制高点的前沿阵地。在与华旗资讯总裁冯军、中星微电子公司总裁邓中翰、时代集团总裁王小兰等企业家座谈时，温总理形象地说：象棋中的“车”是勇往直前的，“马”是与日俱进的，“炮”是跨越式跳动的。像车、马、炮一样，只要勇往直前，与时俱进，跨越发展，国家高新区就一定能办好、办出特色。

2005年7月19日，国务院总理、国家科技教育领导小组组长温家宝主持召开国家科教领导小组第三次会议，听取了北京市人民政府《关于进一步做强中关村科技园区的汇报》，肯定了中关村科技园区自创建以来走出了一条具有中国特色的、以自主创新为核心的高科技产业的发展道路，为北京市的经济发展作出了重要贡献，为全国高新技术产业开发区的发展与改革起到了重要的示范作用，提出了支持做强北京中关村科技园区若干政策措施。为贯彻落实党中央、国务院关于大力提高自主创新能力以及做强中关村科技园区的重大决策，北京市人民政府于2005年11月6日发布了《关于进一步做强中关村科技园区的若干意见》。

2005年年底，经国务院批准，国家发改委公告，确定了中关村园区规划范围，现在总面积232平方公里。审核公告后的中关村科技园区实现了政策覆盖范围、城市规划和土地利用总体规划三者合一，新增了石景山园、通州园、雍和园、大兴生物医药基地。“一区多园多基地”的空间布局得到进一步充实。

中关村科技园区的发展要坚持用科学发展观统领园区发展全局，贯彻全国科技大会精神，坚持自主创新、重点跨越、支撑发展、引领未来的指导方针，认真实施园区“十一五”规划，认真贯彻落实《国家中长期科学和技术发展规划纲要》及国务院《关于实施〈国家中长期科学和技术发展规划纲要〉若干配套政策的通知》，以提高自主创新能力为核心，以加快发展高新技术产业为主线，进一步做强中关村科技园区，为建设创新型城市作出新的贡献。

● 思考题及答案要点

1. 简述高新技术产业园区的集群效应的形成机理。

不同的社会制度以及社会制度下不同的管理体制和其他方面的制度建设对产业集群形成与发展的影响颇深。合理的制度安排能够有效地降低交易成本，促进企业与企业之间的交流与合作，提高生产效率，从而促进高技术企业在一定区域的聚集。专业化分工与协作、风险投资的金融性支持、人才支持等优势也是高新技术产业园区集群效应得以形成与释放的主要原因。

2. 高新技术产业园区中存在哪些技术创新优势？

高新技术产业园区主要具有如下技术创新优势：知识共享优势、创新低成本优势、知识流动优势、互动学习优势、本地化优势。

● 参考文献

1. Storper M. 1995. Regional Technology Coalition：an Essential Dimension of National Technology Policy. Research Policy，24：895-911.

2. Lawson Lorenz. 1999. Collective Learning，Tacit Knowledge and Regional Innovative Capacity. Regional Studies，33（4）：305-317.

3. Maskell，P. and A. Malmberg. 1999. Localized Learning and Industrial Competitiveness. Cambridge Journal of Economics，23（2）：167-185.

4. Porter，M. E.1990. The Competitive Advantage of Nations. New York：The Free Press.

5. 吴汉东：《知识产权法学》，北京大学出版社，2006 年。

6. 傅家翼：《技术创新学》，清华大学出版社，1998 年。

7. 王伟光：《自主创新、产业发展与公共政策》，经济管理出版社，2006 年。

8. 王缉慈：《创新的空间——企业集群与区域创新》，北京大学出版社，2001 年。

9. 赵玉林：《创新经济学》，中国经济出版社，2006 年。

10. 史清琪、尚勇：《中国产业技术创新能力研究》，中国轻工业出版社，2000 年。

11. 李琳：《基于产业集群的高新区竞争力研究》，中南大学博士论文，2005 年。

12. 李新春：《企业联盟与网络》，广东人民出版社，2000 年。

13. 程铭、李纪珍：《创新网络在技术创新中的作用》，《科学学与科学技术管理》，2001 年第 8 期。

14. 杨明洪：《推进高科技产业化发展若干问题探讨》，《中国软科学》，2000 年第 4期。

15. 朱英明：《论产业集群的创新优势》，《中国软科学》，2003 年第 7 期。

16. 刘志迎等：《高技术产业聚群的经济学分析》，《经济理论与经济管理》，2002年。

17. 张丽娜：《西安高新技术产业园区国际竞争力评价》，西安电子科技大学硕士论文，2005 年。

18. 盖文启：《创新网络——区域经济发展新思路》，北京大学出版社，2002 年。

19. 佟玲：《产业集群模式应用于高新技术产业的理论和实践研究》，吉林大学硕士论文，2003 年。

20. 郭长明：《国家级高新技术产业园区创新体系研究》，大连理工大学硕士论文，2002年。

21. 陈兵：《高科技园区创新平台构建中的政府职能研究》，华中科技大学硕士论文，2005 年。

22. 刘洪涛：《高新技术产业中政府的“两难行为”分析》，《软科学》，1995 年第2期。

23. 刘爱君：《中国高新技术产业发展中的公共政策研究》，中国社科院研究生院硕士论文，2001 年。

24. 中关村官方网站，http：//www.zgc.gov.cn/。

25. 科技部网站：www.most.gov.cn/。

26. 科技部火炬高新技术产业开发中心，http：//211.157.10.119/default.aspx。

后记

在本书编写过程中，我们参考了国内外许多专家学者的著作、教材和论文，并尽可能在每章的参考文献中列出。在此向我们的前辈、同行表示感谢。全书由王伟光等提出框架，经过讨论后，由责任人写作。具体分工如下：第一章，李征、王广凤；第二章，王广凤、吉国秀；第三章，王伟光、王群；第四章，王群、董如合；第五章，牟晓红、刘艳；第六章，安玉兴、马云俊；第七章，刘艳、李征；第八章，吉国秀、王伟光；第九章，王伟光，李征；第十章，刘艳、牟晓红；第十一章，安玉兴、田华；第十二章，田华、安玉兴。

非常感谢经济管理出版社沈志渔总编辑在提纲设计及写作过程中给予的帮助与指导，杨世伟副社长、陈力主任，以及张艳等编辑给予的不同帮助，也使我们受益匪浅。

由于编者能力有限，书中还有不足之处，恳请读者、专家批评指正。

编者

2007 年 3 月